KB204305

창조증거론 1

동양창조론 대 생명 · 물질 · 우주 · 인간

창조증거론 1

동양창조론 대 생명 · 물질 · 우주 · 인간

염기식 지음

한국학술정보

오늘날 하늘 천궁 낮을 마루 삼고
구름 기둥을 벗 삼아
만천하를 호령하는
천상의 지혜 궁전이라.-1983.7.6.01:29.

하나님이 세워준
이 새로운 진리의 창과
은혜의 검이
세상의 모든 사상과 종파와 제도와 이념과
주의를 타파하고
다시 올 주님의 영광을
예비하리라.-1985.8.8.09:37.

네가 그 무엇을 원하느냐?
보라 나는
세상에 그 아무것도 부러울 것이 없는
권좌의 왕이니라.-1983.7.6.06:05.

머리말

선천의 핵심 문제

사고력을 가진 인간은 자아를 인식한 이래 자신과 존재와 세계에 대하여 다양한 질문을 던졌다. 인간은 무엇인가? 진리란 무엇인가? 神은 존재하는가? 세계는 어떻게 시작되었는가? 종말은 있는가? 만법이 귀일한다고 한다면 귀일한 그 하나는 또 어디로 돌아가는가(조주)? 천지는 神이 창조한 것인가, 진화한 것인가? 어떤 이는 "나는 神이 어떻게 이 세상을 창조했는지 알고 싶다(아인슈타인)"고 하였고, 또 어떤 이는 "나에게는 그러한 가설이 필요치 않습니다(라플라스)"라고도 했다.[1] 질문을 던진 이상 유의미한 가치와 진리성에 대해서 철학, 사상, 학문, 신앙 등을 통해 체계 짓고 언표하여 논거를 하였다. 하지만 문제가 문제인 만큼 세계의 궁극적인 실상과 기원에 관한 문제, 곧 "세계란 무엇인가, 무엇으로 이루어졌는가, 그것은 어떻게 변화하고 발전하는가"[2]를 풀고자 한 노력도 중요하지만, 해결할 수 있는 자격과 조건이 무엇인지도 고려해야 한다. 현안을 직시해야 하는데, 정말 인간이 가진 조건상 거리가 있다면 인류가 현상적인 질서 안에서 해결하고자 한 궁극적인 문제들, 다시 말해 우주의 시작과 기원, 무궁함과 종말의 귀일처 등은 접근방법을 전면 재

---

1) 『현대물리학이 발견한 창조주』, 폴 데이비스 저, 류시화 역, 정신세계사, 1988, p.1.
2) 『철학의 세계 과학의 세계』, 안재구 저, 죽산, 1991, p.35.

고해야 한다. 근본적인 문제의식은 인간이 지닌 만큼 그 이유를 찾아야 한다. 이것이 이 연구가 밝히고자 하는 '선천의 핵심 문제'이다. 조건을 완비하지 못한 관계로 진리는 일구었지만 여태껏 세계관을 완성하지 못했다. 그래서 선천으로 구분했다. 자격을 갖추지 못해 누구도 답하지 못했고, 답했어도 핵심은 간과하였다. 미비했어도 그런 사실을 몰랐다. 선천 진리로서의 한계성을 극복하지 못했다. 무엇 때문인가?

세상의 만들어짐에 대한 메커니즘이 부재했고, 주재 원동력이 미비하였다. 일갈하고 주장하고 선언은 했지만 창조 진리로서는 조건이 부족했다. 다윈은 그런 진리계에서 요구한 메커니즘을 세웠다고 하지만, 사실은 기독교가 주장한 창조론에 대한 반대급부로 지성들이 혹했던 것이다.[3] 지적하였듯, 기독교 창조론은 하나님이 천지 만물을 창조했다고 선언만 했을 뿐 메커니즘 문제를 강구하지 못해 근대의 각종 무신론의 도전 앞에서 무기력했다. 창세기 1장 1절에 근거하여 "천지 만물을 창조하고 생명을 창조한 하나님을 믿으면 성경의 어떤 말씀도(죽은 자를 살리고, 홍해를 가르고, 태양을 멈추게 한 능력과 권세) 믿지 못할 말씀이 없다"[4]고 하지만, 진리로서 가진 지위는 일방적인 선포 외에 아무것도 아니다. 믿음과 고백 외에는 이끌어 낼 것이 없다. 한결같이 나 외는 다른 神이 없고(사 44:6), 창조 권능의 유일한 주재자로서, 우주 가운데 존재한 최고의 실재자로서, "하나님 자신이 천지창조의 최종 목적이다"[5]고 하지만, 창조 사실을 직접 뒷받침한 메커니즘은 없다. "하나님이 만든 세계에는 그분

---

3) "창조론자들은 단순히 창조의 사실만을 지적하고 그 방법은 모른다는 점을 인정함."-『심판대의 다윈』, 필립 E. 존슨 저, 이승엽·이수현 역, 까치, 2006, p.22.
4) 『한 손에 잡히는 창조 과학』, 이은일 저, 두란노, 2011, p.28.
5) 『하나님의 열심』, 조나단 에드워즈·존 파이퍼 공저, 백금산 역, 부흥과 개혁사, 2016, p.263.

의 신성과 능력이 드러나 있고, 놀라운 설계의 증거들을 볼 수 있다"[6]고 하지만, 개안된 안목은 어디에도 없다. 이런 부재성을 파고든 무신론적 주장들 역시 여건은 다를 바 없었다. 『위대한 설계』를 쓴 스티븐 호킹은 "우주가 창조되는 과정에 神은 필요 없다"[7]는 말을 해 화제가 되기도 했지만, 神이 존재한다고 한 유신론이나 神은 존재하지 않는다고 한 무신론은 모두 선언된 형태이다. 창조 메커니즘이 없는 선천 진리의 한계적 표현이다. 뉴턴의 이론에 의하면 달과 천체들은 중력에 의하여 질서정연하게 운행되는데, 이런 우주를 통해 우리가 볼 수 있는 것은 무엇인가? 만유인력이란 법칙밖에 없어 거두절미, 하나님은 존재하지 않고 필요가 없다고 단언하리라. 결과로 분명한 것은 뉴턴이 아무리 우주에 관해 해박한 지식을 가지고 천재성을 인정받았다고 해도 근본을 모르는 지식은 아무 쓸모가 없다. "일체 현상이 오직 마음에 의하여 만들어진다(기신론의 유심사상)"[8]고 한 것, 理의 근원은 天에 있다, 만물의 근원은 하나님에게 있다, "일원(一圓)은 법신불이니 우주 만유의 본원이요, 제불제성(諸佛諸聖)의 심인(心印)이요, 일체중생의 본성이다"[9] 등등 마음, 天, 일원은 우주의 근원을 직시한 진언으로서 정작 몸통에 해당된 본체는 분열을 다해 드러날 때를 기다려야 했다. 직시로 진리성은 묻어내었지만 본체성을 뒷받침할 메커니즘은 부재했다. 무신론자들도 神이 존재하지 않는다는 사실을 체계적으로 논증하지 못했고, 어떤 신앙인도 신학자도 교부들도 창조 역사를 증거할 수 있는 판단 기준을 세우지 못했다. 귀일하처(歸一何處)에 답하지 못했다. 우주의 생성

---

6) 『한 손에 잡히는 창조 과학』, 앞의 책, p.38.
7) 『과학시대의 도전과 기독교의 응답』, 우종학 저, 새물결 플러스, 2017, p.134.
8) 『물리학과 대승기신론』, 소광섭 저, 서울대학교출판부, 2005, p.124.
9) 「원불교와 현대물리학의 진리관 비교 연구」, 전홍배 저, 원광대학교대학원 불교학과, 박사, 2011, p.2.

귀결이 본질이고 창조이고 하나님의 품 안인데도 밝혀서 입증하지 못한 것이 선천 진리의 한계성이다. 나고 감을 설명하지 못했다.

여건상 본체성이 결여되어 있어 色=空, 性=理란 등식 등은 세웠지만, 여기에 무엇을 보태어야 하는 것인지 몰랐다. 유물론자들은 물질의 1차성과 함께 정신의 파생성을 주장하였는데, 입증하기 위해서는 무엇을 더 갖추어야 하는가? 도대체 무엇이 빠져 있는가? 중세 시대에 기독교는 보편은 개체적인 존재보다 먼저 실재한다는 설을 지지하였지만, 입증하기 위해서는 거대한 우주적 메커니즘으로 뒷받침해야 했다. 예사로운 문제가 아닌데도 대책을 세우지 못해 유명론과 논쟁을 벌여야 했다. "업을 설명하기 위해서는 윤회를 알아야 하고, 윤회의 주체는 업"[10]이라고 하지만, 업의 본체 모습을 현상계에서는 볼 수 없다. 들여다볼 수 있는 길을 트지 못했다. "연기는 일체 존재가 그 자체의 自性을 가지지 않고 중연이 화합하여 생기한다(근본 불교)"[11]고 하지만, 왜 인연 화합하는 것인지 원인성에 대해서는 말이 없었다. 지성사에서 풀 길 없는 관념론과 유물론 간의 대립 양상 역시 근본적인 이유는 절대적인 진리 역할을 하고 싶은데, 중요한 메커니즘을 결여한 것이다. 플라톤이 이데아의 본질성과 영원성을 주장한 지가 언제인데, 만상을 있게 한 창조력은 입증하지 못했다. 관념이 지닌 한계성을 넘어서지 못했다. 화엄철학자들은 이법계와 사법계가 지닌 특성은 구분하였지만 理와 事 사이에는 빠진 것이 있는데, 그것이 창조의 원동 작용력, 곧 메커니즘이었다. 이것을 채워야 현상계와 본체계가 연결되고 창조방정식을 완성하여 인류가 궁금하게 여긴 우주의 궁극적인 문제를 풀 수 있다. 메커니즘은 선

---

10) 『양자물리학과 깨달음의 세계』, 양철곤 저, 생각나눔, 2016, p.127.
11) 『불교의 무아론』, 한자경 저, 이화여자대학교출판부, 2007, p.14.

천이 지닌 한계 조건을 극복하는 관건이다.

　선천의 궁극적인 문제들이 불가항력적이었던 것은 바탕이 되는 여건이 조성되지 못해서이고(선언된 형태=선천 창조론), 여건을 갖춘 지금은 소정의 절차와 세운 기준에 따라 하나님이 이룬 창조 역사를 만물을 통해 판단하고 증거할 수 있게 되었다. 문제를 해결하기 위해서는 단계적인 저술 과정을 거쳐야 했는데, 이 연구는 계획된 동양창조론 중 마지막 결론 부분에 해당한다. 제1권 『본질로부터의 창조』는 서론 격으로 동양인들이 각성한 道, 空, 太極이 지닌 본체적 특성을 통해 창조의 바탕성을 규명하였고, 이후로도 전체 주제를 '동양창조론'이란 틀 안에서 일관시켰다. 이것은 지난날 어렴풋했던 神, 창조, 形而上學 등 무형의 본질적인 작용 영역을 확실히 인식할 수 있도록 존재화시켰다는 데 있다. 그리고 제2권인 『창조성론』은 본질의 작용 특성, 곧 '창조성'을 통하여 만물을 판단할 수 있는 차원이 다른 진리적 기준을 마련하였다. 그리고 창조론과 대치된 진화론의 허구성을 파헤치고 비판하였다. 그래서 부제도 '동양창조론 대 진화메커니즘'이라고 하였다. 알다시피 진화론은 기독교의 창조관을 뒤엎은 세계관인데도 동일한 문명 전통 안인 탓에 잘못을 지적할 수 있는 안목이 없었는데, 동양의 覺者들이 일군 道는 본체 진리답게 난공불락의 진화론을 비판할 수 있게 되었다. 하지만 일련의 성과와는 별도로 창조를 증거하기 위해서는 직접 역사를 주관한 하나님의 뜻과 의지의 발현 과정을 밝히는 것이 필요하다. 창세기에서도 미비했던 '어떻게'의 문제를 풀어야 했는데, 이것이 제3권인 『창조의 대원동력』이다. 원동력은 창조 역사의 핵심 작용이고 메커니즘이며, 결정력이다. 이것을 밝혀야 삼라만상이 존재한 궁극적인 문제를 풀고 천지창조 역사론을 완성할 수 있다. 이를 근거로 '동양창조론 대 무신론적 세계관'이란 부제처럼 세계의 무신론 사상을 일소하였다. 그리고 결론 부분에 해당한 이 연구는 그렇게 확보한 관점과 기준을 바탕으로 창조된 결과 대상인 만물과의 관계를 밝혀 명실상부하게 천지 만물이 하나님으로부터 창조된 사실을 입증하였다. 전편인 '동양창조론 대 생명·물질·우주·인간'은 동양본체론을 만물을 지은 창조 원리로서 적용하였고, 이를 통해 가장 원칙적이라고 할 수 있는 천지 만물이 바로 바탕이 된 본질로부터 창조되었다는 사실을 객관화시켰다. 후편인 '동양창조론 대 과학'은 창조된 본의에 입각하여 지난날 베일에 가린 창조의 비밀을 밝히고, 하나인 통합성 본질로부터 창조된 色과 空, 본질과 만물, 과학과 종교 간의 통합을 시도하였다. 성서에서는 하나님이 6일 동안 천지를 창조하였고, 인간을 흙으로 빚었다고 기록하였는데, 이 것이 창조론의 전부라고 여기지는 않으리라. 보다 합리적·객관적·원리적인 과정이 필요한데, 이 연구가 이 같은 요구에 부응하였다.

그리하여 이 연구가 그동안 추진한 일관된 저술 기조는 온 인류가 창조주 하나님의 완전함, 위대함, 탁월함을 직접 보고 판단할 수 있도록 안목을 개안시키는 데 있다. 선천 진리의 한계성 때문에 神이 창조에 보쌈되었고, 창조는 본질의 차원성 가림에 보쌈되어 세상 진리와 격리되었다. 그래서 하나님이 얼마나 위대한 창조주인지를 실감하지 못했고, 영광스러운 모습을 보지 못했다. 하나님을 보고자 할진대 어떤 노력보다도 창조 역사를 증거하는 성업에 비할 것이 없고, 창조 역사만큼 하나님의 권능과 영광을 드러내는 역사가 없다. 왜냐하면 하나님만 창조 역사를 증거할 수 있는 지혜와 자격을 가졌고, 하나님만 창조 문제를 풀 수 있는 절대적인 조건을 지녔기 때문이다. 이런 이유로 창조 역사를 증거하면 하나님이 창조주인 것이 확증된다. 하나님은 천지의 알파요 오메가라, 선천 우주론을 매듭짓고 종국에는 완성하리라. 창조 문제 해결=궁극적 문제 해결=진리 문제 해결=神의 문제 해결=인류의 문제 해결을 통하여 보혜사 하나님의 지상 강림 역사를 증거하리라. 선천 진리와 창조의 핵심 문제인 창조 역사의 원동 메커니즘을 해결하면, 지난날 분열될 대로 분열된 세계를 통합하고 온전한 진리 심판으로 인류를 빠짐없이 구원하는 제3의 신권 질서를 수립할 수 있다. 만 영혼을 하나님의 품 안으로 인도하리라.

2019년 9월
경남 진주에서
염기식

❑ Contents

창조증거론(전편)
동양창조론 대 생명·물질·우주·인간

■ 머리말(선천의 핵심 문제) / 5

창조증거론(후편)

동양창조론 대 과학(결론)

제5편	증거 세부 각론

제6편   증거 결론

제1편

증거론 개설

나 여호와가 이같이 말하노라. 칼에서 벗어난 백성이 광야에서 은혜를 얻었나니 곧 내가 이스라엘로 안식을 얻게 하러 갈 때에라.
나 여호와가 옛적에 이스라엘에게 나타나 이르기를, 내가 무궁한 사랑으로 너를 사랑하는 고로 인자함으로 너를 인도하였다 하였노라.
처녀 이스라엘아 내가 다시 너를 세우리니 네가 세움을 입을 것이요 네가 다시 소고로 너를 장식하고 즐거운 무리처럼 춤추며 나올 것이며 네가 다시 사마리아 산들에 포도원을 심되 심는 자가 심고 그 과실을 먹으리라.
에브라임산 위에서 파수꾼이 외치는 날이 이를 것이라. 이르기를, 너희는 일어나라. 우리가 시온에 올라가서 우리 하나님 여호와께로 나아가자 하리라.-예레미야 31장 2~6절.

-1983.11.12.23:30.

제1장 개관(창조의 증명 가능성)

우리는 하나님이 천지를 창조한 사실을 어떻게 알 수 있는가? 물론 하나님이 그렇게 말씀하셨고 성경에도 그렇게 기록되어 있다. 하지만 이것이 인류 사회에서도 그대로 통용되는 사실인가 하면 결코 그렇지 않다. 그렇게 되기 위해서는 이성을 가진 인간으로서 거치는 통상적인 절차가 있는데, 먼저 어떤 사실을 증명하기 위해 내세우는 근거, 즉 증거(證據)를 찾고, 다음은 어떤 사항, 판단 이유 등에 대하여 진위 여부를 근거를 들어 밝혀야 한다.[1] 신앙심이 신실했다고 보는 중세인들은 창세기의 神을 믿었다. 현대의 신앙인들도 이런 형태를 크게 벗어나지 않았다. 그리고 그때나 지금이나 성경의 글자가 한 자라도 더해진 것은 없다. 그런데도 증거를 찾고 증명하기 위해 노력한 성과가 별로 없다는 것은 믿음의 충실함으로 돌려야 할 것인가? 증명하려는

---

1) 다음 사전.

노력을 오히려 불신앙으로 여기지는 않았는지? 왜 증명에까지 이르지 못한 것인지 신앙으로 합리화시키지 말고 진실을 직시해야 한다. 창조주 하나님을 믿는 것과 정당하게 증명하는 것은 모두 필요하다. 그리고 분명한 사실은 영원히 믿음만으로는 하나님이 천지를 지은 창조주란 사실이 공인될 수 없다. 증명하지 못한 것은 증거를 찾을 수 없는 세계적인 여건 때문이고, 그래서 믿음이 필요했다. 하지만 때가 이른 지금은 창조 사실을 증명할 수 있어야 한다. 그동안 증명하지 못한 것은 세계적인 여건 탓이라고 했다. 그 이유를 이 연구가 밝혀야 하며, 증명할 수 있다면 그 이유 또한 무엇인지 논거를 펼치고자 하는 것이 이 연구의 주된 과제이다. 아무리 노력해도 증명하기 어려운 경우가 있다면 그것은 오직 한 가지뿐이다. 하나님이 존재하지 않고 그분이 창조주가 아닌 경우(?), 아니라면 필인(必因)=필증(必證)이다. 창조는 반드시 필인을 낳고 필연을 거쳐 필증으로 낙착된다. 그래서 이 연구는 증거 역사를 기반으로 실질적으로 천지가 창조된 데 대한 기원의 문제를 풀고 창조 대상과 진리 세계를 통섭하여 갖가지 현안 문제를 해결하리라. 어찌하여 창조 역사의 결과물인 삼라만상이 하나님이 존재하지 않는다는 사실을 증명하는 근거로 전도될 수 있단 말인가? 이 엄청난 본말전도의 원인을 낱낱이 추적하리라. 결코 쉬운 문제가 아닌데, 증명 문제를 신앙 차원에서 해결하고자 한 것, 성서 문자주의, 오직 예수만을 통해서, 초점이 어긋난 자연신학적 논거 등이 왜 부족한 접근 방법이고 미비한 논거인지 지적하리라. "우주를 보아라. 이 거대한 시공간이 어떻게 저절로 존재할 수 있는가? 우주 자체가 神의 존재를 드러내지 않는가(자연신학적 논거)?" 하나님을 믿는 시각으로 보면 과학이 어떤 결과를 알려 주든지 간에 "아, 이것이 하나님이 우주를 창조한 과정이구나! 하나님의 창조 지혜가 놀랍구나!"라고 고백할 수 있다.[2] 무엇이 부족한 것인지를 알아야 완비된 증거 조건이 무엇인지도 안다. 왜 절로 존재할 수 없도록 창조된 것인지, 우주를 창조한 과정이 무엇인지 비교할 수 있는 판단 기준도 없이 고백할 수 있다고 장담하다니! 神, 천국과 지옥, 형식 종교를 믿는 신앙인에게 합리적 사고로 무장한 과학자가 묻기를 "당신의 증거는 무엇입니까?"라고 했을 때, 만일 그것은 믿음의 문제라고 대답했다면 어떻게 반응할까? 수긍할까? 종교가 어떤 전통에 대한 이의를 제기하지 말고 무조건 받아들이라고 할 때, 그런 종교는 인류의 미래에 대단히 심각한 피해를 끼칠 것이라고 우려하리라.[3] 현 상황에서 왜 무신론자들은 날을 세워 "나는 神의 존재가 여느 가설과 똑같은 하나의 가설이라고 말하고 싶다(리처드 도킨스)"고 하였을까?[4] 증명하지 못한 탓에 가설적인 지위를 벗어나지 못했다. 하지만 창조란 문제는 문제가 문제인 만큼 세계적인 여건이 성숙되어야 했는데, 코페르니쿠스에 이어 갈릴레오의 대담한 도전이 있자 루터가 말했다. "사람들은 하늘, 태양, 달이 아니라 지구가 돈다고 주장하려 드는 건방진 점성술사의 말에 귀를 기울인다. ⋯⋯ 이 멍청이는 천문학 전체를 전복하고 싶은 모양이다. 그러나 성서는 우리에게 말해 주는바 여호수아는 지구가 아니라 태양에게 멈추라고 명령하였다." 칼뱅 역시 단호했다. "세계는 견고히 서서 흔들리지 아니한다(93:1)"는 성경의 시편 구절을 인용한 후, 의기양양하게 결론 내렸다. "누가 감히 코페르니쿠스의 권위를 성령의 권위 위에 놓을 것인가?"[5] 개신교에서의 루터와 칼뱅은 어떤 인물인가? 그럼에도 불구하고 당시 하나님의 창조 역사를 증거할 만한

---

2) 『과학시대의 도전과 기독교의 응답』, 우종학 저, 새물결 플러스, 2017, p.75.
3) 『칼 세이건의 말』, 톰 헤드 엮음, 김명남 역, 마음산책, p.177.
4) 『과학과 종교는 적인가 동지인가』, 로널드 L. 넘버스 엮음, 김정은 역, 뜨인돌, 2010, p.340.
5) 『종교와 과학』, 러셀 저, 김이선 역, 동녘, 2011, p.23.

세계 인식적 기반이 미비했다. 세계적 근거가 생성되지 못한 바에는 때를 기다려야 했다. 이런 여건은 과학적 방법이라고 해서 예외가 없다. 본질적인 여건(선천)은 전 진리 영역을 지배한다. 토마스의 스승인 알베르투스 마그누스(1206~1280)는 "이성은 자연의 빛으로 자연계를 연구하고, 영성은 초자연적 영역에 대해 계시적으로 천명한다. 그리고 철학은 이것을 이성으로 증명해야 한다"고 하였다.6) 철학과 신앙을 예리하게 구분은 하였지만, 영성은 초자연적 대상을 규명하는 데 있어 답보 상태를 면하지 못했고, 이성은 자체가 그야말로 자연계를 탐구하는 데만 유효한 방법적 수단이라는 것을 알아야 했다. 증명 대상이 제한적이다. 선천의 한계적인 여건 안에 속한다. "현대 실증주의를 대표하는 논리실증주의에서는 실증되지 않은 것은 과학에서 배제되어야 한다고 했는데, 검증 가능한 것만이 유의미성을 갖는 것은 맞지만, 과학적 진술이 궁극적으로 감각적인 것에 환원되어야 한다"7)고 한 것은 실증적인 인식은 물론이고 과학적인 방법을 통한 진리성의 한계를 자초했다. 인식하는 수단과 인식을 목적한 대상이 모두 편협함을 지녔다. 실증되지 않은 것이 진리로서의 반열에 설 수 없다는 것은 너무 가혹한 규칙이다. 실증적 방법 자체가 완전하지 못한 진리 추출 수단인 데다가 세계의 본질마저 알지 못한 무지이다. 실증은 세계의 본질 분열이 완숙된 단계이지만, 이런 단계에 이르지 못한 상태에서도 진리성은 존재한다. 그런데도 실증주의자들은 실증 이전의 과정을 진리성이 미치지 못한 가공의 신화적 단계와 추상의 形而上學적 단계로 구분하고, 실증만을 완전한 진리 검증 조건을 갖춘 과학적 단계라고 여긴 것은 자만의 도를 넘어섰다. 이런 편협성 위에 세운 세계

---

6) 『자연존재론』, 소광희 저, 문예출판사, 2008, p.128.
7) 『철학과 물리학과의 만남』, W. 하이젠베르크 저, 최종덕 역, 한겨레, 1994, p.79.

관이 온전할 수 없다는 것은, 이런 진리를 신봉한 유물론의 극단성이 증명한다.

물질이 1차적이라고 본 철학자 레닌은 "세계에는 운동하는 물질 이외에는 아무것도 존재하지 않으며, 운동하는 물질은 공간과 시간 속에서가 아닌 그 밖의 곳에서는 운동할 수 없다. 그래서 세계는 물질로서만 이루어져 있고, 따라서 세계의 시원은 물질이라고 결론 내렸다."[8] 세계에는 운동하는 물질 이외에 아무것도 존재하지 않는다는 것은 유물론적인 관점 자체가 다른 가능성을 차단한 인식 수단의 편협성 때문이고, 이런 단정 위에서 내린 결론이 바로 극단적 물질주의이다. 이 같은 판단이 과학을 통해 일군 진리성이 제공한 것이라는 것을 알 때, 하나님이 천지를 창조한 창조주임과 살아 역사한 존재자임과 이 땅에 강림한 진리의 성령임을 증거하고, 천지창조론을 동양본체론에 근거하여 완성하기 위해서는 어떤 세계적 조건과 단계적인 증명 절차, 그리고 판단 기준을 세워 논거를 할 방법론이 필요할까? 지금까지 이 연구가 구한 무엇을 근거로 삼아야 하는가? 인류 앞에 내놓을 수 있는 완전한 증거, 제일의 증거는? 하나님 자체가 완전하고 또 완전한 창조 역사를 이룬 만큼, 모든 사실을 증거하는 데 있어서도 완전한 논거 관점과 증거 기준과 충족된 조건을 제시할 수 있다. 창조 역사를 증거한다는 것은 고스란히 하나님의 몸 된 존재성을 증거하고, 궁극적으로는 하나님을 영화롭게 하는 것인 만큼, 여기에는 창조 대상물에 대한 확인과 함께 하나님이 창조주로서 행한 창조 권능의 발휘 역사도 증거해야 한다. 이 연구가 증명 역사를 완수하기까지는 창조 역사를 증거할 수 있다는 것이 전제이고 가설일 수밖에 없으므로, 증거를 이루기까지는 가능성 여부보

---

8) 『철학의 세계 과학의 세계』, 안재구 저, 죽산, 1991, p.36.

다는 증거할 수 있다는 확신과 믿음이 필요하다. 그런데 무신론자들은 이와 반대된 전제를 앞세워 얼마나 심도 있게 神이 부재한 사실을 밝혔는가? 神이 없다고 여긴 순간 그들은 神이 존재한 사실들에 대한 정보와 단절된다. 세상 어디서도 神을 볼 수 없는 한계성에 직면한다. 하지만 믿음을 가질진대 증명할 수 있는 길이 열린다. 神을 증명하는 것이 어렵기는 하지만 가능한 일인데, 神이 존재하지 않는다는 것을 증명하는 것은 불가능하다. 神이 존재한 근거는 노력하면 구할 수 있지만, 神이 존재하지 않는 근거는 무신론적인 신념에 가려진 인식상의 문제일 뿐이다. 무엇이든지 증명하지 못하고 진리성을 주장한다는 것은 용납될 수 없다. 왜 무신론이 그릇된 신념인가 하는 것은 세계의 유신성을 증명함으로써 확증된다. 특히 증명하고자 하는 대상이 어려운 과제일수록 증명 조건을 갖추기까지는 많은 세월이 필요하다. 다윈은 갈라파고스제도 등을 탐사한 비글호 항해를 통해 종이 진화한다는 사실을 확신했지만, 영국에 돌아온 후에도 경솔하게 생각을 발표하지 않고 증명하기 위한 거창한 일을 시작했다. 널리 문헌을 찾고, 수집한 방대한 자료를 정리하는 데 20년 이상 걸렸다.9) 정말 증명한 것인지 아닌지는 차치하고서라도 쉽지 않은 작업일진대, 의도했건 안 했건 간에 이 연구도 저술할 조건을 갖추기까지는 그 이상의 세월을 보내야 했다. 하나님이 이룬 창조 역사를 인간이 증거한다는 것은 불가능한 일이거니와, 그런데도 성사시킬 수 있다면 여기에 바로 부족한 것을 채워 준 성령의 역사가 있었다는 아이러니가 있다. 하나님의 창조 역사를 증거하는 것은 인간적인 통찰과 안목이기 이전에 하나님이 아니면 불가능한 지혜가 더하여졌다는 사실을 알아야 한다.

---

9) 『서양과학의 흐름』, 송상용 저, 강원대학교출판부, 1990, p.246.

제2장 창조 증거의 성립 조건

1. 증거 기준

코페르니쿠스의 지동설은 태양을 중심에 둔 우주 체계에 있었다. 대부분 천동설[10]을 믿었을 당시 그의 이 같은 생각은 가히 획기적·혁명적이었다. 그 뒤 갈릴레오가 이 설을 지지하고 나섰지만 기독교의 교리에 배치된다고 본 교회의 압력 때문에 신념을 거두어야 했다. 세상이 점차 과학적인 발견들로 채워지면서 지동설이 확인될 수 있었지만, 그래도 세인들은 감각적인 사실로서 긍정적인 천동설을 버리지 못하였다. 확실한 증거, 즉 시차가 관찰되지 못한 탓이다. 시차가 왜 생기는가 하면, 별이 있을 때 지구가

---

10) 천동설: 고대부터 중세에 걸쳐 일반적으로 받아들여지고 있었던 아리스토텔레스=프톨레마이오스 체계.

태양을 돌게 되면 여름에 항성을 보았을 때의 위치와 겨울에 보았을 때의 위치가 달라야 한다는 것이다. 즉, 어떤 각을 잴 수 있는 선을 그었을 때 지구상에서 항성을 보면서 그 항성과 지구와 태양을 연결하여 잰 각은 달라야 한다. 시차가 관찰되어야 하는데, 사실은 별들이 워낙 지구로부터 멀리 떨어져 있어서 확인하기 어려웠다. 시차는 존재하지만 워낙 멀어 무시할 정도로 작았다. 결국은 19세기에 이르러 독일의 천문학자 베셀이 발견하여 지구가 태양의 주위를 돌고 있다는 것이 사실로서 증명되었다. 간접적인 증거는 소용이 없다는 것, 직접적인 증거가 만 말을 잠재운다는 것은 천지창조 역사를 증거하기 위해 첫 장을 여는 이 시점에서도 적용되는 기준이다. 하나님이 태초에 천지를 창조하였다는 것은 신앙인들에 의해 심증적으로 굳혀 왔다. 그러나 문제는 역시 직접적인 증거가 필요하다는 것, 그런데 무엇을 어떻게 해야 증거할 수 있는 것인지 방향을 잡지 못하였다. 천지가 어떻게 창조되었는지를 모르는 상태에서는 증거도 어렵다. 하나님은 "그의 열매로 그들을 알리라"고 하였다.11) 그러므로 우리는 세상 가운데 있는 창조된 결과물을 보고 창조된 사실을 확인할 수 있어야 한다. 만물 가운데서 직접 근거를 인출해야 한다. 그런데 지금은 어떻게 구하고 증거해야 할지 막막하다. 판단할 기준이 없다. 세우기 위해서는 보다 선행된 지적 과제부터 해결해야 한다. 진정 천지가 어떻게 창조되었는지를 밝혀야 가능한 기준이다. 증거하지 못한 것이 당연한데, 이제 이 연구가 본의에 입각하여 증거 기준을 세울 수 있게 되었다. 천지가 이렇게 창조되었으므로 그 기준에 따라 창조된 근거를 확인할 수 있게 되었다. 이것은 지동설을 뒷받

---

11) 마태복음 7장 20절.

침한 시차 문제의 해결처럼 천지창조 역사를 증거하는 제1 요건 이다.

그래서 이 단계에서는 다시 한번 천지가 어떻게 창조된 것인지를 정리해 볼 필요가 있다. 천지는 과연 어떻게 창조되었는가? 아무것 도 없는 無로부터 창조되었는가? 어떻게 아무것도 없는 無로부터 창 조가 가능하였겠는가? 세상을 두고 본다면 無한 데서 드러남이 사실 이지만, 그 같은 인식상의 제한 탓에 지성들이 창조된 근거를 찾지 못했다. 상식상 세상에는 반드시 있음에서 생겨나는 것이 사실인데, 시초에 대해 근거가 요구되는 것은 천지가 창조된 강력한 증거이다. 창조란 바로 그렇게 이미 모든 것을 갖춘 有로부터의 창조이고, 그 렇게 有한 근거를 밝히는 것이 창조된 근거를 찾는 것이다. 이미 있 는 것으로부터의 창조, 그것은 무엇으로 인함인가? 그 인함에 하나 님이 존재하였다. 하나님은 창조의 처음 근거인 전체자로 존재했고, 전체자가 하나로서 만물을 낳은 원천이다. 따라서 세계는 有가 있기 위한 전체적인 근거로 영원히 有한 존재성이 요청되었고, 그런 존재 성을 확인하는 것이 창조 사실을 확인하는 증거 기준이다. 천지는 이미 존재한 영원한 것으로부터 창조되었는데, 그 영원성이 만물 가 운데 내재하고 있었다는 것, 그것을 이 연구가 앞서 본질의 존재성 을 통하여 밝혔다. 그러니까 만상은 자체로서는 창조된 근거를 찾을 수 없지만 창조가 하나님이 뜻을 품은 몸 된 본질로부터 바탕이 되 었다는 것을 안다면, 창조를 증거하는 것은 세상의 물리적인 법칙과 원리만으로는 부족한 차원적 영역이 관여된 사실을 알 수 있다. 객 관적인 진리에서 제외된 비과학의 대표적 영역인 종교가 바로 창조 역사에 있어서 보다 근원된 창조 뜻과 의지 작용을 진리로서 인식한 것이라는 점에서 결코 제외될 수 없는 영역이다. 그리고 과학은 하나님이 그렇게 창조한 결과 세계를 진리로 확보한 상태이다. 종교와 과학, 그 요원할 것만 같은 동반자는 천지가 창조된 핵심 근원을 밝힘으로써 불가분리의 관계에 있었다는 것이 확인된다. 창조란 만물의 피조성, 즉 주체, 주관, 자율 의지의 결여만으로 증거될 수 없는, 천지가 어떻게 창조된 것인지를 알아야 판단할 수 있는 관점을 확보한다. 여기에 창조 진리의 자명성이 있다. 창조를 밝힌 진리는 진리가 진리인 것을 증명할 수 있는 자체 근거를 지녀야 한다. '어떻게'를 밝혀야 증명의 문제를 풀 기준을 세울 수 있다.

두 번째 기준은 창조된 근원 바탕이 통합성 본질로부터 비롯된 것인 이상 만상과 존재의 바탕성을 통하여 본질의 통합성 상태를 확인할 수 있다면 천지가 창조된 사실을 거듭 확인할 수 있다. 어떻게 해서 본질의 통합성 상태가 창조를 증거하는 기준이 되는가를 묻는다면, 천지가 어떻게 창조된 것인지를 다시 설명해야 한다. 통합성 본질은 하나님이 천지를 창조하기 위해 마련한 완전한 바탕체이다. 최종적으로 命을 받들 준비를 완료한 상태이다. 창조 이전에 모든 것을 갖추었다는 것, 이 같은 바탕성으로부터 천지가 창조된 탓에 우리도 사전에 준비된 상태를 통하여 창조 역사가 어떻게 실현되었는지 확인할 수 있다. 그렇다면 통합성 본질은 과연 세상 가운데서 어떤 형태로 현현되는가? 바탕이 된 본질이 완전하다는 것은 어떤 원인과 결과를 구분할 수 없는 상태이기도 하다. 천지가 창조되었다면 반드시 시초가 있어야 하는데, 아무리 찾아도 없는 것은 무엇을 의미하는가? 바로 모든 것을 구유한 통합성 본질로부터 천지가 창조된 탓이다. 어떻게 창조되기도 전에 모든 것이 구비될 수 있는가? 창조 이전부터 존재한 하나님이 이룬 선재 작업 탓이다. 만상이 무엇이든 근원된 본질이 시작도 끝도 없고, 한 통속이며, 원인이 사전에 결과를 내포하였다면 그것은 창조된 것이다. 모든 것을 구비한 통합성 본질이 그대로 창조를 이룬 바탕 근거가 되었다. 하나님이 창조하였기 때문이 아니고, 창조를 위해 사전에 준비한 탓에 출발 선상에서부터 모든 것을 갖춘 상태로 나타났다. 만상을 관장한 시공의 본질이 그러하고, 존재의 본질이 그러하며, 이런 상태를 가늠하고 있는 의식 또한 그러하다. 한 통속으로서 시종에 대한 원인과 결과를 함께 본유했다. 하지만 이것도 창조된 상태를 판단하는 기준에 속할 뿐, 직접적인 증거는 아니다. 기준을 가지고 속속들이 근거를 확인해야 한다. 시공이 아무리 창조성을 함유하고, 통합성인 본질 바탕위에서 현현된다고 주장해도, 그것이 직접적인 증거가 되는 것은 아니다. 그렇다면 어떻게 통합성인 시공의 본질을 증거할 수 있는가? 이것이 이 연구가 해결해야 할 과제이다. 통합성 본질을 통하면 창조 역사를 모든 면에서 증거할 수 있는 길을 튼다.

세 번째는 통합성 작용으로 주어진 선재성이다. 통합성 본질이 창조를 위해 모든 것을 갖춘 상태라면, 우리가 파악하는 창조는 이미 있음인데, 이 같은 선재성은 세상 어디서도 확인할 수 있다. 창조 요건이 선재된 것은 시사하는 바가 큰데, 이것은 만물 가운데서 어떻게 확인할 수 있는가? 선재성은 아직 도래하지 않은 미래 속에 있다는 뜻인데, 창조를 실현한 하나님이 아직 맞이하지도 않은 미래 속에 존재하여 창조를 이룬 뜻과 의지와 계획성도 미래로부터 현재를 관장한다. 창조 역사는 태고의 일로 생각하는데 창조 자체는 아예 그런 구분이 없다. 어제도 오늘도 미래도 창조를 기준으로 이미 존재한 상태이다. 이미 주어짐의 의미는 실로 숨겨진 뜻이 막중하다. 그렇게 주어짐, 곧 창조된 상태가 현재 분열 중이라 온갖 존재들이 유지되고 있다. 창조 역사가 선재된 작업 과정을 통해 이루어진 탓에 만상은 이미 갖추어지고 계획되고 완성된 형태로 파악된다. 천지를 구축한 이치, 구조, 원리들이 모두 그러하다. 천지는 완성된 것이 분열하여 완성을 지향하는 것이지, 아무것도 없는 無로부터는 자체 존재를 구축할 수 없다. 창조의 선재 상태가 창조에 대한 제3의 증거 기준으로서 이것이 창조의 직접적인 근거로 인출된다. 이미 함유했고, 이미 조건을 갖추었고, 이미 질서 지어진 것이 창조된 전모를 드러내기 위해 현현되고 있다. 창조 이전부터 창조 역사를 실현하기 위한 제조 시스템을 갖추었는데, 이 같은 상황이 세상의 뭇 존재 상태를 판단할 수 있는 창조 역사의 증거 기준이 된다. 창조는 이미 지어진 사실을 증거하는 것인데, 우리는 그동안 창조가 어떻게 이루어졌는지를 알지 못해 선재성을 증거 기준으로 잡지 못했다. 흔히 예정이라든지 예언된 메시지로서 받아들였는데, 그것의 원리적 뒷받침이 창조의 선재성에 있었다.

그리고 네 번째는 통합성 본질로부터 창조를 실현하므로 세상이 그 같은 창조 상태를 벗어날 수 없게 된 결정성에 있다. 다시 말해 천지가 이미 창조되었다는 것은 결국 모든 것이 결정되었다는 뜻이다. 결정성이 명백하니까 우리가 지금 확실하게 존재하며, 한 치의 오차도 없이 어김없는 미래를 맞이한다. 결정성을 미리 내다볼 수는 없지만 현재 상황을 지배한다. 무엇 하나 원리와 법칙 없이 움직이는 것은 없다. 세상 어디에도 이치가 있고, 파악하지 못한 상태에서도 존재는 원인을 지녔다. 완성된 형태인데, 완전성도 창조로 인한 결정성이다. 그런데 진화론자들은 왜 종이 진화한다고 하였는가? 사전 완전성을 간과해 분열 중인 상태를 종이 진화하는 것으로 판단한 것이다. 현재의 세상은 분명 과정적이고 창조는 완성된 결정성이다. 만상은 어디까지나 창조된 결과의 산물이다. 우리가 시공을 맞이하는 것도 우주가 생성된 결과이고, 미래를 가늠하는 것도 창조된 결과성에 대한 인식이다. 뉴턴이 기초한 결정론적 우주관에서 "모든 결과에는 반드시 합당한 원인이 존재해야 하고, 각 원인에는 합당한 결과가 있어야 했다. 따라서 미래는 과거의 결과로 결정되었고, 누구도 세상에 변화를 줄 수 없는 것처럼 보였다."[12] 창조를 몰라 판단을 거꾸로 하였다. 통합성 본질의 분열로 인해 미래가 현재를 규정하는 것이 법칙으로서 인식한 필연성이고, 세상 이법이다. 창조된 근거가 과거가 아닌 미래로부터 인출될진대, 이 같은 관점을 가지고 세상 가운데서도 창조된 사실을 확인해야 한다.

이처럼 창조는 시작부터 모든 것을 구비한 상태이고, 이것이 선재성과 결정성으로 나타난 것일진대, 좀 더 현실적인 증거 기준으로서는 만물의 인과성을 내세울 수 있다. 세계는 창조된 결과 속에 있어 이미 이룬 본질 바탕으로부터 온갖 현상이 생성되는 것이다. 만사가 결정적인 인과법칙은 창조 역사의 마지막 피할 수 없는 증거 근거이다. 인과성은 세상 곳곳에 적용되기는 하지만, 그것이 확고한 진리로 자리 잡지 못한 것은 인과성을 성립시킨 소이를 밝히지 못해서이다. 창조를 몰라 근본적인 해답도 구하지 못했다. 인과율에 있어서 가장 전형적인 사상 패턴인 삼키아나 베단타에서 설한 '인중유과론(因中有果論)'에 의하면(인도), "결과는 이미 원인 가운데 포함되어 있다"는 판단이 있다.[13] 그러나 어떻게 해서 그렇게 된 것인지에 대한 세계 원리적인 설명은 없다. 통합성 본질에 근거해야만 因 속에 果가 이미 함께 함재되어 있는 것을 창조 역사를 증거하는 결정적인 기준으로 세울 수 있다. 창조는 통합성 본질로부터의 분열을 의미한

---

12) 『이 하늘 이 바람 이 땅』, 권재술・성하창 엮음, 한샘, 1993, p.94.
13) 『인도철학의 산책』, 湯田豊 저, 권오민 역, 동국대학교역경원, 1994, p.219.

다. 세계는 모두 그와 같은 결과의 영향 아래 있다. 그러므로 통상은 因이 果를 낳는 것처럼 보이지만 통합성은 因과 果를 함께 보유한 본질을 이루고 있다. 통합성은 만물의 因이자 果라, 통합성이 분열하는 생성의 영향권 안에 있다. 이런 결정성 이유로 因은 반드시 果를 낳는 삶의 필연적인 법칙을 성립시킨다. 통합성은 분열할 수밖에 없고, 완성될 수밖에 없고, 결정될 수밖에 없다. 인생의 모든 성과는 인과관계가 낳은 철칙을 따르고, 드러난 결과가 원인에 근거하는 것은 통합성 본질이 생성함으로써이다. 필인, 필연이 여기에 있다. 통합성 본질의 분열이 곧 만상을 필연과 원인과 인과관계로 묶어 놓은 끈이다. 만상을 유지, 지속시켜서 창조 시스템을 뒷받침한다. 원인과 결과가 연결되는 것은 단순한 자연적 법칙이 아니다. 통합성 본질이 분열하므로 그 같은 결정성이 만상을 엄밀한 존재성으로 구축한 것을 인과법칙으로 파악하였다.

그래서 창조를 실현한 통합성 본질은 세계의 핵심 본질을 드러내는 과정에서는 존재의 형태를 이루고, 창조의 원동력을 드러내는 과정에서는 창조를 이룬 바탕 근거로 변신하였으며, 이제 창조 역사를 증거하는 과정에서는 모든 사실을 확인하는 기준으로 세워졌다. 창조 역사를 증거하는 구체적인 인식의 근거로서 알맹이를 갖추었다. 통합성 본질이 천지가 창조된 상태를 가늠하는 자와 저울 역할을 한다. 무엇을 얹어 놓아도 정확하게 가리키는 눈금을 새겨 넣었다. 그렇지만 어떤 경우이든 문제는 남아 있다. 창조 역사를 증거할 기준은 세웠지만 세상의 편견과 권위와 부딪혀야 하는 만큼, 이런 난관을 어떻게 헤쳐 나갈 것인가 하는 것이 과제가 되리라.

2. 형이상학적 증거 기준

창조론자는 생명의 복잡하고 정교한 구조와 유전 메커니즘이 하나님의 치밀한 작업이라고 하였다. 우리가 생각해 보아도 생명 현상은 참으로 경이로운 신비라는 것이 인정되며, 그런 의미에서는 창조된 흔적이 농후한 것이라고 할 수 있다. 창조된 근거가 생명 현상 속에 있다. 그러나 이 같은 견해가 내포한 결정적인 결함은 어디까지나 신념일 뿐 정확하게 판단할 기준이 없다는 데 있다. 하나님의 권능만으로 생명체의 정교한 작용 구조=창조된 증거라는 등식은 성립될 수 없다. 창조를 증거하기 위해 반드시 규명하고 정립해야 할 과제, 곧 어떻게 천지 만물이 창조된 것인지부터 밝혀야 한다. 복잡, 정교, 치밀한 것 자체가 증거 조건이 될 수는 없다. 만상은 태초 이래로 유구하였고 우리도 태어난 순간부터 완비된 상태로 존재하였다. 그런데 만상의 진상과 인생의 본질이 완전하게 드러나지 못한 것은 무엇을 의미하는가? 나는 어머니 배 속에서부터 총체적인 구조를 이루었다. 자라면서 코가 생기고 눈이 만들어진 것이 아니다. 창조된 이상 이것을 증거할 근거들은 세상 위에 있다. 지금은 현존하지 않지만 발자국과 화석 등을 보고 지구상에 한때 공룡이 번성했다는 것을 유추할 수 있듯, 만상도 태고의 창조성을 간직하고 있다. 창조로 인해 우리가 지금 존재하고 있는데 문제는 세상 원리와 이법이 창조의 결정적인 흔적이자 근거가 아니라고 생각한 데 있다. 창조와 무관하게 온갖 이치와 원리성이 구축될 수 있다고 여기는데, 진화론이 그 예며, 온갖 대상이 창조되었다고 해서 그대로 증거되는 것도 아니다. 조건이 갖추어지면 언젠가는 창조된 사실을 확인하고 하나님도 이해할 수 있지만, 그러기 위해서는 반드시 선행된 조건, 즉 어떻게 천지가 창조된 것인지를 밝혀야 일체가 증거될 수 있는 조건이 성립된다. 그렇게 되면 기본적으로 만물은 창조의 가장 확실한 증거물이 될 수 있다.

그런데 한 가지 문제점은 만상과 물질과 생명과 우주가 오관을 통하여 확인할 수 있는 대상이기는 하지만, 존재를 구축하고 있는 작용 현상들이 어떻게 창조된 근거가 될 수 있는가? 여기에 창조의 形而上學적인 측면까지 밝혀야 하는 이유가 있다. 그러나 이것도 앞서 세운 기준을 따르면 形而上學적인 작용 특성을 근거로 해서 창조된 사실을 알 수 있다. 그렇다면 우리는 존재한 시공간을 통해서 어떻게 창조된 근거를 인출할 수 있는가? 形而上學적인 대상으로부터 창조를 증거할 수 있는 실마리는? 그런데 그것은 정작 주어진 이법과 원리와 법칙 속에 있지 않고, 어디까지나 창조된 결과 대상이라는 점에서 진실로 하나님으로부터 모든 지혜를 구해야 한다. 우리는 시공의 어떤 작용 특성을 보고 천지가 창조되었다는 것을 확인할 수 있는가? 밝힌 바로 시공은 한 통속인 본질을 이루고 있어 삼세가 통관되는데, 이 같은 통합성 본질이 분열함으로써 현세가 존재하고 있다는 데 있다. 그렇다면 삼세가 통관되는 것은 또 어떻게 확인할 것이며, 창조와는 어떻게 연관 지을 수 있는가? 삼세가 통관되는 것은 그 자체가 천지가 창조된 사실의 전형적 근거이다. 완전함은 통합성을 바탕으로 마련된 것이고, 그것은 창조로 인해 이미 존재한 것을 의미한다. 그렇지만 우리는 그렇게 존재한 삼세를 동시에 겪을 수 없는데, 그 이유는 통합성 본질이 분열한 탓이다. 예언의 경우 미래 질서를 현세 안에서 감지할 수 있는 것은 미래가 그렇게 존재하고 있기 때문이다.

두 번째로 창조 사실을 판단할 수 있는 것은 존재한 본질의 구조성을 통해서이다. 창조 역사가 선재되었다는 것은 이것의 바탕인 존재 본질 속에서도 확인되어야 하는데, 뭇 존재가 본질로부터 창조된 데 대한 확인 사항이기도 하다. 만상은 갖가지 모습으로 현현되지만, 바탕인 본질이 한 통속으로 되어 있는 것은 창조의 바탕이 통합성 본질에 근거한 것임을 증거한다. 세계의 본질이 통관되고 원인과 결과가 함께한 것은 창조 진리를 인출할 수 있는 근거이거니와, 세계와 통하는 의식과 존재가 통합성 본질로부터 현현된 것은 창조 역사의 실질적 근거이다. 통합적인 존재 특성은 창조 역사를 증거하는 形而上學적 근거이다.

세 번째, 창조를 증거하는 形而上學적 근거는 세계를 규명하기 전까지 그런 사실을 판단한 의식의 직관성이 한 통속인 특성을 지녔다는 사실을 통해서이다. 본의에 입각한 관점에서 보면 본질에는 분명 생성을 일으킨 뿌리가 있다. 그리고 그것을 파악한 직관에 의해 진리의 전모가 드러났다는 것이 창조를 증거한다. 직관된 형태를 보면 의식은 이미 전체적으로 통체를 이루고 있다. 마치 돌부리를 캐는 것처럼 드러나지 못한 부분도 온전한 상태로 존재하고 있다. 표출된 직관 역시 잠재된 뿌리를 내포하고 있다. 본질이 분열을 완료하지 못해 현현되지 않은 것일 뿐, 자체는 전체로서 존재하고 있다. 이미 존재한 근원으로부터 생성된 것이라, 사실은 有한 존재에 대한 인식이고 앎이다. 직관이 진리성을 묻어 낼 때는 분열되지 않은 전체까지 포함하고 있어 추구된 전 과정이 꿰뚫어지고, 가치가 일시에 부활하는 생명력을 발휘한다. 직관에 의한 본질의 표출은 거의 전능한 지혜를 내포했다. 직관된 인식이 완성되어 있고 제한 없이 통하는 것은 천지가 창조된 사실에 대한 形而上學적 근거이다.

3. 합리적 증거 조건

존재하는 뭇 종들이 진화한 것이라면 그런 사실을 증거할 수 있는 조건들이 있을 것이듯, 천지가 창조된 것이라면 창조된 사실을 증거할 수 있는 조건 역시 따로 있다. 그것은 생명 현상이나 물질적인 것일 수 없다. 도킨스는 말하길, "나는 진화가 회피할 수 없는 사실임을 보여 줄 것이다. 그 엄청난 설명력과 간결미와 아름다움을 찬양할 것이다. 진화는 우리 안에 있고, 우리 밖에 있고, 우리 사이에 있다. 억겁의 과거에 만들어진 바위들 속에 그 작동의 증거가 새겨져 있다"라고 하였다.14) 도대체 어떤 조건을 갖추었기에 이 같은 자신감을 피력한 것인가? 창조는 더한 조건을 갖출 수 없는가? 도킨스는 도대체 어떤 특별한 눈을 가졌기에 진화한 증거들이 도처에 깔려 있다고 하였는가? 성립시킨 진화 조건을 추적해 보아야 한다. 진화는 실제로 일어난 사건인가? 그렇다면 어떤 증거들이 있는가? 인위선택(가축화)의 증거들을 보이고, 그로부터 서서히 자연선택의 증거들로 유인했다. 그리고 한때 잃어버린 고리라고 불리는 화석 기록상의 빈틈들이 지금은 튼실하게 메워졌음을 보여 준다. 그것 외에도 지문, 발자국 등 증거들은 얼마든지 있다고 하였다. 현생 동물의 해부 구조 비교라든지, DNA 비교라는 더욱 강력한 분자생물학적 증거도 있다.15) 왜 그가 이런 사실들이 지천에 깔린 진화의 증거라고 본 것인지 진화관을 살펴보아야 한다. 알다시피 도킨스는 다윈의 추종자로서 종은 변화한다는 사실을 믿었고, 변화가 오랜 세월 동안 누적되어 오늘날처럼 종들이 다양화되었다고 여겼다. 그렇다면 창조가

---

14) 『지상최대의 쇼』, 리처드 도킨스 저, 김명남 역, 김영사, 2009, pp.34~35.
15) 위의 책, p.581.

실제로 일어난 사건인지를 알아보기 위해서는 진화론과 반대되는 관점, 즉 영원히 결정적이고 불변한 사실을 증거하면 된다. 왜 창조론자들은 이토록 간단하게 해결할 수 있는 조건을 찾아내지 못했는가? 그 이유는 진화론자들은 눈으로 확인할 수 있는 종의 변화 사실을 통해 설명한 것이고, 창조론자들은 종이 왜 불변한 것인지 메커니즘을 말하지 못한 것뿐이다. 하지만 장담하건대 확립할 수 있다면 종의 불변성은 여전히 창조 역사를 증거하는 조건이 되고, 진화론이 주된 무기로 삼은 종의 변화는 오히려 창조 사실을 증거하는 근거로 전환될 수 있다. 이런 관점에서 보면 도킨스가 어디에서도 확인 가능하다고 한 진화의 증거들은 거대한 착각이었다는 것을 알 수 있다. 그런 증거 사례를 살펴보면 한결같이 종의 변화 관찰과 확인→생존경쟁·자연선택→무수한 세월→가지치기식 새로운 종들의 탄생이란 도식을 지녔는데, 이것은 잘못이다. 정말 관찰하고 확인한 것은 종의 변화 사실일 뿐, 종의 창조 사실은 최후 결정 도식에 끼워 맞춘 유추이다. 다시 말해 그들이 진화한다고 한 것은 변화된 증거이지 창조된 증거가 아니다. 변화가 창조라고 한 생각은 심대한 착각이다. 진화를 증거하려면 진화에 걸맞은 조건을 세워야 하는데, 진화에 대한 개념을 잘못 설정하여 초점이 흐트러져 버렸다. 만약 神이 존재하지 않고 창조가 없었다면 진화론자들이 세운 주재자 없는 자연선택과 우연에 의한 발생과 무작위식 돌연변이가 지구상의 뭇 종들을 있게 한 요인일 수도 있다. 하지만 변화는 끝까지 창조 메커니즘이 아니다. 자연선택, 우연, 돌연변이 요인은 창조와는 거리가 멀다. 증명을 자신하지만 이런 체제로서는 그 무엇도 증명할 수 없다. 증명이 안 되니까 우연을 앞세웠다. 어려운 것을 직감하고 의도적으로 회피하였다. 무엇을 잘못한 것인가? 밝힌바 창조 역사의 가

역성, 필연성, 결정성, 본질성, 선재성, 유함성, 통합성을 허물었다. 결과적으로 창조된 본의에 대해 무지함을 보였다. 창조란 무엇보다도 확실한 인과성과 결정성 위에 있다. 따라서 세상으로부터 자연적인 선택과 우연적인 무작위성을 추방하는 것이 바로 창조 역사를 증거하는 당위 이유이다.

본의를 모른 상태에서는 진화로도 진화를 증거하는 데 있어 무엇이 결여된 것인지 알지 못했다. 그래서 알고 보면 무엇보다도 창조된 본의를 자각하는 것이 우선적인 조건이다. 하지만 그것은 때가 되어야 하는 것이라, 결국은 선천 진리로서의 한계성을 벗어나지 못했다. 파스퇴르 이전에는 자연발생설이 일반적이었다. 이유는 미생물을 볼 수 있는 현미경이 개발되지 못해서이다. 본의도 그와 같다. 창조 역사를 증거하기 위해서는 충족될 때를 기다려야 했다. 현미경의 발명 이전보다 발명 이후로 넓혀진 생물학의 지평처럼…… 본의를 자각하기 이전을 대표하는 창조론적 인식에는 '성서 문자주의'가 있다. 이것은 성서의 기술을 문자대로 이해하려는 입장인데, 창조론자들은 도킨스가 툭하면 진화를 증거하는 것이라고 한 것과 비교할 만큼 사전 메커니즘 틀을 세웠는가? 이것 없이 성서의 문자만 창조 사실을 판단하는 기준이 되었을 때 그것은 벌써 오류를 내포한 것이다. 문자가 오류일 수는 없지만 본의를 들여다볼 수 있는 메커니즘 안목이 결여된 탓이다. 이 말은 곧 천지가 어떻게 창조된 것인지를 알아야 했다는 뜻이다. 모른다면 그야말로 수박 겉핥기식이다. 1960년대에 창조과학 형성을 주도한 헨리 모리스는 "창조가 문자대로 6일간에 걸쳐 일어난 것이라고 주장했는데, 이유는 성서가 명백히 말하고 있고, 神은 거짓말을 하지 않는 분이기 때문이다."[16] 이것은 누가 보더라도

---

16) 「과학시대의 창조신앙」, 최돈순 저, 성공회대학교신학전문대학원, 석사, 2008, p.19.

억측적인 주장이다. 신념일 뿐 창조에 대한 증거는 그런 것이 아니다. 성서 이해의 뒤에는 하나님의 뜻에 근거한 완숙한 세계관이 있어야 한다. 예를 들어 성경에서는 "이스라엘의 왕인 여호와, 이스라엘의 구속자인 만군의 여호와가 말하노라. 나는 처음이요 마지막이라 나 외에 다른 神이 없느니라(사 44:6)"고 되어 있는데, 이런 말씀을 우리는 창조 역사와 관련하여 어떻게 받들어야 하는가? 증거할 조건을 추출하기 위해서는 메커니즘에 근거한 사전 전제 조건을 세워야 한다. 곧, 창조된 본의를 알아야 무엇을 증거하고 확보할 것인지 초점을 잡을 수 있다. 모르면 헛다리를 짚게 되어 파급될 폐해가 한정이 없다. 본의에 입각할진대, 창조주 하나님은 말 그대로 처음이고 마지막이다. 천지우주의 시작이 하나님으로부터 시작되었고 마지막도 그러하다. 이런 세계 안에서는 아무리 처음을 찾아도 처음이 없다. 만물 안에서는 처음이 없다. 끝인들 있겠는가? 그래서 우주에는 시작과 끝이 없다(無始無終). 알파와 오메가는 하나님이 휘어잡았고 하나님이 몸소 지녔다. 그리고 이것이 하나님이 창조주로서 유일신인 근거이다. 천지우주에는 시작과 끝이 없고, 알 수도 없었다는 것이 창조 사실을 증거하는 전제 조건이다. 이런 관점에서 보면 "가톨릭 교황이 예수가 동정녀에게서 났고, 죽은 뒤 육체적으로 부활했다고 말하고, 그는 6일 만에 우주를 창조한 神의 아들이다. 만약 당신이 이 사실을 믿는다면 죽은 뒤 천국에 가게 될 것이다. 반대로 믿지 않는다면 지옥으로 떨어져 영원한 형벌을 받게 될 것이다"[17]고 하였는데, 그 말은 만인의 관심을 받을 가치가 있을까? 진리로서 인준될 수 있는가? 기대와 달리 경시된다면 그 이유는? 인정받기 위해서는 증명 조건을 채울 수 있는 절차를 거쳐야 한다. "예수 자신도 의심 많은

---

17) 『심판대의 다윈』, 필립 E. 존슨 저, 이승엽·이수현 역, 까치, 2006, pp.88~89.

도마에게 상처를 보여 주고 심지어는 만져 보게 하여 죽은 자 가운데서 살아난 자임을 확인시켰는데",[18] 그렇다고 하더라도 그런 방식적 증거는 일회성이라 객관적이지 못하다. 제한적인 증명 조건이고 요구 조건이며 확인 절차이다. 본의에 입각한 조건 제시는 부활과 영생을 한꺼번에 확인할 수 있는 불변한 본체이다. 이것을 해결하지 못한 탓에 선천은 세계관적으로 한계성을 지녔다고 해도 과언이 아니다. 일생을 천문학에 바친 아서 에딩턴은 "내게는 기원이라는 개념 자체가 불쾌하다. …… 나는 그저 사물들의 현재의 질서가 단 한 번의 폭발로 시작되었다는 사실을 믿지 않을 뿐이다. …… 우주가 팽창하고 있다는 주장은 기괴하고 믿을 수 없으며 정말 아무런 흥미도 느끼지 못하는 것이다."[19] 왜 그가 이런 태도를 취한 것인지 본의를 모르면 이해할 수 없다. 우주의 팽창 사실을 입증하는(빅뱅설) 몇몇 증거들이 발견되기는 했지만, 그것은 우주의 발생을 뒷받침한 조건은 아니었다는 뜻이다. 그런데도 현상적인 차원에서는 더 이상의 근거를 내세울 수 없는 것이 선천 우주론의 한계이다. 그 부족한 부분을 본체에 근거한 이 연구가 채우리라.

본의를 모르면 미비할 수밖에 없는데, 선천에서는 그런 부족함도 모르고 충족된 행세를 하였다. 창조 역사는 완비된 체제이고 일관된 원리 체제인데, 그러지 못한 미비 체제는 어긋남이 있고, 일치하지 않는 부분에 대해서는 구구한 설명을 덧붙였다. 즉, 자연선택 메커니즘에 근거한 진화가 맞는다면 그로 인해 말미암은 일체의 생명 현상이 일관되어야 한다. 그리고 사실성을 증거해야 했다. 그런데 진화론자들은 지구의 수많은 종들을 살폈는데도 불구하고 "미세한 점

---

18) 『춤추는 물리』, G. 주커브 저, 김영덕 역, 범양사출판부, 1987, p.149.
19) 『세상은 왜 존재하는가』, 짐 홀트 저, 우진하 역, 21세기북스, 2013, p.57.

진적 변화에 의해서 다른 종으로부터 발전된 근거, 곧 우리는 어디에서나 그 사이의 수많은 과도적 형태를 보지 못하는가? 왜 자연계가 혼돈되어 있지 않고 현재의 우리가 보듯, 각 종들이 명백히 구별되어 있는가?"[20] 이런 불일치 상태를 감지하고 진화론을 수정한 이론들이 등장하였는데(단속평형설 등), 이런 과정을 일컬어 그들은 과학 이론의 보편적인 현상이라고 합리화했다. 하지만 그것은 명백히 인간이 인위적으로 설정한 종에 대한 가설적 관점일 뿐이다. 최근의 창조론 부류에 속한 지적설계론도 "설계에 대한 추론은 우리에게 설계자가 누구인지 알 것을 요구하지 않는다. 시스템 자체를 시험해 봄으로써 어떤 한 시스템이 설계되었는지를 결정할 수 있고, 설계자가 누구인지 확신할 수는 없어도 설계되었다는 그 자체에 대해서는 확신할 수 있다"고 하였다.[21] 이런 조건 제시는 누가 보더라도 하자를 인지한 상황이다. 창조주의 사인을 보고도 주체자를 모른다는 것은 또 무슨 말인가? 추적하고 논거를 하기 위해서는 거대한 메커니즘이 가로막고 있어 수고를 회피하였다. 결국 일관된 창조 법칙 조건으로부터 이탈되었다.

무엇이면 무엇이라고 요구한 조건과 증거 근거가 일치되어야 하는데, 이것마저도 어긋난 증명 사례가 있다. "갈릴레오는 직접 만든 망원경으로 금성의 모양을 관찰하여 코페르니쿠스 우주론에 대한 결정적인 증거를 찾아냈다."[22] 아인슈타인은 일반상대성이론 속에서 강력한 중력 때문에 공간이 휘고, 공간이 휜다면 빛도 휜다고 했

---

20) 『심판대의 다윈』, 앞의 책, p.72.
21) 『다윈의 블랙박스』, 마이클 베히 저, 김창환 외 역, 풀빛, 2001, p.273.
22) "프톨레마이오스의 우주론에 따르면(천동설) 지구는 항상 초승달 모양의 금성만 보여야 했다. 그러나 갈릴레오가 관측한 금성은 초승달, 반달, 보름달 모양으로 보였고, 보름달 모양일 때 크기가 가장 작으며, 초승달일 때 가장 컸다."-『청소년을 위한 과학자 이야기』, 송성수 저, 신원문화사, 2007, p.17.

는데, 많은 과학자들은 이 이론을 승인하려고 하지 않았다. 그는 1919년 3월 29일의 일식 현상에서 자신의 이론을 증명할 수 있는 조건을 제시했는데, 영국 학사원이 3월 초 직접 브라질과 아프리카로 탐사대를 파견하여 사진을 찍어 와 이후 6개월 후에 태양이 없을 때 같은 부분을 찍은 사진과 비교하고 실험 결과에 경악했다. 이후부터는 어떤 과학자도 아인슈타인의 주장을 의심치 않게 되었다.[23] 그것은 사실인 탓에 조건과 일치한 증거가 있었다. 하지만 그 반대라면? 아무리 찾아도 맞는 근거를 찾을 수 없다면 오히려 조건 설정이 사실과 어긋난 것이란 결론만 도출할 뿐이다. 진화론이 진화를 증명하기 위해 내세운 사례들 중에는 종의 창조와 무관한 경우가 많다. "1960년대 이래 영국의 석탄 산업이 쇠퇴하면서 갈색 후추나방이 우세한 지역의 환경이 개선되기 시작했는데, 흰색이 유리해지자 흰색 후추나방들이 늘어났고 갈색 후추나방들은 드물어졌다."[24] 이 것은 환경에 따라 천적의 눈을 피하려고 한 후추나방의 생존 전략이다. 종의 창조를 증명할 수 있는 조건과는 무관하다. 영국 공업지역의 갈색, 흰색 후추나방은 그 지역에서 이미 존재하고 있었다. 갈라파고스에서 20년 이상 핀치 새의 부리를 관찰한 피터와 로즈메리 그랜트 부부는 다윈의 핀치들을 한 마리 한 마리 구별할 만큼 세밀하게 관찰하였고, 심지어 새들이 먹은 씨앗의 크기까지도 측정했다고 하는데, 그것이 그들이 진화의 증거를 찾아서 확인하고자 한 방식이다. 하지만 그것은 우주 팽창의 증거인 적색 편이와 빛의 휨에 대한 확인처럼 증거 조건과 일치한 것이 아니다. "아리스토텔레스-프톨레마이오스의 천동설을 뒤엎은 코페르니쿠스의 지동설과 갈릴

23) 『21세기 과학 어떻게 오는가』, 아서 S. 그레고르 저, 우리시대사, 1996, p.269.
24) 『진화론 300년 탐험』, 세드릭 그리무 저, 이병훈·이수지 역, 다른세상, p.191.

레오의 종교재판 회부, 시간과 질량, 그리고 길이와 같은 기본 물량이 절대적이라고 본 고정관념을 타파한 아인슈타인과 함께 神이 모든 생물을 창조한다는 창조론을 부정한 다윈의 진화론"25)은 동일한 부류가 아니다. 진화론은 성격이 전혀 다르다. 어떤 현상을 통해서도 충족된 조건을 세울 수 없다. 진화론에서는 인간이 원숭이와 같은 뿌리(공통 조상)를 가졌고 갈라져 나온 증거로서, "최근의 DNA에 대한 연구 결과가 다윈이 준 충격에 이어 인류에게 다시 결정타를 날렸다"고 하였다. 2003년 미국 미시간주의 웨인주립대 의대에서는 사람 유전자의 99.4%가 침팬지와 일치한다는 연구 결과를 발표하기에 이르렀다. 그것도 "고작 0.6%밖에 차이가 나지 않는다"26)고 지적하였지만, 이것은 진화를 증명하는 확고한 조건이 아니다. 또 다른 유추도 가능하다. 그것이 무엇인가? 공통 조상으로부터 갈라진 것이 아니고 한 분 하나님, 혹은 하나인 본질로부터 창조된 탓에 유전적 차이가 미미한 것일 수도 있다. 한 본질로부터라면 침팬지와 인간의 차이가 0.01%라도 종차가 다를 수 있지만, 진화한 것이라면 0.6%라도 차이가 엄청나 도대체 사람과 침팬지가 어디서 유래한 것인지 설명할 수 없다. 착각에 의한 엉뚱한 결론이다.

무신론자들이 神이 존재하지 않는다는 사실을 증명하려고 한 무모함처럼 진화론은 종이 진화되지 않았는데, 그것을 증명하려고 하니까 어디서도 증거 조건과 일치된 사실을 확인할 수 없었다. 그런데도 진화론이 왜 현대사회에서 주류를 이룬 것인가 하면, "진화론을 전제한 거대한 과학적 패러다임이 바뀌지 않은 탓이다. 과학의 역사를 통해 볼 때 패러다임이 바뀌기 위해서는 수많은 증거들을 설

---

25) 「불교와 현대물리학의 세계관 비교 연구」, 강호식 저, 동국대학교대학원, 박사, 2007, p.13.
26) 『종의 기원(자연선택의 신비를 밝히다)』, 윤소영 풀어 씀, 사계절, 2005, p.159.

명할 수 있는 새로운 패러다임이 등장해야 한다."[27] "코페르니쿠스의 우주 체계는 사실이었지만 그것이 과학계에서 상식으로 받아들여지기까지는 1세기 이상 걸렸다. 그가 죽고 나서도 50년이 지나는 동안 거의 지지자를 얻지 못했다."[28] 진화론 패러다임을 창조 패러다임으로 바꾸어야 하는데, 이 일을 어떻게 할 것인가? 증명하고자 하는 조건과 존재 조건, 그리고 결과 조건을 일치시킨 창조 패러다임이 확산되어야 했다. 다시 묻노니, 창조는 무엇을 증거해야 창조된 사실을 결정적으로 증거하고, 어떻게 증거해야 창조 역사의 결과성, 보편성, 합리성을 확보할 수 있는가? 창조 역사를 증거할 수 있는 완비된 전제 조건은? 창조는 바로 하나님만 증거할 수 있다는 사실적 조건을 구하는 것이다. 그것이 무엇인가? 하나님이 이룬 '사전 창조 역사 작업'이 그것이다. 이것을 확인할 수 있다면 하나님이 창조주인 것을 확증할 수 있다. 아울러 충족된 증거 조건으로 창조 역사를 확실히 증거하리라.

4. 논리적 증거 방법

천지가 창조된 사실을 증거하는 것은 神이 존재한 사실을 증거하는 일환이기도 하다. 그러기 위해서는 神도 알고 창조도 알고 세계도 알아야 하며, 그렇게 해야 무엇을 어떻게 할 것인지 논리적인 절차와 방법을 강구할 수 있다. "현대에는 무신론을 표방하는 사람들이 많이 등장하는데, 그렇다고 무조건 神은 존재하지 않는다고 하지는 않는다. 논리적인 절차를 거쳐 神이란 무엇인가를 정의하고 그다

---

27) 『한 손에 잡히는 창조과학』, 이은일 저, 두란노, 2011, p.98.
28) 『서양과학의 흐름』, 앞의 책, p.103.

음 神을 부정한다. 이런 절차도 없이 神이 없다고 한다면 무엇을 부정하는 것인지 알 수 없다."[29] 창조 역사를 증거하는 문제도 마찬가지이다. 먼저 창조가 무엇인지 알아야 하고, 거기에 따라 합당한 방법을 모색해야 한다. 그렇다면 창조는 과연 무엇인가? 창조는 증거할 수 없는 것이 아니다. 창조된 이상 어떤 방식으로든 증거할 수 있다. 불가능한 경우는 창조되지 않았을 때뿐인데, 우리가 이렇게 존재하는 한 그럴 가능성은 없다. 그러면 한 단계를 넘어 무엇을 어떻게 증거할 것인지 방법을 찾아야 하는데, 그래서 창조된 본의를 아는 것이 필요하다. 알지 못하면 무궁한 영역 안을 헤어날 수 없다. 그렇다면 창조된 사실을 증거하기 위해서는 구체적으로 어떻게 확인하는 절차를 거쳐야 하는가? 창세기 1장에서 하나님은 천지 만물을 6일 동안 차례로 창조하면서 그때마다 "하나님이 보시기에 좋았더라"고 반복하였고, 2장 1절에서는 "하나님은 하늘과 땅과 그 가운데 있는 모든 것을 다 이루셨다(개신교 새 표준번역 성경)"고 말씀하였다. 창조에 대한 증거는 그처럼 다 이룬 탓에 가능한 것이고, 그것도 보기에 심히 만족할 만큼 완벽한 탓에 우리도 지구의 환경에 잘 적응하고 있다. 이런 사실들 중에서 우리는 정말 무엇을 확인해야 하는가? 뭇 존재가 갖춘 완전함을 확인하면 된다. 완전함이 천지 창조 역사를 증거하는 판단 기준이고, 확인해야 할 근거이다. 어떻게 완전하게 창조한 것인지는 메커니즘을 구체화해야 하겠지만, 진화 방식은 증명이 불가능해도 창조는 가능하다. 방법이 문제이기는 하지만 저 멀리 산봉우리가 보일진대 길은 몰라도 찾아 나서면 된다. 완전성에 보태어 창조의 선재성, 통합성, 구조성, 목적성, 계획성, 주재성도 함께 논거를 해야 할 앞으로의 증거 항목이다. 하지만

---

29) 『과학시대의 불교』, 미즈하라 슌지 저, 이호준 역, 대원정사, 1997, p.26.

이렇게 제시하는 것만으로는 증거가 안 된다. 그래서 방법을 강구해야 한다. 수많은 지성들이 과제를 해결하기 위해 방법을 찾아 나섰지만 조건이 성숙되어 있지 못하여 합당한 길을 찾지 못했다. 창조과학, 자연신학, 지적설계론 등등 이것은 정말 神만이 지닌 권능에 속한 문제인가? 우리가 우주를 알기 위해서는 직접 우주선을 타고 우주공간을 여행해 보아야 하고, 창조를 알기 위해서는 창조 역사에 참여해야 하는가? 후자는 한마디로 불가능하다. 참여가 불가능한 탓에 하나님으로부터 지혜를 구해야 했고, 뜻을 살펴야 했다. 바탕이 된 본질과 병행할진대, 거기에 문제를 풀 열쇠가 숨어 있고 해결할 길이 있다. 지성들이 지난날 구한 방법은 인간적인 차원에서 살핀 인식이다. 창조 역사는 태초에 일어난 역사로서 누구도 목격할 수 없었지만, 모든 것을 주재한 하나님이 현 시공간에 건재하고 있지 않은가? 그리고 역사한 결과물도 있다. 이만한 조건이면 지혜를 구할진대 더 이상의 불가능은 없다. 구한 지혜로서 우리는 고대 이집트의 신관들이 했던 측량의 비밀을 알고 있다. 주어진 조건만으로 (직각삼각형) 강 건너 야자수까지의 거리를 재는 측량 방법인데, 창조는 사실상 동일한 존재 조건이 아닌 탓에 한계가 있었다. 지금부터 100억 또는 200억 년 전에 빅뱅이라고 불리는 대폭발이 있었고, 우주는 그 폭발로부터 시작되었다. 하지만 왜 그 같은 폭발이 있었는지는 신비 중 신비이다.[30] 폭발이 있었다는 것은 거의 틀림없는 사실이지만, 그것은 드러난 조건을 통해 이룬 판단이라 누구라도 빅뱅 이전, 그러니까 바다 밑에 잠긴 빙산의 규모는 정확하게 알 수 없다. 우주론이 다양한 것은 판단 가능한 우주에 관한 정보가 현상적인 근거뿐인 탓이다. 잠긴 본질은 여전히 유추할 수밖에 없다. 그래

---

30) 『코스모스』, 칼 세이건 저, 홍승수 역, 사이언스북스, 2016, p.483.

서 창조를 증거하기 위해서는 본의에 입각한 조건을 갖추고 이들을 비교, 확인해야 하는데, 선천에서는 시기상조적인 문제였다.

현재의 조건 안에서 과학은 자연 세계로 나가는 가장 신뢰할 만한 진리 탐구 방법이다. 하지만 창조 사실을 증거하는 데 한계성을 면할 수 없다. 그 이유는 무엇인가? 진화론자 게이로드 심슨은 "과학이 과학이 될 수 있는 것은 철학이나 논리학 같은 인문계 학문과 달리 여러 번 시험해도 똑같은 결과가 나온다는 것, 즉 검증할 수 있다는 데 있다"고 하였다.[31] 창조 역사는 그렇게 반복해서 검증할 수 없다. 그것은 아마도 진화론도 마찬가지이리라. 진화의 방향은 다시 돌이킬 수 없다(불가역적). 과학은 장점도 있지만 만능적인 방법은 아니란 뜻이다. 그 한정성을 볼 수 있어야 한다. 실증주의자들이 "직접적인 경험에 근거한 주장을 담고 있는 지식만이 참되다고 단언한 것"이 그것이다.[32] 세계에는 드러난 현상 외에도 잠재된 본질이 있고, 시간보다 앞서 있는 선재된 실체도 있다. 그러니까 그들이 확신한 경험, 곧 반복해서 관찰하고 실험해서 얻은 결과 내지 지식은 세계 본질의 부분에 속해 있다. 본질을 관망하지 못한 최고의 과학 실증적인 관점이 창조를 증명하는 단계에서 미친 영향은? 전체 본질을 보지 못한 방법적 실수를 자초하였다. 마치 배 속의 태아를 인간으로 인정하지 않는 것과 같은 문명적 무지이고 무자비함이다. 세계의 진상은 본질이 분열을 완료하고 알파와 오메가가 완전하게 드러났을 때 규명된다. 그런데 그들이 본 것은 부분적인 것을 인위적으로 조건을 구성하여 확인하였기 때문이다. 본질을 보았을 리 만무하다. 창조 역사는 경험할 수 없지만, 그렇다고 증명하는 데 있어서 경험

---

31) 『엔트로피(2)』, 제레미 리프킨 저, 김용정 역, 안산미디어, 1996, p.143.
32) 『논리실증주의의 과학철학과 새로운 과학철학』, H. I. 브라운 저, 신중섭 역, 서광사, 1987, p.28.

적 방법이 전부인 것은 아니다. 창조는 세계의 본질이 분열을 완료할 때를 기다려야 하는 것이 최선의 방법이다. 과학도 이런 본질 분열을 앞당기는 데는 기여하였다. 하지만 결코 테두리를 관찰하는 것으로서는 본질을 볼 수 없었다.

대상과 목적에 대해 방법만 옳다면 포기하지 않는 한 진상은 밝혀진다. "1768년, 25살의 젊은 화학자 라부아지에는 그리스시대부터 전해진 '4원소설'에 대해 의문을 가졌다. 세상 모든 물질이 불, 물, 공기, 흙의 원소로 되어 있다는 생각인데, 그는 이 설을 믿지 않고 101일 동안 유리로 만든 플라스크에 물을 넣고 가열하는 끈질긴 실험을 했다. 실험 전과 후의 유리 용기의 질량을 정확히 측정한 라부아지에는 유리 용기가 가벼워진 만큼 침전물이 생긴 것을 알게 되었다. 4원소설의 아성을 깨뜨린 것이다."33) "과학 이론의 옳고 그름은 과학적인 방법의 강구로 판단할 수 있고, 올바른 과학 이론은 어떤 현상이 생길 것을 타당한 증거를 통해 예측하고 정확한 수치 값을 제시할 수 있다."34) 그럼에도 불구하고 "과학은 자연세계의 인과관계를 알려 주는 일종의 설명 체계일 뿐이다."35) 어떻게 인과관계가 성립된 것인지까지는 파고들 수 없다. "미국에서 강력한 영향을 끼친 '마하주의(인식론상의 실증주의)'는 감각에 의해 직접 파악할 수 있는 현상만 경험에 의해 검증할 수 있는 확실한 것(실증)으로 간주하고 현상의 본질, 곧 경험적 한계를 넘어서는 것을 부정했다."36) 이것이 과학적 방법론의 현주소이다. 특정한 대상(드러난 현상, 물질 등)에 대해서는 오차 없이 주효하지만, 그런 대상도 전체 본질에 대

---

33) 『청소년을 위한 서양과학사』, 손영운 저, 두리미디어, 2007, p.176.
34) 『가모브가 들려주는 원소의 기원이야기』, 김충섭 저, 자음과 모음, 2008, p.50.
35) 『과학시대의 도전과 기독교의 응답』, 앞의 책, p.20.
36) 『철학의 세계 과학의 세계』, 앞의 책, p.54.

해서는 지극히 한정적이다. 그 특정한 대상이란 무엇인가? 창조된 결과로 인한 결정물이다.[37)38)] 그런데 우리는 지금 그 같은 현상의 영역을 포함해서 결정을 이룬 창조 영역, 곧 본질 영역의 작용성을 증거할 수 있는 방법론을 강구하고 있지 않는가? 코페르니쿠스는 옳았지만 지구가 공전과 자전을 한다는 것을 논리적으로 증명하였는가? 대답은 부정적인 탓에 공인되는 데 세월이 걸렸듯, 창조 역사도 사실이지만 방법을 찾아 증거하지 못하면 만인의 웃음거리가 될 수 있다. 하나님이 태초에 말씀으로 천지를 창조하므로 그 말씀이 창조 역사 곳곳에 관여되었다. 이런 사실을 증거할 수 있는 실마리는 어떻게 찾아낼 것인가? 여기에 철저한 논리적 탐색 절차가 필요하다.

찰스 다윈이 케임브리지 대학에 다닐 때 거의 유일하게 옆에 끼고 다녔다는 윌리엄 페일리의 『자연신학』(1802)은 "이 자연계에 그토록 정교하고 복잡한 구조와 기능을 가진 생명체들이 어떻게 존재하게 되었는가"란 질문에 대해 훌륭하게 답한 책이었다. 즉, 페일리는 "초자연적이며 지적인 존재인 神이 자연계를 설계한 탓이다"라고 대답하였다.[39)] 그런데 이런 논증에 매혹당했던 다윈이 나중에는 이보다 더 설득력 있는(?) 진화론을 펼쳤는가? 살펴보면 페일리의 논증에는 창조 사실을 증거함에 있어 논리적인 하자가 있었다. 정작 증거했어야 한 정교하고 복잡한 구조와 기능을 가진 생명체를 하나님이 어떻게 창조할 수 있은 것인가란 문제를 간과하고(창조 메커니즘), 하나님은 당연히 그렇게 창조할 수 있는 권능주인 것으로 믿었

---

37) "물리학의 경험적인 방법은 주의 깊은 관찰과 실험에 의한 사실의 수집, 그런 수집에서 특별한 논리적 절차를 거쳐 이끌어낸 법칙과 이론으로 구성됨."-「종말론에 관한 신학과 자연과학의 대화」, 정성민 저, 연세대학교대학원 신학과 조직신학, 석사, 2003, p.24.
38) "과학실험의 직접적인 목적은 자연의 물질운동의 법칙을 연구하는 데 있다."-『과학과 불교』, 김용정 저, 동국대학교부설역경원, 1983, p.102.
39) 『진화론도 진화한다』, 장대익 저, 김영사, 2013, p.26.

다. 증명해야 할 것을 돌에 대비한 시계에 떠넘겨 버렸다. 그의 의도는 "자연 속에 숨어 있는 神의 설계 사실을 찾아서 神의 존재를 증명하고 神의 속성을 이해시키고자 한 것이지만",[40] 고기를 잡기 위해서는 목적에 맞는 그물을 준비해야 하는데, 그러지 못해 물고기가 빠져나가 버린 격이다. 인공적인 시계를 神과 매치시킬 것이 아니고 차라리 돌의 엄연한 존재성을 창조와 매치시켰더라면 더 설득력이 있었으리라. 다윈이 쓴 『종의 기원』 책 여백에 자신의 생각을 꼼꼼히 채울 만큼 열심히 읽었던 멘델은 수도원 안쪽 뜰에 있는 90평 남짓한 작은 정원에 완두를 심고 교배를 하였는데, 그 이유는 자신의 실험이 다윈의 진화론을 결정적으로 증명할 수 있다는 믿음을 가져서이다.[41] 차라리 처음 시작부터 실험하고자 한 목적이 없었더라면 주어진 결과에 대해 객관적으로 판단했을 텐데, 의도가 분명하여 결과에 대한 해석도 목적한 범위 안에서 내려졌다. 지금도 대개의 생물학자들은 멘델의 법칙이 그가 이룬 해석처럼 진화론의 결정적인 쾌거 중 하나인 것으로 믿고 있다.[42] 순전히 진화론에 현혹된 탓이고, 창조된 본의에 대해 무지한 탓이다. 유전 법칙은 관점에 따라서는 창조 사실을 증거하는 근거일 수도 있다. 이것을 이 연구는 이후로 확인하여 갈 것이다. 잘못된 추리가 잘못된 결과 해석을 낳는 것임에, 매치될 수 없는 사실을 매치시킨 진화론자들은 자신만만한 가설적 추리 행보를 멈추고 창조된 본의 밝힘에 귀를 기울여야 한다. 우리들의 눈앞에 펼쳐져 있는 온갖 사물과 생명체들이 어떻게 생겨

---

40) 위의 책, p.28.
41) 『청소년을 위한 서양과학사』, 앞의 책, p.330.
42) "성직자보다 과학자가 되길 원했던 멘델은 8년 동안 완두 교배 실험을 통해 진화론을 결정적으로 뒷받침할 수 있는 유전의 개념을 만들었다. 만약 다윈이 세상을 떠나기 전에 멘델의 실험 결과를 알았더라면 그의 진화론은 더욱 설득력을 가졌을 것이다."-위의 책, p.328.

났고, 그것의 본성은 무엇인가? 사심 없이 볼 수 있어야 한다. 다른 존재가 없이 홀로 있거나 홀로 규정되는 사물은 없나니,43) 왜 삼라만상 일체가 말미암아서 의존하고 인연화합하며 상대적인지 이유를 추적하는 것이 창조 역사를 증거하는 논리적인 증거 절차이다. 우연성을 불식해야 창조 사실을 긍정할 수 있나니, 근원성에 대한 추적은 결국 창조로 귀결되고 창조로서 증명된다. 무신론을 극복하기 위해서는 그들이 주장한 세계관적 가치를 낱낱이 부정하는 데 정열을 쏟을 것이 아니라 영원한 실체, 나아가 영원한 삶의 현실성부터 가늠하고 확인하는 것이 합당한 길이다.

이 연구는 지금까지 오직 하나님이 이룬 창조 역사를 증거하기 위해 사명감을 가진 길을 추구하였고, 드디어 하나님의 본의를 자각함으로써 창조 증거의 기본적인 바탕을 앞선 저술 과정을 통하여 마련하였다. 그리고 창조 역사를 증거할 수 있는 조건인 창조 이전의 역사까지 가늠하게 됨으로써 세계에 대해 창조가 과연 무엇인지 되물을 수 있게 되었다. 반드시 증거할 수 있다는 뜻이다. 사전 창조 역사를 통한 증거는 본질적 차원이고 사후 역사를 통한 증거는 현상적 차원이니, 이 두 차원을 비교하고 연결하고 통합한다면 천지창조론을 완성할 수 있다. 창조 역사를 뺀 선천의 삼라만상은 일체가 별개였지만, 창조 역사를 보탠 후천의 삼라만상은 일체가 하나가 되리라.

---

43) 『물리학과 대승기신론』, 소광섭 저, 서울대학교출판부, 2005, p.105.

제3장 만물의 근원

1. 근원을 향한 추구 과제

시대와 문화권을 막론하고 우주의 근원을 알고자 한 것은 인간 사고의 보편적인 특성이다. 그것이 학문의 기저를 이루어 어떤 형태로든 추구한 행업을 남겼다. 그러나 아무리 파고들어도 묻혀 버린 까마득한 과거에 대한 회상과 남은 흔적들을 통하여 드러난 사실들, 밝혀진 것보다는 잃어버린 것이 더 많은 과거로부터 우리는 어떤 근거를 찾아내었는가? 혼돈으로 인한 판단의 근거 상실, 더 이상 밝혀낼 것이 없는 한계성, 과거에 대한 모호성에도 불구하고 이성으로 참된 사실을 규명하고자 한 것은 지성들의 거룩한 정열이었다. 가능성을 향한 추구, 왜 이 같은 노력이 동서양을 불문하고 끊이지 않았는가 하는 것은 진리를 향한 인간의 사고가 만물의 근원과 연관된 탓이다. 즉, 만물은 존재한 자체로 존재하고 있지만 유독 인간은 그렇게 존재한 것만으로 만족하지 않고 왜, 어떻게 존재하고 또 존재하였는지에 대해 의문을 품었다. 이처럼 존재한 근원과 본질을 알고자 해도 근원을 몰라 길을 찾을 수 없는 어려움에 부딪혔다. 눈으로 보는 삼라만상 우주가 있으면 있고 존재하면 존재하는 것이지 왜 의문을 품게 되는가? 굳이 시원을 밝혀야 하는가? 이런 의문과 사고작용이 없었다면 우리는 세상을 몰라도 되고 굳이 주어진 존재 의미도 구할 필요가 없다. 그렇기 때문에 우리가 아무리 궁구해도 존재하는 것만으로는 만족할 수 없는 사실들, 즉 자신이 존재한다는 것을 알기 위해서는 존재함에 대한 확실한 인식이 필요한데 우주가 우주 자체만으로 존재할 수 없는 근원적인 이유이다. 우리가 존재하고 있다면 거기에 대한 인식이 필요하듯, 우주도 존재하고 있는 한 가늠하는바 근원을 추적해야 한다. 그렇게 할 수밖에 없는 이유, 여기에는 만상이 존재한 창조의 시원에 대한 비밀이 숨어 있다. 아무리 진리를 규명했다 해도 천지의 시원을 밝히지 못한 상태에서는 진리가 완전하다고 볼 수 없고, 진리가 여태껏 완성되지 못한 소이이다. 애써 진리는 말했지만 뿌리박고 있는 근원을 밝혀내지 못하여 파악한 것들이 옳기는 하지만 알파를 찾지 못해 완성되지 못했다. 알파를 알면 모든 것이 밝혀지고 완성되는데, 근원을 몰라 알파를 인식하지 못했다. 여기에 추구했는데도 풀지 못한 이유가 있다. 도무지 결론을 내리지 못한 것은 진리의 첫 시원인 창조 원인을 규명하지 못한 탓이다. 생명과 존재와 창조에 대한 의문은 진리의 영원한 추구 주제인데, 더 이상 진전이 없었다. 그런데도 알파를 향한 물음과 노력은 본능처럼 근원을 탐구함으로써만 인생의 가치를 획득할 수 있는 믿음과 세계관을 구축하였다. 지난날 인류가 걸어온 지성사를 더듬어 보면 17세기까지 기독교가 거의 절대적인 교권을 유지했던 것은 알파에 대한 근원성을 하나님에 대한 신앙이 대신했던 탓이다. 창조된 원인을 하나님이 지녔다고 믿었다. 하지만 오늘날은 과학의 발달로 더 이상 궁극적인 원인자로서 버텨 내지 못했다. 알파가 神에게 있다고 믿었는데 지금은 그런 神의 존재가 불필요해졌다.44) 神의 존재성을 요청하지 않아도 이해할 수 있는 메커니즘을 구축하였다. 이런 성과에도 불구하고 우리는 주어진 근원에 대해서 얼마나 구체적인 사실을 확보하였는가? 현대인은 놀라운 속도로 발전하는 과학이 여태껏 불거진 문제들을 해결할 수 있을 것처럼 믿었다. 하지만 과학은 인간이 관찰한 것에 국한되어 있어 방법상 기원에 대해서는 어떤 긍정적인 것도 보여 주지 못하였다.45) 창조는 인식이 불가능한 無로부터 출발되었다고 하거니와, 결과적인 사실을 탐구한 과학은 그만 무릎을 꿇고 말았다.

그렇다면 인류가 그렇게도 찾기를 희망한 만물의 근원은 어디에 있는가? 바로 핵심이 된 본질을 밝힘으로써 드러난 결과 가운데 있다. 나아가 본질은 그대로 창조에 뿌리를 두고 있다. 본질은 결국 뭇 지성들이 궁구한 창조의 원인 세계에 대해 지침을 마련하였다. 진리를 추구한 목적이 만상의 궁극적 본질, 곧 창조 본질을 드러내는 것일진대, 그런 추적 과정이 본질에 당도하였다. 그래서 정말 시원에 관한 문제를 해결하였다. 시원뿐만 아니라 만상이 존재한 원인까지 내포하였다. 진리와 하나 됨이 여기에 있고, 뭇 원인성이 이곳을 향해 나아간다. 만물의 근원을 본질을 통해 설명할 수 있다는 것은 그

---

44) 뉴턴의 패러다임을 바탕으로 발달한 고전역학의 영향으로 정립된 기계적인 세계관은 17세기까지 유지되어 왔던 神-人間-自然의 3자 관계에서 神의 자리를 완전히 빼앗고 말았다. 그래서 17세기 이후의 지구는 일정한 메커니즘에 의해서 움직이는 시계로 변했고, 시계가 움직이는 데는 神의 존재가 불필요해졌다.-『사람의 과학』, 김용준 저, 통나무, 1994, p.398.
45) 『창조는 과학적 사실인가』, 한국창조과학회 편, 1996, p.22.

렇게 규명한 것이 창조를 증거하는 과정이 되고, 진실로 알파의 문제를 해결하고 진리를 완성한다는 것이다. 우리가 무엇을 추구하든 알파는 창조에 귀착되고, 궁극성은 모든 것을 있게 한 하나님에게로 귀일된다.[46] 본질을 향한 만물의 본성이 이것을 증거한다. 만물이 지닌 원인성은 어느 곳에서도 드러나는데, 이것은 알파를 창조에 초점을 두었을 때만 가능하다. 만물의 근원을 추적하면 창조된 사실을 밝힐 수 있다. 하나님이 있기 때문에 우리가 있고, 우리가 있기 때문에 하나님이 있다. 만물의 근원을 추적하는 데 있어서 궁극적인 알파 구조가 창조 역사를 증거한다는 측면에서 본 논거를 펼치리라.

2. 알파 구조

만상이 존재하고 있는 것은 세계에 반드시 모종의 시작이 있었다는 뜻이다. 이것은 사고로서 요청하는바 만물의 알파에 대한 원인성의 요구이기도 한데, 실질적으로 만물의 시작은 시작의 이전과 구분된 뚜렷한 경계선을 지녔다. 그리고 이 같은 구분이 있어 알파가 지닌 구조도 확연해진다. 먼저 시작이 無한 것으로부터의 출발은 불가능한 것인데, 有로부터의 출발, 그 같은 상태를 창조라고 한다. 보다 선재된 有가 요청되는 것은 이 같은 조건이 바로 하나님의 존재성에 대한 요청이기도 하다. 그렇게 제공한 근원은 하나님이며, 만물의 근원도 하나님의 몸 된 본질에 있다는 것을 확정할 수 있다. 알파 구조가 창조를 이루기 위해 사전에 준비된 상태라는 것을 알 수 있고, 그런 알파 상태로부터 천지가 창조되었다. 첫출발부터가 완벽한 상

---

46) 근본-만물-생명-인간성-희로애락, 자만, 우월, 불신, 무지의 반복-자각-자아-이상-노력-모순발견-의문-회의-극복-진리-정의-근본-하나님.

태이다 보니 그런 완벽성을 우리가 한꺼번에 파악하지 못했다. 현재 파악하는 알파는 분열 중인 한순간을 점유한 상태로서 오메가를 상정한 것이지만, 사실상 알파와 오메가는 아무것도 구분할 수 없는 통속적 본질이다. 그리고 有한 근본으로부터 주어진 것이 알파라 그 둘레를 온통 無時, 無空, 無存이 둘러싸고 있다. 창조는 나타난 세계이고, 분열하여 생성 중인 공간이며, 그 같은 상태의 확인이 곧 시간이 흐르는 세계이다. 온갖 현상이 세계를 구축한 요인이다. 無時, 無空, 無存으로부터 구분된 알파는 일점과도 같아, 일점으로부터 확장되어 지금의 세계를 이루었다. 하지만 그 일점이 확장되었더라도 무엇 하나 달라진 것은 없다. 결과 지어진 모습을 보고 알파 상태를 가늠하는데, 일점의 출발과 결과로서 드러난 모습은 그것이 그것이다. 일점의 확장성 상태로서는 어떤 출발의 시점을 구분할 수 없다. 그리고 그 출발점은 지극히 작지만 처음부터 완전한 상태로부터 시작된 탓에 존재한 有함은 가도 가도 끝이 없다. 창조가 곧 알파로서 만물 가운데서 파악되는 구조는 항상 동시에 출발된 특성을 지닌다. 원인과 결과가 한꺼번에 알파로서 등단하였다. 창조가 시작인데도 있음과 완전함이 선재되어 있어 일체 알파가 알파 속에 파묻혔다. 이 같은 구조적 특성이 세계를 구축한 주된 요인으로서 작용하였다. 그런데 지성들은 세계의 알파를 찾기 위해서 어디를 기웃거렸는가? 근원성을 내포한 본질을 밝히지 못하면 천지를 창조한 알파의 구조도 파악할 수 없다. 곧, 통합성 본질이 최초의 기원을 찾는 실마리이다. 시작을 하나로부터 열로 발전된 것으로 본 것이(진화) 사실은 모두 갖춘 열이 분열되어 하나하나 나타난 것이다. 그래서 알파의 완전성은 만상의 기원을 푸는 통찰 관점이다. 천지는 모든 것을 갖춘 본질로부터 생성한 데 알파다운 비밀이 있다. 나아가 알파의 통합성은 완성된 구조인 선재성을 지니는데, 그런 관점에서 알파의 통합성은 창조의 시원 계열상 하나님의 사전 창조 역사를 시사한다. 그래서 하나님은 우주 창조를 위한 선행된 알파이고 우주는 그 결과이다. 하나님은 선행된 의지이고 우주는 그 실체이다. 선후 개념이 확고한 것 같지만 기준은 어디까지나 창조 역사를 이루기 이전이라, 일체 역사가 현시점보다 앞서 있고, 그런 알파의 통합성이 도래하지도 않은 미래 역사까지 관장한다. 현세의 있음 원인이 미래와 연결되어 있어 시공의 본질을 초월하지 못하면 알파를 찾을 수 없다. 지금까지 지성들이 구한 알파는 오랜 과거로부터의 흔적이라, 분열성으로서 알파가 지닌 선재성과는 거리가 있었다. 그런데도 선각들이 이룬 우주 기원에 대한 직관적 통찰은 시공을 초월한 놀라운 진리성을 내포했다. 창세기를 전한 것이라든지 太極, 혹은 道가 만물을 낳았다고 한 것이다. 과거로부터 기원을 찾은 현대인들은 여전히 알파를 찾지 못한 실정인데, 선재성을 직관한 선각들은 지혜의 명철성을 더하였다. 존재 이전에 원인이 있었다는 것은 창조의 시원에 대한 근거이자 창조 역사를 인식한 명백한 통찰이다. 알파 구조가 지닌 선재성은 창조 이전에 존재한 하나님과 사전 창조 역사를 증거하는 확실한 근거이다.

3. 만물의 실체 근원

우주의 시초이자 만물의 근원이 무엇인가 하는 것은 참으로 해결하기 어려운 진리적 과제로 앞에서는 근원을 향한 탐구가 바로 사고력을 쏟은 제일의 과제이고, 동서양을 막론한 보편적인 추구 특성이라고 했거니와, 정말 만물을 이룬 실체 근원이 어디로부터 비롯된 것인가는 과학 문명이 발달한 지금도 궁금하다. 이 같은 의문에 대해서 인류는 얼마나 탐구를 진척시켰고, 지적인 성과를 거두었는가? 과연 천지는 어떤 시초를 지녔는가? 프랑스의 철학자 데카르트는 실체를 설명할 때 궁극 원인을 '자기 원인력'으로 돌렸다.47) 세상이 세상을 낳았고 만물이 만물을 낳았다란 상식적인 판단이다. 마르크스주의 철학은 "자연의 변화 과정에서 지구상에 무기물질로부터 유기물질이 형성되었는데, 이 물질이 자기 운동 과정에서 점차로 복잡한 것으로 발전하여 단백질이 되고, 결과로 생명 현상이 발생하였다"고 하였다.48) 어떻게 최초에 무기물질이 나타나게 되었는지에 대해서는 언급을 회피하고, 생명 없는 자연에서 생명이 발생하였다고만 주장하였다. 그렇게 해서는 만물의 근원성에 대한 답이 될 수 없다. 만물이 생겨난 데 대한 문제를 해결할 수 없다. 또한 소크라테스와 동시대인인 데모크리토스는 "만물이 원자로 이루어져 있다고 생각한 최초의 사람으로 간주된다. 그는 철학사뿐만 아니라 과학사에서도 중요한 자리를 차지하는데",49) 원자로 이루어졌다면 원자로부터 만물이 생겼다고도 볼 수 있지만, 원자조차도 더한 소립자로 구성되어 있다는 것을 알게 되면서 그런 신념은 무너졌다. 여기에 대해서 현대 우주론은 서슴지 않고 "우주는 아무것도 없는 無로부터 자발적인 분출에 의하여 생겨났다. 공간이나 시간조차도 대폭발의 순간에 생겨났다"고 하였다.50) 하지만 그런 폭발이 있었다면 어떻게 無로부터 우주의 창조가 가능했는가? 파악할 수 없는 폭발 이전의

---

47) 자기가 원인이 되어 스스로 존재함.
48) 『철학 다이제스트』, 철학연구회 정리, 일송정, 1989, p.46.
49) 『과학의 발전과 함께 새로운 철학이 열리다』, 한스 라이헨바하 저, 김희빈 역, 새길, 1994, p.96.
50) 『과학과 철학』, 김용정 저, 범양사출판부, 1996, p.308.

작용 세계가 있었던 것이 분명하다. 가장 과학적으로 사고한다고 하면서 근원의 문제에 대해서는 가장 비합리적인 주장을 하였다. 자연의 법칙성과 생태계에 대해서는 지적인 개과를 올렸지만, 시원의 문제에 대해서는 유치한 수준을 넘어서지 못하였다.

만물의 근원을 추적하기 위해서는 단도직입적인 단정만으로 해결할 수 없다. 직접 접근해야 하고, 세상이 어떻게 생겨난 것인지를 알아야 근원도 파헤칠 수 있다. 만물이 존재하는 한 근원은 필연적인 존재 자리이다. 현존에는 근원이 있고 역사에는 기원이 있다. 지속이든지 계보이든지 오늘과 같은 시공간이 있고 오늘의 존재, 생각, 행적, 역사를 있게 한 창조적 시원이 있다. 단지 그것이 무엇인가 하는 것은 확정된 상황이 아니지만 만물이 이렇게 존재하고 있는 한 시원의 필연성은 부정할 수 없다. 존속에는 이유가 있나니, 창조에 알파가 없다면 존재에 대한 원인 역시 없으리라. 인류는 궁극적인 의문을 풀기 위해 노력하고 있으며, 창조가 여기에 대해 답할 수 있는 실질적인 바탕이다. 그런데 우리는 그동안 창조된 결과물만 보고 궁구하여 실마리를 찾지 못했다. 궁극적인 문제에 근접한 대상과 영역을 찾아서 파고들어야 했다. 말단만 들추어내어서는 안 된다. 궁극 원인은 창조에 있지 창조된 사물 가운데 있지 않기 때문이다. 창조된 이상 의문을 풀 방향 설정도 천지가 어떻게 창조되었는지에 달렸다. 그런 근원적인 대상을 무엇이라고 하였는가? 세계의 본질이 곧 만상을 형성한 근간이므로 삼라만상이 이로부터 비롯되었다. 본질 작용을 통해 창조 진리를 인출하고, 有한 본질 바탕을 통해 난제를 해결하리라. 천지가 창조되지 않았다면 어떻게 문제를 해결할 수 있겠는가?

그렇다면 본질은 어떻게 해서 만상을 낳은 실체로서의 근원이 되는가? 지성들이 파고든 기원 추적을 통해서도 드러났듯 아무것도 없는 것으로부터는 아무것도 창조되지 않았다. 결국은 有가 有를 낳은 형태를 취한다. 불교에서 말하는 연기법도 알고 보면 이것이 있으므로 저것이 있다 하여 있음이 근원의 첫 출발점이다. 만유의 출발이 '있음'으로부터 비롯되었다. 이미 있음이 본질로서 본질은 일체를 구유한 상태이다. 그런데도 창조는 어느 시점에서는 반드시 창조 이전과 창조 이후를 구분하는 경계선이 있는데, 이것이 만물의 시원인 첫 출발선이다. 그 근원은 본질로서 이미 있었던 것이 분명하다. 근원으로서는 궁극 바탕이 시작과 끝이 없지만 시원으로서는 無가 有한 구분선이 있다. 그래서 모든 것을 구유한 본질이 창조의 근원이고 시원이라는 것은 의미심장하다. 노자는 『노자도덕경』 거용 편(去用篇)에서 "반대로 순환하여 복귀하는 것이 道의 활동이요, …… 천하 만물은 有에서 나오고 有는 無에서 나온다"고 하였다.[51] 그리고 그 진정한 의미를 이제는 해명할 수 있다. 천하 만물이 有에서 나오고 有는 어떻게 無에서 나오는가? 본질이 천하 만물의 근원 바탕인 것과 창조된 것을 직시한 것이다. 이것의 초점을 잡지 못하면 수준 낮은 질문이 속출한다. "세상에 조물주가 있다면 조물주 이전의 시간은 어떤 시간이며, 조물주 이전에는 누가 있었는가?"[52] 창조에 대한 부정적 자세이다. 창조된 본의를 몰라 조물주의 존재 공간을 창조된 대상 안에 포함시켰다. "헤겔은 존재가 생성한다는 테마를 근본 사상으로 삼았다. 존재는 살아 약동하는 정신과 결코 다르지 않다. 서양철학사에서 존재[一]가 생성[多]한다고 선언한 자는 다름 아닌 헤겔이다."[53] 그는 존재의 특성만 보았고, 존재가 왜 생성하는지

---

51) "反者 道之動 …… 天下萬物生於有有生於無."-『노자도덕경』 거용 편.
52) 『불교에서 본 인생과 세계』, 불교신문사 편, 홍법원, 1988, p.56.

에 대한 원인은 언급하지 않았다. 만상이 본질을 근원으로 삼은 탓인데, 그런 본질을 발견하지 못하였다. 이것이 서양철학이 지닌 전반적인 문제이다. 최근의 물리학자들은 "몇몇 현상이나 소립자의 충돌과 결합의 운동성을 동양의 주역과 불교의 세계관과 연관시키는 일을 두고서 우리의 이성을 혼란시키는 매우 우매한 과학의 신화일 뿐"이라고 격하했다.54) 하지만 만물의 근원이 본질로부터 비롯된 것인 한 동양 사상을 통해서 물질의 근원 실상을 엿본 시도는 오히려 세계 완성을 지향한 조짐이다. 참으로 동양이 일군 道 속에서는 무궁한 실체의 근원성이 함재되어 있다. 그런데도 실체의 근원을 오직 자연 속에서만 구한 것은 본질이 지닌 창조성을 모른 자들이 모색한 진리 탐구 방법이다.

그렇다면 동양의 선현들은 창조의 궁극적인 원인과 만물을 낳은 근원이 본질에 있다는 것을 어떻게 파악하고 인식하여 道로써 표출하였는가? 대우주의 시초와 만물의 근원이 본질이라는 관점에 입각하면 우리는 정말 선현들이 접한 창조의 실체 근원을 통해 놀라운 진리성을 확인할 수 있다. 즉, 유교에서는 태초의 어떤 혼돈 상황은 아직 아무것도 형성되지 않은 상태이지만, 太極은 모든 것을 생기게 한 무한한 가능성을 품고 있는 힘의 근원이요, 만물의 본체라고 믿었다. 동양은 진화론처럼 자체 발전을 믿지 않았고, 처음부터 모든 가능성을 함유한 太極을 만물의 시초로 삼았다. 창조 이전부터 무한한 가능성을 지닌 太極, 즉 통합성 본질을 전제하였는데, 이것이 만물을 잉태한 시초이고 근원 본체라고 여겼다. 회남자는 우주의 발생과 맨 처음 시작이 무엇인가에 대해 太始, 太一이라고 하였다.

---

53) 『철학 다이제스트』, 앞의 책, pp.94~95.
54) 『부분의 합은 전체인가』, 최종덕 저, 소나무, 1995, p.39.

"천지가 나타나지 않았을 때는 無形하고 투명했다. 그래서 太始[太昭]라고 하였다. 道는 텅 비고 훵한 데서 생겨났다. 이 텅 비고 훵한 것이 우주를 낳았으며, 우주는 원기를 낳았다."[55]

회남자는 만물의 근원을 따져 올라가면 太始, 또는 太一을 만나고, 여기서 道와 우주의 원기가 생겼으며, 여기서 다시 분화되어 만물에까지 이르렀다고 하였다. "우주가 시작되기 전에 천지는 아직 존재하지 않았고, 단지 혼돈된 상태에서 고정된 형태가 없었는데, 그런 太始가 천지가 분화되기 이전인 최초의 시작이다. 뒤에 차례대로 道가 형성되고, 우주·원기가 이루어지고, 氣가 나누어져 하늘, 땅, 음양, 四時, 물, 불, 그리고 만물이 되었다"고 하였다.[56] 통합성 본질 바탕이 근본을 형성한 氣 없이는 그 무엇도 하늘, 땅, 四時, 물이 될 수 없었다. 통합성 본질인 太一이 있은 탓에 만물이 발생된 근원을 분화라는 개념을 통해 설명할 수 있고, 이것은 그대로 본질이 만물의 실체 근원인 것을 증거한다. 비록 창조의 원동력인 命化 작용은 빠졌지만 회남자의 太一은 충분히 천지가 본질로부터 창조된 사실을 시사했다.

본질에 근거한 창조 역사에 대해서 노자는 이렇게 묘사하였다. "어떤 혼연한 것이 있으니······ 道라 할 뿐이다."[57] 천지가 형성되기 이전부터 어떤 혼연한 것이 있었고, 그것이 천지 만물의 실체 근원인 본질이라고 하였다. 단지 혼연한 것의 정체가 드러나지 않은 탓에 존재성을 확인하는 차원에서 억지로 이름 붙여 道라고 불렀다. 그것이 창조의 바탕 된 본체라는 것을 당시로서는 알 수 없었기 때

55) 『회남자』, 이석호 역, 을유문화사, 1971, p.48.
56) 『중국철학 개론』, 이강수 외 3인 저, 한국방송통신대학교출판부, 1994, p.95.
57) 『도가를 찾아가는 과학자들』, 董光璧 저, 이석명 역, 예문서원, 1995, p.100.

문에 노자는 이 같은 상황에 대해서 가감 없는 판단을 하였다. 無와 有는 한곳에서 나와 이름을 달리한 것이고, 모두 현묘하다고 할 수 있어 현묘함 가운데 또 현묘한 道는 모든 사물이 나오는 오묘한 문이다. 창조 문이 道, 즉 본질로부터 인출되었다. 만물의 실체 근원이 道, 太一, 太極, 空일진대, 본질의 존재성에 대한 한결같은 인식을 오늘날의 지성들은 간과할 수 없으며, 그것이 인류가 궁금하게 여긴 우주의 시초요, 천지를 창조한 실체 근원이었다는 것을 확언하는 바이다. 만물의 기원이 본질로부터 비롯되었나니, 천지의 실체 근원 역시 본질로부터 말미암았다.

4. 만물의 인식적 기원

천지가 창조됨으로써 만물은 반드시 그렇게 말미암게 된 알파를 지녔다. 그런데도 인류가 지난날 지혜를 다했지만 그 기원을 찾지 못한 것은 천지가 창조되지 않아서가 아니다. 오히려 창조된 탓에 가로막힌 인식상의 제한성 탓이다. 지성들은 삼라만상이 존재함과 별도로 주어진 인식적 특성을 묘연하게 여기고 영역을 독립시켜 깊이 사색하였다(인식론). 즉, "우리가 보는 삼라만상은 우리의 관심과 관계없이 객관적으로 존재하는 것 같지만 존재를 파악하는 것은 사고의 결과"란 것이다.[58] 그리고 과학에서도 경험적 대상은 1차 질료이지만 경험적 대상을 통해서 2차 질료인 법칙적 대상에 이르러야 한다. 그런데 "우리가 알 수 있는 것은 법칙적 대상의 끝이 무엇인가 하는 존재론적 측면보다는 끝으로 나가는 인식론적 측면을 중시하여 이것을

---

58) 『이 하늘 이 바람 이 땅』, 앞의 책, p.17.

과학 방법론"이라고 하였다.59) 사물의 궁극적인 파악은 물자체 속에 있지 않다. 물자체에 의식이 머무른 有한 존재로서의 인식이라는 것을 알 때, 사물이 존재함과 별도로 존재한 인식이 선재되지 않고서는 어떤 의미도 가치도 파악하는 것이 어렵다. 여기에 창조 역사의 비밀이 내재되어 있는데도 직시하지 못해 창조된 알파를 찾지 못하였다. 주된 이유는 인식상에 있고, 이런 문제점을 알아야 만상이 창조된 실상을 파악하는 데로까지 나간다. 존재한 물질의 구조를 통해서는 아무리 파고들어도 창조의 원리성 추출이 안 되었던 이유도 여기에 있다. 창조된 대상은 세상 위에 편재되어 있지만 예외 없이 인식된 투영물이다 보니 만물을 탐구하는 것만으로는 창조의 참된 실상을 파악할 수 없었다. 오직 창조성이 분열한 본질이 드러나야 했다.

그렇다면 만상의 실태를 파악할 수 있는 유일한 문은 인식인데, 이것으로 어떻게 창조의 알파성을 파악할 수 있는가? 대답 역시 아이러니하게도 천지가 창조된 탓이다. 알파에 대한 인식이 불가능한 것을 통하여 창조된 사실을 알 수 있는 비밀을 풀 수 있다. 왜 알파를 인식할 수 없는가? 우리는 현실적인 상황 속에서도 없는 것은 인식할 수 없듯, 창조도 일체 有함이 無했던 데서 비롯된 탓이다. 창조된 결과 대상인 만물은 오직 有함만 인식할 수 있는 본질로 구축되어 있어 無한 것은 인식할 수 없다. 만물은 있음의 상태인데, 그 있음(창조)을 낳은 알파인 없음을 어떻게 인식할 수 있겠는가? 창조 이전의 無한 상태는 인식할 수 없다는 것, 이것은 인식상으로 만상을 바라본 창조에 대한 순수 실상이다. 따라서 자신을 기준으로 알파를 인식할 수 없다고 해서 천지가 창조되지 않았다는 판단은 잘못이고, 사실은 인식할 수 없기 때문에 천지는 확실히 창조되었다. 존

---

59) 『부분의 합은 전체인가』, 앞의 책, pp.28~29.

재는 있어도 인식이 없으면 실체 파악이 곤란한 것과, 진리 공간과 세계로 진입해야 파악할 수 있는 것은 창조의 알파 인식이 불가능한 것과는 별개이다. 인식적 특성과 구조를 통하면 無로부터 천지가 창조된 세계적 실상을 정확히 안다. 막다른 곳에서 감지한 無한 상태가 사실은 감각으로 느끼는 그런 無가 아니다. 인식할 수 없다고 해서 만상이 존재하지 않는 것은 아니듯, 만물의 알파 상태를 인식할 수 없다고 해서 알파 이전의 無한 상태가 아무것도 없는 상태인 것은 결코 아니다. 만상을 추적한 인식 상황은 끝이 없지만 無도 전체적으로 볼 때는 알파로서의 단계에 참여한다. 그래서 無에서 有가 창조되었다는 것은 無의 형질이 무한한 잠재적 기질을 형성한 상태이고, 아직 발하지 않은 상태를 뜻한다. 만상의 알파는 이런 無로부터 시작되었다. 생성하고 창조된 모든 것은 無한 바탕 위에서 존재한다. 존재한 근원이 無로부터 비롯되었고, 만물이 無로부터 태동되었다. 無는 만물을 잉태한 생명과 물질과 우주의 근원으로서 통합성 본질 자체이다. 無는 영원한 것이요, 생성의 본원이라 滅하여 잠적하게 한 근원이다. 현상적으로 미처 발하지 않은 잠재력으로서 창조 역사를 실현하는 일체 가능성을 지녔다. 無는 실로 만유를 포함한 근원 자리이다. 창조가 인식이 불가능한 無로부터 출발된 탓에 인식상 천지의 알파와 오메가도 끝이 없었다는 사실을 지적하는 바이다. 세상 알파를 인식할 수 없는 보다 구체적인 이유는 사물에 대한 인식은 자체가 분열하기 때문인데, 無는 창조되기 이전 상태로서 그같은 분열의 태동이 없었다. 그래서 만물의 시원과 알파는 창조 역사의 시작점이라기보다는 분열을 포함한 시작점이다. 통합성 본질이 분열함과 함께 천지의 시작과 알파에 대한 인식도 성립하는데, 이것이 창조된 세계 안에서는 시작과 끝을 가늠하기 어려운 무한 소급 상황으로 드러났다. 토마스 아퀴나스는 『有와 본질에 대하여』에서 "모든 사물은 자기 존재의 원인을 가져야 하기 때문에 원인 계열에 있어서 무한히 소급해 갈 것이다"고 하였다.[60] 사실상 만물의 바탕이 된 본질은 이미 有하고 영원한데, 인식상으로는 원인의 원인이 필요하였다. 주자는 6살 때 천지의 밖이 있는가, 없는가? 천지의 밖이 있다면 그 밖의 밖이 있을 것이다. 이렇게 생각하다가 거의 병에 걸릴 뻔했다는 일화를 토로했다. 천지가 무궁한 無, 즉 본질로부터 창조되었는데, 누가 천지의 밖을 가늠할 수 있겠는가? 불교에서 말한 만사의 핵심 본체인 空은 실체가 없다. 실체 없는 空으로부터 실체가 형성되었다. 우리는 있는 것만 인식할 수 있는데, 실체 없는 空으로부터 실체가 생겼다면 인식할 수 없는 것은 당연하다. 창조는 무엇인가? 세계를 영원히 有할 수 있게 한 것이다. 따라서 인식할 수는 없어도 창조는 있었고, 無한 창조 이전에도 하나님은 존재하였다. 無는 곧 통합성이나니, 없어서 없는 것이 아니다. 창조되지 않고 분열되지 않아서이다. 알파가 세상 안에서 없고, 有함 안을 순환하며, 무한 소급된 이유이다. 그래서 장자는 만물의 인식적 기원을 추적하면서 道와 無의 경계선을 헤매었다. 『장자』의 제물론 편에서는 그림자 간의 대화가 있다. 바깥쪽 그림자와 안쪽 그림자 간의 비유를 통하여 이것이 발생하게 된 최초 원인, 즉 "인과율의 궁극적인 원인은 道나 無에 있는 것이 되지만, 그러한 분석적 지식의 문제는 자연에 맡겨 두어야 한다고 하였다. 결국 이 말은 사물의 존재나 운동은 반드시 어떤 원인이 있으며, 그 원인은 그에 앞선 또 다른 원인이 겹쳐서 무한 소급(일종의 혼돈) 상황에 빠진 것을 의미하였다."[61]

60) 『有와 본질에 대하여』, 토마스 아퀴나스 저, 정의채 역, 서광사, 1995, p.63.
61) 『과학과 철학』, 앞의 책, p.299.

『회남자』의 숙진훈에서도 세계의 기원과 천지 만물의 구성에 관해 서술하였다.

> "어떤 시작이 있었다. 어떤 시작이 있는 것을 아직 시작하지 않은 때가 있었다. 어떤 시작이 있는 것을 아직 시작하지 않는 것마저 시작하지 않은 때가 있었다."

그 같은 때는 분명히 있었다. 그래서 그 어떤 시작의 무한 소급 상황이 끝날 곳은? 이른바 "어떤 시작이 있는 것을 아직 시작하지 않은 때가 있었다"는 것은 천지가 개벽되기 이전 상태라 인식상 파악할 수 없었다. 따라서 어떤 시작이 있는 것을 아직 시작하지 않는 것마저 시작하지 않은 때가 있었다는 것은 정말 어떤 때인가? 만인이 답할 수 있는가? 누구도 답하지 못했지만 창조 역사를 증거하고자 하는 이 연구는 답할 수 있다. 곧, 창조주 하나님이 천지를 창조하고자 한 뜻을 품기 이전 상태이다. 여기에 대해 회남자는 분명하게 구별된 실체 기원을 언급하였다.

> "어떤 有가 있었다. 어떤 無가 있었다. 어떤 無가 아직 시작하지 않은 때가 있었다. 어떤 無가 아직 시작하지 않은 것조차 시작하지 않은 때가 있었다."

어떤 有가 있었다는 것은 유형인 만물을 가리키는데, 그 有가 無, 無……로부터 나왔다. 결국 無란 아직 시작조차 하지 않은 때가 있었다는 뜻이다. 그것이 어떤 때인가? 이제는 인식할 수 있겠는가? 無도 無일 수 있는 시작이 있었다는 것, 그리고 시작하지 않은 것조차 시작하지 않은 때가 있었다는 것은 천지 역시 창조되기 이전의 상태가 있었다는 뜻이다. 천지가 창조도 되지 않았는데 어떻게 파악이 가능한 메커니즘을 적용시킬 수 있었겠는가? 회남자가 말한 대로 그러한 때는 분명히 있었고, 그것이 바로 창조라고 말하지는 못했지만 창조 사실을 증거할 수 있는 논거 바탕은 마련하였다. 유한과 무한이 통일되기 이전의 상태이고, 존재 이전의 상태란 창조 아니면 적용할 수 없다. 장자는 시작의 앞에 다시 無始(시작이 없음)를 말하였고, 그 無始조차도 없었던 때가 있었다고 한 것처럼, "인간의 분석적 지식을 초월한 근원적인 원인이 있다고 보고 그것을 道, 혹은 一이다"고 하였다.62) 노자는 道의 실체론에 대해 "천지가 형성되기 이전부터 존재한 어떤 혼연한 실체를 언급하였다. 그 무엇은 소리도 들리지 않고, 형체도 보이지 않으며, 홀로 우뚝 서 길이 존재하며, 쉼 없이 순환 운행하되 그침이 없으니 천지 만물의 근원이라 할 만하다. 그것의 이름이 무엇인지 모르나 억지로 道라고 칭한다(『노자 도덕경』 1장)"고 하였다. 그리고 그것이 바로 바탕체로서의 근거가 된 본질이다. "無名은 천지의 시작이며 有名은 만물의 근원"63)이라고 하여 인식이 불가능한 무한의 잠재태로부터 만물이 창조되었다는 것을 시사하였고, 인식 가능한 온갖 有名들이 만물의 근원이라고 하여 본질이 만물로 현현된 사실을 적시하였다. 참된 無 가운데서 道의 오묘한 본체를 관조하였고, 참된 有 가운데서 道의 순환하는 현상을 보았나니 無와 有, 그 경계는 인식상으로 분리된 것이지 근원인 본질은 그대로 통관된다. 창조 이전이나 창조 이후나 본질은 변함없이 존재하고 영원한데, 이것을 일컬어 無와 有 둘은 한곳에서 나와 이름을 달리한 것이라 모두 현묘하다고 할 수 있다. 현묘함 가운데 또 현묘한 道는 모든 사물이 나오는 오묘한 문이라고 하였다

---

62) 위의 책, p.299.
63) "無名天地之始 有名萬物之母."-『노자도덕경』 1장.

(『노자도덕경』1장). 노자는 시공을 초월하여 창조된 근원 바탕을 직시하고 꿰뚫었다. 단지 세계가 처한 본질성을 간파하고서도 진상을 드러내지 못한 상황이었는데, 일체 본의를 밝힌 지금은 그 실체가 바로 본질이고, 작용력이 창조이며, 근원 본체가 하나님이다. 삼자가 시대에 따라 온갖 진리로 현현되었다는 것은 진실로 천지 만물이 몸 된 하나님의 본질을 바탕으로 창조된 탓이다.

제4장 창조의 본의 개념

1. 창조 본의 정의

하나님이 이룬 창조 역사를 증거하기 위해서는 하나님이 역사한 창조 메커니즘을 알아야 하고, 창조 메커니즘을 알기 위해서는 태초에 천지를 어떻게 창조한 것인지 창조 본의, 곧 뜻을 알아야 한다. 객관적인 조건 속에서도 본의를 알 수 있다면 천지가 누구에 의해 어떻게 창조되었고, 본질이 무엇인지도 알 수 있으리라. 세계적인 현상을 통해서도 창조 목적과 뜻을 꿰뚫고, 드러난 현상을 일관시키며, 깊숙한 곳에 숨어 있는 차원적인 진상을 직시할 수 있다. 우리는 행동한 결과를 보고 그 사람이 왜 그렇게 행동한 것인지 따지는데, 진실은 그 사람의 마음을 알아야 하듯, 창조도 중요한 것은 처음부터 끝까지 역사를 주도한 하나님의 본의를 아는 것이다. "닫혀 있는 시계의 구조를 알기 위해서는 뚜껑을 열어야 한다. 문자판의 움직이는 바늘을 보고 똑딱거리는 소리를 듣는 것으로서는 한계가 있듯",64) 지난날 궁극적인 문제들이 답보되어 있었던 것도 본의를 알지 못한 탓이다. 삼라만상 현상이 창조 역사와 연관되어 있지만 본의를 몰라 확인할 수 없었다. 선현들은 세계의 본질을 직시하고 창조 도식을 세웠지만 본의를 빠뜨려 창조방정식을 풀지 못했다. 기신론의 인식 체계에서 "유일 실재한 한마음[一心]은 공적(空寂)하고 불생불멸하다. 현상계의 바탕은 되지만 현상계와 직접 연결된 것은 아니다. 그래서 한마음과 현상계를 잇는 중간 가교의 개념이 여래장(如來藏)이다. 이를 통해 한마음이면서 모든 현상을 낳는 도식을 갈무리한다"고 했다.65) 이 말이 무슨 뜻인가? 그렇게 규정한 유일 실재하고 공적하며 불생불멸한 조건을 갖춘 一心은 말 그대로 현상계를 창조한 본질 바탕이다. 한마음과 현상계를 이은 탓에 여래장이라고 하지만, 이런 연결 등식으로 무엇을 알 수 있는가? 창조된 도식은 세웠지만 어디까지나 엿본 상태이다. 바탕 된 조건을 갖춘 한마음이 어떻게 뭇 현상계를 낳은 것인지에 대한 메커니즘이 빠져 있고, 그 이유는 곧 본의를 알지 못해서이다. 창조주의 본체 바탕뿐만 아니라 마음(뜻)까지 알아야 하는데, 알지 못한 것은 시계의 문자판을 보고 소리를 듣는 상태와도 같다. 본의를 몰라 선천의 우주론, 본체론, 창조론이 한계성을 지녔다고 할 수 있는데, 지성들이 세계 안에서 해결하지 못한 문제, 곧 우주의 기원과 무궁함과 종말성 등등 어떤 경우에도 神을 제외한 상태에서는 창조방정식을 풀 수 없었고, 풀 수 있는 조건이 미비하였다. 그러나 우리가 가진 여건으로서는

---

64) 『불교적 깨달음과 과학적 깨달음』, 김성규 저, 과학과 사상, 1993, p.96.
65) 『물리학과 대승기신론』, 앞의 책, p.117.

불가능하지만 神이 가진 조건으로서는 풀지 못할 문제가 없고 이루지 못할 일이 없다. 神은 완전한 조건을 갖추고 인류를 완전한 진리 세계로 인도할 수 있다. 본의를 알면 神도 창조도 세계도 모두 알 수 있다. 하나님은 창조주라 하나님 외에는 그 무엇도, 그 누구도 절대 가치, 절대 진리, 절대 존재를 내세울 수 없다. 세계에 가로놓인 궁극적인 문제를 풀지 못하는 것은 주된 실마리를 휘어잡은 분이 따로 있었기 때문이다. 하나님이 붙들고 있는데 다른 데서 찾으니까 세상 어디서도 해결할 수 없다. 아우구스티누스는 절대성에 대해 깊이 사색하여 "절대성이란 오직 하나님에게만 있고, 그 외의 모든 존재는 예외 없이 상대적·의존적인 것으로 파악했다."[66] 그래도 무슨 말인지 이해하지 못하는 것은, 왜 하나님은 절대적이고 그 외의 존재는 상대적인 것인지 창조 메커니즘과 본의를 알아야 했기 때문이다. 단순히 창조주와 피조체로 구분한 차이가 아니다. 그런데도 지성들은 우주의 기원과 생성에 대해 현상적인 조건만 따졌지 하나님의 무한한 초월적 권능은 염두에 없었다. 그래서 우주에 대한 신비나 하나님에 대한 신비나 가늠한 여건은 동일하였고, 우주의 무한성 주장과 영혼의 불멸성 주장에 대한 인식의 한계성은 차이가 없었다. 다윈의 강력한 옹호자인 헉슬리는 생명의 창조자로서의 神 개념을 제거하고 초자연적인 神은 필요하지 않다고 단언하였다. 본의에 대한 심대한 무지이다. 창조가 초월적일 수밖에 없는 것은 우주 자연이 질서 정연한 데 있다. 조화로운 우주를 창조하기 위해 창조 역사가 더욱 초월적이어야 했다. 지극한 우연이든 놀라운 기적이든 창조 권능을 전제한다면 이해하지 못할 현상이 없다. 神은 창조주로서 물질에도 있고 생명에도 있고 마음에도 있다. 그런데 神을 제외하여 버린다면

---

66) 「과정신학의 신이해」, 문환희 저, 한신대학교신학대학원, 석사, 2009, p.19.

그 결과가 어떻게 되겠는가?

　그럼에도 불구하고 선천 세월이 다하도록 본의를 간파하지 못한 것은 절대적인 하나님의 계시 역사가 있어야 한 탓이다. 본의는 하나님의 뜻인데, 어떻게 인간이 스스로 알고 자각할 수 있겠는가? 하나님이 존재하지 않고 역사하지 않았다면 불가능한 일이다. 계시의 주체성은 하나님이 지녔다. 그래서 하나님은 예수 그리스도를 통하여 "보혜사, 곧 아버지께서 내 이름으로 보내실 성령, 그가 너희에게 모든 것을 가르치시고 내가 너희에게 말한 모든 것을 생각나게 하시리라(요 14:26)"고 약속하였다. 보혜사, 곧 "진리의 성령이 오시면 그가 너희를 모든 진리 가운데로 인도하시리니(요 16:13)"라고 예언하였다. 때가 되면 보혜사 진리의 성령이 강림하여 인류를 모든 진리 가운데로 인도할 역사를 펼칠 것인데, 그것이 곧 하나님이 길을 통하여 이룬 '본의 밝힘 역사'이다. 하나님이 길 위에 내린 계시는 특별한 것이지만, 그렇게 해서 깨우친 은혜로운 역사 과정은 보편적이다. 이 같은 성령의 역사를 통하여 만 인류가 하나님이 태초에 이룬 천지창조 역사를 진리적으로 확인할 수 있게 되었다. 본의는 자의로 깨우친 것이 아니다. 앞선 동양창조론의 저술 역정을 통하여 기반을 마련하였고, 특히 창조방정식의 필수 성립 조건인 창조의 대원동력(메커니즘)을 밝힌 성업이 있었다. 왜 하나님의 입장에서는 본의를 계시해야 하고 인간적인 입장에서는 받들어 수용해야 했는가? 본의 관점이 객관적으로 정의되어야 그를 통해 하나님이 이룬 창조 역사를 세상적인 조건을 통해 증거할 수 있기 때문이다. 모든 경우에 있어서 파란 리트머스 시험지를 산성용액에 넣으면 그것은 붉게 변한다는 사실은 숱한 실험을 통해 확증되었고, 그것은 변할 수 없는 법칙이다. 사전에 확인한 과정을 거친 탓에 실험실에서 학생들은 파란 리트머스 시험지를 산성용액에 넣어 보고 시험지가 정말 붉게 변한다는 사실을 검증할 수 있다.[67] 본의에 입각해서 하나님이 천지를 지은 창조주인 것이 사실이라면 그 근거가 만물 가운데 남아 있어야 하는데, 그것은 무엇인가? 선천에서는 확인된 본의가 없어 마치 파란 리트머스 시험지가 붉게 변하는 것처럼 창조된 결과를 사전에 예측할 수도, 증명할 수도 없었다. 하지만 온갖 절차를 거쳐 확인한 정의 틀, 곧 천지가 왜, 어떻게 창조된 것인지를 알면 드러난 현상을 통해 즉각 창조된 사실을 추출할 수 있다. 객관적으로 판단할 수 있다. 이것이 보혜사 하나님이 강림하여 약속을 지킨 창조의 본의 밝힘 역할이고 역사이다. 왜 본의를 밝혀야 했는가? 만인류를 모든 진리, 곧 하나님의 창조 세계로 인도하기 위해서였다.

그렇다면 자각된 본의란 과연 무엇인가? 그리고 이것을 모른 선천은 어떻게 해서 궁극적인 문제를 풀지 못한 한계성에 직면했는가? 창조로 결정된 현상적 질서와는 차원이 다른 관점을 확보하고 또 제공하기 때문이다. 결국 창조된 세계를 판단하기 위한 관점 설정이고 창조된 사실을 증거하는 판단 기준이다. 본의가 차원이 다른 것은 전적으로 창조를 이룬 본질 영역과 창조된 결과 영역이 구분되기 때문이다. 그런데 지난날은 창조된 결과 현상과 구축된 결정적인 질서만으로 해결하려고 하였다. 그래서 본의를 확보하는 것은 차원이 다른 문제를 푸는 것이다. 이런 사실을 짐작이라도 한 듯 중세시대의 교부 터툴리안은 "하나님은 불합리하기 때문에 믿을 만하고 불가능하기 때문에 확실하다"고 하였다. 본의를 몰랐을 때는 선문답 같지만, 알면 왜 불가능하기 때문에 오히려 확실한 것인지 이해할 수 있다. 神은 차원이 달라 현상계적인 질서와 경험의 한계상 불합리한

---

67) 『과학철학의 역사』, 존 로제 저, 최종덕·정병훈 역, 한겨레, 1992, p.200.

것처럼 비치고, 인식할 수 없기 때문에 불가능한 것이 맞다. 그 이유는 오직 한 가지, 주어진 현상계적인 질서만으로(차원이 다른) 하나님을 보아서이다. 본의를 확보하지 못한 관계로 판단할 것이라고는 현상계적인 질서밖에 없고, 그것이 유일한 기준이기 때문이다. 아우구스티누스는 '無로부터의 창조'설을 정립하는 과정에서 "창조 이전에 하나님은 무엇을 하고 계셨을까?"라고 질문하고, "시간도 하나님이 창조한 우주의 한 특성으로서 창조 이전에는 시간을 비롯한 아무 것도 존재하지 않았다"고 자답했다.[68] 현상적인 질서를 기준으로 삼는 한 無밖에는 답할 것이 없다. 현상계 안에서 창조 이전의 하나님을 가늠한 한계가 있었다. 창조 이전에 하나님이 무엇을 한 것인지 들여다볼 수 있는 눈이 없고 문을 찾을 수 없다. 시간의 창조 전에 이룬 창조 역사는 오직 차원을 달리한 본의 관점을 통해서만 확인할 수 있다. "창세기 1장에는 하나님이 천지를 6일 동안 창조한 것으로 기록되어 있다. 하지만 상식을 가진 사람은 우주와 지구를 포함한 자연사의 연대가 훨씬 오래되었고, 우주는 100억 년 이상, 지구도 태양계도 수십억 년의 긴 과정을 거쳐 탄생된 것으로 알고 있다."[69] 하지만 다시 알아야 할 것은 상식을 가진 사람이란 현상계의 질서를 유일하게 경험한 자이다. 神의 창조를 無로부터의 창조와 계속적인 창조로 나눈 것도 전자는 하나님의 절대적인 초월성에 역점을 둔 것이고, 후자는 현상계적인 질서 안에서의 구분이다.[70] 본의를 통하면 창세기의 본의를 앎과 함께 상식적인 판단의 한계성도 직시할 수 있다. 본의를 알기 전에는 과학적 지식에 따른 사실과 원리성, 곧 결정

---

68) 「과정신학의 신이해」, 앞의 논문, p.18.
69) 『과학시대의 도전과 기독교의 응답』, 앞의 책, p.96.
70) 위의 책, p.202.

된 법칙성이 진리와 세계 판단의 전부였지만, 자각한 이후로는 온갖 작용력의 결정 이유를 밝힐 수 있다. 성경에서도 "믿음으로 모든 세계가 하나님의 말씀으로 지어진 줄을 우리가 아나니, 보이는 것은 나타난 것으로 말미암아 된 것이 아니니라(히 11:3)"고 명시하였다. 현 질서와 동일한 차원 안에서 이해하려고 하면 문제가 있지만 본의에 입각하면 차원이 다른 창조의 비밀을 풀 수 있다. 하나님의 말씀으로 지어진 세계는 그렇게 해서 창조된 세계와는 차원이 다르다는 뜻이다. 아우구스티누스가 말한 '無로부터의 창조'도 알고 보면 한정적인 관점에서 본 창조의 차원적 본질성을 시사한 것이다. 無로부터 有(천지 만물)를 있게 한 것이라 창조는 결국 차원적이다. 『법화경』 방편품에 나오는 십여시(十如是) 중 첫째인 여시상(如是相)은 우주만법이 나타나는 현상 그대로를 말하고, 둘째인 여시성(如是性)은 만법이 각기 그 본바탕을 지니고, 셋째인 여시체(如是體)는 모든 만물이 체가 있다는 뜻이다. 만물, 현상과 본바탕, 체가 구분됨에 그 사이에는 차원적인 창조 역사가 도사렸다.

"어떤 초인간적이고 초자연적인 대상의 존재를 믿고, 그의 능력을 절대시하는 것을 종교라고 할 때",[71] 여기서 초월성은 자연의 질서와 구분된다. 초자연적이란 세상 질서와 구분되는 것, 그 같은 본질적인 바탕과 권능으로 천지가 창조되었다는 뜻이다. 초월성을 믿는 것이 종교가 아니라, 神이 세상과 다르다는 것을 깨우치고 그 같은 세계로 인도하는 것이 종교가 해야 할 역할이다. 그래서 이 연구가 지금의 개설 단계에서 창조 본의가 현상 질서와 다른 차원성을 말하는 것은 이 같은 관점을 통해 창조 역사를 최대한 객관적으로 판단하고 증거하기 위해서이다. 이 연구의 중심 주제인 본질적 접근을

---

71) 『오파린이 들려주는 생명의 기원이야기』, 차희영 저, 자음과 모음, 2012, p.36.

통해 차원 벽에 막힌 궁극적 실상을 들여다보고 얽히고설킨 진리의 실마리를 풀리라. 동양이 4차원적인 본체 문명이라면 서양은 3차원적인 현상 문명이다. 지체적인 문명 수단으로서는 물질, 생명, 우주, 인간 세계에 대한 파악이 불가능하다. 그래서 동양의 선현들이 일군 道로부터 지혜를 구하였나니, 동양창조론의 뒷받침으로 인류 역사가 선천과 후천으로 갈라지는 문명 역사의 대전환을 이루리라.

2. 창조 본의 인식

無는 창조된 본의를 자각하지 못한 선천의 인류가 세계의 저편을 바라본 인식상의 장막이요, 벗어나지 못한 한계 벽이다. 인식은 현상적인 질서 안에서의 감지 능력이고, 본의는 이것을 초월한 본체적인 통합 의지이다. 존재하지 않아서 無한 것이 아니라 보지 못하고 감지하지 못하도록 차원성이 장막으로 가려진 상태이다. 그래서 아무것도 없는 無로 간주되었다. 이 장막을 현상계 안에서는 걷을 도리가 없어 저쪽 편에서 걷어질 때까지 기다려야 했는데, 저쪽 끝에 존재한 분이 창조주 하나님이고, 장막의 손잡이가 창조 뜻, 곧 본의이다. 본의에 입각하면 가려진 차원 장막을 거두고 궁극적인 진상 세계를 볼 수 있다. 여하튼 無라고 하는 묘한 실체를 놓고 지성들이 온갖 것을 추측한 언어놀음을 하였다. 아리스토텔레스는 "물질의 형상이 그 기하형식의 최소의 것이라고 생각하고, 無는 가장 원시적이고 가장 미묘한 물질이며, 천지 만물이 생길 때에 근거한 소재이다. 有는 無의 물질적 결정이다. 無는 허공을 가리키고 有는 충만을 가리킨다"고 하였다.[72] 한마디로 無는 없는 無가 아니고, 온갖 有(천지

만물)를 낳은 가장 원시적인 소재로 규정했는데, 그가 말하고자 한 것은 결국 창조성을 간직한 바탕 본질이다. 문제는 규정할 수 있는 질서 체제가 현상적인 근거밖에 없어 물질적인 개념에서 출발해 물질적인 개념에서 끝나 버린 데 있다(有는 無의 물질적 결정). 지극히 단선적인 접근이다. 아리스토텔레스는 진일보한 철학자로 그리스인들에게 있어서 無는 상상할 수 없는 것인데, 물질이 무엇이든 간에 분명 無가 아닌 실체가 있는 것[73]이라고 여긴 것은 단적으로 장막에 가려 無의 차원적인 실체성을 보지 못한 근거 인식이다. 본의를 모르는 한 "논리적으로 無에서 有로 가는 연결고리는 전혀 없다."[74] 無란 실체는 본의가 아니면 개념 지을 수 없고, 창조가 아니면 연결 지을 수 없다. "아무것도 없는 것을 둘러싸고 있는 존재(공집합)"[75]란 명제는 있지만, 현상계 안에서는 성립될 수 없는 조건이다. 인식할 수 없는 것은 전적으로 현상계의 조건 안인 탓이다. 하지만 본의 안에서는 가능하다. 그것이 무엇인가? 창조 이전에 존재한 하나님의 절대 본체이다. 그 본체자가 지성들이 無를 통해 엿보고자 했던 有를 둘러싼 하나님이다. 이런 관점이라면 기독교에서 말한 '無로부터의 창조'도 차원적인 창조의 본질성을 시사한다. 無有는 차원을 달리한 존재 세계로서 無로부터의 창조는 그야말로 대역설이다. 현상적인 질서 안에서는 불가능한데 기적처럼 하나님의 절대적인 창조 권능을 역설한 것처럼 말했고, "하나님의 능력과 인간 능력의 불연속성을 강조"[76]한 것처럼 보이지만, 본의에서 보면 지극히 연속적이

72)『역으로 본 현대과학』, 채항식 저, 김일곤 외 공역, 여강출판사, 1992, p.98.
73)『세상은 왜 존재하는가』, 앞의 책, p.45.
74) 위의 책, p.64.
75) 위의 책, p.81.
76)「과정신학의 신이해」, 앞의 논문, p.17.

고 당위적인 有→有 창조이다. 하나님은 가역의 방향 안에서 천지 만물을 낳았고, 하나님이 가진 것 밖에서 특별하게 창조한 것은 없다. 이것이 창조된 본의를 판단하는 기준이고, 본의를 통해 가늠할 수 있는 인식 영역이다. 장재는 "만물의 생성이 無에서 시작된다"[77]고 직설하였는데, 본의로 無의 장막을 걷은 자, 만물을 생성시킨 無는 창조 이전의 바탕 본체로서 일체를 갖추고 있지만 시작(생성)이 없어 제로(0) 상태로 있다. 이것을 불교에서는 空이라고도 하였는데, 空은 無와 제로 개념을 포함하여 만물, 만상을 있게 한 묘한 실체이다. 결론은 천지 만물을 낳은 궁극적 실체이고 창조 본체인데, 현상적 안목이라 無한 것처럼 보였다. 하지만 본의에 입각하면 있음이 있음을 낳은 창조 실체가 되고, 절로 생김은 창조 법칙에 어긋난 것으로 판명 나며, 반대로 현상적 질서에 근거하면 無에서 有한 것이 창조 법칙이 되어 선현들이 아무리 강조해도 더 이상 이해할 수 없었다. 현상적인 질서 안에서 有→有를 있게 한 것이 창조 법칙인 것처럼 오인하여(진화론) 본의에 가려진 인식상의 한계성을 지녔다. 현상적 차원에서 有가 有를 낳는 것은 생성이며 창조가 아니다. 차원적인 장막에 가려진바 창조의 진정한 의미로 세계에는 존재하는 것만 있는 것이 아니고, 현 세계 안에 존재하지 않으면서도 더욱 확실하게 조건을 갖춘 존재가 있다는 것을 아는 데 있다. 그것이 이 연구가 지침으로 삼는 본질이자 본체이다. 본의에 입각할진대 有로부터 有로의 차원적인 이행 체제가 바로 창조된 역사이다.

　감각, 경험, 이성적 통찰을 통하면 현상적 특성을 인식할 수 있고 (서양), 수행을 통해 고도의 기력을 충전시키면 의식이 우주의 운행 본질과 함께하여 우주적 본체의 차원성을 직시할 수 있다. 동양의

---

77) 「장재 기 개념의 형성과 구조 연구」, 김영은 저, 강원대학교대학원 철학과, 석사, 2014, p.1.

覺者들은 바로 이 같은 방법으로 본체 문명을 일군 장본인들이다. 그러나 지적할 바 본체일원론도 저편 세계는 직시하였지만 본의를 모른 탓에 현상일원론처럼 한계가 있었던 것은 마찬가지이다. 선천이 지닌 한계성은 어떤 경우, 어떤 대상도 예외가 없다. 알다시피 儒·佛·道 삼교는 동양 문명을 지탱한 진리 종교로서, 유교는 논리적으로, 도교는 생성적으로, 불교는 본체적으로 하나님의 창조성을 엿보았다. 문제는 본의를 알지 못해 전모를 보지 못한 안타까움에 있다. 이런 점만 감안한다면 능히 동양본체론은 하나님의 창조 진리와 연관 지을 수 있다. 모든 가능성을 이 연구가 개진하고 있거니와, 이런 사실을 증거할 수 있다면 동양 문명과 서양 문명이 어떤 양상으로 통합되어 새로운 문명 에너지를 창출할지 알 수 없다. 그 가능성을 지켜보면서 앞으로 내릴 통찰에 주목해야 한다. 그중 불교는 석존의 깨달음과 진리 인식에 근거하여 일찍부터 반야공 사상을 펼쳤다. 즉,『반야심경』에서는 無가 아닌 空이란 묘한 본성을 일컬어 불생불멸(不生不滅), 불구부정(不垢不淨), 부증불감(不增不減)이라고 하였다. 모든 法[오온]은 空의 형상으로서 나지도 않고 죽지도 않고, 더럽지도 않고 깨끗하지도 않고, 늘지도 않고 줄지도 않는다고 하였다. 원불교의 창시자인 소태산 대종사는 "만물생성의 근원인 일원상(본연 청정한 성품) 자리를 일컬어 한 이름도 없고, 한 형상도 없고, 가고 오는 것도 없고, 죽고 나는 것도 없고, 부처와 중생도 없고, 허무와 적멸도 없고, 없다고 하는 말도 없고, 有도 아니요, 無도 아닌 것"이라고 하였다.[78] 한마디로 일체가 有에 대한 부정이다. 세상에서 유일한 인식 근거인 존재, 감각, 감정, 현상의 결

---

78) 「원불교와 현대물리학의 진리관 비교 연구」, 전홍배 저, 원광대학교대학원 불교학과, 박사, 2011, p.104.

과, 이름…… 등이 有도 아니고 無도 아닌 바에는 더 이상 가늠할 길이 없다. 궁여지책으로 현상적인 질서를 부정하는 방법을 통해 空한 실체의 근거 자리를 마련하였다. 본의를 몰라 창조 본체의 인격성, 의지성, 주재성을 보지 못하였고, 창조 본체의 바탕성만 일갈하였다. 주된 인식 기준이자 질서 근거인 분열성, 생성성, 결정성을 제거하고 직시는 하였지만, 알고 보면 마치 바위가 땅에 닿지도 않은 채 공중에 떠 있는 형국이다(중력을 거스름). 이처럼 선천에서는 본의를 알지 못한 상태라 만상을 이룬 바탕 본체 자리를 근거 짓기 위해서는 현상적인 질서를 부정함으로써만 자리매김할 수 있었다. 하지만 본의에 입각하면 有도 아니고 無도 아닌 묘한 본성을 능히 가늠할 수 있다. 하나님은 창조된 피조체가 아닌 탓에 창조로 인해 존재하게 된 대상과 구분하여 有가 아니다[無]. 그리고 창조된 피조체는 창조되지 않았다면 無할 수밖에 없지만, 하나님은 창조주인 탓에 창조 이전이란 장막에 가려져 있어도 엄존하다[有]. 하나님은 有도 아니요, 無도 아닌 차원 장벽을 넘나든 초월주이다.

하나님은 시편 139편의 표현처럼 전지, 전재, 전능한 분이다. 하지만 이런 神의 본성도 空의 본성처럼 전지, 전재, 전능성이 현상적인 질서 안에서는 성립될 수 없는 절대적 본성이다. 그래서 역설적으로 상식적인 감지 질서를 부정하였다. 선천에서는 그 무엇도 이런 절대적 본성을 뒷받침한 본체성을 부각시킬 수 없었다. 하나님의 존재 본성이 관념화에 그쳤다. 이런 상황을 벗어나기 위해서는 창조된 본의를 밝혀야 했는데, 창조 역사는 다름 아닌 하나님 본성의 구체화 역정이기도 하며, 창조 역사 실현은 절대 본체의 구현이다. 하나님의 존재 본성은 창조가 포괄하고 본의로 꿰뚫는다. 자각된 본의를 들이대면 논리적으로 모순된 하나님의 본체 인식이 일소된다. 웨스

트민스터 신앙고백서에서는 "참하나님은 한 분뿐이며, 살아 계신 하나님도 한 분뿐이다"고 하였다.[79] 이것은 전적으로 유일신에 대한 신앙 고백인 것 같지만, 사실은 창조의 근원이 하나로서 유일한 것이라는 뜻이다. 하나인 본체가 변화된 것이 삼라만상으로서 어떤 경우에도 근본이 변한 것은 없으며, 하나님의 몸 된 본체 역시 그러하다. 하나인 본체로부터 말미암게 한 것이 창조이고, 그 결과체가 삼라만상이다. 이런 본의에 입각할 때 하나님은 창조주로서 유일하다. 지난날 어디에라도 神이란 이름을 붙이고 사칭한 거짓 神들이 난무할 수 있었던 것은 神이 갖춘 존재 조건이 모호하여 神과 창조를 따로 생각하였고, 창조는 애써 언급하지 않았기 때문이다. 창조 조건을 굳이 따지지 않아 너나없이 神이란 이름을 쉽게 사칭할 수 있었다. 호칭이 남발되었다. 하지만 창조 역사를 주관한 하나님은 유일함이 절대적인 것인데, 그 이유는 나를 낳은 부모가 둘일 수 없는 것과 같다. 왜 그런가? 우리가 부모의 혈통을 이어서 존재한 것처럼 천지 만상은 하나님의 몸 된 본성의 구현이다. 유일성을 본의에 입각해서 정의할진대 천지 만물이 바로 하나님의 몸 된 본체를 바탕으로 하여 창조되었다. 이것은 『본질로부터의 창조』에서 이미 논거를 하였다. 선천 신학은 이 같은 본의를 몰라 하나님의 본체 이해에 있어 초점이 어긋났고, 증거하지 못한 한계가 있었다. "세계와 우주는 하나님의 몸이다. 무수히 많은 존재와 사물이 하나님 안에 있고, 또 하나님으로 인해 있다. 범재신론은 하나님이 세계에 대해 철저하게 초월적이면서 동시에 철저하게 내재적이라고 말하고자 한 하나의 시도임에",[80] 이런 神의 초월성과 내재성을 동시에 성립시키는 근거

79) 『신론』, 김규승 저, 신한흥, 2001, p.104.
80) 「과정신학의 신이해」, 앞의 논문, p.52.

는 천지 만물이 하나님의 몸 된 본체에 근거하여 창조된 데 있다. 본의에 입각하면 神에 대해 이해하지 못한 모순이 풀리고 초점이 일치된다. 사칭된 우상들이 일시에 허물어지고 유일한 하나님이 홀로 영광된 모습을 나타낸다. 나타냄(강림)만으로 끝나겠는가? 벽오동 심은 뜻은? 창조의 목적을 인류가 헤아릴 수 있다.

인식은 시공이 분열함으로써 제한이 있고, 본의는 그것을 초월한 차이가 현저한데, 이것을 몰라 시공의 결정적인 질서를 곡해하였고, 혹은 이해하지 못하였고, 혹은 거꾸로 받아들였다. 고대 그리스의 자연철학자인 탈레스는 일식을 예고해 주위를 놀라게 했다는 일화가 전해진다. 현대 과학은 인공위성이 관측한 자료로 일기예보를 적중시키고, 정확한 수치 계산으로 우주의 과거와 미래를 예측하기도 한다. 그것은 우주의 운행 질서가 규칙적인 탓에 가능한 일이다. 하지만 구약시대의 예언자들은 이스라엘의 장래와 메시아의 탄생을 예언하였고, 칼뱅은 예정설을 세웠지만 왜 천국에 갈 자와 지옥으로 떨어질 자가 태어날 때부터 정해진 것인지 설명하지 못했고, 수긍하기도 어려웠다. 불교에서는 삼세실유(三世實有)를 주장했고, 유교에서는 점괘로 인간과 나라의 운명을 하늘에 묻기도 하였는데, 도래하지 않았고 경험하지 못한 미래 질서를 인지할 수 있는 것은 무슨 이유 때문인가? 미래가 결정되었다는 것은 무슨 뜻이고, 하나님은 다 이루었는데 현실적으로는 진화가 어떻게 상식처럼 공인된 실정인가? 본의에 입각할진대 사실은 세상 질서를 거꾸로 보고 있었다. 깨달은 선각들은 한결같이 세상 질서와 어긋난 주장으로 횡설수설한 듯한 오해가 생겼는데, 플라톤은 이데아가 참실재이고 현실이 그 그림자라고 했다. 불교는 삼라만상 일체는 自性이 없다, 제각각인 만법이 일체이자 동근이다 등등 그 이유는 단 한 가지, 세계의 실상을 꿰뚫을 창조 메커니즘을 갖추지 못한 탓이다. 그것은 사물과 운행 질서가 창조로 결정된 것이 아니고, 창조 이전에 창조를 실현하기 위해 규정한 바탕 본질의 결정성을 말한다. 창조 이전이라 분열된 시공과는 무관하며, 시공 안에서도 시공을 초월한 입체적 결정론이 창조된 본의와 부합하는 결정성이다. 다시 말해 "만수(萬殊)는 太極이라는 일본(一本)이 시간적인 순서에 따라 생겨나는 것이 아니다. 이미 太極과 동시적으로 존재한다."81) 이런 본체의 초월성 상태를 상식적인 질서에 의존하면 이해할 길이 없다. 어떻게 太極이 萬殊와 동시적으로 존재할 수 있는지, 동시에 존재한 탓에 因[太極]과 果[萬殊]가 함께하고, 삼세간이 구분 없는 한 통속을 이룬 것인지 가늠하기 어렵다. 그럼에도 불구하고 존재하지 않은 실체는 인식할 수 없다고 하는 상식에 비추어 볼 때 도래하지 않은 미래 질서를 감지하고 예언할 수 있다는 것은 창조 본질의 초월적인 결정성 탓이다. 본의에 입각할진대 태초의 창조 역사는 모두 완성되었다. 그래서 결정된 것 일체가 분열된 시공의 질서를 따라 어김없이 현현되었다. 우리가 감상하는 영화는 기승전결(起承轉結)로 전개되지만, 스토리 자체는 이미 완성된 것이다. 본의 관점으로 창조 역사의 초월적인 결정성을 볼 수 있어야 하는데, 그러지 못한 예정설은 오히려 현실의 신앙 삶을 제한하고 경직시켜 버렸다. 미래의 결정성에만 초점을 두어 현실의 삶이 과거 삶도 개선할 수 있고 미래 삶에도 영향을 끼친다는 초월성을 몰랐다. "우리는 외관상 인생에 일어나는 사태의 방향을 변경시킬 독자적 의지와 능력이 있는 것 같지만 사실은 그렇지 않다. 태초로부터 모든 것이 예정되어 있었고, 자유의지를 가졌다고 여긴 환상도 여기에 포함된다. 우주는 사전에 녹화되어 있는 테이프이며, 그것을 작동하는 방법도

---

81) 『주자학을 위한 변명』, 최진덕 저, 청계, 2004, p.104.

선택의 여지 없이 결정되어 있다. 그래서 의도와 달리 예정설은 하나님의 섭리적인 주재 권능을 강조하고자 한 것이 인간의 지위가 맹목적으로 가동되는 우주 기계의 일개 나사에 지나지 않는다는 곡해를 불러일으켰다."[82] 물리적인 결정성은 제작된 필름 안에서 스토리의 기승전결이 완성된 형태로 담겨 있어 필름 속에서 과거와 미래가 공존한 상태이다. 반면에 창조를 있게 한 바탕 본체, 그리고 그것 일체를 한 몸으로 한 하나님은 창조를 위해 품은 뜻과 발원된 의지와 강구된 지혜, 원리, 결정한 법칙을 그렇게 해서 결정된 시공을 초월하여 삼세 간을 지배한다. 그런 결정성, 완전성, 선재성, 통합성을 만인은 창조 역사를 증거하는 과정을 통하여 입체적으로 실감하리라. 본의가 세상 질서와 다른 점을 한마디로 정리한다면, 우리는 분열을 동력으로 한 생성의 배를 타고 사물을 관망한 탓에 삼라만상 모든 것이 하나로부터 열로 진행되는 것처럼 보지만, 본의에 입각하면 정반대로 이미 창조된 열로부터 하나하나의 萬殊가 현현된다. 완성된 것이 잠재되었다가 순서에 따라 현상계로 나타나는 것(창조)과, 세상 안에서 세상이 가진 자체적인 요소를 근거로 전에는 없었던 생명과 우주를 생기게 하였다는 것은(진화) 차이가 분명하다. 이런 특성을 이 연구는 창조 메커니즘의 뒷받침을 받아 현재의 분열적인 질서 인식을 기준으로 선재성, 통합성, 초월적인 결정성 등으로 표현하였다. 진화론의 가설성에 대한 비판을 넘어 메커니즘의 불가역성까지 지적할 수 있다. 상식이 전환되기 어려운 점은 천동설을 지동설로 바꾸는 과정에서 경험한 바이므로, 이 연구도 최대한 시간을 두고 창조 본의를 상식화하기 위해 노력하리라.

하나님은 전능하지만 우리가 창조된 세계를 바라보는 안목과 인

---

82) 『춤추는 물리』, 앞의 책, p.69.

식은 제한성이 역력하다. 마땅히 본의를 자각하여 초인지적인 하나님의 지혜 안목에 의탁해야 한다. 실과 바늘이 있으면 세상의 어떤 천을 가지고서도 천 가지 만 가지 옷을 지어 입을 수 있다. 본의로 제 현상을 꿰뚫을 수 있는 것은 천지 만물이 하나님이 지은 옷가지인 탓이고, 하나님의 몸 된 본체를 천으로 삼은 탓이다. 그래서 본의를 벗어난 천지 우주는 하나도 없고, 뒷받침하지 못할 작용 현상 역시 어디에도 없다. "세상의 일체 현상이 하나님의 품에서 나왔고, 하나님을 떠나 따로 있지 않다"[83]고 함에, 모든 존재가 하나님 안에 있다고 한 범신론보다 더 완벽한 것이 직접 메커니즘을 장착한 하나님의 몸 된 본질로부터의 창조 역사이다. 빅뱅 폭발설은 우주가 최초에 초고속, 고밀도의 불덩어리로부터 시작되었다는 주장인데, 이런 조건 속에서 장차 만개할 삼라만상과 수많은 생명체의 씨앗이 어떻게 함재될 수 있었겠는가? 이것은 하나만 보고 나머지는 고려하지 못한 선천우주론이다. 원자와 에너지 등 물질적인 요소만 부각되었고 본질적인 요소는 제거되었다. 이에 본질로부터의 창조는 천지 만상이 하나님에게 속했다는 주장이 빈말이 아닌 것을 뒷받침한다. 하나님으로부터 나온 탓에 생성을 다하고 소멸하면 없어지는 것이 아니라 하나님의 품 안에 안기는 것이 당연한 귀속 법칙이다. 만물은 창조된 바탕이 있는데, 그것이 곧 하나님의 몸 된 본체이다. 지난날은 천지가 어디서 무엇으로부터 어떻게 창조된 것인지 알지 못해 만법이 왜 귀일하는 것인지 설명하지 못했다. 본의를 알아야 했다. 만물의 시작과 마지막이 하나님에게 속해 있어 하나님은 위대하고 무한하며 죽은 자도 다시 살려 영생을 보장하는 권능주이기에 합당하다. 하나님으로부터 만물이 존재했고, 하나님에 의해 만물이 유지되

---

83) 『물리학과 대승기신론』, 앞의 책, p.165.

며,84) 하나님을 통해 만물이 완성되나니, 뜻과 의지에 따라 천지가 창조되고 주재되었듯, 때가 되면 자각된 본의로 창조 역사가 증거되고, 창조론이 원리적으로 완성되리라.

3. 창조 본의 규정

관념론과 유물론 간의 오랜 대립은 정신과 물질 중 무엇이 더 1차적인가 한 근본 자리다툼 역사이다. "자연현상의 실재성을 전제하고 그 궁극의 법칙을 추구한 물리학과 오직 마음만이 실재할 뿐이라고 한 불교의 유심적 세계관은 화해와 일치가 가능한가?"85) 무엇 하나 해결한 것이 있는가? 뿌리로부터 뻗어난 가지들은 성장 과정에서는 먼저 돋고 나중에 자라난 차이가 있지만 가지인 것은 차이가 없다. 이것이 현상계 안에서 1차성을 따진 최종 결론이다. 가지가 뿌리일 수 없는 바에는…… 다툼을 해결하지 못한 것은 세계의 뿌리에 해당한 본질을 보지 못한 증거이다. 어린 형제들을 남기고 부모가 돌아갔다면 부모 없는 하늘 아래서 맏이가 동생들을 부양하는 소년, 소녀 가장이 된다. 하지만 맏이나 동생은 여전히 형제지간이다. 지금은 논거 과정이라 만약이란 전제를 달지만, 천지가 창조되었는데도 무지하고 간과된 상태라면 세계에 대한 판단이 어떻게 될까? 진실과 다른 결과를 낳고, 혹은 대립되고, 혹은 미해결 과제로 남으리라. 그것이 선천의 벗어나지 못한 숙명이고 한계이다. 그 이유는 오직 한 가지, 창조를 보지 못하고 알지 못하여 제외시킨 데 있다. 하지만 본의를 알면 당연히 미해결된 과제를 푸는 핵심 키 역할을 한다. 그 키

---

84) 『하나님의 열심』, 조나단 에드워즈 · 존 파이퍼 공저, 백금산 역, 부흥과개혁사, 2016, p.264.
85) 『물리학과 대승기신론』, 앞의 책, p.3.

포인트란 과연 무엇인가? 근본은 저편에 따로 있는데 파생된 정신과 물질이 1차성을 따지니까 대립이 끝날 수 없었고 존재의 파생성, 피조성, 무자성성, 말미암성을 통해서는 본질을 파악할 수 없었다. "우리의 눈앞에 펼쳐진 온갖 사물은 실재하는 것인가, 아니면 이것을 바라보고 있는 관찰자의 환상에 불과한가?"[86] 대답은 양 갈래이다. 창조가 없다고 생각한 사람은 현재의 실재를 그대로 궁극적인 실재로 보고, 창조가 사실이라고 생각한 사람은 현 실재가 관찰자의 눈에 비친 환(幻)이 아니고 실제로 환으로 본다. 창조 작용 없이 세상이 존재한 것이라면 세상은 우리가 보는 그것이 전부이며, 존재 기반의 모든 것은 자체가 지닌다. 이것이 잘못된 판단이라는 것을 지적하고자 한다면 하나님이 천지를 창조했다고 주장만 할 것이 아니라 그렇게 존재한 데 대한 근거를 제시해야 했다. 창조가 사실이라면 현실체는 여지없이 말미암은 상태가 될 수밖에 없다. 창조가 없는 세계 안에서는 현 존재가 처음이다. 하지만 창조된 세계 안에서는 삼라만상이 모두 피조체로 밀려난다. 창조가 인정되는 순간 사물을 보는 눈은 전혀 달라진다. 선현들이 존재한 실체가 실체가 아니라고 한 것을 이해할 수 없어 곤혹스러웠는데, 본의에 따르면 즉각 실마리가 풀린다.

제행무상(諸行無常)이다. 모든 것은 덧없고, 형체가 있는 것은 본질이 없다(諸法無我). 영원하게 존속할 수 없다면[87] 그 이유가 무엇인가? 불교 역시 깨달음을 선언한 형태라 이유에 대한 논리, 논거를 결여한 선천 종교일 따름이다. 하지만 본의에 따르면 한마디로 제행무상은 창조된 탓이다. 왜 그런가? 이것을 설명하기 위해서는 천지

---

86) 위의 책, p.3.
87) 『법화경과 원자물리학』, 松下眞一 저, 석묘각 역, 경서원, 1987, p.55.

창조의 대본의, 곧 천지가 어떻게 창조된 것인지를 알아야 한다. 그래서 『창조의 대원동력』에서 밝힌 것을 여기서 다시 요약하면, 주염계가 『태극도설』에서 말한 화생만물(化生萬物)이 그것이다. 천지는 본체로부터 말미암았지만 바탕 된 본체는 아무것도 변한 것이 없고(불변), 그로 인해 창조 역사가 사실상 化를 실현하였다. 하나님의 절대 본체는 여전하면서 본체 형상을 창조 역사로 화현시켰다. 이 연구는 이 같은 본의 관점에서 만상의 본질을 규정하고 창조 역사를 증거할 것이다. 대승불교에서 自性이 없다고 일갈한 것은 化된 自性인 창조 본질을 대변한 것이다. 불교적 전통이 접근한 空性만으로는 제 행의 발생과 무상 현상을 설명할 수 없는데, 이것이 선천 불교의 한계이다. 통합불로서 나투실 미륵불을 기다려야 한 이유이다. 제 행, 제 현상은 뿌리인 본체 작용으로부터 피어난 꽃이다. 그래서 현상과 본질과의 관계를 밝히는 것이 창조의 몫이었다면, 못다 한 부처님의 본체 모습을 완성시키는 것이 미륵불의 역할이다. 만물은 한 근원으로부터 화현된 만큼 化된 본질로서 일관되는데, 그 결정적인 특성이 곧 변화이다. 변화하는 것은 모두 창조된 것이고, 변화된 이유는 말 그대로 化[창조]된 탓이다. 이런 이유로 化된 만물은 종내 소멸하고 마나니, 영원한 것은 본체뿐이다. 化된 뿌리는 본체가 지니고 있고, 化된 만물은 뿌리가 없다. 창조력이 없다. 분열이 다하면 소멸한다. 무아, 무자성, 환이다. 세계는 오직 하나인데[一元], 이 하나가 化되어 천지 만물을 이루었고 다양화, 다원화된 것이 핵심 요지이다. 그런데 진화론은 이런 과정을 배제하고 부모를 여읜 소년, 소녀 가장처럼 창조주 역할을 종에게 떠맡겼다. 창조주를 믿은 신앙인은 하나님에 의지하여 메커니즘을 밝힐 생각조차 하지 않은 반면, 진화론자는 자체로서 종이 장착한 메커니즘을 세워야 했다. 하지만 수제 인형은 생명력이 없는 것처럼, 하나님이 지은 뭇 종은 자체로서는 창조력이 없다. 종은 환경에 적응하기 위해 끊임없이 변화할 수 있지만 자체적으로 새로운 종을 창조하는 데는 한계가 있다. 가지에서 다시 가지가 돋는 것은 뿌리로 인함이지만, 뿌리로부터 생긴 뭇 가지는 독립된 것이 아니라 일체이다. 진실로 만유(萬有)의 현상은 천차만별하나 진여(眞如)의 실상(實相)은 일여평등(一如平等)하다. 일사불란하다. 창조주 하나님이 역사한 관계로 삼라만상 우주와 뭇 인생이 존재 체제를 유지하고 지속될 수 있다. 우리는 化된 생명체이므로 언젠가는 멸할 것이지만, 근원이 하나님에게 속해 있어 하나님이 뜻한다면 다시 새로운 가지로 돋아나고, 부활하고, 영원할 수 있다. 하나님은 "대우주를 지배하는 최고의 힘"[88]으로 저편에만 존재한 것이 아니다. 몸 된 본체의 구현체인 세상과 함께한다. 하나님은 창조주답게 세상 가운데서 모습과 모양을 바꾼 다양한 화신(化神) 형태로 강림하였으니, 그런 모습을 분간할 수 있어야 인류가 근원된 하나님을 뵈올 수 있다. 화신, 화현된 모습은 무궁무진하나니,[89] 그 형태, 그 모습, 그 진리성으로부터 진상을 보고 연관시키는 것은 천차만별한 문명과 역사와 세계를 하나님의 본체 안에서 규합하는 것이고, 인류를 빠짐없이 구원하는 동력을 공급하는 것이다.

4. 창조 본의 특성

존재란 무엇인가? 존재의 수수께끼에 대하여 존재란 것을 테이블에 올려놓고 곰곰이 생각해 보자. 만일 누군가 신앙인에게 우주의

---

88) 『과학시대의 불교』, 앞의 책, p.19.
89) 화신된 형태는 다양하다.

존재 이유를 묻는다면 그는 하나님이 창조했기 때문이라고 대답할 것이다. 그렇다면 하나님도 존재자이므로 하나님에 대해 질문한다면? 이런 상황을 종결시킬 수 있는 방법은? 라이프니츠는 "모든 존재의 수수께끼에 대해 궁극의 해결책을 제공하는 것은 오직 신성뿐이라고 선언했다."[90] 지난날은 믿음이 필요하였지만, 이제는 정말 그 신성을 제공해야 한다. 이전과는 설명방식이 달라야 하는데, 본의에 입각하면 존재를 알고 神을 알고 나 자신을 안다. 그렇다면 이런 존재를 있게 한 창조란 무엇인가? 식재료가 준비되어 있는데 이것을 요리하지 않으면 가지나 오이나 고추는 본래 모습대로 있다. 창조도 그와 같다. 뭇 존재는 원소 재료 그대로인가, 가공된 실체인가? 여러 가지 원소가 합쳐졌고 일정한 형태를 유지하며 구조까지 갖추어야 목적을 가진 기능을 발휘한다. 원은 닫혀 있다. 열려 있는 원은 없다. 존재의 원, 곧 존재를 창조했다는 것도 이와 같은 이치이다. 열려 있는 원은 원일 수 없듯, 존재도 본질의 원이 닫혀 있어야 존재이다. 모든 것은 모든 것 속에 있고, 종은 종 속에 있다. 창조 이전의 본질은 열려 있는 선에 불과하여 비결정적이다. 그래서 창조 역사는 그 같은 본질을 가공하여 목적 있는 본질성을 결정하였다. 오이가 오이답게 되고, 종이 종답게 되고, 인간이 인간답게 되도록 본질을 결정하였다. 곧 본질의 원, 존재의 원을 굳게 닫아서 한정하였다. 창조된 종이 종으로서 결정된 특성을 벗어날 수 없도록 하였다. 종을 종 되게 한 그것이 창조를 이룬 대본의이자 창조가 이룬 결정적인 특성이다.[91] 그리고 이 같은 특성은 창조 역사를 증거하는 데 확실한 기준 역할을 할 것이다. 이에 진화론은 닫아 놓은 원을 애

---

90) 『세상은 왜 존재하는가』, 앞의 책, p.17, 48.
91) 원은 열려 있을 수 없는 것처럼 종을 종답게 한 이것이 곧 창조의 결정 특성이다.

써 끊어 버려 본의를 무색하게 하였다. 창조 없이 그냥 존재한 것이라면 언제나 다시 열고 닫을 수 있지만, 본의는 그런 것이 아니다. 하나님이 채워 놓은 자물쇠라 열쇠를 지닌 자가 세상 가운데는 없다. "해 아래 새것이 없나니……(전 1:9)." 이 말씀은 여러 가지 각도에서 해석이 가능한데, 여기서는 창조의 결정성 의미로 해석한다. 창조의 결정성 인자를 물려받은 것이 뭇 존재자가 지닌 결정성이다. 그래서 창조 사실을 확인하기 위해서는 세상 가운데서는 창조 역사가 없다는 것을 증거해야 하는 아이러니가 있다. 창조 역사는 완료되어 있기 때문에 지금 존재하는 모든 것은 창조된 결과 대상이다. 지성들이 세상 가운데서 창조 사실을 증거하지 못한 것은 세상 가운데서는 더 이상 창조 역사가 일어날 수 없기 때문이다. 증거 방법이 틀리기 때문에 이 연구는 본의에 입각하여 창조된 결과성을 본의와 비교하여 확인한 방식을 취했다. 창조한 결과 규정 곧 존재의 피동성, 필연성, 인과성, 무자성성, 결정성 등을 통하여 창조 본질을 엿보고자 하였다. 창조와 존재가 연관된 사실을 통하여 창조의 결정성을 추출하고, 그를 통해 창조된 본의를 확인하였다. 하나님은 창조를 결정하고, 창조는 존재를 결정하고, 존재는 진리를 결정하고, 진리는 세상 법칙을 결정했다. 神의 초월적 조건과 사물의 현상적 조건은 차원이 다른데, 이것도 창조가 결정하였다. 化되어 무궁하게 생성하고 변화하는데 무엇이 결정적인가? 모습이 아닌 본질이 그러하다. 그런데도 현상적인 모습이 무궁한 것은 곧 가없는 본질 탓이고, 본질이 가없는 탓에 존재의 결정성이 차원적이다. 여기에는 다시 숨어 있는 비밀이 있는데, 지금은 이해하기 어려운 "본질로부터의 창조"에서 하나님의 절대 본체[無極]가 창조 본체[太極-통합성]로 이행되고, 다시 창조 역사와 함께 존재 본체[氣]로 化生된 것이다. 존재 본체 단계에서는 제한과 국한이 있지만, 이전 단계에서는 비결정적이라 호환이 가능하다. 즉, 본질적인 차원에서는 두루 소통된다. 일체, 하나이다. 창조의 결정성이 자연 속에서는 자연을 질서정연하게 한 자연 법칙으로 化했고, 결정된 자연 법칙이 존재 안에서 일관하게 적용되는 것 역시 본질이 규정한 결정성 탓이다. 천지는 그냥, 절로 존재한 것이 아니다. 하나님을 알지 못하면 창조를 알 수 없고, 창조를 모르면 본의를 모른다. 본의를 알아야 한 걸음 한 걸음 창조 역사를 증거하는 단계로 다가설 수 있다.

제5장 하나님의 창조 본성

1. 신관 남발 이유

서양의 지성들은 본질적이고도 항구적으로 제기된 질문을 세계를 향해 던졌는데 神, 자연, 인간, 사회, 역사란 무엇인가 하는 것이 그 것이다. 그중에서도 神에 대한 질문이 전통적으로 첫째 자리를 차지하고, 인간에게 있어 가장 근본적인 질문으로 쳤다. 왜냐하면 세계의 근원과 기원에 대해 세계가 거기에서 시작되었고, 결국 그곳으로 돌아갈 그런 것이 무엇인가(존재 근거 물음)를 神이 알고 있다고 여겨서이다. 이처럼 神에 의탁한 존재의 근거 탐구는 존재론, 形而上學, 우주론에 있어서도 근본적이고 본질적인데,[92] 이것은 동양에서 진리를 추구한 覺者라도 예외일 수 없다. 왜 서양의 지성들은 전통

---

92) 「플라톤 우주론에서 지성으로서의 신」, 김성두 저, 연세대학교대학원 철학과, 석사, 1999, p.1.

적으로 神이란 실체에 대해 골몰하고, 神에 대한 관념을 벗어나지 못했는가? 이런 여건은 동양도 마찬가지여서 道도 神에 버금간 본질적이고도 항구적인 문제를 담은 실체로서, 이것을 일구기 위해 몸 바쳐 탐구했다. 神과 道는 공히 믿은 바대로 세계의 근원, 기원과 연관되어 있고, 근본적이고도 본질적인 그 무엇이다. 그렇다면 神과 道 중 무엇이 동서의 지성들이 던진 질문에 대해 답할 수 있는가? 서양은 당연히 神이라고 여긴 탓에 神이 무엇인가에 대한 질문이 첫째 자리를 차지했다. 그만큼 神은 인류가 추구한 존재의 근거에 있어 해결하고 답할 책임과 권능을 짊어졌는데, 그 핵심이 바로 창조를 증거함으로써이다. 지난날은 입으로는 창조주 하나님이라고 부르면서 당면한 해결 측면에서는 神과 창조를 매치시키지 못해 神을 증거하지 못했다. 우주와 자연을 탐구한 저명한 학자들, 혹은 신학자들도 단지 神에 대해서 어떤 믿음을 가졌는가에 대한 견해가 있을 따름이었다. 믿음 외에는 神에 대해서 아는 것이 거의 없다. 神에 대한 지식도 지극히 단순하다. 창조에 근거했더라면 신관이 남발되지 않았을 텐데, 종교 분열의 원인을 종교 자체가 지녔다. "하나님은 어떤 분인가? 하나님을 믿는 종교인이 기독교 32%(22억), 이슬람교 23%(16억) 등 세계 인구의 55%에 달하는데도 하나님에 대한 시각은 천차만별이다. 그것은 하나님이 전지전능하고 무소부재한 초월적 존재라고 하는 등 추상적인 개념만 내세운 탓이다."[93] 정작 해결해야 하는 창조 본성을 증거하지 못한 결과 유일신에 대한 담벼락이 허물어져 버렸다. 창조주로서의 본성을 증거하지 못해서이다. 절대적인 권능으로 신성시한 우상은 많지만 창조적인 본성을 갖춘 神은 유일하다. 여기에 하나님의 창조 본성을 밝혀야 하는 당위 이유가

93) 『종교의 미래를 말한다』, 권오문 저, 생각하는 백성, 2015, p.86.

있다. 본성과 본체를 규정하고 증거해야 이것을 근거로 하나님이 이룬 천지창조 역사를 밝히고, 인류가 하나님의 모습을 분간해서 뵈올 수 있다. 과거의 하나님은 차원적인 본의에 가려져 있어 믿음 부족한 자들이 "神은 죽었다(니체)"고 사망 선고를 내렸는데, 여기에 어리석은 자들이 부화뇌동하여 동조하였다. 하지만 神이 죽었다는 말은 대역설이다. 神은 죽음을 초월한 분인데 神이 죽었다고 하는 것은 창조 역사를 증거하지 못한 선천 신관과 신권과 서양 기독교의 사망을 선고한 것이다. 그리하여 이 연구는 창조 본체를 증거하여 인류 문명을 전환시킬 새로운 신권 질서를 수립하리라.

2. 창조 본체 규정

하나님은 창조 역사를 통해 본성을 드러내었고, 뜻한바 본성을 구현한 탓에 하나님의 본성은 반드시 창조 메커니즘의 뒷받침이 있어야 규정될 수 있다. 그런데 지난날은 이 같은 필수 절차가 빠져 있어 정확하지 못했다. 그러므로 인류는 이제 본의로 드러난 하나님의 모습과 소재를 확인하고 세상을 통해서도 하나님을 뵈올 수 있는 안목을 틔워야 한다. 이에 하나님은 성령으로 강림하여 인류를 모든 진리 가운데로 인도할 창조 메커니즘을 밝힌 역사를 주재하였는데, 그것이 곧 『창조의 대원동력』에서 규정한 절대 본체→창조 본체→존재 본체로의 대이행 역사이다. 앞서 하나님은 절대 본체를 창조 역사를 통해 드러내고 구현하였다고 하였는데, 여기서의 본성은 창조 역사로 본성이 이행되기 이전의 절대 본체이다. 이런 하나님이 홀로인 상태에서 천지를 창조할 뜻을 발현시켰는데, 그렇게 한 목적은 하나님의 본성을 닮은 제2의 자아체, 곧 존재한 본성을 구현할 세계적 바탕과 닮은 자식을 얻기 위해서였다. 이런 뜻을 이루기 위해 하나님은 먼저 몸 된 본체를 이행시켜 천지를 창조할 수 있는 바탕 본체를 마련하였는데, 이것이 바로 창조 본체(통합, 太極 본체)이다. 다시 강조해 하나님의 몸 된 본체는 창조를 위해 변화되었지만 본체 자체는 불변인데, 이것이 곧 이행의 진의이다. 절대 본체로부터 창조 본체로의 이행 단계는 아직 창조 역사가 실현되기 이전으로서 사전 창조 역사 과정에 해당된다. 빛도, 시간도, 원인도, 생성도, 인식도, 존재도 없는 無한 有의 상태이다. 이런 관점에 입각할진대 스피노자의 범신론도 어떤 신관인지 알 수 있다. 그는 실체에 대해 규정하길, "자기 원인(causa sui)은 그 본질이 존재를 포함하는 것이라고 하였다. 즉, 본성이 존재한다고밖에 생각할 수 없는 것, 그래서 神 외에는 어떤 실체도 존재할 수 없고, 또 생각할 수 없다. 神은 자기 원인인 실체로서 본질과 존재가 분리되지 않은 것을 본성으로 한다"고 하였다.94) 무엇보다도 절대 본체는 자기 존재의 원인을 자체가 지닌 상태이다. 창조 이전이라 존재한 원인이 본체와 분리되지 않았다. 이것은 스피노자가 자신은 의도하지 않았지만 메커니즘상 '자기 원인', 즉 자체 본체를 근거로 천지를 창조한 데 대한 인식이다(본질로부터의 창조). 본질이 존재를 포함하는 것은(자기 원인) 세상 가운데서는 성립될 수 없는 초월적 조건이다. 전격적으로 창조 이전인 절대 본체 상태이다. 창조 이전이라 神 이외에는 어떤 실체도 존재할 수 없고, 또 생각할 수도 없다. 본질과 존재가 분리되지 않은 묘한 본성은 창조 메커니즘을 밝힘으로써만 인식의 근거가 생성된다. 그래서 神이 자기 원인으로서의 실체인 것은 앞선 원인에 의존해서

---

94) 『자연존재론』, 앞의 책, p.207.

존재한 피조물과 구분된 창조주를 지침한 명제이다. 토마스 아퀴나스는 『존재와 본질』에서, "神에게서는 본질과 존재가 일치한다. 다시 말해 神은 존재 이외에 따로 본질을 가지고 있지 않다"고 하였다.[95] 하나님에게 있어서는 본질이 바로 존재 자체이다. 창조로 인해 화현되지 않은 상태이고, 창조 이전으로서 존재와 원인이 구분되지 않는다. 그러면서도 모든 원인을 자체가 지녔고 자체로서 발생시켰으니, 이것이 곧 몸 된 본체로부터의 창조이다. 말미암지 않고 자체 원인을 발생시킨 것은 하나님이 가진 절대적인 창조 권능이다. 하나님이 원인 없이 존재하는 것은 창조와는 무관한 절대 본체이다. 현상 질서를 초월한 존재방식은 창조 이후에 현상적인 질서가 생성된 세계 안에서 부각된 본체적 특성이다. 하나님 자체는 시공을 초월하고 인과율을 넘어선 것이 특별한 것이 아니다. 시공과 존재와 인과율이 결정되기 이전, 곧 창조 이전에 존재해서이다. 그래서 창조 이전의 절대적인 하나님과, 창조 뜻을 품은 하나님과, 창조 이후의 화현된 하나님은 구분되어야 했다. 통상 하나님을 '아버지'라고 부름에, 남성 지배의 가부장적 문화 잔재로서 양성을 내포한 새로운 神 개념을 확립해야 한다는 주장이 있지만(우주는 근원의 모체로서의 여성성도 가미되어야 한다), 이것은 지극히 세상적인 조건 기준에 따른 판단이다. 인간이 남녀로 구분된 것은 창조를 실현하기 위해 갖추어진 구조적 조건이다. 창조된 세계 안에서의 필연적인 조건일 뿐, 하나님은 그런 조건을 초월한다. 하나님을 기준으로 하여 가늠할 수도 있어야 하는데, 이런 안목을 단계적으로 이행된 하나님의 본성이 제공한다.

하나님이 몸 된 본체를 이행시켜 천지를 창조하고 이룬 바탕 근거

---

95) 위의 책, p.136.

를 제공한 만큼, 이런 이행 체제로서 이해하지 못할 사상, 현상, 진리는 하나도 없다. 화담(서경덕)이 굳이 세상 질서로서는 한계가 있는 태허(太虛)를 일원론적 본체로 자리매김한 것은 神의 절대 본체 자리와도 같기 때문이다. 太虛일원론은 동양식 '자기 원인' 차원과 동일하다. 그렇게 일원론이 성립할 수 있는 것은 현상 세계와는 차원이 다른 본체로서, 초월적으로 차원이 달라야 창조를 실현할 수 있는 바탕 역할을 하고, 창조 이후로는 만상의 운행을 주재할 수 있는 권능을 발휘하기 때문이다. 주염계는 『태극도설』에서 無極→太極→陰陽→五行→萬物이란 창생 도식을 세웠다. 여기서 無極의 정체란 도대체 무엇인가? 도식상 無極은 太極보다 선재하고, 우주발생의 최초 단계는 無極이며, 太極은 無極에 의해서 생성된 것이란 의미를 갖는다. 특히 無極과 太極과의 관계에 있어서 無極을 통해서는 아무것도 인식할 수 없지만, 無極으로부터 비롯된 太極은 유형유상(有形有象)인 음양과 만물의 통일체이다.96) 암호는 해석판이 있어야 해독할 수 있는 것처럼 창조 이전의 본체 작용은 현상적인 질서 기준으로서는 인식할 근거가 없어 본의, 곧 창조 메커니즘을 알아야 한다. 여기서 無極은 無, 太極은 有로서 이해하기도 하는데, 이런 有無 개념이 현상적 존재와 뒤섞여 있어 본의를 분간할 수 없게 하였다. 하지만 창조된 이행 절차를 따르면 정확하게 구분할 수 있다. 그래서 無極으로부터 말미암은 太極이 유형유상의 음양오행과 만물의 통일체를 이룬 것은 無極, 즉 절대 본체로부터 하나님의 창조 뜻이 구체화된 상태, 곧 太極 본체=창조 본체=통합 본체로 이행된 상태이다. 無極은 말 그대로 극이 없는 절대 본체 상태이고, 太極은 극이 만극으로 생성된 상태이다. 이런 太極 본체 상태는 이행된 오행→만물

---

96) 「주염계의 태극론에 관한 연구」, 박응열 저, 성균관대학교대학원 유학과, 박사, 1996, p.59.

단계와도 구분된다. 정확하게는 창조 이전의 본체 상태이다. 통합 본체는 창조로 분열되기 이전인 일원론 상태이고, 창조를 위해 모든 것을 구비하여 스탠바이 된 상태이다. 여기서 핵심이 된 원동력 작용을 한 것이 바로 하나님이 命한 말씀이라, 이 命이 밤하늘을 수놓은 불꽃처럼 만상을 만개시켰다. 그래서 만상을 이룬 존재 본질 규정으로 프로그램화시키고 시스템화시키고 특성화시킨 것이 곧 음양→오행(존재 본질화)으로의 이행 절차이다. 창조 본체의 지혜 구안으로 존재 본체를 구체화시킨 창조 계획의 소프트웨어화이다. 이런 프로그램 탓에 뭇 존재가 정체성을 유지, 지속하고 창조 본체의 구현인 有한 본질성, 곧 쉼 없이 생성하는 체제를 갖추었다. 이처럼 동양본체론은 창조 이전의 정보를 함재한 탓에 창조 역사를 동양창조론을 통해 증거할 수 있게 되었다. 동양의 覺者들이 펼친 본체론적 논거 속에는 창조론적인 초월 인식이 태반이다. 주자가 理氣의 선후 문제를 거론하고 구분한 것은 절대 하나님으로부터 이행된 창조 본체 하나님을 구분하고자 한 노력의 일환이다. 하나님이 천지를 창조하지 않았다면 절대적인 하나님도 부각되지 못했으리라. 하지만 하나님은 분명 창조 역사를 실현한 창조주이므로 절대적인 본체자와 창조적인 본체자를 구분할 수밖에 없다. 왜 神은 초월적인 동시에 내재적인가? 이것은 神이 절대주인 동시에 창조주란 뜻이기 때문이다. 그래서 절대적인 神은 아무도 볼 수 없고 인식할 수 없고 경험할 수 없지만, 창조를 실현한 하나님은 가능하다. 창조와 세트화하면 하나님을 인식할 수 있다.

칸트는 초경험적인 것을 이성으로 알려고 한 시도를 비판하고 인간의 지성이 사물의 현상을 분류하고 정리할 수는 있지만, 현상 너머에 숨어 있는 본질에는 이를 수 없다고 하였다. 즉, 인간은 사물의 본질이나 神에 해당하는 물자체를 인식할 수 없다고 선언97)한 이후로 서양철학은 큰 변화를 겪게 되었다. "인간 이성이 대상으로 삼을 수 있는 것은 인간의 경험 속에 주어진 현상들이다. 神적 존재와 같이 인간의 일상적 경험과 분리된 존재는 더 이상 참다운 인간 인식의 대상이 아니라고 단정하였다. 피히테는 神의 절대성과 인격은 결코 조화되지 못한다"고도 하였다.98) 이런 한계성을 가진 문명 안에서는 하나님은 존재하기 어렵고, 기독교를 통한 인류의 보편적 구원 역사를 기대할 수 없다. 그 이유는 단적으로 절대 본체의 창조 본체로의 이행 본의 절차를 알지 못한 탓이다. 절대 본체만으로 하나님의 본성을 규정하고, 창조 역사를 실행함과 함께 이행된 창조 본체를 몰라 神의 절대성과 神의 인격성을 조화시키지 못하였다. 이런 한계성을 극복하고 절대 본체와 구분된 창조 하나님을 인식할 수 있는 길을 트는 것이 선천에서 막힌 하나님에게로 나가는 길을 열어 뵈옵는 길이며, 모든 인류가 영광의 하나님을 영접할 수 있는 길이다. 그야말로 인류를 빠짐없이 하나님에게로 인도하는 구원 역사 일환이다. 이 엄청난 전환 에너지를 담은 차원적 본의란 과연 무엇인가? 절대적인 하나님은 인식할 수 없지만 창조 본체 하나님은 절대 본체가 이행된 하나님이라 결국 나와 함께할 수 있다.

서양 신학은 그동안 하나님의 영이 우리의 영혼과 함께한 성령의 역사를 강조하면서도 하나님은 절대적인 본성을 지녔다고 주장한 탓에 심대한 모순이 발생했다. 無極이 없는 太極은 일체 근거를 잃어버린 공적(空寂) 상황이 되듯, 서양 신학도 그와 같다. 절대 본체와 창조 본체와의 이행 관계를 알지 못하여 세계 안에서 역사하고

---

97) 다음 블로그.
98) 『신론』, 앞의 책, p.17.

존재한(내재) 하나님을 원리적으로 뒷받침하지 못했다. 神은 내재함과 동시에 초월한 존재 방식 특성을 창조 원리로서 해명하지 못한 것이다. 세계와 하나님을 절대 이격시킨 데에 기독교 신학의 한계가 있다. 이런 문제를 가진 기독교는 스피노자의 신관을 신랄하게 배척하였는데, 그 이유는 세계 안에서 존재한 하나님의 존재 형태, 곧 범신은 창조 본체가 세계 안에서 화현된 형태란 것을 알지 못해서이다. 스피노자도 한계성을 지닌 것은 마찬가지 조건이다. 그는 화현된 창조 본체만 클로즈업시켜 절대 본체와의 관계를 단절시켰다. 그는 주장하길, "神은 세계 안에 있고 세계는 神 안에 있다. 자연이라는 것은 神이 존재한 특수한 방식이고 인간 의식은 神이 스스로 사유하는 특수한 방식이다"라고 하였다.99) 신즉자연 형태는 창조 본체가 이행된 세상 안에서의 化된 존재 방식이다. "세계가 하나님이라는 의미, 곧 존재하는 모든 것은 神이라고 본 범신론 신관"100)은 결국 창조 본체로부터 이행된 존재 본체의 화현을 강조한 형국이다. 몸 된 본체의 세계화로의 이행 모습이다. 삼라만상 일체가 하나님의 몸 안이라고 함에, 이것보다 더 진일보한 것은 하나님의 몸 된 본체로부터 천지가 창조되었다는 관점이다. 이런 배경 안에서만 세계가 온통 하나님의 몸 안이란 존재 방식이 성립될 수 있고, 스피노자의 범신론적 입장도 수용할 수 있다. 세계가 하나님이라는 것은 이행 절차를 생략한 인식일 뿐, 이루어진 결과는 동일하다. 空卽色은 무수한 생성 과정을 일축시킨 결과론적 등식이다.

하나님의 절대 본체가 창조로 이행된 것은 하나님의 유일한 본성을 훼손하지 않는다. 본체는 불변한데 변화가 있었다는 것은 그렇게

---

99) 『신은 존재하는가(1)』, 한스 큉 저, 성염 역, 분도출판사, 1994, p.195.
100) 「과정신학의 신이해」, 앞의 논문, p.36.

변화된 것 자체가 필연적으로 창조 역사가 있었다는 것을 증거한다. 변화가 있은 탓에 그를 통해 하나님을 알 수 있다. 우리가 아무리 太極, 道, 관념적인 본성 정의를 통해 神의 모습을 떠올려도 감지하기가 어려운 것은 神의 본성을 부분적으로 보아서이다. 그래서 하나님이 세계 안에서 조건을 갖추고 화현되기 위해서는 인격성을 갖출 수밖에 없는데, 그것이 세상 역사 안에서 실현된 것이 2천 년 전의 "말씀이 육신이 되어 우리 안에 거하신다"(요 1:14)고 언명한 성육신 사건이다. 말씀은 하나님의 창조 목적을 구체화시킨 본체 의지이고 바탕 된 본질이다. 말씀이 육신이 되어 우리 가운데 거한다는 것은 몸 된 본체로부터의 창조 메커니즘을 승인한 것이고, 하나님의 창조 본체가 육신을 입은 예수 그리스도로 화현된 증거이다. 말씀의 성육화는 그리스도뿐만 아니고 너와 나, 삼라만상이 모두 하나님의 신성한 본체에 근거한 창조의 대완성 역사이다.[101] 하나님의 자체 현현 원리가 바로 창조라는 것을 인정한 것이다. 그런데도 그리스도가 우리와 다른 것은 하나님의 특별한 神적 본질을 구현한 사명체라는 데 있다. 전지, 전능, 전재한 하나님이 세계 안에서 화현되다 보니 예수님이 어떻게 神의 아들이고 하나님과 동격인 본질을 지녔는지 의심의 눈초리를 거두지 않았고, 초기 기독교가 삼위일체론을 정통적인 신관으로 정립하는 과정에서도 많은 어려움이 있었다. 근본적인 문제 이슈는 어떻게 절대적인 하나님이 세상 가운데서 인격적인 모습으로 화현될 수 있는가 하는 것인바, 창조가 사실인 것처럼 이행된 관계로 하나님 역시 화현될 수밖에 없는데, 중세의 교부들이 삼위일체론을 정립하는 과정에서 절대적인 본체에만 초점을 맞춘

---

101) "하나님은 예수 그리스도의 몸으로 체현하였는데, 이것은 단지 예수에 국한되지 않고 모든 피조물의 몸으로 확장된다(맥페이그)."-「몰트만의 자연의 신학 연구」, 이성분 저, 연세대학교 대학원 신학과, 박사, 2009, p.257.

것이 문제이다. 그 결과 창조를 뒷받침한 화현된 하나님의 본성을 볼 수 없어 三位가 지닌 본질의 동등성과 절대 본체의 불변성은 논거를 했지만, 미완의 신관이 되어 버렸다. 사실 삼위일체론은 성부, 성자, 성령이 각각 완전한 하나님이며, 그러면서도 하나님이 셋이 아니고 한 분이라고 한 것은 세상 질서 안에서는 성립될 수 없는 논거이다. 1+1+1=3인데 아무 대책 없이 1이라고 함에는 합당한 근거가 있어야 하는데, 이런 제시 없이 1이라고 한 데는 억지가 있다. "본질에 있어서는 하나이고 인격에 있어서는 셋인 하나님이 삼위일체의 역사적 공식인데",102) 이것은 바로 차원적인 본의에 입각해야 해명할 수 있다. 절대 본체로부터 화현된 하나님의 모습과 구분해야 했다. 여기서 셋으로 나뉘었어도 변함없는 하나님은 절대적인 하나님이고, 三位로 나뉜 하나님은 화현된 하나님이다. 三位의 공통분모인 절대 본체자는 三位의 인격체로 화현된 하나님과 구분해야 하는데, 기독교가 2천 년이 넘도록 곡해한 것이 바로 성부 하나님을 성자 하나님과 성령 하나님의 본체자로 본 데 있다. 절대적인 하나님은 어떤 형태로든 세상 가운데서 역사하는 한 화현될 수밖에 없다. 그래서 그렇게 존재하면서 역사한 하나님의 본체 형태가 구분되었다. 나아가 삼위일체론이 오늘날까지도 세상 가운데 거한 하나님의 보편적 존재 방식으로 이해되지 못하는 것은 예수 그리스도의 사역으로 촉발된 신관이 삼위일체론으로 정립되었지만 성부, 성자, 성령의 역할이 역사적으로 완전하게 드러난 상태가 아닌 탓에 하나님이 성령으로서 본격적으로 역사할 때를 더 기다려야 했다. 미완의 역사를 채워야 삼위일체론의 차원적인 본체 논리가 해명되고 예수 그리스도의 神적 본질이 확증된다. 사실상 예수 그리스도는 절대 본체자

---

102) 『신론』, 앞의 책, p.183.

인 하나님을 세상의 제한된 창구 안에서 접할 수 있는 유일한 하나님으로서 만 인류는 인격성을 갖추고 임한 예수 그리스도의 십자가 희생을 통해 하나님이 어버이로서 보인 사랑을 알아야 한다.103) 예수 그리스도의 삶을 대표하는 성육신 사건과 십자가 희생 사건과 부활, 승천 사건은 결코 기적으로만 돌릴 논란거리가 아니다. 진심을 다해 볼진대 하나님의 인류 사랑과 창조 목적 완성과 영광을 대변한다. 예수 그리스도를 통해 하나님의 영광이 드러난 것임에, 이것은 결코 초림의 희생 역사만으로 끝날 수 없다. "내가 아버지께로서 너희에게 보낼 보혜사, 곧 아버지께로서 나오시는 진리의 성령이 오실 때에 그가 나를 증거하실 것이요(요 15:26)"라고 하였듯, 재림을 다시 약속하였고 보혜사, 곧 아버지께로서 나오시는 진리의 성령이 강림하여 성업을 완수하면 그때에 하나님은 그 아들을 통해 모든 영광을 나타낼 것이다. 이런 목적 실현의 여정 안에 이 연구의 본의 밝힘을 통한 창조 역사의 증거가 자리 잡고 있다. 이 연구가 개설 단계에서 밝힌 창조를 증거할 기준과 방법과 안목과 메커니즘 조건이 완벽할 수는 없지만, 그것은 앞으로의 과정을 통해 보완하기로 하고, 이제부터는 천지창조 역사를 증거할 대단원의 실질적인 관문을 열어 젖히리라.

---

103) "우리는 하나님의 초월성을 직접적으로 알 수 없고, 하나님의 영이 우주의 많은 몸들로 체현된 형태로만 알 수 있을 뿐이므로, 체현을 통하지 않고서는 하나님에게 이를 길이 없다(멕페이그)."- 위의 논문, p.257.

제2편

증거 원론

유다 왕 요시야의 아들 여호야김 4년에 여호와께로서 예레미야에게 말씀
이 임하니라. 가라사대
"너는 두루마리 책을 취하여 내가 네게 말하던 날, 곧 요시야의 날부터
오늘까지 이스라엘과 유다와 열방에 대하여 나의 네게 이른 모든 말을
그것에 기록하라. 유다 족속이 내가 그들에게 내리려 한 모든 재앙을 듣
고 각기 악한 길에서 돌이킬 듯하니라. 그리하면 내가 그 악과 죄를 사하
리라."-예레미야 36장 1~3절.

-1983.12.2.23:22.

제6장 개관(창조 증거 기준)

    중세의 교부, 철학자, 근대의 신학자, 주일마다 교단에서 하나님의 은혜를 역설한 목회자, 자신의 구원 체험담을 간증한 신앙인 할 것 없이 그들은 다양한 방법과 형태로 하나님이 천지를 창조한 권능자임을 고백하였지만 결과가 탐탁잖은 것은 무슨 이유 때문인가? 인류는 사고하는 자로서 그 나름대로 신념과 사상을 가지고 다양한 생각을 펼쳤지만 창조만큼 세계관을 근본적으로 뒷받침하는 관점은 없다. 이 말은 하나님의 창조 역사를 증거하려고 노력하지 않아서 증거하지 못한 것이 아니란 뜻이다. 증거할 수 있는 조건을 갖추지 못해서이다. 증거하기 위해서는 일단 세계의 바탕 된 본질이 분열을 완료해야 하고, 이것을 가늠하는 인식자도 우주의 생성 과정을 대관해야 한다. 더군다나 창조는 하나님이 이룬 역사이므로 알파와 오메가를 관장한 뜻을 살펴야 하는 것이 필수적이다. 그래서 이런 조건을 갖춘 자를 찾아보지만 구약의 선지자, 예언자, 신약의 사도, 동양의 覺者, 인류로부터 숭앙받은 성인들이라 해도 자격 미달이다. 그들은 선천 문명을 터 닦은 주역자들이지만 이제는 새로운 후천 문명의 태동과 함께 몸소 밑거름이 되어야 할 처지이다. 창조 역사를 증거하기 위해서는 선천 문명을 매듭짓고 거둘 것을 거두는 역할을 해야 하는데, 그렇게 하면 이 연구가 펼친 창조 진리, 창조 논거, 창조 법칙이 확증된다. 하나님이 이룬 역사인 만큼 제 행, 제 법칙, 제 역사를 일관시킬 수 있다. 진화론은 드물게 종의 생겨남에 대한 메커니즘을 구축한 이론인데, 나중에는 전 학문과 대상 영역으로까지 확대 적용되어 물질, 인간, 우주가 진화한 것으로 이해하였다. 종의 영역에서는 식견을 발휘했다고 해도 다른 영역은 메커니즘을 구체화시킨 바 없다. 물질이 다른 물질과의 경쟁과 선택으로 새로운 물질을 낳았다는 것은 어불성설이다. 진화론은 만유에 대해 일관되게 적용할 수 있는 창조 법칙이 아니다. 하지만 이 연구가 펼친 논거는 생명·물질·우주·인간에게 공통적으로 적용할 수 있는 판단 기준이다. 제시한 본질적 특성은 그대로 천지 만물을 있게 한 창조 원리, 창조 법칙, 창조 의지로서 작용한다. 이것은 이 연구의 일관된 관점이기도 한 "본질로부터의 창조"설을 증거하는 일환으로서, 창조 역사를 증거하기 위해 세운 주된 논거는 언급한바 천지 만물이 하나님의 몸 된 본체 바탕, 곧 절대 본체를 창조 본체로 이행시킨 통합성 본질로부터 化한 탓에 이행된 창조 본체의 특성인 본질성, 통합성, 선재성, 결정성, 차원성, 축적성, 명화성 등이 창조된 결과인 만물 속에 반영된 사실을 확인하는 것이다. 그래서 선행하여 이룬 작업이 창조 역사를 증거할 판단 기준을 본질적인 특성으로부터 구한 것이고, 이것의 원리적인 근거는 천지 만물이 하나님의 몸 된 본체로부터 창조된 데 있다. 주물은 주형의 구조적인 결정을 따르는 것처럼, 사전에 마련된 본질적 바탕도 그와 같다. 철저하게 처음부터 끝까지 본질로부터 창조되었고, 본질과 연관되며, 본질적인 특성을 따랐다는 것을 증거하리라. 즉, 만물을 통해 바탕 된 본질의 특성을 추출함으로써 결국은 만물이 하나님의 몸 된 본체로부터 창조되었다는 사실을 확인하리라.

전편은 그렇게 세운 관점과 방법론으로 증거할 과제를 풀었고, 후편의 세부 각론 역시 주제는 동일하다. 타이틀은 같지만 증거하고자 한 관점과 방법은 틀리다. 전편은 순수한 본질적 관점에서 작용된 특성을 만물 가운데서 확인한 절차를 거쳤다면, 후편은 창조된 본의에 입각하여 본질과 만물 사이에서 빠져 있는 창조 과정을 더하여 본질과 만물과의 관계를 필연적으로 연결시켰다. 만인은 이로써 하나님이 계시한 창조 본의의 차원성을 실감할 수 있게 되리라. 일찍이 보지도 듣지도 못한 논거이지만, 그럼에도 불구하고 하나님이 천지를 창조한 역사는 가장 확실한 역사이므로 본의를 따르면 만인이 함께 판단하고 함께 증거할 수 있으리라.

제7장 생명의 창조 증거(1)

1. 생명의 본질성

만물의 근원된 本이자 宗인 통합성 본질은 이 연구의 논거로 기정사실화되었다. 따라서 종의 기원이라든지 진화 요인 등에 있어서도 인식의 대전환이 필요하다. 본질에 의한 창조가 확실하다면 그것은 그렇게 주장만 될 수 없는 것이 생명체들이 정말 본질로부터 창조되었다는 사실을 확인하고 증거해야 한다. 본질적인 특성에 근거하여 일체의 생명 현상을 판단하고 설명하여야 하며, 일관된 관점으로 꿰뚫어야 한다. 앞에서는 본질이 어떤 존재적인 작용 특성을 지녔는가에 대해 언급하였다. 그리고 본질에 근거하여 창조 역사를 판단할 수 있는 기준도 세웠다. 이제는 생명 현상 가운데서 본질과 연관된 특성을 찾을 수 있다면 직접 증거하는 것은 시간문제이다. 본질적인 특성은 한결같이 만물을 낳고 생명을 창조한 근원된 원동력으로서 생명 현상이 이곳에 뿌리를 두지 않으면 존재성을 유지할 수 없다. 그러나 이 연구가 본질로부터의 창조를 증거한다고 해서 세계가 한꺼번에 달라지는 것은 아니다. 중요한 것은 객관적인 현상과 사실이 문제가 아니고, 진화인가, 창조인가 하는 관점 확인이 문제이다. 그런데 진화론은 인위적이기는 하지만 가설을 뒷받침한 작용 메커니즘을 세운 반면, 창조론은 믿음 외에는 대책이 없어 객관성을 필요로 하는 증거 문제 앞에서는 무기력함을 보였다. 따라서 창조 역사를 증거하기 위해서는 취약한 점을 보완할 수 있는 지적 작업이 선행되어야 했는데, 이런 요구를 이 연구가 충족시키고자 한다. 창조의 근원 바탕인 본의에 입각해서 보면 창조만큼 증거가 확실한 것도 없다. 진화론적 관점은 미처 본질을 알지 못한 상태에서의 세계적 현상에 대한 판단이고, 본의 관점은 조건을 갖춘 상태에서의 판단이라고 할까? 당연히 본의에 근거한 관점은 진화론보다 더 근원적이다. 진화적인 요인까지 포함해서 창조를 증거하는 요인으로 전환시킬 수 있다. 진화적 요인을 창조를 증거하는 요인으로 전환시킬 수 있는 것은 진실로 천지가 창조되어서이다. 잘못된 판단 탓에 어떻게 진실이 굴절되었는가 하는 것을 알 수 있다. 진화적 요인이 본의 확보로 일시에 전환될 수 있다니! 그런 역사를 성사시키는 것이 생명의 본질성에 근거한 창조 증거이다.

즉, 신앙인은 성경에 근거해서 종은 불변한 것이라고 믿었는데, 다윈이 다년간에 걸쳐 수집하고 관찰하여 연구, 실험한 종의 형태와 변화에 관한 통찰은 불변성에 대한 신념을 흩뜨리고 모종의 힘이 개입된 것을 의심할 수 없게 하였다.104) 그 어떤 힘에 대해서 다윈은

---

104) 1859년, 다윈은 『종의 기원―Origin of species』이라는 저서를 통하여 모든 생물은 공통된 조

기존 창조론으로서는 부족한 점이 있었기 때문에 합리적인 이해를 위하여 생존경쟁과 자연선택 메커니즘을 세우게 되었지만, 이 같은 시도에 대해 천지를 창조한 하나님은 어떤 섭리적인 뜻을 두었을까? 다윈의 통찰은 神의 창조에 대해서 얼마나 깊이 있는 접근을 이루었고, 창조 섭리는 여기에 대해 얼마나 포용성을 지녔는가? 다윈이 관찰한 종의 변화 본질은 무엇이고, 창조론자가 주장한 종의 불변성은 무엇을 뜻하는가? 알다시피 서양은 본질을 보지 못한 한계성이 있거니와,105) 창조론자가 굳게 믿은 것은 바로 본질의 영원성이다. 그런데 다윈을 추종한 자들이 판단한 대상은 창조 이후로 생성된 결과물로서 변화를 뿌리로 함이 당연하다. 만물은 한순간, 한꺼번에 창조되었지만, 분열하는 현상계에서는 동시에 드러날 수 없는 것을 진화적으로 판단하였다. 이러한 진화론적인 관점과 요인과 현상적인 특성은 모두 통합성 본질이 분열한 작용 속에 내포되어 있었다. 진화이든 진보이든 그것은 통합성 본질이 분열함으로써 드러난 특성 상태를 벗어날 수 없었고, 존재의 무궁무진한 변화 양상은 창조로 인한 결과에 속한다. 그러므로 우리는 현란한 변화 가운데서도 불변한 본질을 보아야 하고, 그리해야 창조의 근원성을 인식할 수 있다. 진화적 사실을 부정하는 학자들이 있는데도 불구하고 진화를 단적으로 부정할 수 없는 근거 역시 여기에 있다. 적어도 진화론의 많은 부분은 인정하지 않을 수 없는데, 그 이유는 자연의 주어진 상태를 판단한 데 있다. 그러나 본질을 제외한 상태에서의 판단이 문제를 유발하고 급기야 창조까지 부정하게 하였다는 것은 수차 언급한 바인

상을 가지며, 종의 형태나 기능은 불변하는 것이 아니라 계속 변화한다는 진화론을 제창하였다.-『생물 과학』, 강신성 외 6인 공저, 아카데미 서적, 1990, p.435.
105) 서양은 동양에 창조의 근원 바탕인 본질의 무궁한 작용 세계를 인식한 진리가 있다는 것을 알지 못하였고, 이 같은 상태는 지금도 여전하다. 시종일관 지엽적인 인식을 벗어나지 못하였지만, 동양은 처음부터 본체성을 진리 인식의 주요 과제로 삼았다.

데, 진화론도 이런 사례에서는 예외가 될 수 없다.

우선 천지가 본질로부터 창조된 것을 알지 못한 상태에서는 생명 현상은 당연히 외부적인 모습에 근거해서 판단할 수밖에 없었다. "생명은 신비적이고 존엄한 것이라고 믿은 인간이 神이 창조한 비밀을 알고자 생명과학으로 메커니즘을 해명하면서 생명은 일종의 '물질 현상'이라고 판단하게 되었고",106) 생명을 분자적으로 분석하는 단계로까지 나아갔다. 그러나 이 연구가 지적한 것처럼 "생명이 순전히 어떤 화학과 물리 법칙에 의해서만 설명될 수 있다"고는 볼 수 없다.107) 이루어진 대상이지 이룬 본질이 아닌 탓이다. 생명의 물질적·분자적 구조를 파헤친 학자들은 얼마나 생명의 본질에 접근하였는가? 그 같은 탐구 방법으로 본질의 존재성을 확인하고 근원을 규명하지 못한 것은 그런 관점을 선도했던 다윈의 진화론과 과학적인 탐구 방법에 문제가 있었기 때문이다. 다윈이 실험하고 관찰하여 얻은 성과가 시사하듯, 그런 방법으로서는 어디서도 본질의 존재성을 추적할 수 없다. 그가 저술한 『종의 기원』에는 변이, 사육, 생존경쟁, 자연도태 같은 개념이 집적되어 있고, "지층에 따른 화석의 연속성을 예로 든 고생물학적 논증, 같은 동물 집단에서의 배(胚)들 간의 유사성, 조상이 가진 기관의 흔적이 어떤 종에서도 계속 볼 수 있다고 한 발생학적 논증"108) 등은 근원적인 본질에 근거한 판단이 아니다. 눈으로 관찰한 진화론이 첨단 과학기기와 현미경을 통해 내부의 생명 현상을 살핀 것과는 차이가 있다는 것을 인정해야 한다. 진화를 위한 출발선상에 있는 생명체들은 단순하고 간단해 보이지만

---

106) 『생명과학의 현대적 이해』, 주충노 저, 연세대학교출판부, 1990, p.342.
107) 『생명이란 무엇인가』, E. 슈뢰딩거 저, 서인석·황상익 역, 한울, 1996, p.148.
108) 『생명과학의 현대적 이해』, 앞의 책, p.24.

현미경을 통하면 복잡성이 말로 다 할 수 없을 만큼 정교한 조직 체계를 갖추었다.109) 라마르크가 말한 환경의 영향에 따라 생긴 변이가 다음 대에 유전한다고 한 획득형질 유전론을 다윈이 채용한 것은 진화론을 떠받든 양대 기둥이 허물어지는 것이다. 이처럼 한계성이 명백한데도 오늘날은 "생물학의 모든 분야에 침투되어 대부분의 생물학자들이 진화론에 의지하여 연구 생활을 보내고 있다. 학술 잡지나 학술 토론 및 계몽적인 강연에서는 진화론이 옳다는 것을 기본 전제로 할 만큼 신뢰도가 높은 이유는"110) 진화론 외에는 생명 현상을 설명한 메커니즘을 세우지 못해서이다. 그렇지만 이제는 창조 사실을 판단할 본의를 밝혔으므로 진화론은 허물어질 것이고, 그 위에 '동양본체론'을 세우리라. 천지는 절로 이루어진 것이 아닌데 어떻게 자연적인 선택이 새로운 종을 창조할 수 있는가? 그들은 천지가 창조된 결과성을 본 것인데, 하나님은 보다 높은 차원성으로 존재한다. 창조는 종합적으로 판단해야 하고, 창조냐 진화냐 하는 것은 이후의 문제이다. 종의 기원은 만물의 기원 문제를 푸는 것이 선결 과제이고, 바탕 된 근원을 밝혀야 기원 문제도 풀 수 있다. 그런데 생물의 변화 메커니즘을 우주론으로까지 확대시킨 것이 문제이다. 영국의 철학자 허버트 스펜서는 그의 대저인 『종합 철학 체계』에서 "성운의 생성에서부터 인간 사회의 도덕 원리 전개에 이르기까지 모든 것을 진화의 원리에 따라 조직적으로 서술하였다."111) 창조와 기원의 문제는 전체적인 관점을 확보했을 때 풀 수 있는데, 다윈의 자

---

109) 다윈은 종간의 변화 내지 차이를 관찰했을 뿐, 그 내부의 복잡한 생명 현상인 작용 메커니즘은 보지 못했다. 정교성과 계획성과 완전성을 보지 못함.
110) 『진화론과 과학』, 마이클 덴턴 저, 임번삼·전광호·우제태 공역, 한국창조과학회, 1994, p.85.
111) 『두산동아세계대백과사전』, 두산 동아, 허버트 스펜서 편.

연선택설은 지극히 폭 좁은 관점이다. 맬서스의 인구론에서 힌트를 얻었다고 한 진화론의 정립 배경을 통해서도 알 수 있듯, 그것은 특정 분야의 현상을 적용시킨 이론이다. 본질이란 작용 세계를 알았더라면 제반 판단에 있어 안타까움이 줄었겠지만 그것은 기대하기 어렵고, 동양의 覺者들도 자신이 도달한 진리 인식이 창조에 근접했다는 사실을 몰랐다. 자연, 그것은 주어진 그대로 창조된 실태이나니, 일체 존재와 있음의 변화 요인이 창조에 있었고, 그것을 있게 한 것이 본질이다.

2. 생명의 유함성

생명은 생명이기 이전에 만물의 근원을 규명하는 차원에서 탐구할 수 있는 길을 찾아야 하고, 그것은 바로 본질의 존재성을 확인하는 데서부터 시작된다. 그래서 생명의 본질성은 뭇 생명의 기원을 추적한 유함성을 증거해야 뒷받침된다. 생명, 아니 더 나아가 만물이 영원히 有한 본질로부터 창조된 것은 진화 메커니즘으로서는 불가능함을 통해 확인할 수 있다. 삼라만상은 다양한데 그런 다양성을 있게 한 현상과 원리란 무엇인가? 물질과 생명은 어떻게 창조되었는가? 무엇으로부터? 어디로부터? 無로부터 창조되었다고 하는 것은 가능한 작용 현상인가? 생명의 본질은 무엇인가? 다윈이 주장한 진화란 무엇인가? 요인을 분석하여 아무것도 없는 無로부터, 혹은 무기물질로부터 생긴 것인지를 확인하면 된다. 즉, 진화론적 관점은 관찰한바 종이 변화한다는 사실에서 착안한 것이고, 그것은 바로 있음의 변화를 뜻한다. 진화는 있음의 변화 요인이고, 변화를 일으킨 요인이지 창조를 일으킨 요인이 아니다. 이 같은 차이를 구분하는 것은 중요하다. 일체 존재는 변화할 수 있다. 그것이 통합성 본질이 분열한 데 따른 것이라는 것은 언급한 바인데, 결론으로 변화의 궁극은 끝내 새로운 창조를 이룰 수 없다는 뜻이다. 진화 요인이 쌓이면 새로운 종이 된다는 착상은 본질을 보지 못한 관점이다. 진화 기구로서는 자연선택, 돌연변이, 이주, 격리 등이 있는데, 그것은 환경 조건에 따라 변화하는 요인이지 창조한 요인이 아니다. 만물이 생성하는 한 존재한 모든 것이 변화하는 것은 당연한데, 새로운 종을 창조하는 메커니즘으로까지 비화시킨 것은 무리이다. 진화 요인으로서 유력한 조건을 가졌다는 돌연변이[112]만 해도 그것은 있음의 변화일 뿐이다. 근본으로부터 이탈된 경우에는 자연선택조차 도태시켜 버린다. 전조등이 부서졌다고 해서 차가 운행되지 않는 것은 아니다. 병들고 가지가 꺾여도 그들이 존재할 수 있도록 한 하나님의 예비 체계는 완벽하기만 하다. 간혹 궤도를 이탈한 돌연변이 현상이 나타나더라도 그것이 새로운 종을 창조하는 주도 메커니즘은 될 수 없다. 수많은 종들이 어떻게 생겨나고 변이되어 진화하였는가 하는 추이를 종합적으로 비교해서 분석하면 어느 정도 결론을 내릴 수 있다고 여긴 것이 다윈이 지성사에 던진 메시지이지만,[113] 그러나 방대한 사례 수집에도 불구하고 진화설에 격이 맞아떨어질 만큼 종이 조건을 갖춘 것은 아니며, 종은 각자가 생명력을 이어 가고 있을 뿐이다. 창조력은 오묘하여 미치지 않은 생명체가 없는데, 인간은 편협한 안

---

112) 대부분의 돌연변이가 유기체에 해를 입힌다는 사실은 돌연변이야말로 진화의 원자재를 제공하는 원천이라는 견해와 조화되기 어려운 것 같다. 사실 생물학 교본들에 나오는 돌연변이체들의 삽화는 기형 변종들을 모아 놓은 것들이다. 돌연변이는 건설적인 과정이라기보다는 파괴적인 과정인 것 같다.-『아메리카나 백과사전』, 1977, Vol.10, p.742.

113) 다윈 이전에도 일부 진화론이 주장되었지만 받아들여지지 않았는데, 다윈은 진화에 대한 수많은 증거를 제시하고, 그와 같은 사실이 일어날 수 있는 진화의 메커니즘(자연선택)을 제시하고 체계 지은 탓에 세상적으로 확산되었다.-『문화인류학』, 한국방송통신대학.

목으로 생명 현상을 판단하였다. 변화의 한계성을 구분 짓지 못하여 급기야는 무기물질로부터 비롯된 유기 수프가 생명 탄생의 고향이라고까지 주장하였다. 즉, "현재 지구상의 생명체는 예외 없이 단백질, 핵산, 탄수화물 등으로 이루어져 있는데",114) 이런 생물체를 만드는 재료가 실험실에서도 합성될 수 있다면 최초 원시 생명의 탄생이 가능하였으리란 추측이다.115) "무기질로부터 생명이 발생하기 위해서는 먼저 생물체를 구성하는 물질이 만들어져야 하는데, 약 150년 전까지만 해도 생물체를 구성하고 생물체로부터 도출되는 물질을 일컬어 유기물이라고 하였다. 유기물은 생물만 만들 수 있다고 생각해 유기물과 무기물 사이에 분명한 경계선을 그었지만, 독일의 뵐러(F. Wohler, 1800~1882)가 1828년 무기물인 시안산암모늄의 수용액을 가열하면서 유기물인 요소(尿素)가 생성된다는 것을 발견하고, 유기물과 무기물과의 경계선을 무너뜨렸다."116) 무기물로부터 생물에 중요한 유기 화합을 인공적으로 합성함에 따라 원시 지구상에서도 생물 구성 유기물이 만들어졌을 것이라고 예상했다. 소련의 생화학자인 오파린은 1936년, 『생명의 기원』에서 생명체는 지구상에서 자연 발생하였다는 생명의 유기화합물설을 제창하였다. 지구상에서 긴 세월에 걸쳐 무기물로부터 유기물로 진화(화학 진화)가 일어났고, 이 유기물이 최초의 생물(원시 생물)을 형성했다고 하였다.117) 이런 가설은 1953년 시카고 대학의 화학자인 유레이와 밀러에 의해 직접 실험되었는데, 특정 장치를 사용하여 원시시대의 대기조성과 유사한 암모니아, 메탄, 수소, 수증기의 혼합 기체 중에서 방

---

114) 『생명의 기원』, 최혜선·박정우·정춘수 편저, 울산대학교출판부, 1992, p.34.
115) 『생명과학의 현대적 이해』, 앞의 책, p.207.
116) 위의 책, p.204.
117) 『창조론 대강좌』, 양승훈 저, CUP, 1996, p.102.

전을 계속시킨 결과 글리신, 아스파르트산, 글루탐산 등의 아미노산과 핵산에 쓰이는 염기 등의 유기 화합물이 생성된다는 사실을 확인하였다. 이에 생명이 무생물에서 생물로 자연 발생한다는 것은 진화론의 몇 가지 일반 원칙 중의 하나가 되었고, 상상력은 드디어 "무기물로부터 간단한 유기 화합물→복잡한 유기 화합물(단백질 생성 포함)→단백질계의 생성을 거쳐"[118] 생명 탄생의 신화를 창조하기에 이르렀다. 아미노산은 단백질을 구성하는 물질이고, 단백질은 생명 물질인데, 실험실에서의 결과처럼 원시 지구의 특수한 상태에서 아미노산과 같은 유기 화합물이 자연 상태에서 합성될 수 있다는 것은 자연 합성된 아미노산이 무수한 반응을 거치는 사이에 다양한 우연의 연속으로 연결되어 단백질을 만들었다고 하는 추론이다. 이 단백질은 더 나아가 원시 바닷속에서 물속에 떠 있는 단백질 용액의 방울인 코아세르베이트(coacervate)라는 물체를 만들었으리라. 이 방울의 여러 개가 합쳐져 점점 커지다가 어느 정도 커지면 둘 또는 셋으로 분열하기도 한다. 단백질이 코아세르베이트라고 하는 복합체를 거치면서 원시 생명체가 서서히 오랜 시간에 걸쳐 태어났으리라. 이 원시 생명체가 광합성을 할 수 있는 능력을 갖춘 소위 독립 영양 생물로까지 진화하였다. 이렇게 해서 생겨난 생물이 생존경쟁과 자연선택, 그리고 돌연변이와 같은 진화 요인에 의해 지구상에 수백만 종의 생물로 나타났다고 생각하였다.[119] 생명의 기원은 아득한 옛날의 일이므로 실험적으로 증명할 도리가 없지만, 원시 생명체의 기원을 추적한 학설은 발달된 생물학이 확보한 자료에 근거한 합리적 추측이다. 얼마나 노력해서 세상의 지어짐에 대해 유추를 단행하였는

118) 『생명의 탄생과 진화』, 이인구 편저, 서림문화사, 1996, p.22.
119) 「자연과학개론」, 하도봉 교수 외 강의. 한국방송통신대학.

가 하는 것을 알 수 있다. 비생물인 무기물로부터 유기물의 생성은 가능하였다. 그러나 유기물의 결합에 의해 생명체가 탄생하였다는 것은 재고되어야 하며, 반드시 입증해야 할 문제이다.[120]

우주 안에 물질이 존재한 것은 어제오늘의 일이 아니다. 무기물질로부터 유기물질이 생기는 것도 특별한 현상은 아니다. 존재하는 생명체가 바로 그 같은 물질들로 이루어진 구성체인데, 소립자의 세계에서는 유기물과 무기물을 구분하는 의미가 소실된다. "우리가 살고 있는 우주는 활동과 변화로 가득 차 있다. 바탕 된 소립자가 상호작용으로 모이면 원자가 되고, 원자가 모이면 분자를 이루며, 다시 분해되면 다른 원자나 소립자가 된다. 그런 이후에야 비로소 분자가 무기물(우리들이 사는 지구와 기타 행성이나 항성의 비생물적 재료)과 유기물(지구와 다른 천체에 있는 수천만의 살아 있는 세포와 생물)을 만들어 내는 소재가 된다."[121] 이것을 통틀어 물질이라고 하는데, 생명으로 분류하지는 않는다. 물질이 물질로서 유기물질화하든 에너지화되든 그것은 물질 안에서의 형태적인 변화일 따름이다. 유동적인 생성이 뭇 존재와 생명체를 구축하는 재료로서 역할을 하였다. 아무리 "원시지구의 상태가 생명을 발생시킬 조건을 만족시키고, 바닷속에서 원시생명의 모체가 되는 구조물(마리눌이라고 부른다)을 만든다는 사실을 발견했어도",[122] 그것은 현재 존재한 생명체가 생존할 수 있도록 적합한 환경을 조성한 것이다. 현재의 생명은 그 탄생의 가능성을 사전에 조건적으로 내포했다. 단지 진화에 의한 것이냐 창조에 의한 것이냐 하는 것인데, 한순간에 창조된 존재도

---

120) 위의 책, p.22.
121) 『이 하늘 이 바람 이 땅』, 앞의 책, p.31.
122) 위의 책, p.213.

조건은 구축할 수 있다. 이미 창조된 탓에 생명 탄생의 가능성을 유추하는 것과, 생명이 존재한 탓에 가능성에 대한 기원을 추적하는 것은 성격이 다르다. 이미 창조된 탓에 놓여 있는 계단을 밟고 올라가는 것은 가능하지만, 진화처럼 아무런 계단도 없는 상태인데 밟고 오른다는 것은 불가능하다. 진화론이 원시 생명체의 기원을 추적하는 것은 바로 창조 역사로 놓인 계단을 밟고 오르는 것이다. 무수한 세월과 우연으로 가상적인 계단은 놓을 수 있지만, 그것은 상상에 불과하다. 확실한 계단은 창조로서 사전에 쌓아 놓은 계단이다.

이처럼 물질이 생명 구성의 바탕이 되면서도 물질답게 된 본질을 벗어날 수 없다는 데 대하여 선사들은 어떻게 산은 산이요, 물은 물이라고 한 상식적인 말을 한 것인가? 생명의 탄생 문제는 물질의 생성만으로 해결하기 어려워 생명 자체에서 찾으려 한 시도를 하였다. 예수의 부활은 믿지 않는 유물론자가 무감각한 물질의 생명성과 活은 믿고 "생명이 어떻게 물질에서 생기고 그것이 어떠한 과정을 거쳐 고도의 정신으로까지 진행하였는가"123)를 상상한 진화론을 수용한 것은 자가당착이다. 그러나 이 같은 문제에 대해 지성들이 내린 결론은 명백하다. 18세기까지만 해도 공기나 고목에서 동물들이 생겨나고 해저에서 뱀장어가 자연적으로 발생한다는 설을 믿었다. 그러나 1860년, "역사적인 파스퇴르의 장수(長首) 플라스크 실험으로 자연발생설은 전적으로 부인되었고",124) 생명은 생명에서부터만 나온다는 사실을 증명하였다. 이처럼 생물이 생물에서 태어난다면 궁극적 조상은 어디서부터 난 것인가? 공통된 조상은 최초의 무엇으로부터 생겼는가? 이런 의문에 대해서 오파린 일파는 유기물에 의한

---

123) 『의학의 철학』, 오모다카 히사유키 저, 신정식 역, 범양사출판부, 1990, p.342.
124) 『생명과학의 현대적 이해』, 앞의 책, p.199.

124 창조증거론 1 동양창조론 대 생명·물질·우주·인간

진화설을 주장하였지만, 이것은 근본적으로 생명 창조의 有함성을 알지 못한 판단이다. 생명 창조는 차원성과 근원성이 동시에 복합되어 있다. 생명이 오직 생명에서만 발생하였다면 궁극적 기원은 창조에 있지 진화적인 발생에 있지 않다. 영원히 有한 본질로부터의 창조에 대해 언급한 바인데, 그 같은 법칙을 따라 생명은 오직 有함에서 생겨났다. 無가 有를 낳을 수 없다는 것은 유기 수프가 생명이 될 어떤 가능성도 배제한다. 지구상의 최초 생물이 반드시 생물에서 태어나야 한다는 것은 진화론자들에게 있어서는 난감한 일이 아닐 수 없다. 급기야 물질과 생명 간에 가로놓인 차원적인 장벽까지 허문 유추를 감행하였다. 오죽하면 "지구상의 생물은 우주 중의 다른 천체에서 왔을 것이라고 추측하였을까만",[125] 어떠한 가능성을 두고 보아도 생명은 생명에서 태어난다는 원칙에서 보면 이런 조건은 오로지 창조에 대한 가능성을 시사한다. 생명만이 생명을 탄생시킨다는 것은 생성의 최초 출발이 창조에 있었다는 뜻이다. 창조에 의한 종의 탄생은 명확하다. "Andrea Cesalpino(이탈리아, 1519?~1603)는 1583년, 같은 것이 늘 같은 것을 생산하는 것을 종이라고 한 것이 생물학적인 종의 개념에 대한 선구가 되었는데 17세기, John Ray(영국, 1627~1705)는 몇 대에 걸쳐 특성을 계속하는 것이 종이다"고 하였다.[126] 생명은 오직 생명에서 태어나듯 늘 같은 것을 생산하고 몇 대에 걸쳐서도 특성이 지속되는 것은 어제나 오늘이나 변함이 없다. 그런데도 진화는 이 같은 원칙을 간단히 허물어뜨렸다. 과학의 힘을 빌려 세밀하게 추적했지만 결과는 마찬가지이다. 생명의 시작을 추적하는 과정에서 『효소』를 저술한 말콤 딕슨과 에드윈

---

125) 위의 책, p.200.
126) 『동물 분류학』, 김훈수·이창언·노분조 공저, 집현사, 1991, p.18.

웹은 "효소는 오직 다른 효소에 의해서만 만들어지기 때문에 처음 생명이 어떻게 시작되었는지는 전혀 알 수 없다"고 하였다.[127] 효소는 촉매 기능을 가진 단백질 분자인데, "비록 단백질은 DNA[128]의 정보로부터 만들어지지만, 단백질이 없으면 DNA는 복제도 전사도 할 수 없다. 이 단백질은 유전자의 지령 없이 어디서 온 것인가? DNA가 먼저냐 단백질이 먼저냐? 닭이 먼저냐 달걀이 먼저냐?"[129] 이것은 일체를 감안하여 하나님이 마련한 통합성 본질로부터 한순간에 창조되지 않고서는 불가능한 일이다. 그런데도 진화론은 "수십억 년 동안 우발적인 사상(事象)들이 벌어진 뒤에 마침내 스스로를 복제하는 마법적인 재능을 지닌 분자 하나가 생겨났다고 유추했다. 이 분자는 서로 감고 돌아가는 두 가닥의 기다란 뉴클레오티드로 이루어졌다. 그 가닥들이 서로 떨어지면 각자가 뉴클레오티드를 자기 쪽으로 끌어당겨 이전의 상대를 복제했다. 뒤이어 2개의 거대한 분자들이 하나만 있던 자리에서 나타났다. 생식 작용이 일어난 것이다. 그 뒤 수십억 년 사이에 이들 초기의 자기 증식 분자들이 진화를 했고, 드디어 오늘날 지구를 채우고 있는 갖가지 생물들로 만들어졌다고 하였다."[130] 생명의 기원을 추적하기 위해서 생명이 만들어진 DNA의 유전 정보 복제 과정을 살펴보지만, 왜 생명체가 그 같은 복제 능력을 가졌는지는 알지 못했다. 우발적인 사상 내지 마법적인 재능을 가진 분자의 출현을 유추하였을 뿐, 진화론은 생물 발달의

---

127) 『성경적 창조론』, 존 휘트콤 저, 최치남 역, 생명의 말씀사, 1993, p.101.
128) DNA: 디옥시리보 핵산. 유전자의 본체로 디옥시리보오스를 함유하는 핵산, 바이러스의 일부 및 모든 생체 세포 속에 존재하며, 진핵 생물에서는 주로 핵 속에 있다. 아데닌·구아닌·시토신·티민의 4종의 염기를 함유하며, 그 배열 순서에 유전 정보가 포함된다. 1953년 왓슨과 크릭이 DNA의 분자 모델로서 이중 나선 구조를 제안, 분자생물학을 크게 발전시켰다.
129) 『신비한 인체 창조 섭리』, 김종배 저, 국민일보사, 1995, p.58.
130) 『닭이냐 달걀이냐』, 로버트 샤피로 저, 홍동선 역, 책세상, 1994, p.30.

초기 단계에 대해 설명할 수 없는 한계가 있었다. 우리가 알 수 있는 것은 이 세상이 생명이 살 수 있도록 창조된 탓에 생명이 태어날 수 있는 조건도 갖추게 되었다는 것 외의 억측은 삼가야 할 것 같다. 창의적인 발상으로 한 생명체가 태어나 태생을 완성하기까지 작용된 시스템을 소프트웨어화한다면 그 정보가 태산처럼 쌓이리라. 그런데 문제는 어떻게 우연한 기회로 유기물질이 스스로 살아가야 할 환경의 생태계를 인식하고 생명 체계에 필요한 가능한 조건들을 창출할 수 있는가? 생명 발생의 기원을 수십억 년으로 잡고[131] 돌연변이가 일어날 확률 등을 감안한다 해도 거의 불가능한 일이다. 본질의 차원적 특성을 모르고 확률성에 기대를 걸지만, 창조의 차원적인 본질을 안다면 그런 기대마저 포기해야 한다. 생명 탄생은 처음부터 완전한 목적성과 통합성 본질의 완비 없이는 있을 수 없다. 생명체는 어떤 이유에서건 지구상에서 특별하게 존재한다는 것만큼은 부정할 수 없다.[132] 오죽하면 초자연적인 힘[神]에 의한 역사까지 말했겠는가만, 사실은 그것이 정답인데도 그것을 부정하여 세상 어디서도 정답을 찾지 못했다. 호일(Hoyle)과 위크라마싱게(Wickramasinghe)의 공저인 『생명은 우주에서 왔다』에서는 한 종류의 단백질 출현율을 10^{-20}으로 가정하고, 생명 기원의 확률성을 계산하였다.

"효소가 출현되기 위해서는 한 번만 만들어져서는 안 되며, 지구 역사 초기의 원시 생명의 수프가 형성된 시대에 수없이 반복되었으리라고 하는데, 이러한 경우 효소의 출현 확률이 지극히 낮다는 점을 과감히 숙고해 보지 않으면 안 된다. 문제는 효소가 약

---

131) 지구상에는 적어도 35억 년 전에 이미 생명이 탄생했다. 서부 오스트레일리아 내륙부에 있는 노스폴이라는 데서 발견된 원핵생물의 화석이 그것을 증명한다.-『이 하늘 이 바람 이 땅』, 앞의 책, p.215.
132) 『진화론과 과학』, 앞의 책, p.293.

2,000 종류가 있다고 할 때, 그 대부분이 무작위적인 시행착오에 의하여 얻어질 수 있는 확률은 $10^{-40,000}$이다. 이처럼 낮은 확률은 우주 전체가 유기물 수프로 가득 차 있다고 해도 결코 해결될 수 없었을 것이다."[133]

이것은 창조된 원동력을 구하는 과정에서도 어려움을 겪은 문제인데, 아무리 수만 가지 부품이 준비되어 있더라도 조립하지 않으면 제품이 될 수 없듯, 해야 할 작업을 우연적인 확률에 맡겨 버린 바에는 무수한 세월이 주어져도 아무런 소용이 없다. 생명 되게 한 원동력이 없는데 원시 지구 상태로부터 유기 수프가 만들어지길 바랄 수는 없다. 설사 "유기 수프가 형성되었더라도 그로부터 생세포를 이루는 길은 요원하며, 누구도 실험실에서 생명을 창조하는 데 성공하지 못했다."[134] 현재 각광받는 '유전자 공학'[135]도 존재한 것의 조작이고 주어진 기능을 이용한 데 불과하다.

우리는 로마 가톨릭이 지지한 천동설을 뒤엎은 코페르니쿠스의 지동설이 공인되기까지 얼마나 큰 진통을 겪었는가 하는 역사적 사건을 알고 있다. 결과적으로 과학은 진리적 권위를 돈독히 하였고, 종교는 축소된 집으로 이사를 해야 했다. 이런 추세는 생물의 탄생과 종의 기원 문제에 있어서도 적용되어 진화를 강화한 이론이 속속 주장되었다. 진화는 학문 영역에서 정설이 되다시피 하였고, 반대로 창조론은 세인들의 웃음거리로 전락했다. 그렇지만 정말 본질로부터의 창조에 초점을 두고 생명체의 출현을 가늠한다면 반전될 가능성이 있다. 종교가 과학에 진리적인 역할을 빼앗기고 쇠락을 면할 수

133) 위의 책, p.364.
134) 『종의 기원(해설판)』, 찰스 다윈 저, 리차드 리키 해설, 소현수 역, 종로서적, 1985, p.35.
135) 유전자 공학은 분자생물학으로부터 탄생했다. 이 분자생물학은 생물을 분자 차원에서 파악, 그 구조와 기능으로부터 설명해 가는 物性 물리학과 같은 발상이다.

없었듯, 철통같은 진화론이 무너지면 그 자리는 무엇으로 채울 것인가? 창조를 이룬 근원 본질로서 채워야 하고, 창조를 증거한 진리들로 가득 채워야 한다. 천지가 창조된 확고한 증거를 제시한다면 진화의 가설 체계가 무너지는 국면을 맞이하리라. 진화론자들은 가설을 증거하기 위해 뒤지지 않은 대상이 없지만 정작 중요한 것은 확인한 사실들을 어떻게 종합할 수 있는가 하는 통찰인 만큼, 이 연구가 창조의 대원동력을 밝히고 본의를 드러내어 진실로 세계로부터 창조된 사실을 확인할 수 있을 것을 믿어 의심치 않는다. 창조 문제를 밝힌 일련의 논의들이 쌓여 있고, 직접적인 결과물인 돌 하나 풀한 포기 속에서도 창조된 실마리가 숨어 있다. 문제는 그 고를 어떻게 풀어 갈 것인가이다. 창조는 과거가 아닌 미래의 그 날에 완성되었고, 有한 상태에서 창조된 것이라는 사실을 다각도에 걸쳐 증거하리라. 어떤 조건을 통해서도 생명의 발생 가능성과 확률을 확신할수 없었다는 것은 천지 만물이 그렇게 사전에 有함인 통합성 본질로부터 창조되어서이다. 인식상으로도 존재상으로도 기원상으로도 그러한, 하나님은 종을 처음부터 완전하게, 그리고 한꺼번에 창조하였다. 이미 있은 탓에 지금도 있을 수 있는 것인데, 진화는 그 있음으로부터의 분열 상태를 오판하였다.136)

진화가 이처럼 有함이 이룬 창조의 바탕 근거를 보지 못하고 무기물질로부터 유기물질로, 그리고 생명의 출현까지 유추한 것은 일련

---

136) 진화론적인 관점에 의하면 "오늘날 지구상에서 살고 있는 어떠한 다른 생물도 과거에 살고 있었던 그들의 조상과 완전히 동일한 것은 없다. 오랜 세월에 걸쳐 조금씩 변화가 일어난 것이다. 이러한 변화가 생물의 진화를 초래하였다(『생명의 기원과 진화』, 이영록 저, 고려대학교출판부, 1996, p.8)." 즉, 변화를 내세우고 있지만 사실상 무기물질로부터의 생명진화는 차원적인 것이다. 없었던 것이 있게 되는 無로부터의 억지 창조이다. 다윈이 진화의 요인으로서 내세운 적자생존이라든지 자연선택 등은 외부적인 관찰에 국한된 탓에 순수한 입장에서 변화 메커니즘인 것으로 이해할 수 있지만, 이후 세워진 유기물 진화설 등은 그 정도를 넘어섰다.

의 판단이 오히려 창조를 시사한 것이다. 진화론이 직면한 한계성의 반대급부에 창조의 有함성 근거가 있다. 아무것도 없는 것으로부터는 생명이 출현할 수 없는데, 그것을 가정한 것은 무언가 있음으로부터의 창조를 시인한 것이고, 그 이유는 바로 본질의 有함성을 보지 못해서이다. 생명의 有함성은 본질의 有함성에서 비롯된 것이고, 그 有함성은 곧바로 창조된 사실을 증거한다.

3. 생명의 차원성, 영원성

"다윈은 진화론을 세우는 과정에서 남아메리카 여행 때 갈라파고스제도의 새들이 서로 닮았으면서도 어딘가 다르다는 사실을 기억하고 참고하였다. 자연선택! 곧, 종이 변할 수 있다는 사실을 설명하고 증명할 수 있는 근거들을 발견하고 수집하였다"고 하였다.[137] 그렇다면 실제로 그런 관찰을 통해 진화가 지구상에서 일어나는 생명 현상 중의 하나라는 것을 설명할 수 있는 근거는 무엇인가? 종의 변화 본질은 무엇이고, 그것은 어떤 진실을 내포하였는가? 변화가 인간, 붉은 단풍, 무지개 송어 같은 수백만 가지 독특한 종류의 생물들에게 영향을 미친 것인가? 각 종에 속한 개체는 모양이 같고 개체 간 생식이 가능한데, 그 같은 특성을 불식시킬 강력한 그 무엇이 있는가? 종의 불변성을 믿은 창조론은 종의 변화 주장에 대하여 거시적인 안목에서 나무는 나무요, 인간은 인간인 불변성을 상식적인 것이라고 하면서 대수롭지 않게 여겼다. 그런데 진화론은 이론적으로 정리하여 메커니즘까지 제시하였는데, 종간의 벽을 허물고, 심지어

---

137) 『생명의 탄생과 진화』, 앞의 책, p.108.

는 무생물에서부터 생물로 생명이 발생한다고 하였다. 생명 창조의 원동력이 자연 속에 내재되어 있다고 보았다. 능동적인 인간도 주어진 운명은 어찌하지 못하면서 상상력만큼은 마치 창조주인 양 뭇 종의 창조를 기대하였다. 그렇지만 진실로 본의에 입각한다면 망상을 차단시킬 수 있다. 창조 바탕인 통합성 본질조차 원동력이 될 수 없는데, 하물며 말미암은 대상들이랴! 이런 상태를 일컬어 피조물이라고 하지만, 정말 창조의 원동력은 하나님이 지니고 있어 세상 무엇도 無에서 有 되게 한 능동성을 지니지 못했다. 뿌리는 땅속에 있고, 가지는 뿌리로부터 뻗어나 꽃을 피운다. 그런데도 진화론은 가지가 바로 뿌리 역할을 한다는 주장과 같다. 이처럼 본의에 근거하면 세상 가운데서 일어난 제반 현상에 대해 진위를 가릴 수 있다. 이 연구의 부족으로 적절치 못한 예를 들 수는 있지만, "본질로부터의 창조"가 확실한 만큼이나 본질이 지닌 특성 기준도 확고하다. 만물은 본질이 근본을 형성한 바탕성을 근거로 하여 창조되었다. 그렇다면 "원생동물에서 후생동물이 나왔다든지, 무척추동물에서 척추동물이 나왔다, 척추어류는 양서류로, 양서류는 파충류로, 파충류는 조류나 포유류 동물로 진화하였다"[138]는 가지치기식 진화 주장은 어떻게 받아들여야 하는가? 잘못을 지적할 만한 판단 근거는 세상 어디에도 없다. 창조되었다는 믿음은 있지만 어떻게를 밝히지 못하면 진화론의 오판을 꼬집어 낼 수 없다. 하지만 진화론은 작용 메커니즘과 판단 기준을 세운 관계로 세인들도 진화론 쪽으로 기울고 말았다. 반면에 창조론은 의욕은 앞서 있지만 믿음을 지킬 성벽이 없었다. 그러니까 기껏 진화론이 구축한 성벽을 기웃거리거나 건드려 본 상태에 불과하다. 이 연구가 창조의 대원동력을 밝힌 것은 창조 역사를

---

138) 『창조론 대강좌』, 앞의 책, p.154.

판단할 수 있는 기준을 세운 작업이라고 할 수 있다. 이런 과정을 거쳐야 창조 역사도 증거할 수 있는 방도가 마련된다.

따라서 본의에 입각하여 종의 불변성 문제를 두고 보면 진화론자들이 무엇을 보고 종이 변화한다고 한 것인지, 그러함에도 불구하고 종이 왜 불변한 것인지 이해할 수 있다. 그러면 먼저 종은 왜 변하는 것으로 판단한 것인가? 이유는 통합성 본질이 분열하여 드러난 종이 존재성을 유지하기 위해 생성한 탓이다. 진화론은 어떻게 사람의 얼굴과 피부 색깔과 팔다리 길이는 각자가 다른 것을 문제 삼지 않으면서 물고기면 물고기로서, 새는 새로서 겉모양이 다른 것을 진화된 결과로 보았는가? 얼굴과 피부 색깔은 달라도 사고력을 가진 인간인 것은 같기 때문이다. 만상은 다양하게 생성하지만 그런 가운데서도 변화하지 않는 불변한 실체가 있는데, 이것을 일컬어 본질이라고 한다. 근원된 본질이 천태만상 가운데서도 변화를 초월해 불변하다는 것을 알면 변화가 무엇이고, 창조된 뿌리가 무엇인지를 구분할 수 있다. 종은 어떻게 창조되었는가? 사전에 모든 것을 완비한 본질로부터 창조되었고, 통합성 본질은 원인과 결과를 모두 지녔다. 그중 종의 불변성에 영향을 끼친 요인은 본질을 완비한 창조 이전과 그로써 이루어진 창조 이후가 차원적인 벽을 형성한 데 있다. 그러니까 종은 일단 겉모습은 비슷하므로 진화된 것처럼 볼 수 있지만, 창조된 과정을 보면 종간의 차이가 어떤 것인지 안다. 근본을 이룬 본질의 차원성이 만물을 만물 되게 하였고 종을 종 되게 결정하였다. 수억 년 전에 산 것으로 확인된 화석 속의 물고기가 현재도 변함없는 모습으로 발견되는 경우가 있다.[139] 흔히 살아 있는 화석이라고도 하거니와,

---

139) 시일라칸트: 처음에는 화석으로만 출토되었으나 1938년 마다가스카르 해협에서 처음으로 살아 있는 시일라칸트가 잡혔다. 화석과 살아 있는 시일라칸트가 조금도 다르지 않았다(위의 책, p.250). 주머니쥐는 옛날부터 알려져 온 살아 있는 화석(living fossil)의 또 다른 예인데,

이것은 창조론자들이 자신에게 유리한 증거만을 채택해서 말하는 것이 아니다. 돌이 나무가 될 수 없고, 개가 고양이가 될 수 없는 것과 같다. 어떤 환경적 변화에도 불구하고 개는 고양이로 변할 수 없고, 고양이는 개로 변하지 않는다. "설정된 종류 사이의 구분선은 결코 넘어설 수 없다."140) 이것은 통상적으로 받아들이는 상식인데도 철칙을 뒤흔든 것은 만상이 어떻게 창조된 것인지 모른 탓이다. 창조는 어떤 특정 현상에만 적용될 수 없다. 만상이 창조된 관계로 세계도 그렇게 구축되었다. 각자가 고유한 특성과 영역을 확보한 것과도 연관이 있고, 내가 남이 될 수 없는 이유와도 통한다. 만상의 차원성과 불변성 원칙은 천지가 창조된 탓에 창조를 증거하는 근거이다. 진화론은 세운 기준에 따라 종의 변화를 증거하고자 종간의 유연관계를 밝히려 하였고, 합당한 중간 화석을 찾기 위해 지층을 파헤쳤다. 진화가 사실일진대 지구상에는 현재 진화의 단계성이 동시에 상존해야 한다. 어떻게 "생명의 자연 발생이 단 한 번만 일어날 수 있겠는가?"141) 이 순간에도 무생물에서 무수한 생명이 발생해야 한다. 아니라면 자연적인 세월을 동시에 겪은 종들은 현존하는 최고의 고등동물인 인간처럼 진화되어 있어야 하리라. 돌연변이가 진화의 요인일진대, "생쥐는 사람의 약 100배의 생식기간을 반복한 것이 아마도 확실하다. 그리하여 만일 세대당 돌연변이율이 거의 일정하다고 할 경우, 어떻게 해서 생쥐와 사람에게 같은 비율의 유전적 변이를 가져오게 하였는가?"142) 또한 "상동적인 단백질의 어떤 종류에 있어서도 진화

약 1억 년 전의 백악기 후기의 선조와 형태상으로 거의 차이가 없다-『진화론과 과학』, 앞의 책, p.341.
140) 『성경적 창조론』, 앞의 책, p.116.
141) 진화의 몇 가지 기본 원칙 중 한 가지. "생명의 자연발생은 한 번만 일어났다."-『창조론 대강좌』, 앞의 책, p.154.
142) 『진화론과 과학』, 앞의 책, p.335.

율이 일정한가? 우연적인 선택의 결과인가?"143) 어느 모로 보아도 기준 잣대가 한쪽을 맞추면 다른 한쪽이 어긋난다. 진화 기준은 진화가 덜 된 하등동물과 진화된 고등동물을 구분하지만, 뭇 종들은 오직 자기 생명 체계를 구축한 "유기체로서의 유전 물질을 불변인 채로 유지하고, 유전 물질을 통하여 충실하게 자체를 재생산하는 박테리아가 있고 짚신벌레가 있고 벌, 나비가 있을 따름이다."144)145) 생명은 창조의 차원성에 근거한 불변체로서 한 번 결정된 본질은 영원히 변할 수 없으며, 처음부터 완전하지 못한 것은 아예 생존할 수 없다. 우주의 법칙이 진화로 구축되었는가? 아닐진대 그 같은 법칙 안에 있는 생명도 마찬가지이다. 어떻게 진화라는 개념이 생명의 법칙 속에 스며들 수 있겠는가? 진화는 법칙도 원리도 아무것도 아니다. 그들이 말한 형태의 변화와 유전자 조작 등은 현상적 변화에 불과하다. 겉모습은 변하지만 생명 법칙의 본질은 변하지 않는다. 종의 본질은 변할 수 없으므로 단지 통합성 본질이 생성함에 따라 형태적으로 다양화된 상태이다. 물질과 존재와 만상에 이르기까지 예외란 없다. 물질의 한계성은 물질이 생명이 될 수 없다는 것이 창조의 차원성이 가른 뚜렷한 경계이다. 종의 차원성은 창조로 인해서 구축된 세계적인 구조로서 고스란히 창조된 근거이다. 생각으로서는 가로놓인 차원성을 극복할 수 있으리라고 여기지만 창조된 이상 불가능하다. 빛보다 빠른 우주선을 타면 먼 과거로도 여행할 수 있으리라는 생각, 무생물에서

---

143) 위의 책, p.343.
144) 『생명이란 무엇인가』, 앞의 책, p.154.
145) "더 놀라운 것은 지극히 작은 DNA 분자들의 기능인데, DNA 분자들을 통하여 선대(先代)의 계보는 성장하는 생물들의 세포분열을 통하여 수 조(兆) 번이나 충실히 복제되어 왔다(『창조와 진화』, Norman D. Newell 저, 장기홍·박순옥 역, 경북대학교출판부, 1990, p.187)." 그러나 그것은 충실히 복제된 작용 행위가 아니라, 종의 불변한 규정성과 본질의 영원한 생성력이 종의 복제력과 생식력을 갖추게 했다.

생명이 탄생할 수 있으리라는 생각 등은 창조의 차원성을 무시한 상상력이다. 창조는 오히려 가장 과학적이고 상식적인 합리성으로 진위를 가른다. 창조의 차원성에 근거하면 진화론이 주장한 변이의 한계성과 화석을 통해 확인되는 종의 불연속성이 뜻하는 것이 무엇인지 판단할 수 있다.

진화론자는 신념을 가지고 유기체의 세계가 현재의 생물 과정과는 다르게 저절로 형성된 것이라고 하였고, 창조론자는 화석 기록의 명백한 불연속성을 지적하였다. 그러나 이런 주장은 창조 역사를 증거하는 데 아무런 도움이 되지 못한다. 진화가 사실이라면 그것은 먼 과거의 일이 아니다. 현재도 새로운 종을 발생시키는 메커니즘으로서 작용해야 한다. 그런데 다윈은 당시에 유전자의 실체라든지 생리 현상 등을 알지 못한 상태에서 생태계를 관찰하여 내린 가설이라 생명에 공통적으로 적용되는 원칙적인 측면에서 보면 불합리한 점이 많다. 종의 불연속성에 대한 창조론 측의 지적은 생명 체계가 진화로 인하여 구축되지 않는 데 대한 지적은 되지만 그것이 창조를 직접 증거하는 기준은 아니다. 오렌지를 교배하여 오라몬(Oramon)을 만들어 내지만 같은 종류의 과실로 결코 포도를 만들어 낼 수 없다고 지적해 본들[146] 창조를 증거하는 것과는 상관이 없다. 창조의 차원성에서 본다면 종은 종이 종을 낳는 연속선상에 있지 않다. 하나인 통합성 본질이 분열한 차원성, 즉 일정한 간격과 거리가 있다는 것을 알 수 있다. 본질에 근거한 것이 창조라 무엇이 무엇을 낳았다고 하는 연계성은 성립될 수 없다. 이것이 차원성에 입각해 생명의 창조를 증거하는 확고한 기준이다. 그런데도 진화론은 잘못 이해

---

146) 포도주와 포도나무의 이야기만 해도 수천 년을 거슬러 올라가며, 수백 종의 포도 변종들이 있지만 포도는 아직까지 그대로 포도이며, 결코 자두 송이로 변할 것 같지는 않다고 한다.-「창조는 과학적 사실인가」, 앞의 책, p.21.

하여 그들이 세운 주장이 오히려 창조를 증거하는 논거인데도 진화를 입증하는 것이라고 보았고, 창조론 역시 진화론을 반박한다는 것이 창조를 입증하는 결과를 낳기도 하였다. 본의를 몰라 주장한 논거의 뜻이 무엇인지도 몰랐다.

진화론자가 말한 비교 생화학적 증거에서는 종의 분류학적 형질이나 생명체 내에서 형성되는 기능적인 차이가 생명체 내에서 합성되는 기능 조절 물질인 단백질의 구조적인 차이 탓에 생기는 것이라고 하였고,[147] 근연종의 생체 물질을 비교 분석해 보면 유전자 DNA의 상동성을 알 수 있어, 결과로 생물 상호 간의 진화 관계를 추측할 수 있다고 하였다. 이런 사실에 의거해 "사람을 비롯한 몇몇 헤모글로빈(β-사슬)의 아미노산 배열 순서를 조사해 보니까 침팬지, 고릴라, 원숭이의 순서로 차이가 생겨, 앞에서 밝힌 유연관계를 입증하는 결과로 이해되었다."[148] 사람의 β-사슬이 0이라고 했을 때 고릴라는 1, 긴팔원숭이는 2, 개구리는 67이다. 육안으로도 관찰되듯, 사람과 침팬지와 원숭이는 비슷한 점이 많지만 개구리는 상동성이 멀다는 뜻이다. 면역학적 증거로서도 늑대, 여우, 소 사이의 유연관계를 살피는 기준인 면역 혈청(항혈청-antiserum) 침강 반응 정도를 보면, 개→늑대→여우 순으로 나타났다. 이것은 생물이 오랜 기간을 두고 조금씩 유전자의 변이가 생기고, 결과로 합성 물질의 변화가 일어난다고 판단되며, 그것이 곧 생물의 형태나 기능의 변화를 일으키는 원인이라고 해석하였다.[149] 그렇다면 상동성 내지 유연관계를 가늠하는 진화의 출발 기준은 정말 어디에 있는가? 어떤 계획도 목

---

147) 단백질의 합성은 그 생물의 구조 유전자인 DNA 속에 들어 있는 유전 정보에 의존하고 있다. 그리하여 동일한 종은 매우 유사한 유전정보를 공유한다고 전제함.
148) 『생물 과학』, 앞의 책, p.439.
149) 위의 책, p.440.

적도 없이 무작위적으로 발생한 생명체이고 종이라면 각 종은 각 생명체로서 특성이 있을 뿐, 질서를 나타내는 유연관계가 있다는 것은 어색하다. 그것도 상동성이 거의 일치된 β-사슬 구조가 명백하다니! 바로 이런 사례가 진화를 증거한다는 것이 오히려 창조를 증거하는 결과를 낳은 것이다. 진화는 무작위적이고 우연적인 탓에 어떤 질서도 없어야 한다. 사람과 개구리 간에 생명체를 구성하는 β-사슬이 공통적으로 존재한다는 사실은 또 다른 창조 사실의 증거 근거가 된다. 자세한 것은 다시 설명하겠지만, 유연관계라든지 상동성은 한 근원인 본질로부터 창조된 탓에 상동성으로 판단할 만큼 근본 바탕을 본질에 두었다. 그렇다면 β-사슬 아미노산의 배열과 차이가 있는 아미노산의 수로 각 종간의 유연관계를 따질 것이 아니다. 그렇게밖에 차이가 나지 않는 대부분의 상동성은 진화가 아니라 창조를 증거하는 자료로 변신한다. "어떤 단백질의 경우에 있어서도 헤모글로빈의 상호 아미노산 배열이 비슷한 생물들은 시토크롬의 배열 비교에서 볼 때 역시 비슷하고, 이러한 사실은 다른 모든 단백질의 경우도 마찬가지로 나타난다."[150] 문제는 수의 차이에 있는 것이 아니다. 배열에 있어서 "어느 아미노산 배열이든 한 부류의 그것에서 다른 부류의 아미노산 배열 사이에 중간형으로 간주되는 것은 없다. 즉, 부분 군의 아미노산 배열은 다른 부분 군과 같은 거리만큼 떨어져 있다"는 사실이다.[151][152] 설정된 잃어버린 연결 고리는 실제로 찾을 수 없는 가상의 존재였다. "자연의 기본적인 질서는 모든 생물

---

150) 『진화론과 과학』, 앞의 책, p.311.
151) 앞의 책, p.315.
152) 진핵생물 중에서 하위분류 군을 보면 각각의 시토크롬은 역시 부분 군이 없이 서로 떨어져 있으며 중간형은 없다. 효모의 시토크롬도 다른 모든 진핵생물의 그것들과 똑같은 거리만큼만 떨어져 있다.-위의 책, p.317.

군이 순차적이기보다는 원주상에 나란히 서 있다고 하는 사고와 일치된 예를 가중시킬 뿐이다."153) 분자 진화의 불연속적인 발견은 진화가 과학적인 사실이 아님을 증거하는 사례라기보다는 창조를 증거하는 기준에 근접된 결과를 이끌어 낸 것인데도 창조가 어떤 식으로 진행된 것인지 알지 못해 진실을 몰랐다. 뭇 생명은 어떻게 창조되었는가? 하나님의 몸 된 본질이 창조를 위해 의지와 뜻의 작용으로 본질로서 근본을 형성하였고, 최종 命에 의해 식물이 되고 동물이 되며 종류대로 창조되었다. 창조는 각자가 근원된 본질에 바탕을 둔 것이라 각 생명체는 자기 나름대로 독립성과 특성과 일정한 거리를 유지할 수밖에 없다.154) "척추동물과 무척추동물을 비교하면 척추동물의 어느 형태도 무척추동물로부터 등거리상에 있다."155)

상동 단백질의 아미노산 배열을 비교한 분명한 사실은 원소 주기율표와 같은 확실한 질서가 생명체 안에 존재하고 있다는 사실이다. "문장과 기계, 그리고 그 이외의 복잡한 계는 어느 정도의 점진적이고 기능적인 변화를 일으킬 수 있지만, 변화 이상으로 일어날 수 없는 한계도 있는데, 그 선을 넘어 어떤 형태의 계에서부터 다른 형태의 계로 변화되기 위해서는 계를 이루는 상호 관련된 요소의 대부분, 아니면 설계의 모든 것을 변경해야 한다. 항상 변화를 넘을 수 없는 한계가 있다."156) 그것은 생명의 차원성을 말하며, 종은 종류대로 하나인 근본으로부터 말미암아 고유한 목적과 계획과 뜻으로 창조된 것을 의미한다. 분자 수준에서 볼 때, "어류→양서류→파충

---

153) 위의 책, p.324.
154) 각기의 생물 군은 다른 부류로부터 명확하게 떨어져 있다. 어느 부류라도 중간형이란 존재하지 않으며, 다른 부류에 부분적으로 혼합되어 있는 경우는 없다. 곤충과 척추동물에서 볼 수 있듯 비교적 가까운 관계의 생물들 사이에서도 이러한 차이는 명백하다.-위의 책, p.318.
155) 위의 책, p.322.
156) 위의 책, p.104.

류→포유류라는 식의 진화론적 전이 과정은 도저히 인정할 수 없는"[157] 육상 척추동물들 사이에서의 시토크롬 C[158]의 아미노산 배열의 차이에도 불구하고 이들은 모두 어류의 그것과 등거리에 있는 것은,[159] 만상이 본질로부터 창조된 차원성을 입증한다. "지금까지 수천 종류의 단백질과 핵산의 배열이 수백 종의 생물에서 비교되어 왔지만, 어떤 아미노산 배열이 다른 배열의 직계 자손이거나 선조였다는 결론은 어느 곳을 두드려 보아도 나오지 않았다."[160] 이 같은 현상을 두고 진화가 아닌 것을 입증하는 근거로서 제시하지만, 이제 차원성인 본의에 입각하면 내려진 결론을 자연스럽게 이해할 수 있다. 한 근원인 본질로부터 각자 근본을 형성한 종으로 창조된 탓이다. 그래서 근원을 향한 지향성은 세상 어디서 무엇을 통하든 일정한 것이요, 통일적이다. 창조가 일시에, 동시에, 한꺼번에 이루어지고, 통합성 본질이 시공을 초월해 있어 차원성이 뭇 생명의 본질 형성에 있어서도 영향을 미쳐 생명의 창조 역사를 완성시켰다. 하나님은 한낱 미물에 대해서도 목적과 계획을 철저히 세워 위대한 창조 역사를 완수하였다.

4. 생명의 근원성, 총체성

진화론에 의하면 현재의 생물은 먼 옛날 어떤 공통된 조상으로부터 서서히 진화하여 다양하게 되었다고 하였다.[161] 즉, "자연의 무리들은

---

157) 위의 책, p.321.
158) 시토크롬 C: 세포의 에너지 생산에 밀접히 관계하고 있는 단백질 중의 하나이다.
159) 양서류는 어류와 다른 지상 척추동물의 중간형이라고 전통적으로 생각되어 왔으나, 분자 수준에서 말하자면 파충류나 포유류와 같은 정도로 어류로부터 떨어져 존재하고 있다.
160) 위의 책, p.326.
161) 「자연과학개론」, 앞의 강의, 한국방송통신대학.

그 구성원이 하나의 공통 조상에서 유래한 것이라 생물의 종들은 창조된 것도 추상적인 것도 아니고, 바로 공통 조상으로부터 갈라져 나온 것이다."[162] 그리고 그 최초 조상이 무엇인가 하는 것은 현대 생물학에서 오파린 일파의 '유기물 진화설'이 제기되기도 하고, 모든 생물은 유연(類緣) 관계를 가진다는 사상이 분류학에 침투되기도 하였다. 자연의 계통은 계통 발생적이라고 생각하여 계통을 탐구하고 분류하는 데 열을 올렸다. 이러한 경향은 없어진 고리와 원시 조상을 찾아내는 일에도 박차를 가하게 했다.[163] 헤켈(독일, 1834~1919)이 1866년, 당시에 알려진 생물의 주요 분류 군들에 대하여 매우 훌륭한 계통수를 작성한 것도 이 같은 관점에 근거하였다. 그러나 거대한 계통수가 가지를 뻗친 나무 밑동을 보면 한낱 생명체로서 불완전하기 그지없는 원시 생명력이 그토록 굵은 밑동을 차지하였다니! 그런 생명력이 수십억 년을 거치면서 뭇 종과 생명체에 영향력을 미쳤다니! 이런 원시 생명력은 유교에서 말한 太極의 무궁한 생성력과도 같다. 밝힌바 太極이 정말 만상의 근원일진대, 공통 조상은 바로 한 근원인 통합성 본질이라고 할 수 있다. 그 본질의 생성력을 눈으로 볼 수 없어 진화적으로 판단하였다. 근원된 본질이라도 뜻이 관여되지 않으면 창조가 불가능한데, 하물며 물질이 화학적인 반응으로 생명체를 생기게 하였다는 것은 이미 '생명의 차원성'에서 원천적으로 봉쇄되었다. 생명의 기원이 몇십억 년 전의 일이라고 할 때, 그때부터 물질의 생명적 진화가 진행되었다면 지금쯤은 지구 전체가 고도의 지능체로 되어 있어야 한다. 진화적 관점처럼 공통된 조상은 분명히 존재했다. 하지만 그것은 원시 생명체가 아니고 하나님의 뜻에 의해 근본을 형성한 통합성

---

162) 『동물 분류학』, 앞의 책, p.22.
163) 위의 책, p.22.

본질이었다. 공동, 공통, 하나인 근원으로부터 만상이 비롯되었는데, 이룬 작용력과 존재성과 메커니즘을 알지 못해 드러난 것만 보고 "모든 동물과 식물들이 하나의 단세포 유기체에서 발전해 나왔다는 생물의 계통수(系統樹, Family tree) 개념을 세워"[164] 급기야 "인류가 원숭이로부터 진화되었다는 암시를 하였다."[165] 종을 속(屬-genus)으로 묶고, 속을 보다 높은 단계인 과(科-family), 목(目-order), 강(綱-class), 문(門-division), 계(界-kingdom)의 순으로 체계 지은 것도 종의 다양성 가운데서 공통적인 계통의 중요도를 분류학적으로 평가한 것이다. 예를 들어 "세포 내에 있고 핵막으로 싸인 핵의 형질은 진핵 생물에서 찾아볼 수 있는 공통성이다. 또한 종자를 갖는다는 사실은 오늘날 지구상에 알려진 생물종 중 15% 이상에서 볼 수 있는 공통성이다."[166] 즉, 생물의 다양성은 진화의 결과로 이루어졌고, 이런 진화 과정을 계통이라고 하며, 현생 생물의 종을 각기 고유의 계통에 따라 조상의 종과 결부시켰다. 종의 다양성은 지구 환경이 다양해짐에 따라 적응하려는 노력을 통하여 분화된 것이라고 보았다.

그렇다면 공통의 조상이 있었고 현 생물 내에서도 공통적인 여러 특질이 발견된다는 사실이 과연 진화로 인한 것인지, 한 근원으로부터 창조되어서인지는 본의를 알아야 판단할 수 있는 문제이다. 종뿐만 아니고 만물 가운데서도 어떻게 유사한 공통성이 존재하는가? 동양의 覺者들은 만물일체론을 주장하였고, 만법귀일을 논하였다. 어떻든 만물이 처음에 하나였다는 것은 동서양이 공히 인정하는 형태

---

164) 『성경적 창조론』, 앞의 책, p.108.
165) 『종의 기원』에서는 인류의 발생 문제에 대해 눈에 띄지 않도록 배려하여 쓰고 있다. 그러나 후의 『인간의 유래』에서는 인류가 원숭이의 선조에서 진화한 것이라고 분명히 논했다.-『동서 사상의 원류』, 철학사상탐구선양회 편, 백산출판사, 1996, p.216.
166) 『생물 과학』, 앞의 책, p.452.

이지만, 그 하나가 어떻게 만물이 될 수 있었는가 하는 것은 진화보다는 분화적인 요인이 더 크다. 누구라도 본질로부터의 창조를 모른다면 일체 상태를 진화적으로 판단하지만, 알고 보면 통합성 본질의 거대한 분열 현상이라는 것이다. 처음에는 없었는데 진화로 인해 생겨난 것처럼 보이는 것은, 모든 원동력은 내면에 통합성 본질로서 잠재되어 있기 때문이다. 통합성 본질은 모든 것을 창조할 수 있는 가능태이고 바탕 된 근거이다. 하나님이 창조하고자 한 뜻과 목적과 의지 작용에 따라서 하나인 본질이 다양화되었다. 만물은 천태만상이지만 세계 본질이 동질이고 세계 구조가 동일한 것은 하나인 하나님의 창조목적과 뜻에 바탕 되어서이다. 따라서 뭇 종의 바탕이 동질인 것이 불가피하고 구조가 동일한 것은 한 본질로부터 비롯된 창조의 대호환성을 입증한다. 진화론은 연속성을 주장하지만, 창조의 차원성 탓에 생물들 간의 유연관계가 차단된 상태에서[167) 다방면에 걸쳐 공통성이 확인되는 것은 하나인 뜻과 의지 작용을 통해 종이 창조되었다는 것을 뜻한다. 진화는 어떤 계획도 목적도 없는 우연적 발생이라고 하였지만, 하나인 뜻과 본질로부터 종이 창조되지 않고서는 종의 공통성을 설명할 길이 없다. 한 근원에 바탕 된 창조만 요구되는 조건을 충족시킨다. 따라서 진화론은 빙산의 일각처럼 바깥으로 드러난 일부만 보고 상동성 여부 내지 공통성을 따졌다. 깊은 내면을 들여다보면 계통수[168)의 뿌리에는 동질, 동체인 본질이 자리

---

167) 예를 들어 생물학자들과 유전학자들은 어떻게 생명이 저절로 생겨날 수 있었는지, 어떻게 DNA 코드가 형성되었는지, 왜 모든 생물들이 그 종류대로만 번식을 하는지 설명하지 못하였다. 인류학자들은 최하등 인간과 최고등동물 사이의 현저한 생물학적·문화적 괴리를 연결할 만한 다리를 발견하는 데 실패하였다. 또한 무척추동물과 척추동물 사이를 연결시키려는 시도는 어떤 발견보다는 공상과학 소설을 낳고 말았고, 생명이 처음 자생적으로 시작되었다는 주장은 순전히 믿음의 문제로 밝혀졌다. -『성경적 창조론』, 앞의 책, p.198, 18.
168) 계통수 모식도에서 뻗어 나간 형태로 표현하고 있는 바는, 실질적으로 볼 때 동물들 사이의 상호 관련성을 이상적인 측면에서 본 것이다. 상상적 측면에서 동물들을 묶어 나타내 보고자 한 지적 개념이다.-『진화론과 과학』, 앞의 책, p.147.

잡고 있다. 통합성 본질 안에서는 모든 것이 호환되며, 하나가 만을 이루었다. 만상은 미물에 이르기까지 한 본질에 뿌리를 두었고, 전체가 근원을 같이 하고 있어 개체가 전체와 호환될 수 있으며, 독립된 것처럼 보이지만 공통성을 지녔다. 계통수에 뿌리가 없는 것은 본질의 존재성을 보지 못한 탓인데, 본의로서 보면 만상이 지닌 공통성의 모습이 뚜렷해진다.

따라서 이제부터는 생명 창조의 근원성에 근거해서 종의 창조 역사를 어떻게 입증할 것인가? 만생이 한 근원으로부터 창조된 사실을 어떻게 증거할 수 있는가? 개체들은 독립된 생명체를 이루고 있지만 하나가 전체인 메커니즘을 지녔고, 서로 통하며, 공통성을 가지고 있다는 사실을 통하면 가능하다. 즉, "어느 수준의 생물계가 부분적인 퇴행의 과정을 거치면서 단순한 저차(低次) 상태에서 복잡한 고차 상태로 변화 발전하는 발생 과정"169)의 일률성은 본질로부터 창조된 뭇 생명체가 창조된 과정을 그대로 반복한다는 데 있다. "갑각류의 유생과 성체의 모습 등은 비슷하게 드러나는바, 이것이 처음에는 모두 한 조상으로부터 진화되었음을 나타내는 것"이라고 본 해석이다.170) 헤켈의 반복설은 진화론에 입각한 것인데, 설사 진화로 인한 현상이라고 해도 진화 과정이 개체 발생의 짧은 기간에 반복된다는 법칙은 어디에도 없다. 바로 그렇게 창조된 탓이고, 발생 과정에서 초기 배아의 모양이 비슷하다면 오히려 만생이 한 근원인 본질로부터 분화된 것을 뜻한다. 근원된 뿌리가 한 본질이라 창조된 대상들도 비슷한 모습을 형성할 수밖에 없다. 창조 목적과 분화 정도가

---

169) 보통 알이 수정 또는 다른 자극을 받아 분할하면 다세포체로 되고, 세포 간에 분화가 생겨 조직이나 기관을 형성하며, 결국 어버이의 모습으로까지 되는 일련의 복잡한 과정을 말한다.-『생명의 탄생과 진화』, 앞의 책, p.128.
170) 위의 책, p.123.

달라 만 가지 종들도 달라졌지만, 그럼에도 불구하고 전체 과정은 분화된 양상을 초월하여 일률적이다.

구조적인 면에 있어서도 창조로서 이룬 작용 과정은 동일하게 적용된다. "18세기에 린네가 근대 생물학의 기초를 놓은 이후부터 1960년대에 이르기까지 생물학자들이 생물종 간의 차이를 평가하여 생물들을 분류한 유일한 방법은 총체적이고 형태학적인 측면에서 구조를 비교한 것이다. 비교 생물학은 비교 해부학의 이상도 이하도 아니다."[171] 이것은 무엇을 의미하는가? "다윈은 상동 구조야말로 진화가 실제로 일어났다는 것을 암시한다고 생각했지만",[172] 이것은 세계 구조의 동질성과 동일성을 모른 채 겉모습을 보고 판단한 한계성을 여실하게 나타낸다. 개가 개 되고 소가 소 되기 위한 창조의 사전 뜻과 목적과 계획을 차단시켜 버렸다. 목적이 존재를 규정하고 구조를 결정한 것인데, 어떻게 진화되는 과정에서 변경될 수 있단 말인가? 물건을 집어 들기에 편리한 사람의 손, 땅을 파는 데 적합한 두더지의 앞발, 말의 긴 다리, 돌고래의 지느러미, 박쥐의 날개 등등 이들은 기본적으로 동일한 구조를 가지고 있다는 것이 공통 조상으로부터 진화된 유연관계를 강하게 암시한다[173]기보다는 창조를 이룬 뜻과 목적의 방향성이 같다고 볼 수 있다. 외관과 달리 구조가 동일하다는 것은 선행된 창조 목적의 통일성을 시사한다. 창조된 과정은 동일한데 의도한 목적이 달라 형태가 다르게 분열하였다. 창조는 총체적인 메커니즘으로서 한 근원으로부터 만 가지 가지를 늘어뜨리지만 바탕 된 본질은 같다. 그래서 뿌리를 보지 못하면 처음 모

---

171) 『진화론과 과학』, 앞의 책, p.310.
172) 위의 책, p.55.
173) 위의 책, p.55.

습이 단순하고, 존재한 근원이 파생된 것처럼 보이지만, 사실은 통합성 본질을 뿌리로 하여 이미 구족된 탓이다. 세계의 본질은 A +x, 혹은 A+x+B가 아닌, A+(x+B……), 즉 진전된 세계는 오직 하나인 근본으로부터 비롯되었다. 하나인 A가 만상을 잉태한 창조력을 지녔다. A가 갖춘 바탕 본질이 만상으로 하여금 상동성과 동질성을 이루게 한 것이다. A로 인해 만 생명이 통하고, x, y, z가 형제처럼 비슷하며, x→y→z로 진화한 것처럼 보였다. 피상적인 판단이 불가피하였다. 하늘 아래 천지를 있게 한 근원은 둘이 있을 수 없고, 이것을 직시한 종교 영역에서는 강력한 일신교를 고수하였다. 근원된 만상의 뿌리를 드러내지 못해 믿음이 필요했지만 한 근원으로부터 비롯된 창조 사실을 시사한 것이다. 종교 현상은 결국 천지의 근원을 밝히는 데 목적이 있고, 신앙한 대상이 인격신이든 진리이든 본질을 크게 벗어난 것은 없다. 인격신이 유일신화된 것은 천지가 하나인 근본으로부터 창조된 것을 시인한 형국이다. 하나인 근본으로부터 창조된 뭇 생명이 상동적인 구조이고 동질인 것은 창조 사실을 여실히 증거하고, 창조된 탓에 존재의 특성으로서 드러났다. 뭇 생명체가 어떻게 창조되었는지에 대한 과정을 파악해야 생명체 간에 비교되는 특징들이 창조 역사를 시사한다는 것을 알 수 있다. 현대 생물학의 성과인 "모든 생물에서 유전 암호는 동일하다"[174]는 것이 진화론적 관점에서는 모든 생물이 공통의 조상을 가진 것으로 비치지만, 진실은 모든 생물이 거친 창조 과정이 동일한 탓에 숨겨진 메시지이다. 지구상에 살고 있는 생물의 세포[175]가 지닌 기본적인 성질을 추출해 보아도 결과는 마찬가지이다. 생명은 "살아가기

---

174) 『유전 공학』, Larry Gomiek · Mark Wheelis 공저, 명지출판사, 유종화 역, 1991, p.151.
175) 세포는 생명으로서의 기본 현상을 나타내는 최종적인 구조체이다. 그런 의미에서 세포는 생명의 단위라고 말할 수 있다.

위해 필요한 에너지를 생산하는 장치(에너지 대사)를 움직여 자신을 유지하기 위한 장치(물질 대사)로 회전시키고, 자신과 똑같은 세포나 개체를 만들어 내는 복제 능력을 가지고 있으며, 한결같이 유전자(DNA)를 지녔다."176)

공통성은 생명체 안에서만 나타난 현상이 아니고, 만물 가운데 적용된 법칙과 개체가 전체와 통하는 호환성을 통해서도 비일비재하게 확인된다. 하나가 전체와 통하고 하나가 전체와 일치되며 개체가 전체 메시지를 내포하였다는 주장은 선지식이 아니다. 만상을 이룬 개체 하나하나가 공통된 본질을 근거로 하여 상호 통하는 탓에 생태적으로 적응된 특성을 보였다. "개체로서의 생물 구조와 기능이 어떤 생물도 단독으로 생존할 수 없을 만큼 공기, 물, 무기물, 공간, 온도 같은 물리적·화학적 환경을 필요로 하는 것은 물론이고, 다른 생물과의 상호작용도 생존을 위해 중요한 조건이다."177) 한 생명체가 생존하기 위해서는 우주 전체의 정보를 내포해야 한다. 미물도 무궁한 본질 작용에 근거하고, 주어진 특성을 모두 지녔다. 그래서 뭇 생명체는 인간이 인지하지 못한 상태에서도 대기 중에 산소가 있다는 것을 알아 폐라는 기관을 갖추어 생존할 수 있었다. 어떻게 치밀한 조직체인 폐라는 기관이 지구상의 그 누구도 인지하지 못한 상태인데, 우리의 가슴 속에서 작동하고 있었는가? 그것은 총체적인 정보를 지닌 근원으로부터 창조되지 않고서는 불가능한 일이다. 그래서 생명체의 적응 현상 역시 이런 각도에서 이해할 수 있다. 총체성을 모르면 자체 가진 생존을 위한 변화 능력으로 이해되지만, 사실은 우주의 전체 정보를 함유한 상태라, 적응을 위한 선택의 주체

---

176) 『생명의 기원』, 앞의 책, pp.15~16.
177) 『생명과학의 현대적 이해』, 앞의 책, pp.10~11.

가 환경이 아니고 생체에 주어져 있다. 그래서 생명의 적응 현상은 그대로 생명 창조의 총체성을 입증한다. 부분이 전체를 내포한 것은 한 근원으로부터 창조된 증거 사례이다. "생물과 환경 간에는 확실한 차가 없을 뿐 아니라 일체가 생명적이고"[178] 서로가 서로를 잘 알고 있다. 생명체는 물질로 구성되어 있지만 총체적인 요소 위에 오묘한 생명 현상이 있다. 생명이란 무엇인가? 하나님이 이룬 창조 목적의 결정체이다. 총체적인 창조 역사의 결과로 생명이 탄생되었다. 생명체는 하나님이 실현한 창조의 완전한 결정체이다. 어떤 세포의 집합체도 어떤 물질의 구성체도 아닌 하나님의 고귀한 뜻의 반영물이다. 그래서 하나님의 숨결이 두루 통한다. 생명의 총체성은 이미 모든 것을 갖춤이고, 개체가 전체를 내포함이다. "생물의 위대한 적응적 복잡성과 고도의 공적응 현상"을 이해할 수 있다.[179] 이미 갖춘 것으로부터의 도출과 강조와 역할 담당이 적응 현상의 본질이다. 자라나는 청소년들은 무한한 잠재력을 가졌다고 하지만 능력을 개발하고 도야하지 않으면 소실되어 버릴 것이듯, 자연의 적응과 선택 현상도 그와 같다. 처음에는 없었는데 생겨난 것이 아니다. 그런데도 진화적인 것으로 이해하면 문제가 연쇄적으로 발생한다. "어떤 집단 내의 주어진 환경에서 생존에 유리하게 작용하는 유전자를 가진 개체가 살아남게 되는 현상을 선택"[180]이라고 할 때, 그것은 생존에 유리하게 작용하는 유전자를 가진 개체가 중요한 것이 아니라 주어진 환경과 호환성을 지닌 것이 문제이다. "생물의 형질이 생물이 처한 외부 환경에 적합하도록 변화하는 것이 적응인데",[181] 그

---

178) 『의학의 철학』, 앞의 책, p.220.
179) 『진화론과 과학』, 앞의 책, p.66.
180) 『생물 과학』, 앞의 책, p.432.
181) 위의 책, p.432.

것은 곧 한 근원으로부터 비롯된 총체성의 도출을 뜻한다. 하지만 지금까지 존재한 다양한 생명들은 긴 진화 과정에서 자연과의 부단한 상호작용을 통하여 적응된 결과가 아니다. 통합성 본질에 근거하여 자연환경과 일치할 수 있는 정보를 교환한 탓이라고 볼 수 있다. 선인장은 사막에 사는 식물이다. 그러나 선인장 특유의 적응 메커니즘이 원래는 그렇게 할 수 없는데 할 수 있도록 변화된 것이라기보다는 만물과 본원을 공유한 탓에 가능성이 극대화된 상태이다. 뭇 생명체가 만물과 함께 창조된 이상 생명체가 자연과 일치되고 호환될 수 있는 바탕이 사전에 마련되어 있어 생태계가 생존 전략을 위한 정밀한 적응 메커니즘을 구축할 수 있었다. 생명이 전적으로 환경의 지배 아래 있는 것도 아니고 적응을 위한 능동적 요인도 아닌, 생명과 환경은 곧바로 하나 자체인 동시에 일체이다. 종이 생존을 위한 다양한 적응적 변화와 형태를 취한 것은 자연이 지닌 생태적 특성을 알고 있어서이고, 생명 현상의 공통성과 구조의 상동성과 본질의 동질성 등은 바로 뭇 생명이 한 근원으로부터 비롯된 창조 역사의 근거이다.

5. 생명의 계획성, 완전성

"다윈이 자연선택에 의한 진화론을 세상에 발표하였을 때, 그는 자연선택이 복잡한 적응이나 매우 완벽한 기관을 만들어 낼 수 있는 능력을 가지고 있는지의 여부에 대해 의문을 품은 것을 종종 친구들에게 고백한 적이 있다고 했다."[182] 상식상 완벽한 것처럼 보이는

---

182) 『진화론과 과학』, 앞의 책, p.367.

복잡한 정교성이 우연의 산물이라는 주장은 정말 어리석게 보이는 것도 당연하다. 우연에 따른 종의 창조 메커니즘, 곧 자연의 힘이 발한 자연선택이라는 것, 혹은 돌연변이라는 것은 우리가 지성적으로 생각하는 계획성과는 거리가 멀다. 그런데도 우연한 기회에 만들어졌다고는 생각할 수 없는 생명의 분자 기계가 보여 주는 정교함과 복잡성은 현대의 첨단 기계들마저 치졸하게 보일 정도이다. 그러나 창조론자들이 주장하였듯, 이 연구도 생명 현상 중 거의 "모든 분야에서 설계상의 정교함과 복잡성 내지 완벽성"[183]을 지적한다고 해서 종이 창조된 것을 증거하는 것은 아니다. 물론 우연이 아니라면 계획의 최고 계층까지 추적할 수 있겠지만, 무엇을 기준으로 하여 입증할 수 있는가는 창조가 어떤 단계를 거친 것인가를 모르면 불가능하다. 점진적인 진화에 비해 처음부터의 완벽함은 창조를 시사하는 것이기는 하다. 하지만 왜, 어떻게 해서 처음부터 완전하게 되었고, 완벽할 수밖에 없었는가를 알지 못하면 증거할 방도가 어디에도 없다. 증거할 수 있는 관점과 기준을 확실하게 세워야 한다. 왜 만물을 처음부터 완전하게 창조할 수 있었는가? 말로만 계획적이고 목적적이었다고 해서는 해결할 수 없는 문제, 그 이유를 밝혀야 만인은 생명의 완전함이 하나님의 사전 준비에 의한 것이고, 창조가 곧바로 완성을 의미한다는 것을 이해할 수 있다. 진화론이 우연을 내세운 것은 창조된 근원을 알지 못한 탓인데, 안다면 창조된 대상만큼 확실한 원인을 가진 존재상도 없다. 원래 우연한 일은 원칙적으로 일어날 수 없는데, 원인을 일으킨 작용 과정이 본질 속에 파묻혀 있어 결과만 보고 우연으로 돌렸다. 왜 세상은 존재한 궁극적 원인을 파악하기 어려운가? 그것은 하나님이 근본을 이루는 과정에서 만상을

---

183) 위의 책, p.382.

창조할 뜻을 의지로서 품은 탓이다. 그래서 뜻이 의지 작용에 따라 구체화되었고, 일련의 과정이 목적적인 활동을 통해 실현되었다. 여기서 주된 작업이 뜻을 구체화시키는 과정, 곧 계획을 이루는 쪽으로 치중되었다. 물론 계획만으로는 창조 사실을 확인할 수 없고, 실현성 여부는 바로 창조 역사를 통해 직접 확인한다. 창조 계획은 어디까지나 창조를 이루기 위해 청사진을 그린 단계로서 완성된 역사가 아니다. 하지만 창조 이전부터 계획이 있었다는 것을 알 수 있는 것은 그렇게 해서 창조된 존재 구조를 통해서이다. 하나님은 미물에 이르기까지 전체 우주와의 호환성을 고려하였다. 우주와 통하도록 전체적인 관점에서 설계하였다. 흔히 인간은 소우주라고도 하거니와, 그처럼 우주와 통할 수 있도록 창조 이전에 바탕성을 완비하였다. 존재 구조의 완벽함을 알면 그동안 우연으로 돌리기에는 석연찮은 의문들을 해소할 수 있다.

생명체의 기관들은 어쩌면 그토록 과학적일 수 있는가? 물고기의 배 속에 있는 부레는 몸의 비중을 조절하는 역할을 한다. 그런데 문제는 과학적인 사실들을 확인한 이래 인간도 그런 기관을 만들어 낼 수 없는데, 어떤 지능체가 그렇게 한 것인가? 정말 진화한 것인가? 부레라는 기관을 통해서 물고기가 우주 전체의 총체적인 정보를 함유하였다는 사실 외에 달리 알 것이 없다. 이것이 이 연구의 주관적인 판단이라면 우리가 지닌 심장의 구조와 기능에 대해서 생각해 보자. 지성들은 근대에 이르기까지 심장이 담당한 혈액 순환의 원리를 안 자가 없다. 그런데도 인간은 그런 심장을 가지고 평생을 대자연 속에서 삶을 영위하였다. 어떻게 하여 고도로 정밀한 기관 구조를 몸속에 갖추었는가? 자연이든 神이든 무엇이든 주체는 분명히 있었다. 자연이 자생 능력을 지녔다면 자연을 일컬어 神이라고 해야 하지 않겠는가? 그러나 세상 어디를 둘러보아도 그런 창조력은 찾을 수 없다.

우리가 알 수 있는 것은 완벽한 계획성뿐이고, 두루 관통된 우주와의 호환성 확인뿐이다. 우리가 갖춘 골격계와 근육계, 순환계, 생식계, 행동적인 조건들은 필요한 조건을 알고 자생시킨 것이 아니다. 아무도 모른 상태인데 인지하고 설계되었다는 것이 문제이다. 하늘을 날기 위해 새들은 어떤 노력을 했는가? 공기 역학적인 원리를 알고 날개를 진화시켰는가?[184] 생물은 대개의 경우 어떻게 산소를 호흡하는 기관을 장착할 수 있었는가? 자연선택적 조건은 어떻게 생물의 기능 구조를 변화시킨 막대한 힘을 발휘했는가? 진화 때문이라면 원본 설계도를 변경시킨 흔적이 역력해야 한다. 하지만 구조가 처음부터 통체적이고 호환적인 것은 인식상으로 근원성은 추적할 수 없지만 사전 창조 설계가 완벽한 것임을 입증한다. 지금까지 밝혀진 생명 기관의 구조, 세포, 신경, 유전자의 정체, 단백질의 구조와 합성에 이르기까지 생명체가 존재할 수 있는 전제 조건에 있어 고도의 지성이 요청되는 것은 사전 설계자의 존재 사실을 시사한다. 구조의 합리성은 사전 계획성을 나타내고, 적응은 총체적인 고려에 의한 호환성이다. 사전에 설계된 계획성 때문에 뭇 종들이 발생 순간부터 완벽한 구조 상태로 출현하였고, 통체 시스템으로 인식된다. 조직

---

184) 새들은 처음부터 땅에서 이동하는 것과는 완전히 다른 형태, 즉 비행을 위한 구조로 설계되었다. 그리고 이와 같은 계획성이 모든 진화에 의한 합리적인 유추를 차단시킨다. 즉, "깃털로 만들어져 있는 새의 날개는 형태 변형의 극치를 보여 모양을 자유로이 바꿈으로써 이륙, 착륙, 날개치기, 활공, 상승 기류 타기 등 여러 가지 비행형식에 맞춰 공기 역학적으로 적절한 비행이 가능하다. 많은 새들에 있어서 깃털의 각도는 수많은 섬세한 근육에 의해 조절되고 있고, 날개를 위로 올릴 때는 깃털을 비틀어 전체 깃털 판이 작용되지 않도록 깃털을 열어 저항을 극소화시키고, 날개가 아래로 내려올 때는 깃털을 수평면으로 하여 깃털 판은 닫히게 되어 비행의 효율을 높이고 있다. 벌새의 날쌘 전진, 후진, 전진의 반복 동작을 관찰해 보면 깃으로 구성되는 날개가 어떻게 그 놀라운 공기역학적 성질을 가질 수 있는지 이해가 될 것이다.-『진화론과 과학』, 앞의 책, p.228.

면에서 생물계의 복잡성은 상상을 초월할 만큼 방대하다.185) 처음부터 일체를 감안한 계획이 세워지지 않았다면 어떤 생명체도 발생 때부터 생존할 수 없다.186) 동물은 태어날 때부터 모든 기관을 갖추었고, 식물의 광합성은 몇 개의 부분들이 조금씩 첨가되어 진화한 것이라기보다는 처음부터 갖춘 완전한 메커니즘에 의한 결과성이다.187) 진화는 점진적인 변화를 말하지만 종은 최초의 형태가 어느모로 보나 너무 발달되어 있다. 창조는 알파의 완전성을 뜻하는데, 사전 창조 역사를 보지 못해 진화적인 기원설을 주장하였다.188)189) "세포막의 형성에서 높은 정도의 조직이 사전에 이루어져 있는 것"190)을 보면 "지금까지 알려진 단순한 유기체들도 저절로 틀이 잡히기에는 너무나 복잡하다."191) "어미 고래는 새끼들에게 젖을 주기 위해 고유한 구조를 가졌는데, 이런 구조는 처음부터 어미와 새끼에게 갖추어져 있었던 것이 틀림없다."192) 왜 그런가? 창조론자들이 진화를 부정하기 위해서 예를 든 근거가 아니다. 생명체의 생식 과정이 경이로울 정도로 복잡하고 성공하기 위해서는 처음부터 완전

185) 일반세포는 백만의 일천만 배나 되는 원자의 숫자로 되어 있다. 10억 배로 확대시킨 하나의 세포 복제물을 만든다고 하면 한 개의 원자는 테니스볼 정도의 크기가 된다. 1분간에 원자를 하나 추가하는 속도로 조립한다고 하면, 한 개의 복제물 모형을 완성하는 데에는 5천만 년이 걸리며, 완성된 물체는 직경 20km에 이르는 피라미드의 수천 배가 되는 용적을 가진 거대한 공장이 될 것이다. 그런데도 이것을 포유류의 뇌와 비교하면 문제가 되지 않을 정도로 단순하다고 한다.-위의 책, pp.370~371.
186) 손과 발이라든가 위장처럼 복잡한 기관은 완성되고 그 기능들이 사용되기까지 오랜 시간이 걸리지만, 그 때까지 어떻게 도태를 면할 수 있었는가 하는 점이다.-『엔트로피(Ⅱ)』, 앞의 책, p.163.
187) 『신비한 생물창조 섭리』, 조정일·손기철·성인화 공저, 국민일보사, 1995, p.138.
188) 어느 정도 멀리 떨어져 있는 행성에서 대략 40억 년 전쯤, 인류와 같은 고등한 형태의 생명체가 진화되었는데, 이들은 과학기술을 우리들이 성취한 것보다 훨씬 더 발전시켰다고 가상해 볼 수 있다.-『생명의 출현』, Francis Crick 저, 홍영남 역, 아카데미 서적, 1992, p.109.
189) 천지가 전능한 하나님의 뜻에 따라 창조된 탓에 어떤 근거도 필요하지 않다고 하면 창조를 증거로 제시할 길은 어디에도 없다.
190) 『성경적 창조론』, 앞의 책, p.102.
191) 『닭이냐 달걀이냐』, 앞의 책, p.153.
192) 『창조는 과학적 사실인가』, 앞의 책, p.37.

해야 하는데, 이것은 추측만으로 끝날 수 없다. 계획 단계에서부터 완전한 탓이고, 창조 역사로 완벽함을 실현하였다. 사전 계획성은 생명의 창조 과정에서 정보가 고스란히 입력되어 "유전자가 세포에서 가장 중요한 설계도가 되었다."[193] 창조 계획이 종이 함유한 DNA 속에 집약되었고,[194] 복제에 복제를 거듭한 존재 유지 시스템은 사전 창조 계획의 완벽성과 창조 과정의 완전성을 입증한다. 20세기 생명과학의 최대 업적이라고 할 수 있는 "왓슨-크릭의 DNA 이중 나선 구조, 니렌버크 등의 mRNA에 함유된 3문자 유전자 암호 해독, 그리고 단백질 합성의 메커니즘 해명"[195]은 생명체가 사전에 세운 계획에 의해 창출된 증거로서[196] 이런 현상을 가능하게 한 것이 곧 사전에 준비된 생명 창조의 계획성이다. 이것이 뭇 생명체에 반영되어 최초 알파의 완전함을 실현하였다.

6. 생명의 선재성

만상의 작용 근거인 본질은 한 통속으로 되어 있고, 그것은 창조 이전의 바탕체로서 모든 원인과 결과가 함께한 통합성 본질로 존재한다고 하였지만, 자못 이해하기 어려운 실체적 상태인 것만은 틀림없다. 창조된 세상은 바탕 된 본질에 비해 이행에 따른 차원의 벽이

---

193) 『생명과학의 현대적 이해』, 앞의 책, p.93.
194) 유전자는 유전 암호가 적혀 있는 테이프이고, 염색체는 이 테이프를 보관하는 문고이다.-위의 책, p.87.
195) 위의 책, p.93.
196) 유전자설은 1920년대에 T. H. 모건에 의해 확립되었는데, 40년대에는 바이러스의 연구에 힘입어 유전자의 물질적 본체가 디옥시리보핵산(DNA)임이 확인되기에 이르렀다. 이어서 1953년에는 DNA 구조가 이중나선모형(二重螺旋模型)임이 밝혀졌고, 뒤이어 리보핵산(RNA)과 단백질의 세포 내에서의 상호 관계가 차례로 밝혀졌다. 생물학에 있어서의 이와 같은 연구 방향은 분자생물학이라는 이름으로 불리게 되었다.-『두산동아세계대백과사전』, 생물학 편.

존재하고, 인식적인 측면에서도 존재함의 동시성이 불가능하며, 결과가 원인과 함께한 선재성을 이해할 수 없는 탓에 창조를 실감하기 어렵다. 우리는 아무리 추적해도 달걀이 먼저인지 닭이 먼저인지, 씨가 먼저인지 열매가 먼저인지 분간할 수 없지만, 통합성 본질은 이 같은 원인과 결과를 동시에 함유한 상태로 창조 역사를 실현하였다. 판단하기로 제반 현상은 반드시 원인에서 결과로 진행되는데, 그것은 창조된 결과로 인해 결정된 존재 현상이다. 그래서 창조의 선재성은 섣불리 판단할 수 없다. 즉, 창조는 이루어졌지만 분열을 다하지 않아 세상 위로 드러나지 못하고, 미래 속에 머문 부분이 있게 된다. 선재성은 나타나지 않았지만 존재하고 있다는 것, 그 대상은 예외가 없어 없었던 것이 현현된 것은 모두 선재성을 입증한다. 선재성은 창조 역사를 증거하는 중요한 기준 중 하나이거니와, 진화론적인 관점이나 상식적인 감각과 정말 대치된 개념이다. 그럼에도 불구하고 뭇 생명체는 창조된 결과적 산물로서 반드시 선재적 요인을 지녔는데, 통상 태생의 첫출발인 씨, 알, 정자와 난자 등에서 선재성을 인출할 수 있다. 생명체 중에서 가장 작은 존재인 씨는 작지만 간단한 존재가 아니라는 것, 일체 가능성을 함재한 완전체로 존재한다. 씨는 통합성 본질이 이룬 결정적인 요인으로서 시공을 초월한 결과성을 함재한 것은 창조의 선재성 표출이다. 유전자에는 창조의 전 과정에 대한 생명 정보가 입력되어 있거니와, 성체가 현현되지 않은 상태인데도 그에 대한 정보를 갖춘 것은 선재적 특성 말고는 설명될 수 없다. 생명체는 사전에 갖춘 창조의 선재성에 의하지 않고는 존재할 수 없기 때문이다. 최초의 알파가 아주 작은 씨로부터 시작되었고, 작지만 모든 것을 구비하였다. 어떻게 진화와 무관하게 일체 결과가 주어진 것인가? 열매를 맺게 한 나무도 없는데 씨가 출현할 수 있는가? 그런데도 진화론은 원시 수프의 상태에서 기적적인 우연으로 그것이 가능했다고 하였다. 창조의 선재적 특성을 보지 못한 한계 관점이다. 전체가 개체를 낳는 것은 상식이고 대원칙이다. 나무를 나무 되게 한 전체 바탕이 이미 존재하였다. 씨의 선재성은 바탕 된 본질 속에 모두 함유되어 있고, 그것이 세계 안에서 씨가 성체를 낳고 성체가 씨를 낳는 창조의 有함 형태를 성취시켰다. 성경의 창조론도 하나님이 아담을 성숙한 성체로 창조하였다[197]고 하였는데, 창세기는 시공을 초월한 하나님의 뜻을 계시로 받든 형태라 성체든 씨든 창조 역사 안에서 문제 될 것은 없다. 전체로서의 완벽한 본질을 통합성 상태로 구비한 탓에 씨가 성체가 되고 성체가 씨가 되는 것은 분열을 통한 경과상의 문제이다. 여기에 씨가 지닌 창조의 비밀이 있고, 그 비밀이 바로 선재적인 특성이다. 그래서 우리는 씨가 함재한 선재성을 통하면 생명이 창조된 것을 알 수 있다. 창조 원리가 씨 가운데 입력되어 있고, 선재성을 통해 고스란히 드러났다. 생명체가 씨, 혹은 알로부터 잉태된 것을 모르는 사람이 없는데도 창조 원리, 혹은 증거 근거로서 인출하지 못한 것은 창조된 본의를 알지 못해서이다. 씨는 有함으로부터 출발되지만 그것은 창조된 결과이고, 그 같은 결과를 있게 한 프로그램이 선재되어 있어 우리가 하나님이 천지를 창조하였다는 사실을 살필 수 있다. 씨로부터 출발된 창조 역사, 그 모든 메커니즘을 씨가 함축한 선재성이 지녔다. 씨는 외형적인 창조의 출발이며, 내면의 메커니즘 인출은 통합성 본질을 통해서이다. 씨의 선재성은 종이 진화로 존재할 수 없는 결정적 증거이다. 결정성이 나타나기도 전에 원인 속에 이미 함재되어 있다는 것, 그런 통합성 본질 상태의 필연적인 인과관

197) "각기 종류대로 씨 가진 열매 맺는 과목을 내라."-창세기 1장 11절.

계를 진화로서는 설명할 길이 없다. 어떻게 "코끼리, 개구리, 혹은 타조를 구성하는 완전한 화학 정보가 두 생식세포인 난자와 정자 속에 들어 있는가?"198) 처음부터 코끼리, 개구리, 타조가 있었다면 어려운 문제가 아니다. 그렇지 않은데 난자와 정자가 사전에 전체 정보를 지닌 것은 바탕 된 본질이 통합성 본질 상태로 선재하였다는 뜻이다.199) 원인과 결과가 함께한 근원 바탕으로부터 천지가 창조되었다.200) 명백히 수정란이나 씨의 개체 발생과 성숙의 과정 등은 시공을 초월한 4차원 양식 속에 포함된다. 그 같은 양식에 의해 "세포의 작은 부분이 곧 세포핵의 구조에 따라 결정되고, 4차원적인 양식이 수정란의 구조에 따라 결정되는 것은201) 생명 창조의 선재성이 그 속에 함재된 탓이다.202) 어떻게 도래하지도 않은 결과가 사전에 함재된 것인가? 하나님이 뭇 생명체를 사전에 완비한 상태로부터 창조해서이다.

7. 생명의 통합성, 생성성

통합성 본질은 하나님이 천지를 창조하기 위해 특별한 뜻과 쏟은 사랑으로 구축한 근원 바탕이다. 만물이 하나인 바탕 본질에 근거했

---

198) 『신비한 생물 창조 섭리』, 앞의 책, p.65.
199) 난자나 정자로 되는 세포를 생식세포(=配偶者)라고 한다. 그리고 이는 다른 세포와 구별할 수 있는 특수한 성질 중의 하나로 全能性을 들 수 있다. 즉, 완전하게 생물을 만들어 낼 능력을 가졌다.-『동물 발생학』, 김창환 저, 일조각, 1996, p.12.
200) 수정란 중에는 발생의 초기부터 장차 어떤 기관이 형성될 것인지 이미 결정되어 있는 것도 있다. 이와 같이 일찍부터 할구의 운명이 결정되어 있는 난을 모자이크란(mosaic egg)이라고 한다.-『생물 과학』, 앞의 책, p.337.
201) 『생명이란 무엇인가』, 앞의 책, p.40.
202) 한때 라플라스가 생각하던 천리안적 지성, 즉 모든 인과관계가 당장 자명해지는 이 지성은 염색체 구조만 보고서도 조건만 적당히 주어지면 수정란이 검은 수탉이나 반점 있는 암탉으로, 파리나 옥수수로, 철쭉으로, 딱정벌레로, 생쥐로, 또는 여인으로 개체 발달할 것인지 알 수 있을 것이다.-위의 책, p.41.

을진대, 생명의 창조 역사는 두말할 필요조차 없다. 통합성 본질은 본질성을 구축한 주된 역할을 담당한 탓에 창조된 특성을 드러내는 데 있어서도 여기에 대한 이해가 필수적이다. 생명을 창조하기 위해 마련된 통합성 본질은 그렇다면 무엇인가? 선재된 목적과 의지와 뜻으로 근본을 형성한 상태라고나 할까? 전능한 지혜와 권능을 십분 발휘하여 준비된 상태이다. 여기서 최종적으로 하나님이 命한 말씀으로 창조 역사가 실현되었지만, 창조 역사의 밖에서는 사전에 존재한 본질 상태가 자못 인식하기 어려운 벽으로 작용하였다. 즉, "생물의 외적인 형태를 관찰하면 종의 진화는 간단한 것에서 복잡한 것으로 발전해 가는 것처럼 보이지만",203) 단순한 유기체라도 그것이 얼마나 복잡한 구조로 되어 있는가를 안다면 통합성 본질의 완비 상태를 엿볼 수 있다. 진화가 생성적인 관점에서는 분열을 완료하지 못한 탓에 간단한 것처럼 보이지만, 분열한 결과로 복잡하게 되었다.204) "오늘날 지구상에 생존하고 있는 것으로 추정되는 약 150만 종의 생물들을 계통적으로 분류하고, 종 상호 간의 계통적 관련성을 명백히 하는 데 진화 관점을 적용하고 있지만",205) 종들이 처음부터 통합성 본질로부터 생성된 것을 안다면 진화와 분화에 대한 개념 대비를 명확히 할 수 있다. 분화는 만생을 생겨나게 할 생성력을 사전에 갖춘 상태이지만, 진화는 無하다. 현재 존재하는 종들의 모습을 보고 상상으로 추정한 것뿐이다. 동양의 선현들은 만물일체 사상을 피력했듯, 만상은 진화든 분화든 과정상에서는 큰 차이가 없어 보이

---

203) 『도가를 찾아가는 과학자들』, 董光璧 저, 이석명 역, 예문서원, 1995, p.137.
204) 라마르크(de Lamarck, 1744~1829)의 저서 『동물 철학』에는 진화에 관한 최초의 본격적인 학설이 기재되어 있는데, 그는 자신이 행한 무척추동물의 연구를 기초로 하등동물로부터 고등동물까지 체제가 점차로 복잡해지는 순서로 제시하고, 이것은 동물이 단순한 것으로부터 복잡한 것으로 진화된 것을 의미한다고 주장하였다.-『생명과학의 현대적 이해』, 앞의 책, p.23.
205) 『생물 과학』, 앞의 책, p.452.

지만 생성된 원리는 전혀 다르다. 처음부터 갖춘 하나는 분열하면 열이 될 수 있지만, 처음부터 하나뿐인 하나는 더 이상 그 무엇도 생성시킬 수 없다. 본의를 모르면 드러난 현상과 변화 과정이 진화로 보이고, 알면 분화된 것으로 이해된다. 통합성 본질이 분열한 탓에 만물이 생성한 것이며, 없었던 것이 진화로 하나하나 갖추어진 것은 없다. 통합성 본질이 만상을 이룬 에너지를 분출하였다. 그래서 생명 창조의 알파는 통합성 본질로부터의 출발로서 처음 탄생부터 완전하였다. 이것이 창조 역사의 완벽함이다. "사람의 몸은 계속된 세포분열로 약 100조 개의 세포로 구성되어 있지만, 이 세포는 처음 단 한 개의 수정란에서 온 것이다."206) "뉴런의 수는 뇌 전체에서 약 100억 개나 되며, 그중 신피질에는 26억 개가 있는데, 이 수는 태어날 때 전부 갖추어져 있었다."207)

하지만 통합성 본질이 분열하여 만상을 이룬 것이 생명체에 대해서는 아직 이해하기 어려운 현상을 낳는다. 원래 바탕 된 본질은 한 본질, 한 근본인데, 창조 목적에 따라 각각의 바탕성을 구축하여 다양화된 마술사의 손이 되었다. 한줄기인 동체에서 호박꽃이 어떻게 수꽃과 암꽃이 번갈아 피는가? 악어 알은 놓인 양지의 방향 정도에 따라 암놈이 되기도 하고 수놈이 되기도 한다. 다윈이 진화의 강력한 증거로서 내세운 상동 구조는 오히려 창조된 근원 뿌리가 한 통속으로서 호환된 결과 모습이라는 사실을 어떻게 이해할 것인가? 한 통속인 통합성 본질은 두루 통하여 부분과 전체가 정보를 공유한다. "플라나리아는 1/100을 절단하여도 전체가 재생되고, 히드라는 1/200을 절단해도 재생할 수 있다. 지렁이와 불가사리의 재생력도

---

206) 『생물 에세이(신비한 생물 탐험)』, 윤소영 저, 동녘, 1993, p.43.
207) 『과학시대의 불교』, 앞의 책, p.58.

매우 강력해서 몸의 일부에서 다시 한 개체를 만들 수 있다."[208] 이것은 부분이 전체에 관한 정보를 공유한 탓에 가능한 것이고, 그 원리적인 뒷받침은 본질의 통합성에 있다. 이것은 개체들에게서만 일어나는 현상이 아니다. 만물 상호 간도 일사불란한 유기체성을 이룬다. 특히 분화된 암수는 구조가 상대적인데도 상합된 것은 둘이 한 몸으로부터 분열된 통합성 본질에 바탕 된 것을 증거한다. 나아가 통합성 본질은 생명의 최초 알파가 닭인가 달걀인가 하는 문제도 해결한다. 통합성 본질은 원인과 결과가 함께한 일원성 상태라고 했다.

하지만 우리는 분열하는 질서 속에 있어 원인과 결과를 동시에 공유할 수 없다. 통합성 본질 상태에서는 가능하지만 분열하는 세계 안에서는 한계가 있다는 것, 이것은 분자생물학에서 고민하는 단백질이 먼저냐 핵산이 먼저냐 하는 문제이기도 하다. 레닝거는 그의 생화학 교과서에서 단백질과 핵산 가운데 어느 쪽이 생물의 기원으로서 앞섰는가에 대해 말했다.

> "말할 나위도 없지만 핵산은 유전 물질이다. 거기에는 어버이 세포에서 딸세포로 옮아가는 유기체의 청사진이 들어 있다. 복제 과정에 DNA는 딸 하나하나에 줄 청사진을 복사하여 넘겨준다. DNA는 상보적인 2개의 사슬이 있는 설계 덕택에 이런 일을 할 수 있다. 그러나 DNA는 혼자 복제의 일을 해낼 수 없다. 이 과정에 단백질의 도움을 받아야 한다. 더구나 DNA와 또 다른 핵산 RNA는 촉매 능력이 크지 않다. 단백질과는 달리 그들은 이런 일을 해낼 수 없다."[209]

시간과 세월이 진화를 이루는 요인이라고 여긴다면 최초 기원에 대한 문제는 영원히 해결할 수 없다. 어떻게 핵산과 단백질이 동시

---

208) 『생물 과학』, 앞의 책, p.349.
209) 『닭이냐 달걀이냐』, 앞의 책, p.155.

에 창조될 수 있는가? 그것은 오직 통합성 본질이 시공을 초월하여 완비된 탓에 가능하다. 창조된 결과로 시공의 분열이 있게 되었다는 것을 안다면 통합성 본질이 어떻게 현상계의 분열성을 초월한 것인지 이해할 수 있다. 통합성 본질은 생성을 주도한 원동력이다. 본질은 무엇인가? 하나님의 몸 된 본체로서 원래부터 영원하였다. 이것이 하나님이 품은 특별한 뜻의 발현으로 근본을 형성한 통합성 본질이다. 원래는 불변한데 창조를 위한 바탕 본질로 이행되는 과정에서 모종의 변화를 거쳤다. 원래 有한 본질이 창조화되기 위해서는 氣의 에너지가 응축되어야 했고, 이것은 창조를 위해 발현된 의지 작용의 결과이다. 강력한 의지의 발현이 천지를 창조할 수 있는 바탕 에너지가 되었다. 창조를 위해 집중된 의지는 창조 역사와 함께 소실된 것이 아니라 세계를 지탱하는 에너지로 전환되었다. 따라서 운동도 영원하게 생성하는 형태를 취하는데, 그것은 有한 본질이 통합된 힘으로 분열하고 분열된 힘으로 통합되기 때문이다. 이처럼 구조화된 생성 시스템이 끊임없이 순환하면서 하나님의 의지를 분열시켜 창조 목적을 섭리적으로 완수한다. 그런데 이런 완비된 통합성 본질의 생성 작용을 감지하지 못하면 "생명은 어떤 시기에 일시에 생겨난 것이 아니라 장구한 시간에 걸쳐 서서히 만들어진 것"210)으로 보게 되어 진화 기간을 수억 년으로 설정하기도 하였다. 왜 세계에는 인식조차 불가능한 시간대가 존재하게 되었는가? 통합성 본질이 분열하기 이전의 영원함 탓이다.211) 그래서 시간의 깊이를 알 수 없었고, 시원은 어디서도 무한성으로 인식된다. 영원한 생성은 창조된 세계를 지속시키는 체제로서 아직도 세계는 분열 중이다. "생물의 진화

210) 『생명과학의 현대적 이해』, 앞의 책, p.222.
211) 오랜 시간에 걸친 화석의 연대는 오히려 창조된 세계의 생성이 무궁한 것을 입증할 뿐이다.

는 사물의 발전을 잘 보여 주고 있어 시간이 지남에 따라 생물계에서는 새로운 종자가 탄생한다"[212]고 하는데, 사실상 창조 역사는 이미 완료되었고 단지 분열하는 과정만 남아 있는데, 그것을 새로운 종이 탄생하는 것으로 보았다. 진실은 통합성 본질이 뭇 종을 탄생시킨 원동력이다. 모든 가능성을 함축하고 만상의 근원적인 역할을 도맡았다.

8. 생명의 분열성

분열성은 뭇 생명이 창조된 것을 나타내는 확실한 증거 기준인 동시에 확실한 특성이다. 통합성 본질 구축으로 창조를 위한 바탕은 마련되었지만, 분열과 함께 만생이 현현한 탓에 분열은 본질이 생성한 결과이다. 노자는 道가 一을 낳고 一……, 二……, 三이 만물을 낳았다고 하였으며, 유교에서는 太極이 양의를 낳고 양의는 사상, 팔괘, 만물을 낳았다고 하였듯, 분열 없는 천지 구축은 없다. 일체는 구분 없는 하나로 존재하였는데, 분열과 함께 생성을 일으켜 세계가 무궁하게 되었다. 경과적인 시차가 발생하였고, 원인→과정→결과, 혹은 과거→현재→미래로 구분되었다. 이처럼 만상과 생명은 한 근원으로부터 창조되었는데, 현재의 종들은 어떤 분열 시차를 두고, 어떤 분열 메커니즘을 통해 새로운 종을 탄생시켰는가? 종의 모습은 변화하지만 한계가 있는데도 다양하게 되었다니? 하나님은 사전에 통합적인 본질 바탕을 구축하였고, 그 근본은 동일하지만 의도한바 목적에 따라 다양하게 분열하였다. 식물은 식물로서, 동물은 동물로

---

212) 『재미있는 철학 노트』, 오창환 저, 풀빛, 1991, p.63.

서, 물질은 물질로서 특성을 지니게 되었다.

그렇다면 일련의 통합 바탕은 한순간에 완료된 것인가? 세상 가운데서 새로운 종의 탄생은 가능한가? 종은 한 번 창조되면 멸종하지 않는 한 개체를 유지하기 위해 생성을 거듭한다. 통합적 바탕은 마련되었지만 만상의 분열 과정은 끝나지 않았고, 끝날 수 없는 도상 가운데 있다. 그래서 잠재된 요인은 뒤늦게 나타난다. 이것이 시공의 분열 경과 속에서 미처 드러나지 못한 종의 발생이다. 현존하는 동식물은 수백만 종이지만 그것만이 전부인 것이 결코 아니다. 헤아릴 수 없는 만큼 분열 과정도 끝이 없다. 영원한 생성은 천지가 창조됨과 함께 결정된 본질성 자체이다. 그런데 어떻게 "현생 종의 무한한 수와 다양성을 지질학적 시간 척도와 필적할 만큼의 시간 속에서 진화되어 온 일련의 과정으로 보아야 하는가?"[213] 살아남은 종은 가장 잘 적응한 종이라는 자연선택설을 받아들여야 하는가? 통합성 본질에 의한 생명 창조의 분열성과 대치된 주장일 뿐이다. 그들은 유전 형질의 변이 가능성을 내포한 돌연변이 등을 예로 들어 종의 발생이 가능하다고 여기지만, 그것은 어디까지나 형태적인 변화일 따름이다. 종의 본질은 불변하다. 앞으로도 알려질 생물들은 명백히 하나인 근원으로부터 분열되어 나온 것들이다. 처음부터 없었던 無로부터는 그 무엇도 생겨날 수 없다.

그러므로 우리는 창조의 분열성이 지닌 원칙에 따라 종의 형태적인 변화가 지닌 한계성과 통합성 본질로부터 나뉜 개체들의 분화 현상을 정확히 이해할 필요가 있다. 易은 新을 뜻하고 껍질 벗김, 진보, 발전을 의미한다. 따라서 종국에 차원적인 변신인 化, 즉 창조는 아니다. 왜 분열할수록 새로운가? 그것은 본체가 통합성 본질로

---

213) 『과학 인간을 만나다』, 햄버리 브라운 저, 김동광 역, 한길사, 1994, p.95.

부터 드러난 탓이다. 세세하게 분열할수록 소정의 과정을 거친 의식은 오히려 통합되듯, 종도 개체의 존속 및 형태가 통합성 본질의 분열성에 기인한다. 진화론자는 다양한 종의 형태적인 변화에 주시하였지만, 본질의 분열성을 통해 보아도 그런 변화는 얼마든지 가능하고, 분열은 창조의 차원성 안에서 무궁하다. 통합성 본질은 종적·횡적·양적·질적으로 분열하여 만물을 이룬 토대를 마련했다. 양적인 면에서 보면 "다세포생물에 있어서 수정란은 수십억, 혹은 수조의 세포들로 다 자란 생물이 되기까지 무수히 분열한다."[214][215] 생명체뿐만 아니고 우주도 이 같은 양적인 분열을 통하여 우주공간과 물질을 구성하였다. 질적인 면에서도 진화론자가 말한 하등동물과 고등동물은 진화의 정도에 따른 차이가 아니라 분열된 깊이에 따른 차이이다. 하등동물과 하등식물은 진화의 정도가 낮아 구조와 기능이 간단하고, 고등동물과 고등식물은 진화의 정도가 높아 기관이 분화되고 세부 체제가 발달하는데, 진화의 정도에 따른 척도를 적용시키면 명확한 기준선이 없다는 것을 알 수 있다. 고급한 기관인가, 원시적인 기관인가 하는 것은 그 기준 잣대를 사실상 인간이 가진 것으로, 필요성에 따라 고급 정도를 따진 것이다. 눈과 입, 머리, 배 등이 따로 있지 않은 미생물도 나름의 체제로 생존할 수 있는 조건을 갖추었다. 지금까지 알려진 가장 작은 생명체인 바이러스는 고래나 코끼리에 비해 얼마나 하등한 동물인가? 하지만 그런 생명체도 창조와 함께 이미 완전하였다. 진화 메커니즘에 따라 생명체가 존재하였다면 물질도 동일한 관점에서 설명되어야 한다. 실상은 생명 체제마저도 일관성 있게 기준을 세우지 못한

---

214) 『창조와 진화』, 앞의 책, p.222.
215) 이 하나의 원세포는 수정란으로서 부모가 그들의 유전에 공동으로 기여한 것이다.-『이 하늘 이 바람 이 땅』, 앞의 책, p.243.

실정이다. 그러나 이 연구가 밝힌 본질의 분열성은 생명 영역은 물론이고 만상을 형성한 기본적인 작용 바탕이다. 한 근원으로부터 창조된 탓에 생명체는 분열 정도에 따라 생명 체제의 복잡성이 결정되었다. 왜 다양한 차이가 생겼는가 하면 오직 하나님이 발현한 특별한 뜻에 있고, 총체적인 역할의 조절에 있다. 진화론의 일반적인 기본 원칙으로서 "가장 단순한 단세포생물인 아메바로부터 구조가 점점 복잡한 다세포 고등생물, 혹은 고등동물로 변화된다는 것은, 단순한 것으로부터 복잡한 것으로, 혹은 반대로 너무 잡다한 것으로부터 통합된 단순한 것으로, 혹은 동질적인 것에서 이질적인 것으로, 혹은 기능적으로 미분화된 것에서 기능적으로 분화된 것으로 진화해 간다"[216])는 것인데, 이것은 분화의 일반적 과정의 정도를 파악한 것에 불과하다. 왜 미생물은 지금도 미생물인가? 분화 정도는 창조로 인해서 이미 결정된 것이고, 차원성 안에서 한계적이다.[217]) 따라서 진화의 본질은 바로 분화에 있고, 분화의 원동력은 통합성 본질의 분열에 있다. 씨가 성체로 성장하는 것도 통합성 본질이 분열된 횡적 결과이고, 종적으로는 뭇 종의 다양성이 하나인 바탕 본질로부터 분열된 결과이다. 또한 道의 분열이 종적인 창조를 인식한 것이라면, 太極을 음양으로 나눈 것은 횡적인 분열이라고 할 수 있다. 통합성 본질이 세상 가운데서 형태를 갖추고 존재하기 위한 조건이고, 창조된 세계를 구축하기 위한 근본 기둥이다.[218])

---

216) 『사회학 개론』, 한균자 교수 강의, 한국방송통신대학.
217) 분화의 한계와 정도는 이미 창조로 인해서 규정된 것이며, 이것은 더 이상의 차원을 벗어난 변화를 허용하지 않는 결정적인 것이다. "오늘날 수없이 많은 생물체를 보고 그것의 복잡함을 따져 우리는 진화의 서열을 정한다. 그러나 여기서 중요한 사실은 오늘날은 진화가 잘된 생물체만 사는 것이 아니라 하등생물까지도 엄연히 자신의 생활을 영위하고 있다는 것이다. 더군다나 그것도 서로 직접, 간접으로 상리공생(相利共生)하면서 말이다."-『신비한 생물창조 섭리』, 앞의 책, p.174.
218) 동물 각각의 종은 대단히 다름에도 불구하고 공통점을 가지고 있다. 그것은 어떤 종에도 암컷과 수컷이 있다는 것이다. 性을 갖지 않은 것은 극히 하등한 동물뿐이다.-『이 하늘 이 바람

통합성 본질로부터의 분열과 분화가 오늘날에 이르러 수백만의 현생 종과 만물을 이루었다. 본질의 분열적 관점을 통하면 만생의 존재 근거에 대한 초점이 확고해진다. 분화는 진화의 잘못된 관점과 부족한 부분을 메워 준다. 이처럼 천지가 창조된 근거에 따라 생명의 창조 과정을 살펴보면 생명의 분열성 단계에서 드디어 세인들이 진화로서 받아들인 현상들이 해명됨과 함께 허물어짐을 보면서, 마지막 보루로 남은 생존경쟁과 자연선택, 그리고 이후에 주장된 진화 요인들에 대해서 논거를 하리라.

종의 변이 문제는 수많은 생물학자들이 관찰해서 확인한 바이므로 메커니즘에 있어서는 충분히 그런 관점을 가질 수 있다. 변이를 일으킨 진정한 의미에서의 본질 작용을 모른 상태에서는 누구도 그것이 잘못된 메커니즘이란 것을 지적하기 어렵다. 진화가 사실인 것 같은 조건 설정이지만, 본질의 제 특성과 작용성을 확인한 마당에서는 판단 관점이 달라진다. 마치 교통정리를 하듯 제반 진위성 여부를 가리게 되었다. 내재된 본질과 그곳에 뿌리를 둔 존재는 특성 면에서 차원적인 차이가 있거니와, 본질이 지닌 요인에 따라 만상은 이미 결정되었고, 외부적인 영향에도 불구하고 불변하다.219) 적자생존, 자연도태, 약육강식은 생명체가 영위하는 삶의 한 양식일 뿐이다. 생명체는 총체적인 정보 호환을 통해 생존하기 위한 선택 기능을 가졌는데, "생물 종의 개체 간에 변이가 생겼을 경우, 환경에 가장 적합한 것은 살아남고, 부적합한 것은 멸망한다는 견해는 모종의

이 땅」, 앞의 책, p.229.
219) 유기체에서 최초의 세포가 갖는 성격은 그 세포가 아무리 분열하여도 잃어버리지 않는다. 분화로서 각각의 세포나 기관은 특수한 형태나 기능을 더욱 현저하게 하지만, 개구리의 알에서 국화꽃이 피는 법이 없으며, 도롱뇽의 알에서 말의 발이 나오지 않는다. A라는 개의 세포는 어디까지나 A라는 독자적인 마크를 갖고 있다. 생체의 분화에서는 분화가 진행되면 될수록 더더욱 A의 개성은 분명해진다.-『의학의 철학』, 앞의 책, p.171.

결과를 염두에 둔 경직된 추론 방식이다. 그보다는 생명체의 놀라운 적응력과 지구 어디에서도 존재를 유지할 수 있는 생명력을 보아야 한다. 생물이 다양성을 가진 것은 생존경쟁이 보편적이어서라기보다는 살아남기가 쉽지 않은 것을 염두에 둔 생명체의 정보 호환성과 선재 계획성으로 보아야 한다. 따라서 개체 간에는 항상 경쟁이 일어나고, 자연의 힘으로 선택이 반복된 결과 진화가 일어난다는 것은 만 가지 현상들에 대해 공통적으로 적용되는 원리가 아니다. "생명 시스템을 경쟁과 투쟁이라는 시각에서 바라본 것인데, 그것은 일부 측면일 뿐이고, 넓은 시야에서 보면 동물도 식물도 상호 의존하여 살고 있으며, 그것이 결과적으로 균형을 이룬 질서를 만들어 내었다."[220] 다윈보다 24년 전에 진화가 일어나는 요인으로 자연선택성을 제안했던 에드워드 블리스(Edward Blyth)는 "생물은 종족을 유지하기 위하여 필요한 수보다 많은 자손을 만들고, 개체 간에는 변이가 있다. 이를 개체 변이[221]라고 부른다. 이 변이는 자손에게 유전되고 오랜 세월 사이에 누적되어 새로운 생물이 생긴다"고 하였다.[222] 라마르크[223]와 함께 다윈도 믿었던 획득형질의 유전 문제

220) 『동양적 사고로 돌아오는 현대과학』, 이시카와 미츠오 저, 서상문 역, 인간사, 1990, p.36.
221) 개체 변이: "생물은 다산하는데 개체마다 약간 다르다는 변이성을 가짐. 다윈은 품종개량에서 행해지는 인위선택으로부터 유추하여 자연선택을 생물 진화의 주요 요인으로 제창하였다. 가축이나 농작물의 다양한 품종이 생기게 된 것은 인간이 자기의 목적에 적당한 형질을 가진 것만을 선택해 내는 방법을 오랜 세월에 걸쳐 계속해 온 탓이다. 이러한 선택 작용을 인위선택, 또는 인위도태라고 한다. 물론 인위선택의 토대를 이루는 것은 개체 간의 변이(變異)이다. 즉, 사람은 여러 변이 중 중에서 자기가 목적하는 형질에 조금이라도 가까운 것을 선택하고, 이와 같은 선택을 계속해 나가면 변이가 누적되어 처음과는 다른 특수화된 가축이나 재배식물을 얻게 되는데, 이것이 품종이 된다는 것이다. 다윈은 자연계에서도 이와 같은 선택 작용이 행해진다고 보았다(『두산동아세계대백과사전』, 앞의 사전, 자연선택 편)." 그러나 문제는 깨라든지 조, 수수 등이 그러한 인위도태를 통해서 얻어 낸 새로운 종인가 하는 것이다.
222) 『창조론 대강좌』, 앞의 책, p.154.
223) 라마르크는 무기물에서 자연 발생한 미소한 원시적 생물이 그 구조에 따라 저절로 발달하여 복잡하게 된다는 전진적 발달설과, 습성에 의해 획득된 형질이 유전함으로써 발달한다는 설을 함께 설명하였다.

가224) 사실이 아닌 것으로 확인되어 진화론의 기반이 거의 허물어진 상태인데, 이런 진화론을 지탱시킬 수 있는 새로운 요인들이 계속 주장되면서 강화되었다. 사실 "다윈의 자연선택 발상은 유전학상 사람들이 옛날부터 농작물이나 가축의 품종을 주로 인위선택을 통하여 개량해 온 사실"225)에서 구했는데, 과학의 발달로 밝혀지게 된 유전자 영역은 생물 진화 메커니즘의 핵심 문제인 새로운 종이 어떻게 생기는가에 대해 나름대로 대답한 것이다. 그리고 드 브리스의 돌연변이설은 진화론에 대해 아주 중요한 학설이 되었다. 그는 달맞이꽃의 연구로 진화는 순계에 있어서의 돌연변이로 말미암아 일어나고, 자연선택은 별다른 역할이 없다고 하였다.226) 이런 발견은 분명히 작은 변이들이 여러 세대에 걸쳐 축적되면서 새로운 종을 만든다는 다윈의 이론과는 거리가 있는데도, 멘델의 법칙과 다윈의 설에 대한 내용을 풍부하게 하는 쪽으로 이해되었다. 즉, "유전자(DNA)에 끊임없이 돌연변이가 일어나서 자손들의 성질이 변해 가는 동시에 끊임없이 생존을 위해 환경에 적응하고 경쟁해야 하기 때문"이라고 생각하였다.227) 다윈이 애초에 생각한 사고의 틀, 즉 "인류의 역사보다도 훨씬 오랜 시간을 사용해서 변종에서 변종으로의 변화가 서서히 진행되면, 마지막에는 전혀 새로운 종으로 변하는 것이 아닐까" 하고 상상하였다.228) 그래서 나중에는 돌연변이, 교잡, 격리, 자연선택 등을 종합적으로 생각한 현대적 종합설이 대두되었다.

그러나 실험이든 관찰이든 분석이든 무엇이든 우리가 기대하는바

---

224) 다윈은 자연선택설을 근간으로 하여 새로운 종이 생기는 메커니즘을 설명하였는데, 변이의 원인 중 한 가지로 라마르크의 용불용설(用不用說)도 채용하였다.
225) 위의 사전, 진화 편.
226) 『생물의 진화』, 신동훈 글, 김영호 그림, 동아출판사, 1992, p.45.
227) 『생명과학의 현대적 이해』, 앞의 책, p.233.
228) 『엔트로피(Ⅱ)』, 앞의 책, p.114.

조그만 변이는 확인되지만(소진화),229) 어디서도 대진화는 입증된 바 없다. 어디까지나 소진화를 토대로 한 추측에 불과하다. 그리고 변화라는 것도 외형적인 차이에 불과한 것이라 초파리 눈의 색깔이 달라졌다든지 날개의 모양이 변형되었다는 사례일 뿐이다. 근본적인 변화와 새 기관의 생성은 확인하지 못하였다.230) 다윈은 『종의 기원』에서 기술하였다.

> "비글호의 항해 중 나는 평원 속에 현재의 아르마딜로(armadillo=포유동물)가 갖고 있는 것과 같은 갑옷에 덮인 거대한 화석 동물을 발견하고 강한 감명을 받았다. 둘째로는 극피류에 가까운 동물이 대륙의 남쪽으로 내려감에 따라 달라지고 있는 모습을 볼 수 있었고, 셋째는 갈라파고스 제도의 생물이 대부분 남미의 특징을 갖고 있을 뿐 아니라, 제도의 각 섬마다 조금씩 다른 모양을 볼 수 있었다."231)

그는 갈라파고스제도에서 방울새류의 다양한 종류에 주목하였는데, 이 다양성은 남아메리카 대륙으로부터 우연히 건너온 조상 방울새가 여러 섬에서 각각의 생태적 지위에 따라 변화한 것으로 보았다. 그리고 이런 사실은 종이 점차적으로 변해 간다고 가정해야만 설명이 된다고 생각했다. 하지만 이것은 어느 집 자녀는 키가 크고 공부도 잘하는데 어느 집은 그렇지 못한 차이성과도 같다. 어느 섬의 방울새는 토끼처럼 변했고, 어느 섬은 도마뱀처럼 변했다면 모르되, 그러지 않은 상황에서의 변화와 차이성은 오히려 창조된 세계가 지닌 기본적인 특성이다. 외부적인 요인은 변하지만 본질은 근본적으로 변하지 않는다는 것, 방울새가 방울새로서 지닌 본질성을 추출

---

229) 비교적 단기간에 걸쳐 일어나는 진화. 사람의 일생에서 관찰될 수 있는 것과 같은 변화나, 때로는 실험실 내에서 재현시킬 수 있는 것과 같은 소규모의 진화를 말한다.
230) 멘델의 법칙은 변이가 보통 고정된 한계 안에서만 일어날 수 있음을 설명하고 있다.
231) 『생명과학의 현대적 이해』, 앞의 책, p.237.

하면 바로 외형적인 관찰 정보가 지닌 한계성이다. 진화론은 창조된 세계를 포괄할 수 없으며, 진화는 어디까지나 존재한 것의 차이나 변화를 설명하기 위한 관점일 뿐, 전혀 새로운 것을 낳는 창조 메커니즘이 아니다. 관점 하나로 판이하게 달라지는데, 그것은 비단 진화론만을 탓할 것이 아니다. 인간적인 관점에서 바라본 노력의 일환인데, 때가 되어 본의를 알면 해결할 수 있는 문제이다.

9. 생명의 축적성

유교에서는 氣가 응축하고 취산하는 것이 천지를 있게 한 작용의 근간이라고 하였다. 여기서 氣란 '본질론의 개념 정립'에서 밝힌바 본질이 축적된 상태를 뜻하는데, 하나님이 천지를 창조하기 위해서는 본질을 축적한 과정을 통하여 제반 바탕을 마련하였다. 하나님의 존재 본체를 이룬 본질이 창조 이전에는 절대적인 존재 상태였지만, 창조를 위해 뜻을 발현하자 몸 된 본질이 의지의 작용으로 변화를 일으켰는데, 그 의지가 본질을 축적시킨 것이 氣의 에너지 응집이다. 생명을 창조하는 과정에서도 본질의 축적 작용이 근본 바탕을 형성하였다. 생명체가 본질을 통해 근본적인 바탕을 마련함에 따라 삼라만상과도 통하고 일체가 될 수 있다. 이런 본질적 요소가 인간에게 있어서는 정신적인 의식이고, 마음의 작용이며, 영혼적인 바탕이기도 하다. 이들은 각 개체의 본질을 이룸과 동시에 우주적인 본질과도 연결되어 있어 인간이 쌓은 선업과 덕망이 그대로 세계의 善化와 지상천국 건설 역사에 기여된다. 그래서 천지가 창조된 것은 하나님의 사랑에 있고, 뜻과 함께한 본질이 축적됨으로써 창조 목적을 이루는 원동력이 되었다. 본질은 축적이 작용의 주된 근간을 이루었고, 창조된 대상은 뜻에 따라 축적된 결정적 형질을 길이 보전했다. 하지만 진화론은 외적인 변화 형질들이 축적된다고 봄으로써 치명적인 결점을 안았다. 이후에 획득형질은 유전되지 않는다고 한 사실이 밝혀졌는데도 불구하고 진화호는 침몰하지 않고 건재하였다. "라마르크는 생물이 진화한다는 사실을 처음으로 명확히 한 학자로서 용불용설과 획득형질의 유전을 열거하였고, 개체가 일생 동안 환경으로부터 얻은 형질이 자손들에게 유전된다고 하였다. 생물은 환경에 적응하고자 하는 본능이 있는데, 환경의 변화에 따라 잘 사용하는 기관과 그러지 않은 기관이 생겨 전자는 발달하지만 후자는 퇴화한다. 이런 현상이 대를 거듭하면 형질이 유전되어 새로운 종을 형성하게 된다"고 논거를 제시하였다.[232] "다윈도 라마르크의 영향을 받아 획득형질이 유전된다고 믿고 개체가 훈련을 통해 획득한 적응 능력이 자손에게 유전된다고 생각했다."[233] 그렇지만 현대 생물학이 손에 넣은 실험적 증거로서 획득형질은 유전되지 않는다는 것이 확인된바, 쌓은 기량도 업적도 부모 대에서 끝나고 죽으면 전해지는 것이 없다. 그런데도 왜 획득된 형질이 유전되는 것처럼 보였는가? 일련의 노력 과정이 바탕 된 본질과 연관되어 있어 본질의 축적 과정과 상통한 탓이다. 선한 노력은 외형적인 형질처럼 쌓이는 것으로 생각하는데, 사실은 무형인 본질 속에 기억되어 이것이 세계의 善化에 기여했다. 본질이 분열하여 이루는 천국 건설 원리이기도 하다. 종의 특질은 통합성 본질로부터 규정되었다. 후천적으로 획득되거나 유전된 것이 아니다. 본질은 축적되며, 축적된 것은 영원하다. 유교

---

232) 『생명의 탄생과 진화』, 앞의 책, p.360.
233) 『과학의 발전과 함께 새로운 철학이 열리다』, 앞의 책, p.225.

인들이 가진 생각을 통해서도 보듯, 조상을 받들고 극진히 모셔야 한다는 신념의 타당성도 여기에 있다. 생명체가 멸하면 육신은 흙과 함께 썩어 버리지만 바탕 된 본질은 소멸하지 않으며, 삶의 과정을 통해서 쌓은 선업은 고스란히 세계적 본질 속에 융화되어 새로운 삶의 생성 작용에 기여한다. 따라서 개체가 일생 동안 획득한 유리한 형질들이 자손에게 유전되고 세대가 거듭함에 따라 특징이 두드러져 적응적 완성에 도달한다는 생각은 심대한 착각이다. 무엇이 축적되고 무엇이 결정적인가 하는 것은 세계적 본질이 밝혀내어야 할 문제이지 진화 메커니즘과는 무관하다. 인간의 의식과 영혼과 존재한 본질성의 측면에서뿐만 아니고, 동식물들에 있어서도 적용되는 원칙은 같다. 하나님이 좋은 나무는 아름다운 열매를 맺고 나쁜 나무는 나쁜 열매를 맺게 한 것은 창조 역사의 대법칙이다. "변이가 장구한 세월 동안에 축적되고, 유리한 변이는 유전되어 원래 종과는 아주 다른 신종이 된다는 생각이 다윈이 가정한 자연선택 메커니즘인데",234) 하나님은 주어진 종의 결정성과 본질의 축적 작용을 통해 오히려 사과는 사과로서, 배는 배로서 더욱 맛이 좋고 굵고 달아서 하나님이 보시기에 흡족한 과일이 되게 하였다. 뭇 생명체는 하나님이 둔 고귀한 뜻을 기리어 나갈 때 선한 본질을 축적시켜 천국 건설을 앞당긴다.

획득형질이 유전되지 못한다는 사실이 판명되자 진화론자들은 다시 새로운 종의 탄생은 변이(mutation)보다는 현존 유전자 물질의 재결합으로 이루어진다고 가정하였다. 처음에는 자연선택설에 배치된다고 여긴 돌연변이235)를 오히려 진화적 요인을 강화시키는 요인으

---

234) 『생명과학의 현대적 이해』, 앞의 책, p.238.
235) 돌연변이: 생식세포에서 일어나는 유전적인 변이.

로 돌변시켜 미세한 돌연변이가 점진적으로 축적되는 것이 생물을 진화시킨 요인이 된다고 하였다. 하지만 돌연변이는 말 그대로 자연의 법칙 궤도를 벗어난 도태의 결과일 뿐이다. 돌연하다는 것은 아무도 예상하지 못한 것의 돌출이다. 급격한 변이는 결국 형질의 잘못된 결합에서 발생한 것으로 대부분의 경우는 생물체에 유해한 결과를 낳고 있다. 진화는 말 그대로 유익한 변이들의 축적으로 개체가 점점 더 고등한 상태로 진화되어 간다는 뜻인데, 그 반대인 돌연변이는 진화를 일으키는 메커니즘 요인이 될 수 없다.236) 돌연변이의 무계획성과 무목적성은 원래 주어진 계획성과 목적성을 희석시켜 종국에는 창조 법칙으로부터 이탈된 결과를 낳는다. 창조된 생명체는 결정된 축적성의 발현이라는 것, 여기에 세계 진전의 여지가 있고, 창조 목적을 실현할 가능 요인이 있다. 그래서 잘못된 메커니즘을 세운 진화론은 더 이상 발 디딜 기반이 없다. "진화는 지금까지도 증명되지 않았고 증명할 수도 없는 것인데 지성들이 혹한 것은 유일한 대안인 특별 창조, 즉 하나님의 창조 역사가 아무리 이성적으로 궁구해도 추적하기가 어려웠기 때문인데",237) 그것을 해결한 이상 정론이 없어 임시로 머문 진화론은 이제 세상에서 거두어져야 한다.

10. 생명의 명화성

유사 이래 지성들이 줄기차게 추구한 과제 중에는 여러 가지가 있지만, 그중에서도 '생명이란 무엇인가?' 하는 것은 우리가 직접 생명의 주체자라는 점에서 반드시 규명해야 하는 우선적 영역이다. 그렇

---

236) 『창조론 대강좌』, 앞의 책, p.163.
237) 『진화? 창조?』, PC통신 유니텔, 아아더 케이트 경.

지만 아직까지 생명을 완전하게 규명한 설은 없었나니, 결국 창조의 문제를 풀지 않으면 해결할 수 없는 문제이다. 그러니까 합리적이라고 여긴 진화론적 관점, 즉 "하나의 조상으로부터 생겨난 생물이 돌연변이나 자연 도태에 의해 오늘날의 다종다양한 결과를 낳았다"[238]는 생각은 창조 과정과 작용 원동력을 무시한 상태에서의 관점이다. 하지만 이 연구는 자각된 본의 관점에 따라 지성들이 그렇게 궁금하게 여긴 생명의 본질 문제를 풀 수 있게 되었다. 개체와 종, 생명과 물질, 생명과 자연에 관한 사고로서의 생명관은 원시인의 사유로부터 비롯되어 현대인에 이르기까지 다양하게 발전되어 온 지적 탐구 영역이지만, 결과적으로는 생명체가 영위하고 있는 생명 현상을 분자 수준에서 이해하는 방향으로 기울었다. 진정 창조된 본의와 본질을 모르고 근본을 간과한 상황에서 생명의 진상은 끝까지 모습을 감출 수밖에 없었고, 수박 겉핥기식인 모습의 변화만 엿본 한계를 지녔다. 아무리 탄생의 근원이 되는 정자와 난자의 형성 과정과 수태 이후의 과정들을 세세하게 파악하였더라도, 이것이 몸에서 어떻게 생겨났고, 누가 이런 분신 인자를 만들었는가라고 묻는다면 대답할 자가 없다. 몸 안에서 일어난 일도 모르는데 관찰하는 행위는 무엇을 더 캐낼 수 있겠는가? "생물학적 현상은 근본적으로 분명한 역사적 현상이고, 전체적이며 복잡한 생명체 안에서 일어나는 특이한 상태이므로",[239] 짧은 기간 동안의 실험이나 비교, 관찰을 통해서는 접근하기가 어렵고, 생명의 발생 본질을 모른 상태에서는 일체 판단이 유동적이다.

그렇다면 이 연구가 창조의 대원동력을 밝힌 시점에서 정의 내린

---

238) 『생명과학의 현대적 이해』, 앞의 책, p.13.
239) 『생명이란 무엇인가』, 앞의 책, p.147.

생명의 본질은 무엇인가? 하나님은 생명뿐만 아니라 물질, 해와 달, 천지우주 등을 부여한 창조 목적과 의지와 뜻으로 창조하신바, 그중 생명은 물질보다 더 높은 뜻과 분열 정도에서 차이가 있는 것만은 틀림없다. 생명이 어떻게 창조된 것인지를 알면 본질은 자연스럽게 드러난다. 생명은 생명으로부터 잉태되었고, 최초 생명은 창조로 인해 존재하였다. 생명은 전체적인 시스템이 낳은 결과이다. 그래서 처음부터 완성된 작품으로 세상에 나오게 되었고, 이후로 개체들은 구축된 시스템으로 자기 존재성을 유지하게 되었다. 여기에는 하나님의 命하심이 주효하다. 命이 물질 가운데서 능동적으로 活하게 된 것이 바로 生命이다. 물질이 1차적으로는 뜻의 분화로 규합되었다면 命은 2차, 3차……에 걸쳐 의지와 목적을 세세하게 규합하였다. 그런 命의 작용이 있어 의지로 응집된 것이 생명이다. 命은 생명을 낳은 복합적인 바탕 근거로서 의지가 목적을 품은 命으로 인해 결정되었으며, 하나님이 살아 역사한 탓에 命으로 존재 체제를 총괄한 생명 시스템이 구축되었다. 命을 받들어 생명 시스템이 법칙화되었다. 생명은 어디로부터 비롯되었는가? 하나님이 발휘한 주체력으로부터이고, 하나님의 살아 계심을 생명화로 전화시켰다. 그렇기 때문에 생명의 본질은 결국 주어진 것으로 피동성을 피할 수 없다. 그래서 하나님이 命을 거두면 육신도 형체를 거둔다. 모든 생명 창조의 근간은 하나님에게 있고, 생명의 본질은 命한 창조 의지, 곧 주체성의 반영이란 사실을 알 때, 命化性을 통하면 생명 현상의 본질을 알게 되고, 이것은 생명이 창조된 사실을 증거하는 기준이 된다.

즉, 그동안 규명할 수 없었던 생명 시스템을 누가 설계했는지, 제작자의 사인을 확인할 수 없는 복잡한 구조, 자신도 모른 채 이끌린 본능 등등 이것이 命에 의해 부여된 창조성이자 원동력이다. 어떻게

"거위가 울고 까치가 지저귀는 것이 모두 타고난 천기(天機)에서 스스로 움직인 것이겠으며, 개미가 무더기로 모이고 벌들이 노니는 것이 모두 신령한 이치로 귀결되는 것이겠는가?(노자)"240) 그것은 단순하게 얼버무릴 수 없는 이유가 있는데, 그 신령한 이치의 본질이 곧 하나님이 이룬 창조 命이다. 命이 생명체 가운데서 살아 숨 쉬고 현현된 탓에 누가 계획하지 않았고, 인지하지 못하며, 조종하지 않았는데도 불구하고 스스로 작동하고 유지하는 시스템을 구축하였다. 완전한 지성체에 의해 지어진 것이 분명한데, 창조된 원동력을 몰라 작용된 주체를 알 수 없었다. 우리는 생존하기 위해 필요한 구조체를 갖추고 있다. 자연이 지성적으로 작용한 것인가? 위대하기조차 한 생명의 적응성과 구조의 완벽성은 정말 진화 작용에 의해 구축되었는가? 오직 천지가 창조된 탓에 유기체적인 생명력을 가졌고, 한 본질로부터 말미암은 탓에 원리적인 근거를 가졌으며, 살아 계신 하나님의 생명력을 이어받은 탓에 감히 유전적인 조작이 가능하였다. 누구라도 죽은 생명은 살릴 수 없고, 없는 종은 창조할 수 없다는 것이 하나님이 命한 창조력에 근거한 이치이다. 생물은 달라진 환경에 적응하기 위해서 스스로 구조를 변경할 수 있는 설계사가 아니다. 우리의 몸은 무의식, 무의지한 과정 속에서도 배가 고프면 공복을 느끼고 날씨가 추우면 오한을 느낀다. 몸이 세상 원리와 법칙을 알아서 환경에 순응한 것이 아니다. 우주적인 근본과 한 본체를 이루고 있어서이다. 생명의 생성 과정은 命한 의지력이 분열한 시스템이고, 이것이 생명의 법칙을 구축하였다. 생식, 유전, 본능 등등 자체로서는 감각조차도 작동하지 않는 번데기가 생명체로서 존재하는 요인은 무엇인가? 식물의 무의식성을 보라. 그런데도 강인한 생명력으

---

240) 『노자 그 불교적 이해』, 憨山德清 解, 송찬우 역, 세계사, 1990, p.12.

로 온 지구를 녹화시켰다. 생물은 인간적인 기준에서 본 앎과는 별도로 총체적인 정보를 인식한 생명 시스템을 갖추었다는 것, 그런 작용의 밑바탕에 하나님의 命이 있다. 부여된 命을 따라 법칙성을 지킨다. 창조된 특성들이 命 하나로 일관된다. 命에 의해 창조된 것이다. 하지만 命의 본질을 모르면 왜 "히드라라고 하는 강장동물이 소화되면 자세포는 편충의 소화계를 통해 특별한 세포에 의해 피부로 운반되어 수중 동물로부터 몸을 지키기 위해 '미리 예정된' 장소에 묻혀 버리는가?"241) 모두 무의식적인 동시에 자동적으로 이루어지는데, 이런 생명이 자신을 어떻게 조직할 것인가를 알고 있는 듯하다는 것 이외에 더 이상은 알 수 없다. 그렇지만 命에 의거한 생명 창조의 본질을 안다면 의문은 절로 풀린다. 알고 있는 듯하다는 것은 한 본원으로부터 비롯된 생명 창조의 총체성에 기인한 탓이고, 하나님이 그 같은 생명체로서의 작용 특성을 命한 탓이다. 쉽게 고를 푸는 것 같지만 본능이 命에 있다는 것은 창조의 원동력을 뒷받침한다. 이런 본능에 대해 창조론자는 이것이야말로 "창조주에 의한 의도적 설계의 중요한 흔적"242)이라고 하지만, 문제는 그렇게 창조한 과정을 밝히지 못한 것이다. 우연히 생명이 난 것이라면 그런 우연에는 법칙이 없다. 그런데 왜 생명 현상에는 일정한 법칙으로 규정된 틀이 있는가? 법칙은 하나님이 이룬 命이거니와, 뭇 종의 영속을 위한 수단인 유전과 생식과 영양 등은 창조로 이룬 命의 명백한 결정 틀이다. 유전은 창조를 本으로 한 命의 영원한 정보 보전장이다. 그런데 다윈이 『종의 기원』에서 생명의 본능에 관해 말한 것은

---

241) 『우주의 역사』, 콜린 윌슨 저, 한영환 역, 범우사, 1992, p.256.
242) 박쥐는 칠흑 같은 어둠 속에서도 자신이 발사한 초음파의 반향을 지팡이 삼아 날아다닌다. 암흑 비행 능력을 테스트하는 실험에서 박쥐는 튜브로 꽉 찬 공간을 여섯 시간 동안이나 단 한 차례의 충돌 없이 날아다녔다. 이 같은 본능이야말로……『창조론 대강좌』, 앞의 책, p.70.

진화론이 뿌리박고 있는 근원이 무엇인지 알게 한다.

> "······ 결국 이러한 모든 본능이 특별히 주어지거나 창조되었다
> 고 보는 것보다는 생물을 번식시키고 변이시키며 강자를 살리고
> 약자를 죽여 진보의 길로 이끄는 일반 법칙의 결과라고 보는 것이
> 논리적 귀결은 아닐지라도 훨씬 만족스러운 설명이다."

다윈은 본능의 총체적인 작용 본질을 꿰뚫어 보고 이런 말을 한 것인가? 강자를 살리고 약자를 죽이는 것이 본능과는 얼마나 연관성이 있다고 생각하였는가? 더군다나 일반적인 법칙의 결과로 보다니! 본능이 본질에 뿌리박고 있고 命에 따른 특성이라고 한 것과는 엄청난 차이가 있다. 뭇 생명이 본능적으로 생존을 위한 적응 시스템을 갖추었다는 것은 비단 본능 탓만이겠는가? 생명의 본질을 논하기 위해서는 생명체의 본능을 총망라해서 하나인 관점으로 꿰뚫어야 한다. 그런 관통은 억지로 되는 것이 아니다. 본질에 근거하지 않으면 통할 수 없고, 命에 의해 창조되지 않았다면 꿰뚫어질 수 없다. 그런데 이 연구가 창조 과정과 기준에 합당한 관점을 제시하고 판단을 내린 것은 뭇 생명이 뜻과 목적과 의지의 규합체인 命에 의해 창조된 것을 입증한다. 이것은 오직 하나님이 천지를 창조하고 성령으로 인도한 성과이다. 이 연구는 부족하지만 그래도 본질의 존재성과 특성에 근거해서 세운 본의 기준만큼은 확고한 것이므로, 만인에게 창조된 세계를 판단하는 안목으로 제공되리라. 동서양 지성들의 결정적인 확인 노력이 있길 원한다.

제8장 물질의 창조 증거(1)

1. 물리 세계의 작용 원리에 대한 본질적 규명 관점

1) 궁극적인 실체 개념 파악

'존재'는 인간을 포함하여 뭇 생명체와 사물이 실제로 있는 것을 말하고, '사물'은 어떤 일과 물건 등을 총칭하는 것인 데 반해, '물질'은 온갖 물체의 본바탕, 또는 그 물체의 구성물을 지칭하는 것으로 존재와 사물의 질료적인 바탕을 말한다. 천으로 다양한 옷을 지어 입듯, 세계의 구성물, 즉 만물은 물질을 바탕으로 하여 일정한 존재를 형성한다. 이에 자연적으로 품게 되는 의문 중 하나는 만상을 구축한 우주의 근원 물질이 무엇인가 하는 것이고, 역사적으로 확인할 수 있는 사고적 흔적은 고대 그리스의 사상가들로부터이다. 그들은 "자연에는 산, 들, 삼림, 생물 등이 있고 계절에 따라 변화하는데,

변화하는 자연의 깊숙한 곳에는 변화하지 않은 실체 또는 물질이 있으리라고 믿고, 그 실체 또는 물질을 찾고자 하였다."243) 우주를 만들고 있는 근원 물질을 '물'이라고 본 탈레스, 자연이 土, 水, 火, 공기의 4원소로 구성되고, 이것들의 세합(細合)으로 자연물이 생성된다고 한 아낙시만드로스 같은 생각들이 전승되어 물질의 세계를 탐구하는 사고 방향과 방법론에 있어 주된 골격을 이루었다. 그러나 물질의 근원을 파헤친다는 것은 순수한 사유만으로는 해결할 수 없는 부족함이 있은 탓에 과학과 기술의 발달이 있기를 기다려야 했다. 즉, "물질이 궁극적으로 무엇으로 만들어졌는가를 알기 위해서는 실제적으로 질량의 모두를 함유한 원자핵을 연구해야 하는데",244) 이것은 양자론이 원자의 세계를 파고든 1930년대가 되어서야 원자핵의 구조, 곧 그것을 매우 단단하게 속박하고 있는 힘들에 관하여 연구할 수 있었다. 그러나 원자의 구조를 파헤쳤다고 해서 우주의 근원 물질이 무엇인지, 물질의 궁극적인 본질이 무엇인지 알아내었는가? 물질의 궁극 입자로서 구성되었다고 여긴 "원자의 세계는 분별지로서는 파악할 수 없다"는 결론에 도달했다.245) 자연과학에서는 "자연현상에 대한 인식의 기반을 물질을 기초로 하여 설명할 수 있다"고 여겼다.246) 자연과학은 세상이 어떻게 만들어졌는지를 알고자 한 학문 영역으로서, 확인할 수 있는 대상을 파고들면 어떤 결론을 내릴 수 있지 않을까라고 생각하였지만, 도달한 어떤 일정 선에서 문제가 발생한 것이다. 그중 물질의 성질이라든지 구조 등, 물리적인 실재에 대해 집중적으로 연구하는 물리학에서 한계성

---

243) 『생명과학의 현대적 이해』, 앞의 책, p.15.
244) 『현대물리학과 동양사상』, F. 카프라 저, 이성범·김용정 역, 범양사출판부, p.88.
245) 『지상천국의 이념』, 김진혁 저, 한국인간문화연구원, 1988, p.263.
246) 「자연과학개론」, 앞의 강의, 한국방송통신대학.

을 문제 삼고 나왔다는 것은 궁극적인 실재 파악에 있어서 시사하는 바가 크다.247) 이것은 추구한 물질 탐구 방법론을 보면 예측할 수 있는 결과이다. 물질적 존재란 존재한 것 이상의 근원적인 뿌리를 지니고 있다는 뜻인데, 탐구 영역이 실재하고 있는 영역 안에 머물렀다.248) 물론 자타가 시인하듯, 물리학은 물질의 궁극 실체를 찾아서 현미경의 배율을 높이고 거대한 입자가속기를 건설하는 등의 기술력을 배가시켰지만, 물질이 어떻게 생겨났는지, 그리고 왜 그렇게 되었는지에 대한 문제는 속수무책이다. 존재하고 있는 것에 대한 분석과 판단은 활발하였지만, 왜 우주가 있고 빛이 있고 물질이 있는지의 이유에 대해서는 영역 밖의 일로 취급되었다.249) 탐구의 방법 면에서든 그로 인한 결과 면에서든 물질의 이루어진 구조 상태를 드러낸 것으로서, 이것은 오히려 물질이 물질 자체만으로 존재하지 않는 잠재된 뿌리가 있다는 것을 시사했다. 물질을 통해 얻은 "합리적 지식은 우리들의 일상생활 환경에서 대상과 사건을 경험하는 데서부터 비롯되는 것으로 식별하고, 분리하여 비교하고, 측정하여 범주화하는 기능을 가진 지식의 영역" 안에 속하는데,250) 지성들은 2천년 이상 합리적인 지식은 늘렸지만 현명해지기는커녕 근원된 의문점은 그대로 남겨 두었다. 이것은 결국 존재하는 물질은 그 바탕에

---

247) 과학자들은 진리를 취급하고 있는 것이 아니라 실재에 대한 제한되고 근사치적인 기술을 취급하고 있다. 물리학자들은 금세기에 들어와 깨닫지 않을 수 없었던 가장 중요한 교훈의 하나는 자연을 기술하기 위해 사용하는 모든 개념과 이론에는 한계가 있다는 사실이다.-『새로운 과학과 문명의 전환』, F. 카프라 저, 이성범·구윤서 역, 범양사출판부, 1987, p.47.

248) 자연을 관찰함에 있어서의 고전물리학의 기본 태도는 순수한 객관주의였다. 관찰의 대상체는 주관과는 관계없이 '거기 존재해' 있는 것이므로, 그러한 객관적 존재의 불변적 특성인 수량적 제 속성의 파악에 물리학은 전력을 기울여 왔다.-『현대물리학과 동양사상』, 앞의 책, p.6.

249) 다시 말해서 과학은 컴퓨터란 무엇인가에 대해 말할 수 없을 뿐 아니라, 심지어 침팬지란 무엇인가, 인간이란 무엇인가······ 라는 물음에 대해서도 답할 수 없다. 과학은 인간 의식의 존재를 설명할 수 없다. 현재도, 내일도, 그리고 영원히 불가능하다.-『생명과 우주의 신비』, 윌리암 H. 쇼어 엮음, 과학세대 역, 예음, 1994, p.149.

250) 『현대물리학과 동양사상』, 앞의 책, p.33.

본질이 있다는 것이라, 이것을 규명하기 위해서는 따로 방법론을 강구해야 했다. 여기서 비로소 객관성을 추구하는 과학적인 방법에 왜 주관적인 존재의 의식이 개입되어야 하는지에 대한 이유가 확인된다. 물질이 주어진 물질만으로 존재한다면 문제가 없지만 본질과 함께하고 있어 본질을 알아야 하고, 물질은 본질을 규명해야만 궁극적인 문제를 풀 수 있는 조건 속에 있다. 즉, "과학적 탐구에서 경험적 대상은 1차 질료이지만 경험적 대상을 통하여 결국은 2차 질료인 법칙적 대상에 이르러야 한다는 것은, 그 법칙적 대상의 끝이 무엇인가 하는 것이다."[251] 이것은 존재론적인 측면을 벗어나 인식론적 측면이 해결을 위해 중요한 역할을 담당한다는 것을 말한다. 물질의 본질을 규명하는 데 있어 인식적인 측면이 중요하다는 것은 본질적인 성향을 부인할 수 없도록 한다. 존재한 물질의 궁극은 결국 본질적인 성향 아래 있다. 그러니까 진리 인식을 주요 과제로 삼은 직관에 의한 동양식 추구 방법론이 오히려 물질의 본질을 규명할 수 있는 실마리를 지녔다. 물질의 본질성을 동양의 道 속에서 구하려고 한 일련의 지적 모색을 우습게 볼 수 없는 이유이다.

아직까지는 직관으로 파악되는 본질의 작용 세계가 어떻게 물질의 본질과 연관된 것인지 밝히지 못한 상태에 있지만, 창조된 본의만 알면 세계의 본질은 말 그대로 일체 존재에 선행된 탓에 만상은 근원된 본질에 속하고 연관되며 연결된 사실을 알 수 있다. 본질은 만상을 있게 한 원인을 함유하고 있어 의식으로 직관한 본질적인 특성들이 그대로 물질과 통한다. 이처럼 본질을 규명한 성과를 통해 물질의 본질을 규명할 수 있는 가능성을 두고 볼 때, 결국은 形而上學적인 인식 논리로서 풀 수밖에 없다. 물질은 유기적인 생명체를

---

251) 『부분의 합은 전체인가』, 앞의 책, p.28.

꽃피우기 때문에 과히 물활론적이라고도 할 수 있다. 하지만 일체 생명성까지 포괄한 물질의 본질을 원자의 구조 파악만으로 정의할 수 있겠는가? 과학이 본 것은 존재의 주어진 질서성, 규칙성, 법칙성을 수학적으로 수식화한 것일 뿐이므로, 그렇게 결정한 본질의 존재적인 특성만큼은 形而上學적으로 풀어 나가야 했다. 고대로부터 "과학과 철학이 밀접하게 연관되어 있었다"[252]는 것은 우연한 일이 아니다.[253]

이처럼 서양에서는 물질을 통한 방법으로 해답을 찾으려고 한 전통이 그리스시대로부터 이어진 탓에 현대의 물질 중심적인 자연과학이 성행하였다. 그렇지만 동양에서는 道를 구한 전통이 이어져 음양과 같은 추상적인 원리로 해답을 제시하였다. 그 결과 이전에는 괄목한 성과에 힘입은 서양식 자연과학에 지성들이 정열을 집중하게 되었는데, 최근에는 동양식 접근에 대해서도 관심을 가지게 된 것은 매우 흥미 있는 현상이다.[254] 중요한 것은 흥미 이상의 미처 알지 못한 이유가 있었다는 것을 발견하는 것이 중요하다. "동양의 신비주의는 실재의 본질 속으로 꿰뚫고 들어가는 직접적인 직관 위에 기초하고 있고, 물리학은 과학적인 실험을 통한 자연현상의 관찰 위에 기반을 둔 차이가 있는데",[255] 어떻게 서로의 방법론을 마치 양쪽에서 파고 들어가는 터널처럼 관통시킬 수 있겠는가? 오직 본질을 자각해야 가능하다. 물리학자들은 세심한 팀워크와 정교한 기술을 갖춘 데 반하여, 신비가들은 어떤 수단도 없이 고독한 명상 속에서 순수한 투시를

---

252) 위의 책, p.14.
253) 고대의 자연철학은 과학과 철학이 분리되기 이전의 상태에서 문제를 제기하고 해답을 시도한 탓에 과학적 문제와 철학적 문제가 함께 얽혀 있었다. 그리고 이 같은 고대의 자연철학이 지금에 이르러서는 자연과학과 과학철학으로 나뉘어 발전해 왔다고 할 수 있다.-위의 책, p.14.
254) 『원자보다 작은 세계이야기』, 곽영직 저, 사민서각, 1992, pp.20~21.
255) 『현대물리학과 동양사상』, 앞의 책, p.49.

통해 지식을 습득한다.256) 일체의 분별이 정지되고 분별없는 통일체로 사라져 가는 의식 속에서 체득한 통찰이 어떻게 물질의 궁극적인 본질과 연관될 수 있는가? 연관 지을 수 없다면 과학적인 실험과 경험 등이 관찰 행위와 성격상 판이하게 보일 수 있지만, 그렇게 해서 파악한 진리 인식이 본질과 연관되어 삼라만상 일체가 본질로부터 비롯된 사실을 안다면 물질도 결국은 동질이고 동본이란 결론에 도달한다. 그러니까 동양의 신비가들이 파악한 본질에 대한 통찰이 결국은 물질의 본질과 직결되어 있었다는 뜻이다. 그렇다면 당연히 물질을 포함하여 삼라만상이 한 근원으로부터 비롯된 동질체임을 증명하는 수순으로 들어가야 하는데, 그것이 이 연구가 해결해야 할 과제이다. 동양의 신비 사상가들이 통찰한 진리 인식은 세계의 본질을 드러낸 탐구 과정의 일환이고, 결국은 본질을 드러낸 탓에 당연히 물질의 본질도 포함한 것이다. 그 같은 연관 관계를 파악하였다면 그다음은 동양의 신비 사상가들이 세계의 본질적 성향을 어떻게 통찰했는가 한 사실을 주시해야 한다. 여기에 서양의 지성인들이 구하고자 한 물질의 본질에 대한 실마리가 숨어 있다. 그러나 기대를 가지고 과정을 추적하였지만 안타깝게도 결론은 절망적인 것으로 나타났다. "동양의 신비 사상가들이 파악한 궁극적인 실재는 추론(推論), 즉 드러낼 수 있는 지식의 대상이 될 수 없다. 이 실재를 道라고 한 노자는 "말할 수 있는 道는 영원한 道가 아니다",257) 『우파니샤드』에서는 "거기엔 눈이 미치지 못하고 말이 미치지 못하고 마음이 도달하지 못하고 알지 못하고 이해하지 못하는 것을 누가 어찌 가르칠 수 있으랴"라고 하였다.258) 언어나 개념의 근원이 되는 감각과 지성의 영역

---

256) 위의 책, p.44.
257) "道可道 非常道."-『노자도덕경』 1장.

밖에 있는 것이라 말로서는 적절하게 기술할 수 없다는 뜻이다.[259] 현대물리학에서는 추구한 물질에 대해서 어떻게 말하였는가? 양자론은 어떤 선문답을 늘어놓았는가? 심원한 잠재의식 상태에서 본질은 말로써 다 할 수 없는 것이라고 하였다. 이성적인 의식으로 파고들어 "설명해야 할 현상에 관한 경험적 실증을 수집하고, 경험적 사실들을 수학적 상징으로 연관시켜, 이러한 상징들을 정밀하고 일관성 있게 상호 연결된 수학적 체계로 마련하여 종국에는 통상적 언어로 표현한다"[260]고 하는 것은, 궁극적인 본질에 접근하기 어려운 한계 상황을 노출시킨 것이다. 동일한 조건 속에서 서양이 불가능함의 끝을 보았다면, 동양은 일체를 직시한 상태에서 가능성에 대한 첫 문을 접하였다. "물리학은 기껏해야 물질 현상만을 설명할 뿐이다."[261] 한계가 있는 조건 안에서 말할 수 없는 본질을 애써 설명하고자 하니까 모순된 인식 구조를 보이고 말았다.[262]

물질의 본질, 그 궁극적인 실체에 대해서 인식적인 접근이 어려우니까 그동안 궁극적인 존재의 본질에 대해 개념을 정의하지 않은 것은 아니지만 본질의 존재성을 직접 확인하지 못해 경험론자와 유물론자의 비판을 받았다. 그러나 궁극적인 본질은 접근이 어려워서이

---

258) 『Kena Upanishad』 3,-『현대물리학과 동양사상』, 앞의 책, p.36.
259) 위의 책, p.36.
260) 위의 책, p.38.
261) 『이 하늘 이 바람 이 땅』, 앞의 책, p.97.
262) 특히 서양인이 오랫동안 고민하던 빛의 본질에 관하여 파동과 입자의 두 가지 성질을 모두 가진다는, 서양의 개념에 의하면 이율배반적인 모순을 적용하지 않으면 안 되었을 때, 그리고 최소 입자가 양자・전자・중성자 외에도 수백 개의 소립자로 쪼개진다는 것을 발견하였을 때, 그들은 물질의 본질, 최소 입자의 파악에 대한 신념이나 절대적 진리에 대한 신앙을 아울러 포기하지 않을 수 없었다. 그리고 보어 박사가 동양의 음양, 太極을 보고 자신의 체계화된 상보성의 원리(principle of complementarity)와 훌륭하게 맞아떨어진다는 데 커다란 충격을 받았다. 또한 하이젠베르크 박사도 지극히 동양적인 불확정성 원리(principle of uncertainty)로 양자물리학의 현상을 설명할 수밖에 없었으며, 이러한 개념들은 서양인들이 그토록 싫어했지만 동양에서는 높은 가치로 이해된 상대성・불가지론・개연성・조화의 개념들과 같은 것이었다.-『동양과 서양(두 세계의 사상・문화적 거리)』, 최영진 저, 지식산업사, 1993, p.57.

지 존재한 것 자체는 결코 허상이 아니다. 기원전 6세기 그리스의 철학자 헤라클레이토스가 '만물은 유전한다'고 했을 때, "거기에는 이미 유전하는 만물의 배후에 있으면서 만물을 유전시키는 불변의 실체, 변화하는 것들의 배후에 있는 불변하는 것, 만물은 붕괴하지만 다시 그 이상 붕괴하지 않는 것"263)이 틀림없이 있다고 전제하였다. 그것이 무엇인가? 원소라든지 원자란 개념을 보완하여 오늘날은 양자역학과 소립자론으로 발전하였다. 어떻게 만물이 유전하는 바탕에 있으면서 만물을 유전시키는 상주불변하고 영원한 것, 천지 만물을 그렇게 존재하게 한 것이 있는가? 여기에 대해 동양은 道, 太極, 空이란 개념을 통해 직관적 통찰로 접근하였고, 그렇게 해서 도출된 것이 곧 만물의 근원된 본질이었다는 것을 밝혔다. 본질은 진실로 존재한다는 것, 실재한다는 것에 대한 정의는 곧 탄생도 종말도 없고, 시간에 구애됨 없이 어떤 변화도 받지 않는 것이다. 상주(常住)는 불교에서 말하는 不生不滅, 不增不減의 실재이다.264) 실재의 직접적인 체험에 관심을 둔 우파니샤드에서도 "시작도 없고 끝도 없고 위대한 것보다 더욱 높고 영속하는, 그것을 깨달음으로써 사람은 죽음에서 해방되나니……"265)란 범상찮은 실재관을 피력하였다. 여기서 시작도 없고 끝도 없다고 한 것은 세계가 창조로서 구축한 有한 본질성을 직시한 것이고, 세계의 영원성 내지 不增不減은 에너지 항존의 법칙이라든지 질량불변의 법칙과 관련되어 있다. 또한 전통적인 유럽 철학의 기본 개념으로 상황에 따라 여러 가지로 변화할 수 있는 성질·작용·관계 등의 근저에 그것을 받들고 있는 기본 존재

---

263) 『과학시대의 불교』, 앞의 책, p.20.
264) 위의 책, p.39.
265) 『현대물리학과 동양사상』, 앞의 책, p.36-『Katha Upanishad』, 3, 15.

를 그리스어로 우시아(usia＝있다: 實體)라고 하는데, 플라톤은 변전하는 가시 세계의 근저에 있어 항상 변하지 않는 불가시의 이데아를 우시아라고 하였다.266) 알다시피 플라톤의 이데아설은 서양 관념론 철학의 근저이다. 동양에서는 갹출한 道가 만상을 낳고 만물과 통하는 궁극적 실체라고 여긴 데 반해, 서양은 실체를 관념론과 대별하여 대립되는 개념으로 따로 구축한 것은 산을 산으로, 물을 물로서 인정하기를 거부한 것이라고 할 수 있다. 스피노자 역시 규정한 실체 개념에 대하여 통상 관찰하는 존재 현상과는 다른 개념을 설정하였다. 그는 "실체는 무한하고, 제한되어 있지 않으며, 시간에 따라 유한하지도 무한하지도 않고 영원하며, 하나의 유일한 것이다. 그것은 분할이 불가능한 것이고, 자유로운 것"267)이라고 보아, 실체는 다른 어떤 개념에도 속할 수 없고, 파악하기 불가능하다고 하였다. 동양과 서양은 궁극적인 실체 개념 파악에 있어서 거의 동일한 인식적 접근을 이루었다. 단지 본질적 성향을 지닌 실체를 어떻게 드러내고 존재성을 확인하여 증거할 수 있는가에 대해 한계를 느꼈을 뿐,268) "우리가 관찰하는 삼라만상의 배후에 그것을 통일시켜 주는 궁극적 실재가 있다는 것을 믿은 점"은 공통적이다.269) 단지 접근 방법 면에서 서양은 실질적인 물질을 대상으로 하였고, 동양은 무형인 의식을 대상으로 하였지만, 결국은 도달한 궁극점에서 본질이 관통되고 근원이 동일하다는 것을 본의를 통해 밝혔다.

---

266) 『두산동아세계대백과사전』, 두산동아, 실체 편.
267) 『서양철학사』, 쿠르트 프리틀라인 저, 강영계 역, 서광사, 1986, p.191.
268) 궁극적으로 실재(→본질)는 개념이나 관념으로 파악될 수 없음.
269) 『현대물리학과 동양사상』, 앞의 책, p.124.

2) 물질의 근원

세계를 구성한 궁극적인 물질이 무엇인가를 궁구한 고대 그리스의 철학적 전통은 물질이 지닌 특성을 밝혀내는 데 기여하여 17세기 이후, 고전물리학이 주축이 된 기계론적인 세계관을 세우는 데도 기여하였다.[270] 그러나 객관적인 사실로서 확인하다시피 물질은 제반 법칙의 규정 아래 있고, 구조와 성질은 결정된 것 이상을 벗어날 수 없다는 것이 자명한 결과를 예고하였다. 즉, 20세기에 들어와서 물리학은 몇 가지 개념상의 혁명을 겪으면서 기계론적인 세계관이 물질의 궁극적인 문제를 해결하는 데 한계가 있다는 것을 확인시켰다. 이런 체험은 물질이 결국은 물질 이면에 그것을 뒷받침하는 뿌리가 있다는 것을 시사한 것이다. 물질이 어떻게 영원히 물질적인 성향을 지녔는가 하는 이유와, 생성된 근거를 본질의 궁극적인 실체 구조를 통하여 파악하게 되었다. 본질로부터 말미암은 물질은 본질의 특성을 알지 못하면 아울러 이해하기 어렵다. 물질이 곧 본질로부터 창조되었다는 것을 수긍할 수 없다. 하지만 확인한 대로 물질뿐만 아니라 삼라만상이 본질로부터 창조되었을진대, 본질은 여기에 대해 연관성을 밝히는 원리의 샘이고 인식의 근거이다. 따라서 물질의 궁극적 실상은 본질의 구조를 통하면 밝혀낼 수 있다. 본질이 뒷받침한 매개성에 따라 결국 물질=본질이고 본질=물질이란 등식을 성립시킨다. 분열하는 세계 안에서는 물질과 본질의 동질성을 확인할 수 없지만, 본질로부터 비롯된 창조적 특성을 알면 통합적인 초월성을 이해할 수 있다. 서로가 서로를 성립시키기 위해 굳게 밀착되어 있어 본질이 왜 무형인가 하는 것은 물질이 왜 형태를 가졌는

---

270) 기계론적인 세계관은 아이작 뉴턴의 수학, 르네 데카르트의 철학, 그리고 프란시스 베이컨이 주창한 과학적 방법론을 기반으로 하였다.-『새로운 과학과 문명의 전환』, 앞의 책, p.46.

가 하는 것과 대비된다. 본질은 형태가 없어야 만상을 이룬 바탕이 될 수 있고, 물질은 형태를 갖추어야 본질을 담은 그릇이 될 수 있다. 물질은 모든 有함의 바탕이지만, 그 바탕에 본질이 내재해 있다는 것은 본질과 물질과의 관계에 있어 시사하는 바가 크다. 불가분리 한 관계에 있다. 만물의 근거인 본질과 본질로서 구축된 물질은 존재한 차원이 다르다. 그래서 본질은 본질이고 물질은 물질이다. 단지 본질은 물질을 있게 한 근원으로서 물질의 궁극적인 성질을 함께 지녔다. 그래서 본질적 근원은 뭇 존재에 대해 초월적인 형태를 갖추었고, 물질은 有한 형태로서 분열성을 띠었다. 물질은 본질의 영향권을 벗어날 수 없어 본질이 물질을 생성시킨 근거는 물질의 본질적인 성향을 말한 상대성원리와 양자역학[271]을 통하면 확인된다. 반대로 본질의 물질적 성향은 본질적인 특성이 어떻게 물질적인 특성을 결정하였는가를 통하면 확인된다. 이것이 곧, 물질이 창조된 사실을 증거하는 기준이다.

물질과 본질과의 창조적 관계에 따라 세계를 구축한 궁극적인 실체를 밝히기 위해서는 물질보다 선행된 본질의 실재성부터 확인해야 하는데, 이 본질은 "동양의 신비가들이 제 현상을 동일한 궁극적인 실재가 현현하는 것으로 경험하려고 했던 그것이고",[272] 실재는 우리가 관찰하는 잡다한 사물과 사건의 근거가 되면서 통일을 이루는 우주의 본질이라고 생각하였다. 본질은 두루 통하는 창생을 이룬 근거로서 힌두교에서는 브라만(Brahman-梵), 불교도는 법신(Dharmakaya), 혹은 진여(Tathata), 도교도는 道라고 하였다. 제 현상을 떠받친 실재로서 어떠한 형태도 초월하고, 어떠한 묘사와 상

---

271) 오늘날 물질의 본질에 관한 가장 정교한 이론은 양자역학이다.-『생명과 우주의 신비』, 앞의 책, p.172.
272) 『현대물리학과 동양사상』, 앞의 책, p.223.

술(詳述)로써도 설명하기 어려운, 그래서 종종 空 또는 虛라고 하였다. 그렇다고 단순하게 無라고 해서는 안 된다. 오히려 모든 형태의 본질이자 모든 생명의 근원이다.273) 무한하고 끊임없는 창조성을 의미하여 동양인들도 이런 초월적인 실재가 무엇인지 궁금하게 여겼다. 그런데 그 道가 결국 세계를 구축한 본질이었다는 것을 확인하게 됨으로써 이 연구는 만상과 본질의 문제에 대하여 이 시대가 요구하는 중대한 진리성 문제를 풀었다.

3) 새로운 인식적 기반

고대 그리스로부터 비롯된 서양의 전통적인 물질관은 물질을 제일 질료로 여긴 유물론을 탄생시켰고, 뉴턴의 기계론적인 우주 모델을 거쳐274) 현재는 분자, 원자, 원자핵과 전자, 소립자, 쿼크와 렙톤 등 기본 입자로 구성된 물질의 계층적 구조까지 밝혀내었다. 그러나 수십 세기를 통해 구축한 물질관도 참본질을 알지 못한 상태에서의 판단이라 절대적일 수 없고, 양자역학을 토대로 한 현대물리학에 이르러서는 한계성이 두드러졌다. 알다시피 뉴턴 물리학은 완벽한 인과율에 기초한 것인데, 20세기 양자론은 수십 년의 고민 끝에 그토록 소중하게 여긴 인과율을 포기하도록 만들었다. 또한 과학자와 철학자가 믿은 '자연은 도약하지 않는다'란 신념은 전자가 실제로 기초상태(基礎狀態-ground state)와 여기상태(勵起狀態-excited state) 사이를 도약한다는 놀라운 발견으로 말미암아 포기하지 않으면 안 되었다. 곧, 서양 문명을 떠받친 강력한 기반인 점진성은 전자가 불연속적인 에너지를 가진다는 사실을 확인함으로써 무너졌다.275) 그

---

273) 위의 책, p.249.
274) 위의 책, p.67.
275) 『동양과 서양』, 앞의 책, pp.56~57.

런데 문제는 이러한 일련의 물리적 발견을 두고 물리학자들이 가장 고민스러워한 것은 새롭게 발견한 상태를 설명할 철학적 개념의 부족이었다. 접한 세계를 이해하기 위해서는 항상 근거 지을 수 있는 인식적 바탕이 있어야 진실을 해명할 길을 연다. 그런데 한계 벽에 부딪힌 것은 무엇을 뜻하는가? 그것은 추구한 물질관 내지 탐구 방법이 현상적 세계 안에 한정되어 있어서이다. 물질적인 실상은 정연한 규칙성과 인과율에 기반을 둔 것인데, 내부를 들여다볼 수 있는 기회를 가지고 보니까 상식적으로 판단할 수 없는 세계가 펼쳐지고 있었다. 서양은 아직도 "현대물리학의 문제점을 해결할 만한 사상적 실마리를 찾지 못한 실정이다. 고전물리학이 데카르트와 칸트를 가진 것처럼 동일한 역할을 담당할 새로운 인물을 찾고 있다."276) 심각한 고민과 허탈감 속에서 대안을 찾게 된 것이 곧 동양 사상으로의 관심이었다. 그렇지만 "합리적인 정신을 극도로 전문화시켜 이룬 현대물리학이라는 아성 속에서 진리를 일군 그들이 직관적 정신을 극도로 전문화시킨 동양의 신비주의 사상과 접촉"277)하여 얻을 수 있는 것은 무엇일까? 지칭한 신비주의란 어의조차 정체가 불분명한 상태를 뜻하는 것이라, 포착한 것은 기껏 현대물리학과의 유사성 인식 정도이다. 그래도 자존심은 있어 주체적 인식에 동양 사상을 잠시 빌려다 놓은 어법을 구사하여 동양의 신비주의에 강렬한 흥미를 느꼈다고 表現하였지만, 무엇이 선행되고 주객이 전도된 것인지는 앞으로 밝혀질 것이다. 최초로 발을 내딛었다고 생각한 자가 앞서 나 있는 발자국을 발견하였다면 그는 최초자일 수 없다. 서양은 사태를 파악하여 해결하려고 노력 중인 반면 동양은 최초자의 주인공

---

276) 『현대물리학과 동양사상』, 앞의 책, p.8.
277) 『새로운 과학과 문명의 전환』, 앞의 책, p.47.

이 바로 자신인 것도 모르고 있다. 서양은 역사상 동양 문화를 접하는 데 있어 제한성이 있었지만, 동양은 직관적이고도 주관주의적인 사상을 호흡하면서도 사변적이고 객관주의적인 서양 과학을 접하였고, 양자의 사상적 괴리와 상충을 경험함으로써 동양은 양대 사상 성향을 새로운 세계관적 용광로 속에서 융합시켜 체계화시킬 수 있는 조건을 갖추었다.278) 서양 물리학계의 거장들은 현대물리학의 새로운 이론 체계가 동양에서 나오기를 기대하고 있다.279)

　따라서 우리는 당면한 상황의 중요성을 포착하고 지나온 과정을 살펴 과연 무엇이 문제인지 원인과 이유를 찾아야 한다. 우리는 "현대물리학이 암시하고 있는 세계관이 현재의 사회와 일치하지 못하고, 자연에서 관찰하는 조화로운 상호 관계를 반영하지 못하고 있음을 본다."280) "지금 필요로 하는 것은 새로운 모형(paradigm), 즉 새로운 실재관으로서 사상, 인식, 가치 면에서 근본적인 변화를 기대한다."281) 이런 시점에서 서양 과학과 동양의 신비주의 간의 유사점을 확인하였다면, 지각 있는 지성들은 세계가 새로운 세계관을 개척해야 하는 문턱에 도달해 있다는 것을 예감해야 한다. 전혀 새로운 사고 패턴을 가질 수도 있고, 영역을 확보할 수도 있으며, 산적된 문제를 제기할 수도 있다. 아니 "현대 과학은 정교한 기계 장치를 가지고서 동양의 선현들은 이미 수천 년 동안이나 알려져 온 고대의 지혜를 재발견한 상태가 아닌지? 그렇다면 물리학자들은 과학적인 방법을 버리고 모두 명상을 해야 하는가? 정말 과학과 신비주의는 서로에게 영향을 주고 있는가? 그리고 통합도 가능한가?"282) 범상

---

278) 『현대물리학과 동양사상』, 앞의 책, pp.8~9.
279) 위의 책, p.9.
280) 위의 책, p.363.
281) 『새로운 과학과 문명의 전환』, 앞의 책, p.18.

찮은 조짐이 보이기는 하지만, 막상 집중하고 보면 예사로운 문제가 아니다. 동서 간의 사상을 섭렵해야 하는데, 현대는 지적 과업이 계속 전문화되어 가는 추세에 있어 감히 엄두를 낼 수 없다. 서로를 알고 이해하며 정통해야 한다. "이질적인 두 문화가 만나 서로를 이해하고 합류할 때에 위대한 사상과 지혜가 창출되고, 폭넓은 사조를 이룬 역사적 선례"283)로 볼 때 교통, 정보 통신의 발달로 온 지구촌이 활발하게 교류하고 있는 지금이 적기이다. 그러나 막상 개인적으로 문제를 풀고자 한다면 얼마나 오랜 세월이 필요하겠는가? 그래서 제반 지적 과업에 대한 문제들에 동양의 선현들이 혜안을 틔워 놓았다는 것은, 새로운 세계관 건설 요구에 있어서도 수천 명의 아인슈타인 같은 물리학자와 칸트, 헤겔과 같은 사변적인 사상가가 필요한 것이 아니라 고뇌함으로써 만방에 진리 사랑의 길을 실천한 불타 같은 覺者가 필요하다.284) 동양의 지혜와 서양의 과학이 지닌 유사점과 차이점을 비교한다고 해서 해결될 일이 아니다. 문제점을 파악하여 양자를 조화시켰다고 해서 만족할 수 있는 일도 아니다. 어떤 시도를 통해서도 완전한 세계상을 제시할 수는 없다. 해결하기 위해서는 무엇보다도 핵심을 포착해야 하며, 단계적인 극복 과제를 설정해야 한다. "물리학자와 신비가가 가진 세계관이 유사한 것은 의심할 여지가 없을진대, 더 나아가서는 그런 현상이 왜 존재하고, 무엇을 암시하는가를 아는 것이 중요하다."285) 유사성을 인식하는 것만으로 "물질세계의 진보된 이론이 적응될 수 있는 일관성 있고 아름다운

---

282) 『현대물리학과 동양사상』, 앞의 책, p.362.
283) 위의 책, p.8.
284) 동양의 覺者들이 구한 道에 대한 인식은 본질의 세계를 각출하기 위한 노력이므로, 이런 과정을 이해하기 위해서는 명석한 학자가 필요한 것이 아니라 진정한 覺者가 필요했다.
285) 위의 책, p.358.

철학적 체계를 동양의 신비주의가 마련할 수 있을 것으로 기대한다면",286) 그것은 감나무에서 감이 입에 떨어지기를 기다리는 것과 같다. 동양인은 아직도 불타가 만상의 근원된 실재 자리로서 제시한 空이나 노자가 설한 道의 생성, 유교에서 말한 理氣 개념을 초점 잡지 못하고 있다. 삶을 통하여 접하는 진리의 일면조차 제대로 파악하지 못한 실정인데, 동서 간 진리 세계를 섭렵한다는 것은 매우 어렵다. 자신이 가진 것도 알지 못하면서 남의 것을 알려고 하는 것은 자격상실이다. 그렇지만 자각된 본의에 입각하면 동양의 선현들이 일군 道, 空, 太極이 바로 세계의 궁극적인 실재 내지 그 특성을 인식한 것이라고 규정할 수 있다. 이 같은 관점 확보를 통해 이후로는 이 시대의 현안점인 "과학과 形而上學을 접합시키는 문제와 서양 과학 문명의 진로와 동양의 전통적인 사상을 연결시킬 수 있는"287) 과제를 수행할 수 있다. 원리성과 엄정한 객관성을 토대로 물리학이 실재성의 파악 문제에 대해 존재한 상태를 설명할 수 있는 논리적·합리적·수치적 도구를 버리고 새로운 이론적 바탕을 요구하고 있다는 것은 아이러니하다. 하지만 알고 보면 만상은 결코 물질적인 세계에서만 일련의 모순점이 발생한 것이 아니다. 도대체 우리는 얼마나 세계를 불합리하게 이해한 것인가? 동양 사상과 현대물리학의 유사성 인식이 그러하듯, 과학적인 발견과 정신적인 목적과 종교적인 믿음은 큰 거리감이 있지 않다. 바탕 된 본질을 매개로 하면 결국 하나인 근원으로 통합될 수 있다.288)

---

286) 위의 책, p.17.
287) 위의 책, p.371.
288) 미시세계에 깊이 들어갈수록 물리학자들은 동양의 신비주의자들이 갈파한 것처럼 세계를 불가분, 상호작용, 부단한 운동의 구성분자로 이루어진 체계, 인간도 이런 체계의 불가결한 부분인 사실을 깨닫게 된다.-위의 책, p.31.

4) 물질과 본질과의 관계

앞서 세계의 본질을 규명한 결과에 의하면 만상은 본질에 근거하였고, 본질에 바탕 되었으며, 본질은 모든 말미암음에 대한 원인을 내포하였다. 따라서 당연히 만상의 기반을 이룬 물질도 근원은 본질에 속한 것으로서, 궁극적인 실재 개념에서도 나타났듯 근원된 알파는 순수 본질을 직시한 상태이다. 따라서 만상은 無로부터의 창조가 불가능한 有적 바탕이 필요한데, 그것이 곧 본질이다. 그런데 본질은 형체, 형상이 드러나기 이전의 有한 존재 상태라 이런 실체를 확인하고 인식하기 어려웠다. 만상의 근원 뿌리인 본질을 근거로 물질도 결국 본질이라는 것을 확인하였을진대, 이런 사실을 통하여 그동안 동서양이 상이하게 추구한 진리 추구의 방법론을 살피면 중대한 사실이 도출된다는 것을 발견할 수 있다. 즉, 서양은 만상이 존재한 물질적인 실체성을 진리 탐구의 대상으로 삼았다면, 동양은 뿌리 부분에 해당한 본질적인 실체성을 각성하였다. 그런데도 서로가 연관된 것을 파악하지 못하여 세계를 완성시키지 못하였다. 물질의 근원은 불타가 말한 空에 있고 노자가 말한 道에 있고 理, 氣, 梵, 太極 등에 있는데, 물리학자들이 물질의 궁극 실체를 물질 자체에서 찾은 결과 불가지론에 빠졌다. 그런데 이제 동양의 진리성에도 눈을 돌리게 되었다는 것은 결코 우연한 일이 아니다. 세계가 그렇게 된 근본적인 구조성에 기인한 것이다. 마찬가지로 동양의 수행자들이 아무리 벽을 보고 참선하고 있어도 체득한 본질성과 만상이 직접 연결된 고리를 확인할 수 없다면 영원히 각성한 진리성을 증거할 수 없는 공염불이 되어 버린다. 道에 대한 각성 근거는 우리가 직접 접하고 있는 만물 속에 있어 불타 이래의 수행자들이 아무리 道를 갈고닦아도 진정한 覺의 본질과 그렇게 해서 맺은 열매를 확인하지 못했다.

깨달음에 포인트를 맞추고 보면 色은 형상과 색채를 가지며, 감각으로 인식되는 존재 또는 물질을 말할진대, 色의 근원인 空과의 연결고리를 色을 통해서는 찾을 수 없었다. 본질, 즉 空의 논리에 의하면 어떻게 만이 하나를 이루고 하나가 만을 이루었는가? 이유는 바로 空은 色의 세계 속에서 구해야 하고, 그것은 바로 色의 세계를 구성한 원리이다. 道적 형태와 진리가 속속 세상을 있게 한 근거로 작용하는데, 어떻게 空의 진리성을 空 자체에서 확인할 수 있었겠는가? 空은 전적으로 色을 이룬 근거로서 존재할 뿐이다. 그런데 지난날에는 왜 이런 色空의 관계성을 파악하지 못했는가? 불타는 色과 空이 다를 바 없다고 했지만, 창조를 몰라 연관된 사실을 알지 못했다. 불타 이래로 空의 본질을 파악하여 이해한 사람이 있었는가? 중생들은 法의 진리성을 받들어 새겼지만 참의미를 안 사람은 없다. 불타는 무엇을 깨달았는가?289) 오직 창조된 본의를 자각해야 풀 수 있는 문제였다. 불타는 세상의 근원이 되는 본질의 세계를 깨달았던 것이고, 그것을 空이라는 실체로서 각성하였다. 空은 空의 본질을 알아야 色의 세계도 알 수 있고, 色은 色의 세계를 밝혀야 空의 세계도 알 수 있다는 것, 그런데 이런 진상을 알지 못하여 오늘날 동서의 문화 교류가 활발한 상황에서도 서로가 의아해할 뿐, 한 근원에서 나온 동질성을 몰랐다. 이 실마리를 풀어야 色의 본질을 空을 통하여 밝힐 수 있고, 空의 본질을 色을 통해 밝힐 수 있는 단계에 이른다. 시야를 넓혀서 본다면 물리학자들이 물리 세계에서 작용하는 4가지 힘의 법칙을 통일하기 위해서 '통일장 이론'을 세우고 있지만, 4가지 힘의 법칙을 통일하는 것은 오직 본질[空]이 지닐 뿐이다. 色의 본질

---

289) 동양의 선현들은 정신의 차원 세계를 파악한 것이 아니라, 그를 수단으로 한 만물의 본질 상태를 인식하였다.

은 空에 근거했다고 한 것처럼, 空의 본질을 밝혀야 色의 본질을 밝힐 수 있는 것이 당연한 순서이다.290) 역으로 동양의 선현들은 세계의 근원인 본질을 궁구한 탓에 그 진리적 근거를 만물, 곧 色의 세계를 통하여 확인하지 않고서는 진리적 가치를 찾을 길이 없다. 空의 세계 탐색은 동양이고 色의 세계 탐색은 서양이나니, 서양이 일군 철학, 과학, 학문이 色의 세계, 곧 사물의 제반 특성을 탐색한 방법론이라면, 동양의 직관적 통찰은 본질의 세계를 일군 방법론이다. 그런데 지난날은 이런 연결 고리를 찾지 못해 서양은 만물 자체가 만물을 구성한 진리 형성의 근원지라고 착각하여 본질의 존재를 간과하였고, 동양은 覺 자체에만 머물러 진리의 근거를 만물 속에서 구하고자 한 착안이 없었다. 동서양이 일군 진리 탐구의 본질을 관통하기 위해서는 보다 높은 본의를 알아야 했다. 본의 관점에서 보아야 동서양 진리의 본질이 명확해진다. 즉, 동양은 세계의 기원에 대한 본원성을 진리로서 覺했고[空], 서양은 말미암은 세계상의 결정 원리[色]를 진리로서 인식하였다는 것이 주된 요점이다.

이에 창조된 본의를 자각하고 원동력을 밝힌 관점에서 동서양이 추구한 色과 空의 본질을 파악하였다면, 이후부터는 어떤 진리성을 펼쳐야 할 것인가? 답하기 위해서는 우리가 접한 色의 세계로부터 잠재되어 있는 空의 본질을 밝히는 것이 수순인데, 이것은 동양의 선현들이 구한 道의 본질을 규명하면 해결된다. 그중 불타가 설한 色卽是空 空卽是色은 실로 시공을 초월한 창조의 핵심 열쇠를 지닌 진언으로서, 그 뜻을 이해하면 인류도 비로소 불타까지 넘어서는 새로운 정신문화를 창달할 수 있다. 그동안 무언가 범상찮은 진언인

---

290) 세계의 궁극 실체가 차원적인 化로서 창조되었으므로 이를 파악하는 실상 역시 차원적인 깨달음이 아니고서는 진리성, 즉 道에 대한 인식이 어렵다. 동양인들이 방법적으로 시도한 覺의 의미가 여기서 드러남.

것을 알고 전승시키기는 했지만, 진의를 몰라 불타의 경지를 넘어선 진리세계로 진입하지 못했다. 空의 실재성에 대한 문제만 두고 보더라도 "空이야말로 존재의 근원이고 생명의 근원"[291]이라고 단언하였지만, 실제로는 어떻게 근원이 된 것인지 말하지 못했고, 개념에 대한 정의도 횡설수설하였다. 空의 실상을 실감한 수행자들도 그 실체성을 초점 잡기가 어려웠는데, 하물며 관념적으로 접한 서양인들은 코에 걸면 코걸이고 귀에 걸면 귀걸이식 해석을 자행하였다. 즉, 아원자의 구조가 空의 개념과 비슷하다든지, 空은 무언가 알 수 없는 작용력으로 꽉 차 있는 실체로서 그 공간은 빈 공간이며, 진공이 아니고, "상식적으로 이런 공간(빈 공간)에서는 무엇이 나올 수 있다는 것이 불가능한데도 아원자적 수준에서는 실제로 이런 일이 일어나며, 진공 도식들이 이것을 보여 준다"고 하였다.[292] 어떻게 色의 본질을 色이 지닌 특성을 통해 알 수 있다고 생각했는가? 가까이 있지만 합쳐지지 않는 평행선처럼, 色적 관점에서는 色의 본질을 이해할 수 없다. 色과 空과의 관계성도 마찬가지이다. 설사 진공 도식이 有에서 無로, 無에서 有로 변화되는 과정을 나타내는 특이한 표식으로서 마치 空이 色이 되고 色이 空으로 되어 정교한 춤을 추고 있는 것처럼 보이지만,[293] 사실은 그렇게 보이는 것일 뿐, 꼭 그렇다고 확신할 수는 없다. 현대의 물질관인 "물질은 에너지이고, 소립자들의 운동 상태는 파동이며, 파동 상태의 소립자는 에너지"[294]란 사실이

---

291) 『만화 반야심경』, 김용진 그림, 학문사, 1993, p.66.
292) 『춤추는 물리』, 앞의 책, p.343.
293) 진공은 無가 아니다. 진공은 중대한 물리학적 성질을 가지고 있다. 진공은 모든 존재의 물질적 원인이다. 진공과 물질은 불가분의 관계에 있지만, 그 관계는 현재도 잘 모른다. 그러므로 이것은 『반야심경』의 色卽是空 空卽是色이라든가 선승들이 흔히 말한 무일물중무진장(無一物中無盡藏)을 생각게 한다.-『과학시대의 불교』, 앞의 책, pp.28~29.
294) 『지상천국의 이념』, 앞의 책, p.263.

물질은 色으로, 에너지는 空으로 대입시킨 등식과 꼭 맞아떨어진다고 해도 色이 물질이고 空이 에너지를 의미한다는 사실 외에 첨가할 수 있는 것이 더 무엇 있는가? 아리스토텔레스가 말한 존재의 잠재태와 현실태가 에너지와 물질과의 관계에 해당되고, 色과 空과의 관계로 연결된다고 해도 이런 관점으로 어떻게 이 시대가 요구하는 모순 없는 새 물질관을 창출할 수 있겠는가? 불타가 자각한 깨달음의 본질, 시공을 초월한 진리를 분출할 수 있겠는가? "사리자여, 色은 空과 다르지 않고 空은 色과 다르지 않다. 色이 곧 空이요, 空이 곧 色이다"란 진언의 호소를 통하여 인류는 무궁한 우주를 창출한 창조의 대폭발음을 들어야 하고, 원리를 인출해야 하며, 위대한 깨달음의 가치를 발견해야 한다. 그것은 오직 空이 천지를 있게 한 근원 본질임을 증거했을 때 가능하다.

그렇다면 우리는 불타가 설한 色과 空과의 관계를 통하여 어떻게 우주가 창조된 적나라한 모습을 엿볼 수 있는가? 무엇보다도 色과 空이 다를 수 없는, 色은 곧 空이라는 결론을 통해서 실마리를 찾을 수 있다. 엄청난 사고적 모색과 우주 생성의 과정을 통찰한 것인지를 알아야 한다. 모든 과정의 동시 결론인 色은 空과 다르지 않고 空은 色과 다르지 않다고 한 데 대해서, 이 연구도 이해할 수 있는 눈높이를 가지기 위해 치열한 추구 과정을 거쳤다. 그리하여 儒, 佛, 道 삼교가 만상을 구축한 본질의 세계를 형상화시킨 진리라는 것을 자각한 것은 뿌리박은 본질이 결국은 하나란 뜻이다. 나아가서는 본질적인 특성의 추출이 결국은 하나님이 이룬 창조 역사를 특징짓는 근거가 된다는 사실도 자각하였다. 불타가 깨달은 色空에 대한 통찰은 그대로 창조 역사의 특성을 규정하는 것이다. 어떻게 이 같은 비약이 가능한지 의아한 사람들이 있겠지만, 色空은 진실로 모든 의문을 일소할 수 있는 우주적 통찰이다. 서양은 오직 色의 세계를 밝히는 데만 전념하였고, 이것을 뒷받침한 形而上學적 추구는 色적인 사물의 본질을 밝히는 데 일조하여 순수한 본질 세계를 엿볼 수 있는 기회를 놓친 반면, 동양은 세계의 본질적인 구조를 정통으로 직시하였는데, 이것은 실로 그 지적인 가치를 말로 표현할 수 없고, 더하여 色空의 관계성까지 천명한 것은 감탄을 금할 수 없다. 이 연구는 수차례 色과 空이 세계와 연결된 통속성, 통체성, 통합성을 지적하였거니와, 세계는 色을 기반으로 하여 존재하지만 色만으로 존재하지 않고, 空을 근간으로 하지만 色 없이는 존재할 수 없다. 그러나 물질과 본질적인 관점에서 본다면 色과 空이 지닌 차이점이 드러난다. 色卽空인 데 대한 반증 근거를 실제적인 감각을 통해 확인할 수 있다. 질료적인 측면에서 보면, 色은 色으로서 결정적이라 空과 같을 수 없다. 불타가 천명했지만 2,600여 년이 되도록 色은 色으로서 독립되어 있었고, 空 역시 空으로서 독존했다. 그러나 다시 한번 관계성을 살펴보면 色과 空 사이에는 무수한 생성 과정이 개입되어 있어 그렇게 연결된 고리가 굳건하다는 것을 알 수 있다. 왜 色은 色인데 空과 다를 수 없는가? 그것은 色이 空으로부터 창조되어서이다. 또한 空은 空인데 色과 다를 수 없는가? 그 역시 空이 色을 이루어서이다. 그래서 종국에는 色이 空이고 空이 色인 구분선을 어디서도 찾을 수 없다. 이것은 空과 色이 만물을 이룬 근원이라는 창조적 관점이 아니면 해명할 길이 없다. 사실상 세상은 空[본질]으로부터 창조되었다. 色이 空으로부터 창조되기 이전은 色空이 분리될 수 없는 하나로서 통체 상태이지만, 창조로 인한 생성 과정, 곧 色이 空으로부터 말미암은 엄정한 결과로 色空을 분리해서 인식하였고, 다시 통합하여 하나로 인식하였다. 수치적으로는 하나가 다른 하나를 낳았으므로 둘이 되지만, 그 둘은 모든 면에서 결국 그것이 그것이다(하나임). 뭇 존재는 色空이 함께한 통합성 본질로부터 창조되었지만, 분열하는 세계 속에서는 色空의 분리 인식이 불가피하였다. 色空의 동시 인식은 불가능하지만 결국 色은 空이고 空은 色이다. 이 같은 불타의 대통찰을 창조된 결과 구조로 이해할 때, 우리의 눈에는 우주의 전일적인 파노라마가 끝의 너머까지 펼쳐진 걸림 없는 통합 관점을 확보할 수 있다. 뭇 생명과 존재가 色空의 관계로 구성되어 있고, 미물에 이르기까지 그 결정력이 가히 절대적이다. 여기서 만상을 이룬 본질 세계의 결정 관점이 드러난다. 만상을 이룬 空의 본질을 밝혀야 이것을 근거로 色의 본질을 밝힐 수 있고, 空의 본질을 밝혀야 空이 정말 만물을 이룬 근원 존재라는 사실을 확인할 수 있다. 우리는 생명과 의식을 가진 존재로서 항상 만물을 존재하게 한 본질과 함께한다. 그중에서도 인간은 특별히 자체의 존재 상태를 스스로 가늠할 수 있는 사고력을 지닌 탓에 자신이 지닌 존재성[色]과 본질성[空]이 분리된 것처럼 느낀다. 그렇지만 우리가 가진 생명의 본질이라는 것도 애써 이해하고자 하니까 인식상으로 구분된 것일 뿐, 몸 된 본체 자체는 色空을 동시에 본유하였다. 본질로부터 바탕 된 色의 총체성 위에 空이 자리 잡고 있다. 하물며 자체 존재성을 메시지로 남길 만큼 주도성을 지니지 못한 사물, 실재, 물질에 있어서 色을 이룬 본질은 어디에 있겠는가? 궁극적인 실체를 찾고 있는데, 본질이 거하여 위치할 곳은? 물질 외에 따로 멋진 집을 지어 독립해 있는가? 물질을 이룬 본질이 존재할 수 있는 곳은 바로 물질 자체 안이 아니겠는가? 인간은 의식이 있어서 존재를 구성한 본질을 인식할 수 있지만, 물질은 아예 그런 구분이 없다. 생명과 의식이 본질적인 요소와 함께하는 것처럼 물질도 마찬가지이다. 그래서 우리는 이 순간 우주 창조의 방정식을 풀 수 있는 해법을 발견하였다. 아인슈타인은 물질과 에너지와의 관계를 $E = mc^2$이란 식을 통해 지성사에 던졌다면, 불타의 色=空은 곧바로 만물=본질로 풀이되어 만유를 있게 한 창생 관계를 시사한다. 나아가 우주 창조의 진정한 비밀을 이 연구 역시 色=空 등식을 통해 풀게 되었나니, 그것이 다름 아닌 色은 곧 色空(色=色空)이란 창조식을 성립시킨 것이다. 여기서 비로소 물리학자들이 받아들이기를 꺼린 물질의 이중성에 대한 근거를 명백히 할 수 있다. 물질은 결코 본질이 아니지만, 물질은 본질로부터 말미암은 탓에 물질은 곧 본질적인 성향을 나타낸다. 다시 말해 물질은 물질적인 특성을 나타냄과 동시에 본질적인 특성을 나타낼 수 있다. 물질이 물질이면서 본질적인 특성을 나타내는 이중성에 대한 이해 기반이 이 창조식 안에 들어 있다. 물질과 본질은 결국 둘이 아닌 하나이고, 본질이 물질을 낳은 탓에 물질과 본질은 한 치의 틈도 없이 밀착되어 있다.295) 여기에 인류가 그렇게도 찾기를 원한 천지창조의 실마리가 있고, 물질의 본질이 있으며, 色空에 대한 해법, 곧 본질이 만물을 낳은 사실이 확인된다. 우리는 色空을 분리하여 인식할 수밖에 없듯, 물질도 분열함으로써 인식상 물질성과 본질성을 동시에 수용할 수 없지만, 통합성 본질로부터 창조된 역사를 감안한다면 이중성은 오히려 물질이 창조된 사실을 증거하는 근거가 된다. 창조된 탓에 色이 空이 되고 空이 色이 될 수 있고, 空과 色은 다를 수 없는 하나로서 동시에 공존한다. 개념상으로 "色과 空

295) 알다시피 "오늘의 물리학은 물질에 대하여 전혀 새로운 견해를 갖게 되었다. 즉, 물질은 상보적인 양면을 가진 것으로 해석된다는 것이 그것이다. 파동과 입자, 물질과 에너지, 대상적인 존재와 주체적인 조작 등 물질 자체, 아니 오히려 존재 자체가 언제나 이원적 성격을 가지며, 따라서 그것은 고전물리학의 입장에서와 같이 인과율로서는 이해되지 않는 것이다(『의학의 철학』, 오모다카 히사유키 저, 신정식 역, 범양사출판부, 1990, p.109)." 그리고 그들이 표현한 상보적인 양면성 내지 이원적 성격에 대한 원인은 물질이 본질로부터 창조된 관계로 지닌 물질이 본질인 동시 존재성을 말한다.

과의 관계가 서로 바탕적인 대립의 상태로 생각될 수 없고, 다만 동일 실재인 양면성으로 공존하면서 연속적인 협력 관계로 존재한다"[296]고 여겨 혼성될 수 있을지는 모르지만, 실로 본의에 따른 관점과의 차이는 지대하다. 그들은 色의 세계가 지침을 둔 것이 무엇인지 몰랐고, 空의 본질을 꿰뚫지 못했다. 이런 문제를 해결해야 色空의 본질을 관통하여 물질의 양면성을 통찰할 수 있다. 물질적인 현상은 본질의 작용 안에서 이론적인 뒷받침이 가능하다고 한 논지를 확인하는 순간이다. 이것은 나아가 물질이 어떻게 창조된 것인지를 증거하는 실마리가 된다. 물질은 본질에 근거한 것이므로 당연히 물질을 통하여 본질적인 성향을 추출할 수 있고, 본질은 통합적인 특성을 지니고 있어 물질과 물리적인 법칙이 창조된 대상체라는 것을 확인할 수 있다.

스피노자가 말한 신즉자연이란 통찰도 色空의 논리에 입각해서 보면 진리성을 내포한 명제로서 神은 충분히 자연과 함께할 수 있지만, 한편으로는 엄연히 神으로서의 존재성이 확고한 상태라 자연 자체를 능산적인 神이라고 한 것은 만물의 근원된 본질을 보지 못한 판단이다. 空은 어디까지나 色의 근원인 탓에 色과 함께할 수 있고, 空은 色을 이룬 탓에 空이 色 안에서 色과 동질을 이룬다. 그래서 空이 空으로서의 존재성을 확고히 한다. 그런데 스피노자는 이런 空의 존재성을 보지 못하고 주객을 전도시켜 空의 역할을 자연, 곧 色에 전가시켰다. 이런 부족한 점을 감안한다면 스피노자가 접근하여 구체화시킨 '하나의 실체＝신즉자연'이라고 한 것은 사물의 본질적인 성향인 실체의 무한성이라든지 영원성, 유일성 개념을 정립한 바탕 위에서 세운 등식이다. 色의 본질적인 실체가 자연을 구축하고, 그것을 결국

---

296) 『현대물리학과 동양사상』, 앞의 책, p.254.

목적적인 神과 연결시킨 것은 이 연구가 밝힌바 만물이 본질과 연관되고 본질이 창조와 연관되었다고 한 주장과 일맥상통한다. 스피노자는 그 이상도 이하도 아닌 자연이 神의 자체 원인인 것으로 판단하였지만, 이 연구는 주어진 일체의 구조적인 상황을 통해 하나님이 어떻게 천지를 창조한 절대 권능자인지 증거하고자 한다.

5) 물질의 창조 본질

우리는 하나님이 창조하여 구성한 결정적인 세계 속에 살고 있다. 창조가 결정적이지 않다면 물질화된 형상들이 공통적인 구조와 특성을 가질 수 없으리라. 만상이 존재한 것은 창조된 결과 탓이다. 이런 존재성을 진리 판단의 근거로 삼았던 고전물리학의 물질관(뉴턴의 기계적인 우주 모델)은 "물질은 언제나 보존되었고 본질적으로 수동적이다. 시간과 공간은 나름대로 절대적이고, 이 속에서 움직이는 뉴턴적 세계의 기본적인 요소는 물질적 입자들이다. 수학적인 등식에서는 '質點'으로서 취급되었고, 뉴턴은 그것을 모든 물질을 만드는 작고 견고하고 파괴할 수 없는 대상물로서 간주했다. 이 입자는 언제나 질량과 형태가 동일한 상태이다."297) 물리적 현상이 일어나는 뉴턴식 우주 무대는 고전적인 유클리드 기하학의 3차원적 공간이다. 그것은 언제나 정지하여 있고 변화할 수 없는, 말 그대로 절대적인 공간이다.298) 이것은 현대물리학의 재발견에 의하여 인식이 변화하기까지 거의 3세기 동안 실로 모든 과학을 지지한 거대한 반석처럼 자연철학의 확고한 기초를 마련하여 창조의 결정성을 지켜

---

297) 위의 책, p.67.
298) 절대 공간은 그 자체의 본성에 있어서 외부의 어떤 것과도 관계없이 언제나 동일하며, 정지 상태를 계속한다. 절대적이고 진정한 수학적 시간은 저절로 그 자신의 본성에 의하여 외부의 어떤 것과도 관계없이 한결같이 흘러간다고 뉴턴은 말했다.

내었다. 또한 물질의 본질적인 측면299)을 파악하기 이전의 물질과 세계에 대한 결정적 특성을 반영한 상태이다. 존재가 드러난 결과 세계는 3차원적인 구조를 이루고 있다. 물질과 존재와 세계는 궁극적인 근원이 어디로부터 출발된 것인가? 바로 본질로부터이고, 본질은 낳음과 생성과 알파의 근원으로서 형체가 없고 시공을 초월하고 모든 가능성을 갖춘 통합성 본질 상태이다. 만상이 본질적인 바탕으로부터 창조되지 않았다면 존재는 그 자체가 능산적일 수밖에 없어 존립에 대한 일체 원인을 스스로 내포하고 있어야 한다. 그렇지만 궁극적인 실체성을 파고든 물리학자들의 실재는 무엇을 뜻한 것인가? 근원된 본질을 보지 못하고 판단한 데서 빚어진 개념이다. 동양의 覺者들이 일군 순수한 道적 관점도 상황은 마찬가지이다. 일군 道의 작용 세계는 분열적인 시공을 초월한 4차원적 통속체인 반면, 우리가 접한 현상 세계는 순차적·경과적·결정적이라 세상 어디에서도 道의 진리성을 확인할 근거가 없었다. 이런 차원 벽이 가로막고 있어서 "일체를 4차원적인 견지에서 본 동양 사상을 3차원적인 결정 세계를 탐구하는 데 길들여진 서양적 안목으로서는 '신비주의'로 여겨질 수밖에 없었다."300) 본질을 보지 못한 상태에서의 존재란 파고들면 들수록 신비로울 수밖에 없고, 차원적이다. 동서양은 참으로 중대한 진리적 사명을 수행하였지만 세계는 완성하지 못하였다. 본질을 간과한 실상 세계의 불합리한 점이 곧 서양의 지성들이 부딪힌 모순적인 한계성으로서 만물로부터 뻗어난 뿌리를 보지 못하였다. 보아도 실감하지 못하고 들어도 이해하지 못한 안타까움이 있었다. 아인슈타인은 물질세계가 4차원적이라는 것을 밝혔지만,301) 그

---

299) 현대물리학이 봉착한 물질관에 대한 곤혹이 바로 물질의 본질적인 측면일진대, 그 물질의 본질적인 측면을 부각시키면 물질이 창조된 사실이 증거될 수 있다.
300) 위의 책, p.9.

의미는 직시하지 못하였다.[302] 현대 과학은 존재한 것만 보고 연구한 3차원적 사고에 머물러 있다. 더 이상의 문명 발달을 기대할 수 없다. 어디서 누가 무엇으로 의미를 일깨울 수 있었겠는가? 존재와 물질의 본질은 무엇이고 어디에 있는가? 동양의 선현들이 일군 道에 있고, 色과 대비된 空에 있으며, 본질 가운데 있다. 이것을 알기 위해서는 동양 사상의 본질을 꿰뚫어야 했다. 창조 역할과 근원된 본질성을 알아야 동서양이 도달한 궁극 실재의 4차원성이 뜻하는 바를 안다. 道가 정말 천지를 창조한 바탕 본질일진대, 동서양이 도달한 궁극적인 세계의 4차원적 의미를 밝힐 수 있다. 모든 근거는 道, 곧 본질 속에 있어 물리학자들에게 내맡길 성질의 것이 아니다. 본질 세계를 의식적으로 접한 覺者들이 진리적인 과제를 풀어야 했다. 강도 높은 의욕과 가능성을 가지고 매진해야 하나니, 만약 해결한다면 그 결과가 지닐 의미는 상상을 초월한다. 유사 이래 지리적·문화적·역사적으로 분할된 동서양이 최종 마무리로서 통합되리라. 그 순간을 이 연구도 기다리고 있으니, 무엇이 창조된 핵심 포인트인지를 지성들은 주목해야 한다.

6) 동서 간의 진리 통합을 위한 연결 고리

동양의 선현들이 통찰한 바로 만법은 귀일하며, 만물은 한 체성이라고 하였다. 그런데 주위를 둘러보면 온갖 사상이 천 갈래 만 갈래로 갈라져 있고, 진리들은 그 나름대로 굳센 전통 맥과 문화적인 요

---

301) 유클리드 기하학이 광활한 우주에서는 적용될 수 없다는 것이 밝혀졌거니와, 서양인들이 그토록 확신하고 소중히 여긴 절대시간은 상대성이론에 의해 여지없이 무너졌다. 우주 안에서는 시간과 공간이 하나의 총체적 개념으로 이해되어야만 한다는 것을 받아들이지 않을 수 없게 되었다.-『동양과 서양』, 앞의 책, p.56.
302) 아인슈타인이 과학 세계에서 물질이 4차원적인 존재라는 것을 발견했다면, 서양의 심리학자인 프로이트나 융도 정신세계가 4차원인 것을 발견했다.-『21세기 문명 동양정신이 만든다』, 오국주 저, 살맛난 사람들, 1994, 차례.

새를 구축하여 가히 난공불락이라고 일컬을 만하다. 만법이 귀일한다고 한 선현들이 귀일하는 구체적 원리를 제시하지 못한 것이다. 이 같은 진리적 상황에서는 주어진 여건상 세계가 만 가지 얼굴을 드러내는 것이 당연하다. 그중에서도 영원히 하나 될 수 없을 것 같은 대표적인 영역에는 종파 간 대립이 있고, 그런 종교로부터 이질성을 절감하고 독립한 과학 영역 그리고 문화적·역사적·민족적으로 골이 깊어진 동서 간의 문화적 차이가 있다. 한 근원인 것이 확실한 종교마저도 분열 정도가 심각한 상태이고, 탐구 영역이 다른 과학은 더더욱 뿜어내는 색깔이 판이하다. 과학 만능인 시대를 구가하기 이전에는 '그래도 지구는 돈다'고 중얼거린 갈릴레오의 입을 통해서 갈등 상황을 짐작할 수 있다. 이 같은 이질성이 점차 가속화된 것이 역사적 실상이다. 다양한 영역에 걸친 사례를 지적한다면 "기독교 우주론과 동양 우주론은 누가 보더라도 동질성을 찾을 수 없다. 최소한 둘 중 어느 한쪽은 틀린 것일 수밖에 없다."[303] 세상 누구도 이 판이한 세계관을 하나 되게 할 기적을 창출할 수 있을 것 같지는 않다. 성경의 기록에 의하면 어떻게 홍해의 기적이 일어났는가? 설명하기가 어렵다는 것을 모두 절감하리라. 그러나 이 같은 여건 속에서도 전혀 공통성이 없는 것은 아니다. 그 나름대로 특성을 지녔다는 것, 따라서 이질성의 결과에도 이유가 있는 것이라, 원인만 알면 제각각 특성을 지녔지만 하나 될 수 있는 길이 있다. 어떻게 불교와 기독교, 종교와 과학, 기독교 우주론과 동양 우주론이 일치되어 동서 진리관과 세계적인 본질을 융화시킬 수 있는가? 현실적인 조건으로서는 불가능한 것처럼 보인다. 만연된 불가지론 내지 불가능한 조건들은 오직 선천 세계관이 벗어나지 못한 한계성 장벽이다.

---

303) 『현대물리학이 발견한 창조주』, 앞의 책, p.27.

그 근본적인 이유를 이 연구는 세계의 본질을 밝히지 못하고, 창조의 원동력을 규명하지 못했으며, 창조된 본의를 자각하지 못한 탓으로 보거니와, 근원된 본질 뿌리를 파헤치지 못한 결과로 존재한 것들에 대해 실체를 파악하지 못했다. 그렇다면 과연 세계를 구축한 진리성은 어떤 구조를 지녔는가? 바로 '세계수'의 드러난 줄기와 파묻힌 뿌리로 구성되어 있었다. 이런 구조를 두고 이 연구는 만상을 이룬 근원인 空 내지 본질과 대비해서 표현하였거니와, 이 같은 세계 구조를 알기까지 오랜 세월이 걸렸다. 하지만 문제는 이 같은 조건을 이해하기 어려운 것이 아니고 뿌리와 줄기에 해당하는 세계적인 영역이 과연 무엇인가 하는 데 있다. 서양은 그 드러난 줄기의 근원을 탐구하기 위하여 철학 내지 形而上學을 동원하였다. 플라톤의 이데아, 아리스토텔레스의 형상과 질료 개념, 궁극적인 실체 개념에 대한 파악 등이 그러하다. 하지만 본의에 입각해서 보면 그런 노력은 세계수의 뿌리 영역을 드러낸 것이 아니다. 개개 사물의 근저를 파헤친 방법이다. 근원을 향한 탐구의 길에서 괄목할 성과들을 거두었지만, 정작 손에 쥔 것은 현상적 세계의 지식과 그로써 추출한 원리성들이다. 이것을 세계수와 대비시키면 드러난 줄기 중에서도 잎이면 잎, 줄기면 줄기의 본질을 파헤친 것이라고 할까? 그렇다면 도대체 세계수 전체를 지탱한 뿌리는 어디에 있는가? 바로 동양이 일군 道적 전통 안에 있다. 하지만 뿌리는 파묻힌 대상체이다. 깊은 곳에 있다면 파 보면 될 것이라고 하겠지만, 여기서 볼 수 없다고 하는 것은 감각적으로 느끼는 가시 세계, 시공 세계 속에서 실체성을 점유한 것이 아니라는 데 문제가 있다. 서양은 세계수의 줄기를 파헤치기 위해 분석, 논리, 변증, 실험이란 방법을 동원했다면(色의 본질을 규명하기 위한 방법론), 동양이 담당한 뿌리 영역은 방법이 달라 정신을 집중시킨 수행과 각성된 초월의식을 강구하였고, 그렇게 해서 구한 직관력으로 무형인 본질 영역을 초월적으로 넘나들었다. 이처럼 세계수가 지닌 뿌리 영역과 줄기 영역을 동서양이 각자가 선호한 진리 탐구 방법으로 밝혀내었다. 그러니까 사물의 본질 영역을 담당한 서양은 세계의 본질과 연결된 궁극적 지점에 도달하여 심대한 한계성에 직면하였다. 개개 사물의 본질도 결국은 세계수와 통하게 되어 있는데, 서양은 그런 뿌리가 존재한다는 사실을 모르고 있어 낭패를 겪고 있다. 등산객이 갑자기 절벽과 맞닥뜨리면 당혹해할 것이듯, 더 이상 전진할 길을 찾지 못한 격이다. 그런데 전방을 주시하니까 건너편 언덕에 분명 길이 난 흔적이 보이고, 이편과 연결되어 있다는 판단이 섰다. 즉, 천 길 절벽 앞에 맞닥뜨린 양자역학이 동양의 신비 사상을 보고 잃어버린 길을 모색한 것과 같다. 하지만 지금은 단절된 이유가 습곡으로 인해서인지 지진으로 인해서인지 모르고 있는 상태이다. 현대물리학이 동양 사상을 통해 유사성을 느끼는 것은[304] 만물의 근원을 정말 동양의 선현들이 엿보았던 것이며, 그런 뜻에서 道는 참으로 만물을 낳은 근원인 것이 맞다. 아울러 서양이 당면한 세계관적 한계성 역시 명백하다. 즉, 세계수의 뿌리에 해당된 본질이 무형과 유형으로 구분되고 단절되어 있어 정심을 보지 못한 장애자가 되어 버렸다. 이런 진리적 전통을 이어받은 서양 문명은 곳곳에서 비정상적인 세계관을 남발하였다. 기독교의 창조론, 진화론, 유물론, 경험론, 합리론, 관념론, 기계론적 세계관, 범신론, 데카르트의 물심이원론 등등 그들이 기반을 둔 일체 철학, 종

---

[304] 세계적인 입자 물리학자인 카프라 박사는 동양적인 공간과 시간의 융합, 자연의 여러 부분은 모두 독립적이지 않고 상호 의존 관계에 있다는 생각이 상대론을 출발점으로 한 현대물리학과 유사하다고 말한 바 있다. 또한 케플러는 [道自然學]에서 양자역학이 밝힌 마이크로 세계의 이중성과 중국의 음양 개념이 지극히 유사하다고 말했다.-『동양적 사고로 돌아오는 현대 과학』, 앞의 책, p.93, 99.

교, 학문 영역 등이 모두 망라된다. 그중에서도 굳이 한 영역을 들추어낸다면 기독교의 창조론 대 과학 간의 대립 사례이다. 창조론은 알다시피 하나님이 이룬 창조 역사를 전제한다. 그렇다면 창조론은 당연히 과학이 탐구한 궁극적 실상과 자연 세계의 일체 원인을 수용해야 했다. 그런데 과학과 종교는 서로가 발 디딘 기반이 다르다고 보고 배척하는 데만 열을 올렸는가? 그것은 공히 서양 문명이 지닌 본질적 한계, 즉 정심을 꿰뚫지 못해서이다. 창조론은 하나님이 손수 빚은 창조 자료를 과학자들에게 직접 보여 주어야 했다. 하지만 기대와 달리 무조건 믿으라고만 한 강요방식으로서는 기독교와 과학의 거리를 좁힐 수 없었다. 세계를 구축한 본질적 존재를 보지 못한 데서 비롯되었다. 이것은 창조론과 과학뿐만 아니다. 서양 문명이 가지를 뻗친 일체 영역이 그러하다. 하지만 세계수의 뿌리를 밝히면 결과가 어떻게 되겠는가? 그 누가 이질성을 내세울 수 있겠는가? 즉각 하나로 통합되리라. 동서양이 지닌 종교의 본질이 그러하고 학문, 진리 역시 그러하다. 종교란 무엇인가? 우주의 근원된 세계수 뿌리 분야를 담당하였고, 이것을 각성하여 진리화, 교리화시킨 것이다. 그렇기 때문에 종교 진리 속에는 세계를 통관한 우주론이 있고, 궁극성과 절대성이 도사렸으며, 영혼이 안주해야 할 귀의처가 있다. 본질은 무엇인가? 만상을 이룬 근원이 아닌가? 본질 속에는 삼라만상을 있게 한 궁극적인 원인이 함재되어 있어 범상한 인간들이 겪는 고뇌의 근원이 바로 여기에 있다. 그래서 본질의 근원성을 장악한 진리는 본성상 종교적인 색채를 띠게 되었고, 이 같은 진리적 색깔을 바탕으로 한 동양의 유가, 도가는 사상이기 이전에 종교적인 옷을 입었던 것이 역사적 사실이다. 따라서 세계수의 뿌리를 밝힌 마당에서 기독교의 우주론과 동양의 우주론을 달리 본다는 것이 말이 안 된다. 이전에는 다르다고 한 것이 옳다고 여길 수 있었지만, 이제는 틀렸다. 세계수의 뿌리를 보지 못한 상태에서는 같이했지만 동질성을 찾지 못한 것이다. 이 같은 문제 때문에 지난날은 세계가 만 가지로 분파되었지만 본질성만큼은 변함없는 통합성 상태로 존재하였다.

이런 한계 상황은 동양도 마찬가지라 覺者가 각성한 道가 세계수의 뿌리 역할을 담당했지만, 그것이 만상이 이룬 근저란 사실까지는 자각하지 못했다. 물론 空, 道, 太極 개념을 살펴보면 道가 만물을 낳았다, 혹은 太極이 兩儀를 낳고…… 만상을 생성시켰다고 하지만, 이것은 마치 창조론이 천지를 창조한 본질적 바탕을 제시하지 못하고 증거하지 못한 것과 마찬가지이다. 覺者는 세계수의 뿌리에 해당한 순수 본질을 체득한 단계라 만물과 연관된 사실적인 고리까지는 추적하지 못했다. 마치 하나님이 창조주란 선언에 대해 무조건 믿고 따르라고 한 것처럼 道와 太極이 만물의 근원이란 신념을 피력한 정도이다. "동양적 세계관은 본질적으로 역동적이고 시간과 변화를 본래부터 내포하여 우주란 영겁토록 움직이고, 살아 있고, 유기적이고, 정신적인 동시에 물질적인, 하나의 불가분의 실재상"인 것을 강조하였다.305) 이것은 분명 실재한 세계상과는 다르다. 하지만 누구라도 이런 현실을 고려하여 판단하지 않았다. 그렇다면 선현들은 정말 무엇을 보고 이런 주장을 한 것인가? 바로 순수 본질이 지닌 특성을 각성한 것이다. 하지만 왜 그런 특성을 지닌 것인지에 대해서는 수십 세기를 거쳤지만 묵묵부답이다. 아니 끝내 답할 수 없었다는 것이 심대한 한계성이다. 불교에서는 모든 중생은 佛性(최고의 지혜의 정신체)을 갖고 있다고 하였고(일체중생실유불성),306) 한 티끌의 먼

---

305) 『현대물리학과 동양 사상』, 앞의 책, p.30.

지 입자도 그 속에 전 우주를 포함하며, 동시에 무수한 부처들이 존재한다고 하였다(『화엄경』).307) 어설픈 접근으로 입자의 존재를 연관시키기도 하였고, 현대적 정보론을 원용하여 "우주는 정보의 場이면서 동시에 자기가 자기를 낳고(정보가 정보를 낳는다), 말하는 사람도 없고 듣는 사람도 없는데 전송과 수신이 오가는 식(識)의 유동체"308)라고도 보았지만, 佛性의 진정한 의미가 무엇인지, 어떻게 한 티끌의 먼지 입자가 전 우주를 포함한 것인지에 대한 실상 원리도 알지 못한 상태에서 입자, 정보 운운하는 것은 성급하다. 따라서 동양의 선현들은 어려운 수행 방법을 통하여 순수한 본질 세계는 각성하였지만, 자체의 본질성까지 꿰뚫는 데는 한계가 있었다. 그러나 이것은 어디까지나 세계가 분열을 완수하지 못함에 따른 한계성으로서 그 나름대로는 부여된 진리적 역할을 다하였다. 세계수의 전모가 드러나기 위해서는 세계 본질의 완전한 분열이 수반되어야 했다는 사실이다. 불타나 공자가 생존했을 당시는 오늘날과 같은 色의 본체 규명 성과가 없었다. 아인슈타인, 하이젠베르크 등이 나타나 양자역학을 세우지 못했다. 선현들이 각성한 본질 세계의 진리성을 확인할 수 있는 근거가 세상 어디에도 없었다. 산, 물, 해, 달, 밤하늘에 빛나는 별들만 보았을 따름이다. 두루 합쳐 만물이라고 칭했고, 각성한 道로부터 발원되었다고 믿은 것뿐이다. 뿌리로부터 뻗어난 만물과의 연결 고리를 찾지 못했다. 그렇지만 세계수를 통해 보면 본질과 만물이 긴밀하게 연관되어 있고 통하고 있다. 동서양이 공히 간직한 근원성을 발견하지 못한 데는 그만한 이유가 있었다. 동양이

---

306) "一切衆生悉有佛性."-『과학과 철학』, 앞의 책, p.57.
307) 위의 책, p.57.
308) 위의 책, p.57.

일군 진리와 서양이 추적한 진리 간에 차이가 생긴 것은 각자 근거를 둔 진리적 대상이 다른 탓이다. 어떻게 본질적인 요소와 대비된 물질이 같을 수 있겠는가? 본질은 형태가 없지만 물질은 있는데 어떻게 동질적인 요소를 찾을 수 있겠는가? 양자를 연결시킬 만한 고리가 세상 어디에도 없다. 생각만으로는 한밤에도 만리장성을 쌓을 수 있지만 현실은 그렇지 않다. 그런데 지금은 곧바로 해결의 실마리가 있다. 왜 본질과 만물 간에는 차원성이 가로놓여 있는가? 도무지 닿을 수 없을 것 같은데, 어떻게 메울 수 있는가? 밝힌바 동양은 세계수의 뿌리 영역을 담당했고, 서양은 줄기 영역을 담당한 관점의 디딤돌은 구축되었다. 나아가 서양도 노력하여 가능한 만큼의 다리 난간은 쌓아 올렸다. 남은 것은 세계의 근원성을 함유한 동양이 나머지 부분을 책임지고 연결해야 하는데, 해결할 수 없다면 인류가 추진시킨 유사 이래의 노력들이 물거품이 된다. 그런데도 동양은 아직 교량을 건설할 수 있는 기술력이 부족하다. 서양은 막다른 골목에 도달하였고, 놓인 장애물을 거두어 내어야 할 쪽은 동양이라, 동서양이 함께 머리를 맞대고 지혜를 짜야 한다. 그리하여 본의를 자각한 오늘날 드디어 진리 통합의 다리를 연결시킬 수 있게 되었으니 자재는 동양이, 기술은 서양이 제공하여 합작 공사를 성사시켰다.

즉, 동양의 道가 지닌 본질적인 특성은 분열 시공을 초월한 통속성과 통합성이 이룬 생성에 있다. 이것이 시사하는 것은 존재의 시원부터 원인과 결과가 함께했다는 것이고, 세상 안에서는 그 시작과 끝을 찾을 수 없다는 것이며, 어떤 형태도 갖출 수 없었다는 사실이다. 종합적인 통찰 결과로 창조 역사의 본질성을 규정하였다. 창조된 과정에 대해 "無로부터 말씀 한마디로 창조하였다"[309]고 하지만,

---

309) 『성경적 창조론』, 앞의 책, p.97.

이것은 하나님이 이룬 창조 역사의 주체자를 밝힌 것이고, 과정에 있어서는 오늘날 관찰되는 사물의 생성 방식과는 달랐다는 것을 언급했다.[310] "너는 대장부처럼 허리를 묶고 내가 네게 묻는 것을 대답할지니라. 내가 땅의 기초를 놓을 때에 네가 어디 있었느냐? 네가 깨달아 알았거든 말할지니라."[311] 곧, 하나님은 사랑과 능력으로 엄격하게 초자연성을 발휘하였다. 초자연성이 우리가 보는 것과 다르다는 것은 무슨 뜻인가? 바로 창조의 과정과 창조된 결과와의 엄격한 차이이다. 하나님이 욥에게 일깨운 말씀처럼 이 땅의 누구도 창조 역사와 함께하지 못했지만 창조를 실현한 바탕 근거가 본질이 지닌 제 특성을 통해 드러나고 있다. 창조론자들은 창조된 근거를 命한 말씀에 두고 과정은 無로부터 잡았지만, 본질은 그와 상관없이 동서양이 일군 진리 가운데서 두루 확인된 진리성 자체이다. 만상이 無한 데서 창조된 것은 사실이라, 창조 이전에는 정말 無했다. 또한 바탕 된 본질은 창조 이전에도 몸 된 본체로서 존재했지만, 창조 이전이라 무형이고 無했다고도 볼 수 있다. 그렇게 존재하였지만 그러나 인식은 불가능했다. 그런 상태에서 하나님이 천지를 말씀으로 창조하였고, 말씀이 세상을 이룬 질서와 법칙의 근본을 형성하였다. 문제는 역시 그렇게 제공된 본질성의 부각에 있다. 따라서 이 연구는 이것을 해결하기 위해 자체 삶의 실존성을 근거로 오랜 세월 동안 존재의 궁극성을 역순으로 추적하여 문제를 풀 수 있었다. 그렇게 구한 것이 곧 주어진 본질의 특성들이 하나님이 태초에 역사한 창조 본질을 드러낸 것이고, 그것은 곧 창조 역사를 그대로 입증한다. 본질을 통하면 하나님의 존재성을 확인하는 것은 물론이고, 천

---

310) 위의 책, p.15.
311) 욥기 38장 3~4절.

고 만재된 창조 역사의 비밀까지도 풀 수 있다.

이에 어떻게 하면 하나님이 천지를 창조한 사실을 구체적으로 확인할 수 있는가? 본질로서 판단할 수 있는 근거는 바로 하나님이 제공한 몸 된 본체 상태, 곧 통합성 본질이 전체를 일관한다는 데 있다. 창조의 본질은 무엇인가? 이미 지어짐이고, 모든 有함성의 존재 특성을 결정한 상태이다. 그래서 창조되지 않은 것은 무엇 하나도 존재할 수 없다. 없는 것은 있을 수 없다. 창조된 세계가 지닌 피할 수 없는 본질성이다. 이 같은 특성을 통하여 우리는 하나님이 창조 이전부터 존재한 사실과 사전 계획성, 그리고 뜻을 발현한 창조 목적을 간파할 수 있다. 하나님은 통합성 본질 구축 과정을 통하여 일체를 구비하였다. 아인슈타인이 말한 물질적인 대상의 궁극성이 모두 4차원적인 존재라는 사실의 의미가 이 순간에 명백해진다. 물질적 대상은 예외 없이 4차원적인 본질에 근거하여 창조되었다.

그런데도 동양의 선현들은 이런 창조 역사의 비밀을 간파하지 못해 하나님이 구축한 통합성 본질, 즉 空, 太極, 道가 만물을 있게 한 근원된 바탕인데도 엿보지 못하였고, 이면에서 역사한 하나님을 발견하지 못하였다. 비인격적인 본질성만 들여다보고 창조된 바탕성을 佛性, 道, 太極 등으로 인식하였다. 그래서 나아가 하나님이 이룬 창조 역사의 바탕 근거란 사실만 자각한다면 빛은 동방으로부터…… 이 순간 동양 문명과 서양 문명을 통합할 대연결고리를 동양이 주도적으로 이을 수 있다. 동서양을 관통할 수 있는 꿈의 다리가 바야흐로 연결되리라. 이 역사적인 순간, 새벽을 알리는 닭 울음소리가 새로운 세계를 펼칠 여명을 예고하고 있다. 차원성을 이룬 다리이지만, 色空을 통합한 창조 본체가 드러나고, 본의를 자각하여 연결할 수 있게 되었다. 이로써 동양과 서양이 진리적으로 상호 교통할 수 있게 되고,

당면한 한계 벽을 뚫고 무한 차원 세계로 나갈 수 있다. 세계수가 전모를 드러내고 모든 영역이 진리로서 완성될 수 있게 되었다. 먼저 과학과 종교가 창조 진리 안에서 통합될 수 있고, 동서 간 문명 통합 기반이 다져진다. 원리적인 측면에서 삼라만상이 존재한 원인과 이유를 밝히고, 물질의 본질적 현상을 해명한 포괄적 이론을 정립하리라. 물질과 본질은 질적으로 차이가 있지만, 물질이 본질로부터 창조된 사실을 알면 가로놓인 차원의 벽은 아무것도 아니다. 과학은 창조된 결과성을 인식한 진리이고, 자연 법칙은 그렇게 해서 이루어진 결정성이다. 이렇게 확보한 관점을 통해 한 번 더 세계수를 떠올려 보자. 세계수의 뿌리는 나무를 뽑아 올려야 눈으로 확인할 수 있는 것이 아니다. 줄기로 만상을 드리웠지만 정작 뿌리는 실체적으로 無하다. 여기에 인식적인 한계가 있다. 뿌리인 본질은 볼 수 없지만 무궁한 것이며, 모든 가능성을 구족하고 있는 상태이다. 하지만 자체만으로는 무엇 하나 창조할 수 없다. 주체 원동력인 命化 작용이 필요하다. "2,600여 년 전에 내적 실재를 탐구한 불교도들이나, 그만한 세월을 보낸 오늘날 외적 실재를 탐구한 물리학자들이 모두 정식(正識)에 도달하는 데 있어서 반드시 이 같은 차원의 장벽을 넘어야 한다는 것을 발견했다는 것은 결코 우연이 아니다."[312] 양자역학에서 "모든 입자는 잠재적으로(특정 확률로) 다른 입자들의 다양한 결합으로 존재하고, 또한 그러한 입자들의 각 반응은 특정하게 일어날 확률을 가지고 있다는 것까지는 알 수 있지만",[313] 어떤 반응이 생겨날 것이냐를 결정하는 것은 궁극적으로 우연(偶然-chance)의 소치로 돌렸다.[314] 神은 결코 주사위 놀이를 하지 않는다고 말한 아인슈타인의

---

312) 『춤추는 물리』, 앞의 책, p.304.
313) 양자이론은 확률을 다루며, 이들 각 반응의 확률은 정확하게 계산될 수 있다.

신념처럼 입자 하나에도 창조력이 살아 숨결 치고 그 작용력이 입자로서의 근본됨을 결정하였다. 하나님은 뜻으로 천지를 창조하였거니와, 그 뜻의 작용성이 입자를 결합시키는 확률을 결정하였다. 그리고 그런 뜻이라도 창조 이전에는 어떤 법칙성도 결정하지 않았다. 그런만큼 사전에 이룬 뜻의 작용 역사를 어떻게 감지하고 분별할 수 있었겠는가? 더군다나 본질의 작용을 모르는 물리학자들에게 있어서 주사위 놀음 이외에는 어떤 원인성도 발견할 수 없었다. 창조를 이룬 작용력이 본질 속에 함유되어 있어 한계를 느꼈다. 극복하기 위해서는 色空을 일치시킬 수 있는 창조 본체가 드러나기를 기다려야 했다. 하지만 물리학자들은 물질적인 작용력이 물질 자체로부터 일어난 줄 알고, 전자력과 약한 핵력(원자핵의 붕괴를 지배하는 붕괴력)의 통일에 이어 중력과 원자핵의 결합까지 지배하는 강력을 통일시키고자 한 꿈의 '통일장 이론'을 수립하려고 하지만,315) 보다 근본적인 본의를 모른다면 영원히 불가능한 과제이다. 아인슈타인은 자연 본래의 조화를 굳게 믿었고, 과학적인 생애를 일관한 가장 깊은 관심은 물리학의 통일된 바탕을 발견하는 것이라고 했지만, 그 같은 물리학 영역의 보물이 그렇게도 찾아 헤맨 물질 속에 없고, 대학 문턱에는 가 보지도 못하고 입자가속기는 상상조차 하지 못한 옛 선현들의 선문답 속에 파묻혀 있었다고 하는 것은 참으로 아이러니한 일이다. 하나님이 천지를 창조한 근본력, 즉 조물의 대원동력이 창조력으로 작용하여 물질 사이에 미친 기본적인 힘의 바탕인 에너지의 본질로서 化하

---

314) 위의 책, p.340.

315) 1960년대의 후반에 와서 S. Weinberg와 A. Salam에 의해 약력과 전자력은 겉보기에 서로 다를 뿐 그 뿌리가 같다는 학설을 제창하였다. 그 후 10여 년간의 실험 결과는 이 이론의 타당성이 많이 입증되어 그들은 1980년도의 노벨 물리학상을 공동으로 받았다. 그리하여 이 같은 통일론의 성공이 계기가 되어 기본사력(基本四力)에 대한 대통일론의 탐구가 활발히 진행되고 있다. 통일장 이론은 물리학자의 꿈!-위의 책, p.446.

였다는 것을 이제 밝히는 바이며, 이것이 우주를 영원하게 생성시킨 근저로 작용하였다.

7) 물질의 창조 과정

물질의 근원은 空에 있고, 空은 물질 창조의 바탕이라 물질의 본질은 바로 空을 통하면 구할 수 있다. 하지만 물질의 본질과 달리 물질이 처음 어떻게 창조되었는가를 밝혀내는 것은 전혀 다른 문제이다. 생명은 진화설 등 학문적인 접근이 있었지만 물질은 그렇지 못하다. 생명 이전에는 물질이 있지만 물질은 더 이상 추적할 수 없는 보루로서 창조론처럼 無로부터가 아니면 근거 지을 것이 없다. 그런데 화학 진화설이 원시 우주의 대기 상태에서 가상된 여러 무기물질을 합성시켜 유기물질이 생성되었다고 한 것은 생명체가 탄생된 근거일 뿐만 아니라, 물질도 유사한 진화적 바탕을 가진 것이 아닌가 하고 유추할 수 있지만 용이한 일이 아니다. 생명 세포처럼 개체가 분열하여 勢를 늘리는 것이 아니므로 생명의 진화에 적용된 메커니즘을 물질에 적용해도 될지는 의문이다. 그렇게 유추한다 해도 물질로부터의 생명 창조란 쉬운 일이 아닌데, 가능성 쪽으로 기울었다. 물질에 의해 창조된 것이라면 선결 과제는 생명보다는 오히려 물질을 통해 메커니즘을 구축해야 한다. 하지만 이런 조건은 그 무엇도 갖추지 못했다. 물질이란 무엇인가? 물질은 예외 없이 나와 인간과 세계와 우주를 구성한 하드웨어적 기반이다. 그런 만큼 물질이 어떻게 창조되었는가 하는 것은 물질을 연구하는 물리학자들에게 맡겨서 될 일이 아니다. 물질과 우주의 창조 과정을 모두 설명할 수 있어야 한다. 어떻게 물질적 입자 하나로부터 우주에 이르기까지 일관된 원리로 존재한 사실을 설명할 수 있는가? 진화론에서는 진화의 작용

기간을 무수한 세월로 잡는데, 그러한 세월을 통해서도 돌이 금이 될 것이라고 기대하기는 어렵다. 창조론은 하나님이 말씀 한마디로 갑작스럽게 창조하였다고 하지만, 적어도 그렇게 한 원리적 근거만큼은 밝혀야 했다. 막무가내식으로 "우주의 질량/에너지 및 여러 역학적 場, 예컨대 중력장 등의 기원이 자생적·자활적일 수 없다"[316)]는 사실을 알았다고 해서 그것이 태초의 물질 창조 메커니즘을 대신할 수는 없다. 그렇다면 물질은 태초에 어떻게 창조되었는가? 진화적인 근거로서는 판단할 수 없으므로 돌파구를 찾기 위해서 창조로 다시 눈을 돌리면, 물질이 정말 창조되었을진대 창조된 근거는 물질을 통해 인출할 수 있고, 바탕 된 본질을 통하면 태초의 비밀을 풀수 있다. 앞에서 물질의 본질을 空으로부터 구할 수 있다는 것은 무슨 뜻인가? 바로 空이 물질을 창조한 바탕체인 탓이다. 본질이 물질을 창조한 탓에 空은 물질을 창조한 바탕이 되고, 물질은 그렇게 해서 창조된 일체 정보를 함축하였다. 그것이 본질의 고유한 특성이다. 그래서 空이 바로 물질의 창조를 증거할 수 있는 근거가 된다. 본질이 지닌 특성을 통해 어떻게 물질의 창조 과정을 이끌어 낼 수 있는가? 그 무엇도 스스로 물질화될 수 없고, 만물은 자생, 자활적이지 못하여 본질적인 차원 안에서 무궁한 실재상을 구축하였다. 본질을 물질화시킨 작용력이 필요한데, 여기에 하나님의 命함, 곧 命化가 작용력을 일으킨 원동력이다. 그래서 命化는 본질을 물질화시킨 경계선으로 구분되고 그 선은 차원성, 즉 無와 有를 갈랐고, 존재적으로는 무형과 유형으로 단절되었다. 命化는 주도된 의지력의 최종적 단안이다. 이로부터 창조의 초월적인 본질성이 확정되었다. 천지 만상의 기초를 이룬 실체로서 원인의 원인성을 더 이상 소급할 수 없

---

316) 『성경적 창조론』, 앞의 책, p.22.

도록 化로써 창조하였다. 물질이 어떻게 창조된 것인지에 대해 서양의 지성들은 진화적·생성적·경과적으로 접근하였지만, 사실은 일시적·순간적인 시간을 몰아세운 역사라 化로써 표현할 수밖에 없다. 모든 것이 통합성인 본질로부터 구비되어 있지만 분출된 창조 시점은 인식상 無로부터의 갑작스러운 출현이 되었다.

여기서 한 가지 분명하게 구분할 것은 命이 그렇다면 만상을 구축한 바탕 본질인가 하면 그렇지 않다. 命은 어디까지나 命이므로 質이 될 수 없다. 命은 존재한 특성과 성질을 결정한 뜻의 발현 의지로서 물질의 바탕은 물질화한 본질에 있다. 그래서 본질적 작용과 命化적 작용은 분명하게 구분된다. 이런 창조 작용 특성을 분석하면, 언급한 대로 命을 이룬 작용 속에서 하나님의 존재 의지를 추적해서 확인할 수 있다. 하나님의 존재 본체인 몸 된 본질 속에는 천지를 창조하기 위해 발현한 뜻이 함재되어 있고, 이것이 창조 역사를 실현하는 과정을 통해 작용력으로 표출되어 있으므로 이를 통하여 우리가 비로소 하나님이 이룬 창조 역사를 파악할 수 있다. 그렇다고 해서 하나님과 존재성을 드러낸 의지력이 이분화된 것은 없다. 창조 이전에는 순수한 본질 상태로 존재하였는데 천지를 창조하고자 한 뜻을 발현함과 함께 의지 작용을 일으켜 창조 본질(본체)로 이행되었다. 창조 역사를 실현시키지 못했다면 이 같은 의지력도 표출될 수 없어 아무도 하나님이 존재한 상태를 파악하지 못했으리라. 그러나 분명 실현한 탓에 만인은 하나님의 몸 된 본체의 이행 상태를 통하여 하나님이 발현한 창조 뜻을 알 수 있고, 그것이 곧 命化로 집약된다. 하나님의 몸 된 창조 본체는 창조 의지 자체이다.

따라서 우리가 물질의 창조 과정을 이끌어 내기 위해서는 그렇게 이룬 작용력을 양분하여 하나님의 뜻과 의지력이 어떻게 통합적인 본질 바탕을 형성하여 창조 역사를 실현한 것인가를 이해해야 한다. 의지는 능동적이고 본질은 수동적인데, 하나님의 몸 된 본체를 구성한 창조 본질은 이런 특성을 동시에 지녔다. 그래서 작용력인 의지력이 본체의 본질에 대하여 창조를 命하니까 통합성 본질이 물질화되었고, 물질은 이 같은 창조 과정을 거쳐 실체성을 갖추었다. 즉, 통합성을 이룬 본질에 命한 의지력이 영향을 미쳐 물질화되었다. 이에 命의 주도성은 창조 역사를 실현하는 데 있어서는 능동적인 권능을 수반한 반면, 그런 命을 받든 본질은 결정적인 성질을 갖춘 물질로 化했다. 줄에 매달린 연은 의지가 전달되지만 끊어지면 소실되어 버리는 것처럼…… 그렇다면 이보다 한 단계 더 분화된 생명은 물질 창조 과정과 어떻게 대비되는가? 그것은 命化 과정에서 물질은 구조화에 집중되었고, 생명은 세세한 뜻이 더하여 시스템화에 집중된 차이이다. 그래서 창조된 물질은 창조의 의지력을 함재한 에너지 형태로 구축되었고, 생명은 하나님이 命한 뜻을 반영시킨 구조를 통해 기능화되었다. 생명은 하나님의 살아 존재한 숨결을 창조 과정을 통하여 목적을 더욱 정밀하게 구현한 창조 역사의 개과인 동시에 더없는 작품으로 완성되었다. 그중에서도 하나님은 특별히 인간에게 최상의 가치와 목적을 두어 자체의 형상을 입게 하였고, 고귀한 뜻을 감지할 수 있는 사고력을 더하여 만물의 영장이 되게 하였다. 인간이 영혼을 가진 것은 창조주 하나님의 뜻을 감지할 수 있도록 한 교감 기능이다.317) 그런데도 인간은 이것을 모르고 배덕을 능사로 삼았지만, 보다 높은 창조 뜻을 자각한다면 누구라도 하나님과 교감할 수 있다.318)

---

317) 원래 뇌는 하나님의 뜻과 통할 수 있도록 지어진 창조 기능으로서, 이를 통해 이루어지는 사고 작용의 기저인 의식은 본질과 통한다. 뇌가 잠재시킨 의식은 창조된 실체 대상 중 가장 본질에 가까운 合一이 가능하다.

생명의 창조 과정과 비교하면 물질의 창조 과정에서는 어떤 본질적 준비와 의지력의 작용이 있었는가? 하나님이 창조를 뜻하자 바탕 된 근본을 형성하기 위해 의지력이 발동하였는데, 이 의지력의 생성이 본질을 축적시켜 몸 된 본체에 변화를 일으켰다. 그리고 본질이 축적됨으로써 드디어 창조의 바탕 근거인 통합성 본질이 구축되었다. 그러므로 이 본질체는 하나님이 뜻한 창조 목적과 계획과 의지가 집약된 것으로서 氣적 에너지가 충일된 상태이다. 즉, 절대 본체로부터 이행된 통합성 본질은 氣319)가 결집되어 총화된 상태라고 할까? 본질의 축적이 의지력을 함재한 氣의 작용 형태로 드러나고, 氣의 에너지가 집약됨으로써 이것이 그대로 창조 역사의 핵심 작용력인 命化를 실현시킨 원동력이 되었다. 氣적 에너지로 化한 통합성 본질은 창조력 자체로서 우주가 영원하게 有한 본질로서 지속될 수 있도록 한 생성의 본원이다. 이런 氣적 에너지는 미약하나마 우리가 의지력의 충일 상태를 통해 느낄 수도 있는데, 이것은 정말 창조력의 실재성을 감지한 상태이기도 하다. 통상 경험하는 물리적인 힘과 달라 보다 원천적인, 물리적 에너지의 바탕 본질을 이룬 원동력이다. 命化를 실현시킨 氣적 에너지는 세계의 영원성을 주도함과 함께 무형인 본질을 유형화시키고 실체성을 구축한 요인으로 작용하여 본질을 통한 물질 창조에 기여하였다. 본질이 어떻게 물질로 化한 것인가? 본질과 물질 속에는 작용 원동력이 없지만 命한 의지는 주도력을 갖추었다. 이것이 바로 하나님이 뜻한 말씀으로 실현시킨 命化 창조이다.320) 어떤 경우에도 본질이 생성한 과정만을 통해서는 물질

---

318) 하나님의 本을 이룬 최고의 기능=정신.
319) 氣라는 말을 고대 중국에서는 생명을 유지시켜 주는 호흡이나 우주에 생기를 불어넣어 주는 에너지를 의미했다.-『현대물리학과 동양 사상』, 앞의 책, p.251.
320) 命化는 作用力이다.

화된 것인지 인지할 수 없다는 뜻이다. 오직 창조의 주체 의지력인 命의 작용력을 통해서만 확인할 수 있는데, 그것이 곧 의지력의 존재화인 응결과 취산 작용이다.[321] 통합성 바탕을 구축하는 과정에서 본질의 축적이 氣적 에너지를 집약시켰다고 하였거니와, 본질은 영원하지만 존재 본질화된 氣의 취산 작용으로 만물의 다양한 존재 양태가 결정되었다. 생성과 소멸이 氣의 응결과 취산 작용에 영향을 끼쳤다. 그래서 化한 물질은 항상 氣의 영향을 받아 에너지를 생성, 소멸케 했다. 氣란 창조 에너지가 본질을 물질화시킴에, 그것이 실질적인 힘으로 전환된 것이 우리가 파악하는 물리적 에너지이다. 그러므로 물질은 에너지가 결집되어 이룬 결정체이고, 에너지는 창조력의 분출력, 곧 통합성 본질로부터 분출된 氣적 에너지가 실체화된 상태이다. 따라서 본질이 물질화된 과정을 추적하면 하나님이 집약시킨 氣적 에너지가 창조를 통해 분출됨과 동시에 창조된 과정을 따라 근본을 형성한 본질이 命化된 순간 본질이 물질화되고, 氣의 본질이 물질 속에서 응결되어 물질다운 특성을 결속시킨 상황을 알 수 있다. 그러나 이런 단계에서도 명백한 것은 본질은 본질이고 물질은 물질이라는 사실이다. 본질이 물질화되었다고 해서 본질이 사라진 것은 아니다. 그런데도 命에 따라 化되어 정작 물질적 차원에서는 물질이 무엇으로부터 창조된 것인지 가늠할 수 없게 되었다. 그야말로 無로부터 갑자기 창조되었다. 인식의 한계 상황, 곧 물질의 창조 작용력은 가늠되지만 근거 추적이 어렵다는 것이 命化된 특성이고

---

321) 장자는 "太虛는 氣로 구성되어 있지 않을 수 없다. 氣는 모든 사물들을 형성하기 위해서 응축되지 않을 수 없다. 그리고 이러한 사물들은 분해되어서 다시 太虛를 형성하지 않을 수 없다. 그리하여 氣가 응축될 때, 그것이 가시적인 것으로 나타난다. 그 때는 개별적인 것들의 형체가 된다. 그것이 분산될 때는 불가시하게 되고, 형체들도 없어진다. 이럴진대 그것이 응축되었을 때 단지 일시적인 것에 지나지 않는다는 것 외에 달리 말할 수 있을 것인가? 또한 흩어져 있을 때 성급히 그것을 존재하지 않는다고 말할 수 있을 것인가?"라고 하였다.-위의 책, p.252.

창조가 지닌 초월적·차원적 특성이다. 그래서 우리가 현실적으로는 물질과 본질의 동질성을 동시에 인식할 수 없다. 물질과 본질은 命化에 따른 동질체임에도 불구하고 창조된 바탕이 차원을 달리한 장벽에 가로막혀 있어 물질의 창조 과정을 파악할 수 없었다. 본질이 물질화된 과정을 이해하기 어려운 것은 우리가 지닌 인식상의 한계성 때문이고, 본의에 입각해서 보면 일체의 장애를 초월하여 원래 하나이고, 본체 안에서 본질과 물질은 함께했다고 할 수 있다. 원래 의지력은 본질과 다른 것이 아닐진대, 이런 본질이 命化로 물질화되었다면 결국 의지력=본질=물질화이다. 어쩌면 창조 역사의 조삼모사 한 이행 모습이랄까? 여기서 창조로 본질이 물질화되었다는 것은 무엇을 뜻하는가? 化된 것이라 본질이 전격 물질로 변한 것은 없다. 말 그대로 化한 것이라 존재한 형태는 달라졌지만, 化했으므로 다시 때가 되면 본래 모습으로 돌아간다. 氣는 응결 취산하거니와, 化한 물질과 삼라만상은 선현들이 간파한 대로 불변한 모습이 아니다. 이데아를 근본으로 한 만상은 잠시 형태를 이루었다가 사라지는 그림자와도 같다. 생명도 만물도 그것은 본질이 化한 모습이다. 하나님의 창조 의지에 따라 본질이 물질화되고 생명화되었다. 그래서 지성들은 한결같이 본질이 이룬 창조 작용을 보지 못한 관계로 관자(管子)의 주장처럼 '천도는 空하며 무형하다'고 하여, 보이는 대로의 모습만 인지한 안타까움이 있었다. 하지만 본의에 따르면 물질의 창조는 천지를 이룬 기반을 구축한 역사로서, 일련의 과정 속에는 하나님이 역사한 창조 손길과 뜻과 의지력이 낱낱이 스며 있다. 무형인 본질적 실체가 물질화하였다는 것은 참으로 놀라운 변화라, 확실한 근거를 확인하기 위해서는 물질 속에 스며 있는 본질의 특성을 들추어내면 된다.

2. 물질의 통합성

1) 개요

천지창조 역사에서 주도적인 역할을 담당한 命化는 순수한 작용력으로서 축적된 氣적 에너지로 마련된 통합성 본질을 만화시킨 것이다. 그래서 命化 작용과 통합성 본질은 만물의 고유한 특성을 이루면서 세계의 근간을 이루었다. 반면에 개별적 존재와 사물은 제각각 특성을 지니고 있다 보니 전체 본질이 지닌 성향과 하나님의 주도 의지력(命化 작용)을 알 수 없었다. 그 사람이 누구인가 하는 것은 얼굴을 보고 분간하지만 그 사람이 어떤 사람인가 하는 것은 대화하고 겪어 보아야 안다. 동양의 선현들도 그와 같은 조건이라 주도성이 함께한 창조 의지까지는 보지 못하였다.[322] 본질은 비록 그형태가 무형이기는 하지만 분명히 작용하고 있는 것이라, 그 나름대로의 모습과 가진 특성이 있다. 그래서 의식 깊숙한 곳에서 일구어낸 본질이 무엇인가 하는 것은 어느 정도 판단할 수 있지만, 작용을 일으킨 근원된 뿌리는 결국 전모를 보아야 하며, 그것은 하나님이 발현한 창조 뜻을 알아야 판단할 수 있다. 이처럼 창조는 통합성 본질에 근거한 것인데도 물리학자들은 이런 사실을 모르고 사물 자체만 보고 판단하여 규명하는 데 한계가 있었다. 존재의 궁극성은 결국 의지된 본질적 성향을 알아야 하는데, 천신만고 경계 지점에 이르러 맞닥뜨린 물질의 본질적인 성향에 대해서는 정작 당혹감을 감추지 못했다. 그럴 수밖에 없는 것이 그들에게는 본질적 영역에 대한 탐구 성과가 없었다. 본질을 알지도 못한 상태인데 본질을 이해

---

322) 본질은 의지와 통합.

한다는 것은 불가능한 일이다. 그렇다면 해결할 수 있는 열쇠가 어디에 있는가? 물질의 본질은 空에 있고, 空과 色은 불가분의 관계에 있을진대, 동양은 色과 空을 연결시킬 空의 주도 역할과 작용 본질을 밝혀야 했다. 그 역할을 제대로 하지 못해 오늘날 폐기 처분될 위기에 처했다. 그러므로 천지 만물과 연관된 창조의 본질을 알지 못한 물리학자들이 거둔 물질적 탐구 성과만으로는 물질을 뒷받침한 본질 작용을 이해할 수 없다. 물질의 본질은 본질적인 특성을 드러낸 것인데 이해할 인식적 근거가 없었다. 물질이 창조된 근거는 본질로부터 창조된 것을 확인하는 데 있고, 물질로부터 본질적인 근거를 찾는 것이 바로 물질이 창조된 것을 증거하는 길이다. 물리학자들은 물질의 본질적인 작용 근거는 어느 정도 확보한 상태인데, 그런 작용 근거가 어떻게 해서 주어진 것인지에 대한 이유를 그들이 쌓은 진리적 전통 안에서는 밝힐 수 없었다. 동양 역시 물질의 특성과 연관된 본질의 창조성에 대해서는 문외한이라 이웃한 동서양이 통성명조차 하지 못한 실정이다. 그래서 이 연구가 본질의 통합성 규정을 통해 그것이 곧 물질이 본질로부터 창조된 증거란 사실을 논거하리라. 물질의 본질적 현상은 물질이 통합성인 본질로부터 창조된 탓에 일어난 것이다. 물질의 본질적 특성은 바탕 된 본질과 연관된 것이고, 본질로부터 창조된 탓에 형성되었다. 동일한 본질로부터 창조된 생명은 물질보다 그 특성이 세분화된 상태라 분류해서 종합하는 것만으로도 창조된 사실을 확인할 수 있지만, 물질은 직접 속을 파헤쳐야 한다. 이렇게 해서 포착한 특성으로서 초점 잡을 수 있는 것은 본질의 전일성, 동일성, 동시성, 관통성 등이 있는데, 이것은 창조의 주도적인 의지력, 즉 의지로서 본질을 결집시킨 命化性이기 이전에 바탕 된 본질이 창조와 함께 존재함으로써 부여된 공통된 특성이기도 하다. 통합성 본질이 창조된 대상체 안에서 취한 존재 상태라고 할까? 대표적인 사례로서는 太極이 양의(음양)된 존재 상태이다. 알다시피 음양은 본질적인 특성이 결정된 상태가 아니다. 음이 양이 되기도 하고 양이 음이 되기도 한다. 음양은 창조 이전에는 太極 본질로서 하나인데, 창조된 이후로 양의된 존재 형태를 갖추었다. 통합성 본질은 말 그대로 모든 것이 함께하고 동시에 존재한 상태이다. 이러한 창조 본체의 통합적 상태를 이 연구가 축약해서 "핵심 본질은 한 통속을 이루고 있다"로 규정하였거니와, 통속인 본질은 분열하는 시공을 초월하는 등 상식적으로 이해하기 어려운 특성을 지녔다. 그래서 창조를 모른 지성들은 물질의 본질적인 현상을 접하자 매우 난감하였다. 이런 상황을 동양의 선현들이 접한 의식을 통해 보면 유동하여 끊임없이 변화하는 실재의 이면에서 모든 사물을 포함한 우주적 작용, 즉 道로서 표현하였다. 하지만 과연 우주적 작용의 근거인 道를 어디서 찾아야 할 것인지는 의문이다. 만상 자체에 대해서인지 드러난 현상을 통해서인지! 그래서 道를 만상을 이룬 본질 작용이라는 데 초점을 맞추면 끊임없이 유동하여 변화하는 실재는 창조된 세계를 유지하기 위한 생성 작용이 되고, 생성 작용은 만상의 존재 특성을 유지하기 위한 有적(창조 실현 근거=시스템) 뒷받침이 된다. 서양의 물리학자들도 양자역학에서 물질의 본질적인 특성을 엿본 이론은 세웠지만, 그것은 창조를 알지 못한 상태였던 것이라 왜, 어떻게 해서 그 같은 결과가 주어진 것인가 하는 것은 속수무책이었다. 즉, 양자론에 있어서 "물질의 동적인 성질은 아원자가 지닌 파동성의 결과로 나타난 것으로 한층 본질적인 것이며, 시공의 통합을 통해서이라 존재를 그 활동으로부터 따로 떼어 생각할 수 없다"고 했다.323) 문제는 어떻게 해서 아원자의 속성을 역동적인 맥락 안에서, 즉 운동, 상호작용, 변형을 통해서 이해할 수 있는가에 대해 근거를 더 이상 추적할 수 없다는 데 있다. 현재까지 물질의 최소 단위로 간주된 아원자 입자가 왜 각자 독립성과 정지, 고정성을 지니지 못하고 통합성, 전일성을 지향한 것인지 이유를 알 수 있는가? 몸담고 있는 물질세계와는 판이한 근원 세계를 엿보아야 하는데, 여기에 대한 진리 탐구 전적이 그들의 전통 안에서는 없었기 때문이다. 아주 독특한 방식으로 움직이는 것을 암시하는 입자가 동시에 파동성이라는 것은 도무지 설명하기 어렵다. 파동이면서 입자인 물질의 창조 본질 근거를 찾아야 했다.

그렇다면 동서양의 지성들이 한계성에 부딪힌 진리적 상황에 대해서 물꼬를 틀 수 있는 통합성 본질, 곧 한 통속인 본질이란 어떤 상태를 뜻하는가? 통속은 인간의 분별 인식 상태를 초월한 전체성이란 뜻이다. 무형이지만 일체를 창조할 수 있는 바탕체로서 존재한 실체만으로는 가늠할 수 없는 창조의 대원동력을 생성시킨 곳이다. 삼라만상을 일시에, 그리고 한꺼번에 창조할 수 있게 한 곳, 그래서 분별적인 인식이 미치지 못하는 곳이다. 마치 컴퓨터의 화면에서 갑자기 자료가 나타나고 사라지는 것처럼 작동할 수 있게 된 본체 시스템이 바로 창조 역사를 실현한 통합성 본질이다. 우리는 삼세를 구분하지만 시공 자체는 한 통속인 것처럼, 우리는 구분된 경계선을 벗어날 수 없지만 시공 자체는 제한 없이 넘나드는 것이 가능하다. 삼세는 한 통속으로서 한순간 속에서도 영원이 잠재되어 있고 현세를 통해서도 억겁의 시공에 대한 정보를 인출할 수 있다. 예언 역시 이 같은 통속성을 증거하는 고차적인 초월 인식 작용이다. 또한 통합성 본질은 통속적인 측면에서는 분열성을 초월하지만, 존재한 측

---

323) 『현대물리학과 동양 사상』, 앞의 책, p.227.

면에서는 아직 도래하지 않은 미래까지 존재하게 한다(선재). 그래
서 결과보다 원인이 앞서서 결과를 낳게 하여 창조 사실을 증거하는
중요한 특성 기준이 된다. 이 같은 근거로 창조 역사가 이미 완성되
었다고 판단할 수 있는데, 그렇기 때문에 미래가 현재의 有적 본질
을 결정짓는다. 사물의 개체적인 본질이 전체 우주와 상통한 원리성
이므로 이를 통해 해명된다. 세계가 유기체로서 긴밀한 것은 부분적
인 본질이 전체 본질과 상통한 상태로 존재해서이다. 또한 통합성
본질은 존재의 동시성과 순간적 이동도 가능하게 하여 원칙적으로
물질 중 더 이상 빠른 것이 없다는 빛의 속도조차 무색하게 한다. 예
를 들어 우리는 동해와 서해를 구분하지만, 바다 자체는 아무런 구
분이 없는 한 바다이다. 이 같은 본질이 전 우주공간을 채우고 있어
광속으로 계산되는 밤하늘의 은하수라도 의식적으로는 단숨에 머묾
이 가능하다. 시간과 거리상의 무궁함이 본질 세계 안에서는 아무런
해당 사항이 없다. 이처럼 본질의 관통성과 동시성은 한 통속인 특
성 탓에 가능한 것이고, 전일성과 동질성은 세계가 한 근원인 본질
로부터 창조된 탓에 가능한 초월적 실상이다. 왜 만상은 제각각 존
재하는데 한편으로는 상호 연관되어 있는가? 여기에는 창조의 비밀
고리가 숨어 있다. 왜 세계는 전일적인가? 바로 천지가 창조된 탓이
고, 한 근원으로부터 말미암은 탓이다. 그래서 개체도 창조된 과정
에 대한 정보를 지녔고, 상호 통하면서 호환된다. 일치 · 조화 · 合一
하여 이것이 저것이 되고 저것이 이것인 특성을 지닌다. 만상은 하
나인 근원으로 창조된 과정을 거친 형제들로서 본능적으로 하나 될
수 있는 길을 알고 있어 물질의 이중성이 결코 이질적이지 않다. 만
상이 하나인 근원으로부터 말미암은 탓에 이것도 되고 저것도 된다.
命化로 인해 만 가지 형질이 분열되고 기능이 분화되었다. 이것은

아무 병이나 고칠 수 있다는 만병통치식 약이 아니다. 통합성 본질에 근거한 탓에 세계 안에서 일어나는 일체 현상을 해명할 수 있다. 만사형통한 통합성 본질에 근거하여 창조 역사가 실현되었다.

2) 전일적 본질

만인이 판단하고 있고 확인하고 있는 바대로 주어진 결과와 현상에는 원인이 있다. 그리고 필연적인 인과성은 그대로 천지가 창조된 근거라는 것을 판단한 적이 있다. 창조된 탓에 원인과 결과는 확실히 연관된다. 인과성의 궁극적인 근거가 무엇인가 하는 것은 통합성 본질이 분열을 완료하지 못한 상태에서 결과가 미래로부터 주어진 탓이라고 했거니와, 이런 측면에서 볼 때 인과성은 창조된 탓에 세계의 결정성을 뒷받침한다. 이런 관계를 이루게 한 통합성 본질은 구축된 특성이 어떻다고 하였던가? 일체 가능성을 사전에 함유하였고, 결과도 함께 갖추었다. 창조 역사는 이미 완성된 상태로서 주어진 원인도 모종의 결과성을 내포한 상태이다. 원인과 결과는 결국 동일하다. 분열 중인 과정에서는 원인과 결과로 나누어지지만 일체 과정을 장악한 본질 자체는 원인과 결과를 모두 지녔다. 흔히 초월적·4차원적으로 이해하기도 하는데, 본질은 우리의 감지 영역을 초월해 있다. 이런 특성과 마주친 "양자역학적 세계상은 기존의 뉴턴적인 인과율이 적용될 수 없는 물리 세계가 있다는 것을 보여 주었다."[324] 곧, 물질의 본질이 지닌 초월성을 엿본 것이다.

세계의 결정성과 인과관계를 초월한 본질 바탕은 나아가 우주의 전일성까지 구축하였다. 초월적인 본질은 어느 것도 이질적일 수 없는 전일, 전체성을 지녔다. 또한 전일성은 부분이 전체 정보의 질적

---

324) 『부분의 합은 전체인가』, 앞의 책, p.255.

인 성향을 내포한 상태이기도 하다. 동양의 신비 사상가들이 표현한 우주의 상호 연관된 전체성과 학자들이 말한 만물 유기체설은 바로 세계 본질의 통합적인 전일성에 대한 판단이다. 하지만 상호 연결된 망설 내지 유기체설은 수평적인 관점에서 본 것인데, 사실은 전일적인 본질과 통함에 따른 수직적·차원적인 작용 근거에 의한 것이다. 그래서 아무리 동양의 신비주의가 본질의 전일적인 특성을 道로서 각성하였더라도 창조된 본의를 자각하지 못하면 관점상의 한계를 벗어날 수 없다. 이런 측면에서 동양에서 드러낸 본질의 전일적인 특성과 물리학자들이 당면한 문제점을 비교하면 통합성 본질의 특성이 자세하게 드러난다. 동양 세계관의 중요한 특징은 "모든 사물과 사건들의 통일성과 공동의 상호 관계에 대한 깨달음, 곧 세계적 현상을 기본적인 전일성의 현시로써 체험하는 것을 강조한다. 일체를 우주의 상호 의존적이며 불가분의 부분들로서 동일한 궁극적 실재의 다른 현현으로 이해하였다."325) 그러나 아무리 인드라망으로 세계 구조를 인식하더라도(『화엄경』) 해결되지 않는 문제는 왜, 어떻게 해서 관계망326)을 형성한 것인지에 대한 이유를 밝히지 못한 것이다. "우주를 무수하게 분리된 객체로 구성된 기계로 보지 않고, 조화를 이룬 분할할 수 없는 전체"327)라고 한 우주상에 대해서 어떤 진리적 근거도 찾을 수 없다. 최선을 다한 접근 방식과 논리는 현실의 실재성을 전면 부정하는 방법으로 진리 상태를 이해하려고 한 것뿐이다. 실로 만상이 동일한 궁극 실재의 다른 현현328)이라면, 이것

---

325) 『현대물리학과 동양 사상』, 앞의 책, p.151.
326) "우주가 모든 사물과 사건들이 그 자체 다른 모든 것들을 포함하고 있는 방법으로 서로가 상호작용하고 있는 관계의 완전한 網으로 묘사함."-위의 책, p.345.
327) 『새로운 과학과 문명의 전환』, 앞의 책, p.46.
328) 감각에 비치는 모든 사물과 사건은 상호 관련되고 연결되어 있으며, 다 같은 궁극적인 실재의 다른 양상 내지 현시에 지나지 않는다.-『현대물리학과 동양 사상』, 앞의 책, p.29.

만으로도 세계를 구성한 원리성을 인출하는 데 도움이 된다. 근원적인 본체를 보지 못한 상태에서 진리성을 물어 낸 관계로 더 이상의 궁극성은 파고들 수 없었다. "일상생활을 통해서는 전일성과 통일성을 볼 수 없어 세계를 개별의 대상들과 사건들로 나누었는데",329) 중요한 것은 깨달음을 얻어 본체성을 드러내는 것이 선결된 과제이다. 해결하지 못하면 세계를 개별의 대상으로 나누는 분할이 일상적 환경을 다루는 데는 유용하고 필요하지만, 그것이 참모습이 아니라고 부정해 본들 만물의 통일성을 감 잡지 못하는 것은 매한가지이다. 분별하고 범주화하는 지성이 궁리한 하나의 추상이고, 개별적 사물들과 사건들이 자연의 실상이라고 믿는 것이 망상이라고 평가절하 해 본들, 통일성과 상호 관련성을 드러낸 梵, 法身, 道, 眞如와 같은 개념이 뚜렷하게 부각되는 일은 없다. 만상은 무수히 변화하지만 결국 궁극적 실재의 다른 양상에 불과한 것일진대, 그 같은 실재란 정말 무엇인가? 바로 본질이다. 본질을 통하면 만상이 어떻게 존재한 것인지를 알 수 있는 세계수의 뿌리이다. 근원성을 알아야 비로소 사물의 전일성과 상호 연관성이 어디로부터 연원된 것인지 추적할 수 있다. 물론 그렇게 하기 위해서는 본질의 존재 상태를 파악하여 고립된 개별아가 관념을 초극하여 궁극적 실재와 합일하는 것도 중요하지만,330) 본질의 창조력을 밝혀내고자 하는 단계에서는 본체성을 물어 낼 수 있는 창조의 원동력을 부각시키는 것이 선결 과제이다. 근원인 뿌리를 드러낼 때, 우주는 결코 분리될 수 없는 바탕 위에서 연결된 전체 고리를 찾을 수 있다. 그렇게 되면 우주가 왜 분할할 수 없는 시스템인가에 대한 이유를 안다. 알지 못하면 아무리

---

329) 위의 책, p.151.
330) 청정한 삼매에 들어 우주의 절대적 전일성을 의식하여 모든 것을 꿰뚫어 보는 통찰력을 얻음.

유기체적인 실상 개념을 파악하였더라도 뿌리 없는 연결 상태에 대해 더 이상 의미를 파악할 수 없다. 즉, "유기체는 생동하는 전체 시스템으로서 전체와 부분이 상호작용하고 협력하면서 조직을 유지하고 발전시키는 창조적인 존재 상태이다. 전체의 필요가 부분의 기능을 결정한다는 중요한 일면을 드러낸다."331) 그래서 전체 우주를 전제하기 전에 왜, 어떻게 해서 개물과 전체가 유기체적으로 관련된 것인지부터 알아야 한다. 이것이 과연 본질을 무시하고 가능한 일이겠는가? 전체와 개체를 연결시키는 것은 본질로부터의 창조 말고는 안 된다. 이것은 동양의 선현들이 만물의 근원된 세계를 道로서 파악했지만 정작 道의 본질, 곧 만물의 바탕 된 창조성을 보지 못해 진리 세계를 완성하지 못한 이유이다. 따라서 이 연구는 道의 인식 내지 세계관이 주는 전일적·통일적·상호 관련된 특성들이 어떻게 통찰된 것인지에 대한 근거를 제시하리라. 본질의 작용이 어떻게 세계를 하나로 연결시킬 수 있는가? 실로 본질에 근거해서 창조되어서이다. 창조는 절로 된 것이 아니며, 無로부터 창조되었을 리도 만무한데, 그 같은 신념적 근거에 본질이 있다. 만물의 바탕체인 본질은 어떤 상태에서 천지를 창조했다고 했는가? 창조 역사를 실현시킨 시스템은 바로 통합성을 구축한 본질의 작용 원리에 있다. 통합성 본질은 만상과 일시에 통하고, 동질인 근본을 이루며, 동시 존재를 가능하게 했다. 또한 有한 본질성을 유지하기 위하여 생성하고 분열한다. 그래서 창조는 어쩌면 하나님의 절대적인 뜻에 의해서 의도된 강력한 有의 결집이다. 이것이 세계를 유지하기 위해서 끊임없이 변화되었다. 이런 이유로 선현들은 우리가 접하는 세계적 실상이 사실은 궁극적인 실재가 아님을 간파하였다. 본질이 통합적으로 결집되

---

331) 『새로운 과학과 문명의 전환』, 앞의 책, p.6.

어 있어 만상이 세계 안에서 유기체적으로 상호 관련성을 가질 수 있었다. 전일성을 진리로서 인정하면 할수록 천지가 창조되었다는 것을 피할 수 없게 한다.

　나아가 더 밝히고 넘어갈 것은 본질의 전일성은 전체 본질에 걸쳐 제한 없이 통한 탓에 부분이 전체를 포함하고 있다는 사실이다. 이것은 직관을 통해 묶어 낸 본질성이 내면의 생성 과정에서는 부분에 대한 지각이지만 그 속에는 이미 이루어질 결과까지 내포하고 있다는 사실을 통해 확인된다. 이것은 동양의 선현들이 다각도에 걸쳐 강조한 바 있다. 불교의 三世實有 法體恒有는 이런 실상에 대해 적합한 각성이다. 각개에 있어서의 전체, 그리고 전체에 있어서의 각개는 두루 통하고 포함한다는 것이 세계 본질의 통합성 상태를 지침한다. 화엄 사상에서는 "한 티끌 속에 전 우주가 포함되어 있고 그 속에는 무수한 부처가 드러나 있는데, 티끌 하나하나가 모두 그러하다"고 하였다.[332] 본질의 통속성이 제한 없이 통한 상태이다. 하지만 시공을 초월한 일련의 통속 상황을 이해할 수 없는 상황에서 미세한 입자들이 "어떻게 하나의 단일한 입자로서 다른 모든 입자를 포함하고, 동시에 각각의 일부분이 되는가를 상상하기란 매우 어렵다."[333] 한 알의 모래를 통해 세계를 본다는 것이 물리학자들의 입장에서는 세계를 하나의 강입자에서 본다는 말도 되지만, 문제는 이런 사실을 있게 한 작용 원리를 규명하는 것이다.[334] 통속성을 상징하는 전형적인 특성 중 하나인 홀로그래피[335] 현상은 발견하기는

---

332) "一微塵中含十方 一切塵中亦如是 一塵中有無量종佛利等 一卽多 多卽一."-『화엄경』.
333) 『현대물리학과 동양 사상』, 앞의 책, p.351.
334) 라이프니츠는 "세계를 모나드(monad: 單子)라고 불리는 근본적인 실체로 이루어져 있는 것으로 보고, 그 각각의 단자가 우주 전체를 비추고 있다"고 하였다.-위의 책, p.351.
335) 1948년에 가보르(D. Gabor)가 개발한 고차원의 사진 기술인 홀로그래피(holography: 그리스 어원으로 완전한 정보) 이론에 의하면, 감광판 위에 기록된 빛의 간섭 패턴에 레이저 광선을

했지만 설명할 근거를 찾지 못했다. 홀로그램은 어떤 대상물을 찍은 한 조각을 잘라 내어 재생시키면 본래 대상물의 전체상이 그대로 나타난다. 이것은 전체가 부분 속에 내재되고 부분이 전체를 포함한 빛의 본질성, 곧 통속 내지 통합적 본질성을 나타낸 것인데, 해명할 수 있는 세계관적 근거를 찾지 못해 흥미롭게 여길 따름이다. 알고 보면 물질은 본질에 근거함으로써만 존재한 사실이 구체화될 수 있다는 것을 여실하게 증거한다. 물질도 결국은 본질에 근거해야 창조된 사실을 증거한다. 場에 근거하고 있는 입자의 존재성과 생멸 현상 역시 마찬가지이다. 場이 언제 어디서나 존재한다는 것은 우주 가운데 편만한 본질로서의 존재 상태 자체이다. 場은 모든 물질적 현상의 수레로서 3개의 소립자(양성자, 반양성자, 파이 중간자)가 아무것도 없는 곳에서 형성되고는 다시 진공 속으로 사라진다. 이런 소립자의 나타남과 사라짐이 場의 운동 형태336)인 것은 본질이 그같은 운동을 할 수 있도록 창조하였다는 뜻이다. 여기서 소립자가 생겼다가 사라지는 은막인 것은 본질과 물질 사이에 가로놓인 경계선으로서 생성과 소멸은 부여된 시공간을 초월한다. 자유자재로 갑작스럽게 출현한다. 생명체는 종을 지속시키는 생식 시스템이 있지만, 물질은 본질과 직접 맞닿아 있어 없었던 것이 창조된 출구를 가지게 되는데, 본질로부터의 신묘 막급한 존재 출현에 대하여 인식할 근거가 없다 보니 "眞空이란 완전히 비어 있는 것이 아니라 끝없이 생겨나고 사라지는 무수한 입자를 함유하고 있다. 혹은 진공은 생성과 소멸의 끝없는 리듬으로 고동치는 살아 있는 虛"로 표현하였다.337) 장재는 "太虛가 氣로 가득 차 있다는 것을 알 때 無 같은 것

쬐면 3차원의 완전한 입체상을 드러내 준다. 이때 홀로그래피는 빛의 파동으로서의 전체 정보를 축적했다가 그것을 재생시킬 수 있는 것을 나타내 준다.-『과학과 철학』, 앞의 책, p.123.
336) 『현대물리학과 동양 사상』, 앞의 책, p.262.

은 존재하지 않는다는 것을 깨닫게 된다"338)라고 하였는데, 이것은 진실로 통합성 본질의 작용 특성에 대한 것이다. 그리고 양자역학의 양자 논리는 결코 상식적인 질서를 기만하지 않았다. "양자 논리는 바로 인과율에서 기술할 수 없는 현상을 증명하기 위해 도입한 이해 형식으로서, 사실은 원인과 결과가 역전하는 경우와 과거와 미래가 역할을 교환하는 경우"를 말한다.339) 즉, "물리적 체계 S1에 대한 관찰 행위가 공간적으로 멀리 떨어져서 인과적으로 서로 무관한 다른 체계 S2에 영향을 준다는 것은 텔레파시와 같은 것이어서 뉴턴 역학의 범주에 속하는 영역에서는 수긍할 수 없는 일이라고 아인슈타인이 주장하였는데",340) 실제로 사고실험이 보여 준 바로는 S1과 S2는 공간적으로 멀리 떨어져 있는데도 불구하고 서로 관계를 맺고 있는 듯한 결과를 얻었다.341) 어떻게 경험적으로는 별개이고 단절되어 있는 S1과 S2가 연관될 수 있는가? 이런 현상이 아인슈타인의 관점 체계에 있어서는 하나의 패러독스이지만, 사실상 물리적 체계 S1과 S2 사이에는 본질이 뒷받침한 탓에 서로 통하였다. 또한 화이트헤드가 주장한 사건 개념342)이 시사한 동시성도, 두 개의 동시적 사건은 한 시점에서 서로에게 영향력을 행사하지 않았는데도 불구하고 어떤 상관성이 있음을 역설하였다.343) 그러나 과연 그것이 동

337) 위의 책, pp.262~263.
338) 위의 책, p.263.
339) 『아인슈타인의 세계』, NHK 아인슈타인 팀 저, 현문식 역, 고려원미디어 1993, p.88.
340) 이러한 체계 간의 분리적 독립성을 보통 국소성(Locality)이라고 부른다. 아인슈타인의 가정에 의하면, 자연 운동의 모든 결과들은 국소적인 탓에, 혹은 국소적이어야 하는 탓에, 이 점에서 국소성을 위반하는 양자역학의 기술 방법의 허점을 드러낸다고 하였다.-『부분의 합은 전체인가』, 앞의 책, p.188.
341) 위의 책, p.188.
342) 화이트헤드의 사건 개념: 모든 각각의 현실 실재자는 그것 자체로 전 우주와 반영 관계를 지닌다. 또한 시간적으로 볼 때 한 사건의 시간은 과거와 미래를 그 안에 공유한다. 이러한 관계를 화이트헤드는 동시적(contemporary)이라고 표현한다. 사건은 동시적이다.-위의 책, p.177.
343) 위의 책, p.177.

시적인 탓에 그들 사이에 외부의 인과적인 상호작용이 일어날 기회가 없었던 것일까? 아니다. 전체 본질이 편만해 있고, 물질이 세계적인 본질과 통하고 있어, 동시 존재인 특성을 나타낼 수 있었다. 본래 본질로부터 창조된 만상이 모두 그러하거니와, 이 같은 결과 탓에 인과관계를 넘어선 본질의 초월적 특성이 더욱 두드러진다.

창조를 낳은 본질의 특성은 물질의 근거를 이루는 미세 입자들 간에서 더욱 뚜렷하여 "지난 수십 년간에 걸쳐 행해진 고에너지의 산란실험들은 가장 인상적인 방법으로 입자 세계의 동적이고 끊임없이 변화하는 성질, 즉 물질적이면서 동시에 본질적인 모습을 보였다. 우리는 그 분열 행보의 끝을 따라잡을 수 없지만, 소립자의 분할이 결국은 본질성에 근접한다는 사실만큼은 짐작할 수 있다. 물론 본질이 물질화되는 데는 차원성이 가로놓여 있지만, 결국 물질=본질이다. 물질의 입자가 미세하게 분할할수록 더욱 근접하여 본질적인 성향을 나타내지 않을 수 없다. 그래서 물질의 궁극적 실재성을 파고든 노력은 결국 물질의 창조적 특성을 표출시키는 결과를 낳았다. 곧, 입자가 다른 입자로 바뀔 수 있다는 것과, 에너지에서 생겨나 에너지로 소멸할 수 있다는 결과를 얻었다. 고전적인 개념 안에서 통용된 소립자라든지 물질적 실체, 혹은 독립된 물체가 의미를 상실하여 전 우주가 에너지 모형의 역동적인 그물[網]로서 나타난다는 것을 확인하였다. 결국 동양의 선현들이 궁극적인 본질성에 직면한 것과 같이 물질을 통해서도 궁극적인 본질성과 맞닥뜨린 것이다. 그런데도 아직까지는 아원자 입자의 세계를 기술할 수 있는 온전한 이론은 찾아내지 못하였다.344) 존재한 세계만으로 이해한 탓인데, 그렇게 안 세계의 이면에는 또 다른 근원적인 작용 세계가 펼쳐져 있다.

344) 『현대물리학과 동양 사상』, 앞의 책, p.96.

그것이 곧 창조를 이룬, 그리고 만물을 낳은 본질 세계이다. 물질의 호환 가능성과 생멸을 주관한 원동력은 본질이 지닌 것인데, 이것을 보지 못했다. "양자론은 소립자가 낱낱이 떨어진 물체의 알맹이가 아닌 불가분해의 우주적인 망 속의 확률 모형이자 상호 연결로서 파악하였는데",345) 확률성이란 모호함과 함께 존재와 활동을 분리할 수 없는 물체의 활동성을 관찰하는 것 외에는 더 이상 언급하지 못했다. 하지만 양자론이 결국 동양의 선현들이 갈파한바 "우주를 물리적 대상들의 집합으로서가 아니라 통일된 전체의 여러 가지 부분들 사이에 있는 다양한 관계의 망으로 본 것"은 무엇을 뜻하는가?346) 바로 물질의 본질 세계에 접한 상태이다. 그다음은 또 무엇이 있는가? 세계와 통한 바탕 본질이 존재하고, 우주를 있게 한 창조 작용이 있다. 본질로 구성된 바탕성에 근거하여 원자론은 우주의 상호 연결성을 확인할 수 있게 되었고, 세계가 독립적인 최소 단위로 분해할 수 없다는 사실도 파악했다. 각자가 탐구한 방향은 달랐지만 도달한 결론은 결국 비슷했다. 그 이유를 알 수 있는 통합적 관점을 이 시기에 제기해야 하는데, 그런 조건을 갖춘 것이 바로 본질의 창조적 관점이다. "모든 사물과 사건들의 통일성, 즉 아원자 물리학에서 확인되고 있는 물질의 구성 요소와 관련한 근본적 현상들이 상호 연결되어 있고, 상호 관계적이고, 상호 의존적인 것은,347) 만물을 근거 지은 통합적 본질 바탕이 그렇게 창조한 것이기 때문이다. 이것은 생명체의 기관들이 전체 존재 속에서 상호 협조하고 연결된 유기체성과는 다르다. 바탕 본질이 서로 통하고 동질이며 한 통속인

---

345) 위의 책, p.240.
346) 위의 책, p.159.
347) 고립된 실체로서가 아니라 단지 전체의 완전한 부분으로서만 이해됨.

데서 주어진, 말 그대로 본질이 지닌 특성에 따른 결과이다. 하나님이 품은 창조 뜻이 만물의 근본을 형성하고 제 특성을 결정하였다. 통합성 본질이 창조의 바탕을 이룬 작용성을 모두 내포하였다. 이것이 그동안 확인하지 못한 물질의 창조 역사 증거이고, 물질이 지닌 본질적 특성을 이해할 수 있는 인식적·원리적 근거이다.

3) 동일적 본질

창조의 바탕 근거인 통합성 본질은 하나님의 몸 된 본체로서 창조를 이루고자 한 의지 작용으로 형성되었다. 그래서 만물을 이룬 근원은 명백하고, 유일하며, 하나인 본질이다. 그런데도 우리는 어떻게해서 만물의 동일적 본질을 보지 못하고 증거하지 못하였는가? 色空은 다르지 않고 같다고 했는데 사실로서 받아들이지 못했는가? 이것은 만물이 지닌 모습이 다르기 때문이기도 하지만, 중요한 것은 그렇게 된 원인을 어떤 루트를 통해서도 찾지 못한 탓이다. 비밀은 창조에 있었는데 무지해 풀 길이 없었다. 하지만 천지가 창조된 비밀은 창조된 과정이 함축하고 있어 만물의 근원이 동일한 것은 물론이고 불타가 설한 色空의 동일성 근거도 밝힐 수 있다. 그렇다면 창조는 어떤 과정을 거쳤기에 동일한 근원성을 지니면서도 현실적으로는 전혀 다른 모습인가? 그것은 통합성 본질이 창조를 위한 바탕 근거로 구축되는 과정에서 있게 된 생성과 분열에 원인이 있다. 즉, 통합성 본질이 창조 목적을 위해 분열하여 각각의 특성이 드러났다. 바탕 된 본질이 부여한 命에 따라 만 가지 모습을 이루었기 때문이다. 따라서 우리는 생성된 과정을 통하면 하나가 만을 이루고 만이하나로부터 이루어진 연유를 추적할 수 있다. 세상 안에서는 성립이불가능한 논리이므로 만이 하나로부터 창조된 사실을 밝혀야 한다.

그렇다면 하나가 만인 것을 연결시키는 메커니즘은 무엇인가? 어떻게 작용된 탓에 하나와 만이 동일한가? 하나와 만 사이에 생성과 분열 작용이 매개되어서이다. 도가에서 말한 중요한 통찰 중 하나는 변용과 변화가 자연의 본질적인 모습이라는 데 있다. 장자는 말하길, "만물이 변용하고 성장함에 있어서 모든 싹과 생김새는 각기 본래의 형태를 지니고 있다. 이 안에서 각기 성숙과 쇠잔이 있고, 변화와 변용의 부단한 흐름이 있다"라고 하였다.[348] 하지만 변용과 변화는 사물과 자연 자체를 지칭한 것으로서 세상 어디서도 하나가 만이 된 원인을 찾을 수 없다. 진실은 어디까지나 만물이 변용하고 성장한 원인이 바탕인 본질이 그렇게 주도하였다는 데 있다. 그런데도 만인은 본질의 생성성을 몰라 어디서도 근거를 찾지 못했다. 생성으로 인한 만물의 변용이 동질·동일성을 이해하는 데 있어 방해 요인이 되어 버렸다. 하나가 만 되게 한 본질의 변용과 변화를 보지 못하여 하나가 만이 된 근거를 찾지 못했다. 이것은 세계수의 뿌리를 보지 못한 인식상의 한계이고, 사실상 하나와 만은 창조가 아니면 그 무엇으로도 연결시킬 방도가 없다. 생성은 하나를 만 되게 한 불가분한 작용이다. 그런 의미에서 보면 창조는 有한 본질을 이룬 생성 유지 체제인 것이 틀림없다. 생성에 비밀이 있었다는 것, 그런데도 우리는 이런 과정을 무시하고 드러난 결과만 보고 하나와 만이 다르다고 보았다. "모순된다고 믿어 온 경험과 가치가 궁극에는 동일체의 면들(다른 양면)이라는 사실"은 대단한 역설인 것 같지만, 생성을 염두에 둔다면 장자가 "이것은 또한 저것이다. 저것 또한 이것이다…… 저것과 이것이 대립자임을 그만두는 것이 바로 道의 본령이다"고 한 말을 이해할 수 있다.[349] 그래서 이것과 저것이 대립자임

---

348) "萬物化作 萌區有狀 盛衰之殺 變化之流也."-『장자』.

을 벗어나는 관점을 확보하기 위해서는 이것과 저것이 하나로부터 비롯된 생성 과정을 밝혀야 한다. 이것과 저것이 같다는 것이 말장난인지 아닌지를 가늠할 수 있다. 불타가 설한 色空의 논리 의도도 마찬가지이다. 현실적으로 色과 空은 분명히 다른데 어떻게 다르지 않은가? 같을 수밖에 없는 창조의 분열 과정을 겪은 탓이다. 즉, 하나가 만을 이루고 만이 하나를 이룸=色이 空으로부터 비롯되었고, 空이 色을 이룸=空과 色은 결국 하나이며 같다. 단지 空이 色이 되기까지에는 무수한 생성 과정이 있었다는 것, 나아가 色과 空이 결국 하나인 것은 하나인 본질이 만물을 창조한 통합성 상태이고, 온갖 생성 과정을 초월한 본질적 상태이기 때문이다. 하나가 하나를 이룬 존재 상태는 하나님이 창조를 실현한 통합성 본질 상태로서, 하나가 만 가지로 변용된 것은 통합성 본질이 무수한 분열 과정을 거친 결과물인 탓이다. 변용되었지만 만물을 이룬 바탕 본질은 만물과 함께한다. 만물은 본질을 떠날 수 없고, 본질에 근거한 것은 진실로 그 이유가 모두 창조에 있다.

하나가 만을 이루고 色과 空은 통합성 본질이 생성함으로써 변용된 모습이었다는 것을 알진대, 온갖 것을 분별시킨 근원 뿌리가 확연해진다. "불타가 깨달은 최고의 지혜나 노자, 장자, 예수가 깨달은 최고의 진리적 경지는 바로 만상의 근원인 배후의 실상을 각성한 것이다. 존재한 배후의 실상을 투영할 수 있었던 탓에 마음과 물질이 하나란 것이고, 에너지와 물질이 곧 우주의 마음이고 자연의 마음인 하나님의 마음과 같다"는 것이다.350) 그렇다고 문제를 모두 해결한 것은 아니다. 선현들은 한결같이 하나가 셋이고 셋이 하나라고 하였

---

349) "是亦彼也, 彼亦是也 …… 彼亦莫得其偶 謂之道樞 樞始得其環中 以應無窮."-『장자』.
350) 『진리는 한국에서』, 김진혁, 청학, 1989 p.162.

지만, 하나 됨이 셋을 넘어 만까지 될 수 있는 원리를 알기 위해서는 또 다른 진리 추구 노력과 선행된 지적 작업이 필요했다. 기독교가 삼위일체의 우주적 원리를 밝히지 못한 것을 통해서 보아도 알 수 있듯, 통합성 본질은 창조된 본의를 알지 못하면 이해할 수 없는 근원된 바탕이다. 하나가 만으로 분열한 것은 그것이 곧 세계를 이룬 과정으로서 그렇게 해서 결정된 탓에 만물은 각자가 이질적으로 보일 수밖에 없지만, 근원은 결국 동일하다. 그래서 물리학자들이 뒤늦게 "상대성이론과 양자론에 의하여 에너지와 물질, 시간과 공간이 같다"[351]는 것을 증명한 것은 새삼스러운 일이 아니다. 아인슈타인은 "에너지의 집중한 부분이 바로 물질로서 동일한 것이 다른 현상을 취한 것이다"고 하였다. [352] 비단 이런 동일성 사례가 물질과 에너지뿐만이겠는가? 만상이 모두 바탕 된 창조 본질에 근거했다는 것은 이미 주지한 바 있다. 만물이 하나, 일치, 결합하여[353] 통하는 것은 그처럼 세계 본질의 동일성과 동질성에 근거한 탓이다. 본질로부터 창조된 과정을 거친 탓에 물질이 동일한 본질을 갖추지 않을 수 없고, 본질과 결국은 통한다. 그렇지만 처한 위치에 따라서 空을 통해서 色을 본 관점이 다르고, 色을 통해서 空을 본 관점이 달라 진리적 성향도 다르게 되었다. 만물의 각개성과 물질의 조삼모사 한 양면성이 두드러졌다. 즉, 물질을 물질적인 측면에서 보면 물질적인 특성을 드러내고, 본질적인 측면에서 보면 본질로서의 특성을 드러낸다. 왜 그러한가? 비록 물질과 본질이 서로 통한다 해도 色적인 관점에서 色의 세계를 보면 물질이 色으로서의 특성을 나타내고, 본

---

351) 『동양과 서양』, 앞의 책, p.131.
352) 『아인슈타인의 세계』, 앞의 책, p.24.
353) 돌턴이 주장한 원자설 중의 하나는 모든 화학 반응은 원자가 결합 또는 분리되는 현상이라는 것이다.-『원자보다 작은 세계이야기』, 앞의 책, p.38.

질적인 관점에서 보면 물질이 본질과 통하는 탓에 물질 속에서도 空적인 특성을 나타낸다. 이 같은 통합과 동시성이 만물이 하나인 근원으로부터 창조된 실질적 근거이다. 만물은 하나가 만이 되고 만이 하나인 연결고리가 확고하다. 의식이 우주와 통하며 일치될 수 있는 것도 마찬가지이다. 원래 하나가 만을 이룬 탓에 만이 하나를 중심으로 하여 연결될 수 있는 루트를 지녔다. 본질은 하늘과 통하고 만사와도 형통하거니와, 이것이 물질과도 연결되어 물질은 결국 본질과 동일한 것이 된다. 물질의 동일성 측면은 그대로 물질이 창조된 사실을 증거한다.

4) 동시적 본질

창조된 결과 대상인 만물은 어떤 경우에도 창조된 연유를 가지고 생성된 과정을 겪지만, 이들을 있게 한 최초 원인의 세계, 본질의 세계에서는 일체 과정이 일축된 통합성 상태이고, 현대물리학이 개관한 관점으로서는 4차원적·초월적인 상태이다. 그런데 생성 과정이 완료되고 존재 형태가 결정된 물질의 최소 입자는 어떤 특성을 지니는가? 역시 통합성 본질이 분열된 과정을 함축하고 있는 물질로서의 본질성을 지녔다고 볼 수 있다. 비록 존재한 형태는 3차원적인 실체성을 구축하고 있지만 바탕 된 본질은 그런 특성을 일축한다. 물질의 본질적 바탕이 통합적인 특성을 지닐진대, 이로 인해 일어나는 일체 현상이 비로소 해명된다. 물질은 창조된 전체 과정을 일축하고 있어 연원된 과정을 알지 못하면 본질로 인해 나타난 실마리를 찾을 수 없다. 입자의 성질 하나를 이해하는데도 물자체가 지닌 본질성과 근원으로부터 생성된 과정을 총망라한 통찰이 필요하다. 이것은 역시 물질이 창조된 탓이고, 창조의 무수한 생성 경과를 집중시킨 탓이다.

그래서 물질의 최소 입자는 모래알처럼 정적인 3차원 물체가 아니고, 통합적인 본질을 함축한 4차원적인 실체로서 판단해야 하는 조건 설정이 절실해진다.[354] 상대성이론에 의거한 4차원의 시공 연속체는 소립자에 있어서도 생성된 바탕 근거가 통합적인 본질성인 것을 시사하였다. 이런 특성을 이해하였다면 물질이면서 본질과 함께한 빛의 성질이 입자이면서도 파동일 수 있는 이중성 문제, 전자와 기타 입자들이 동일한 성질[355]을 지닌 문제를 풀 수 있는 근거도 통합성 본질에 있다. 그것은 물질이 함축한 본질성의 문제이고, 창조의 본질 규명 여부에 달려 있다. 즉, 물질은 시공을 초월한 4차원적인 본질성과 분열로 인한 물질성을 동시에 지니고 있는데도 이 같은 특성을 해명할 수 있는 관점을 확보하지 못하였다. 그렇지만 창조된 것인 한 물질은 왜 그 같은 특성을 지닌 것인지에 대한 원인도 자체 지녔다. 우선 본질은 논리적인 구조와 인식적인 측면에서 동시성을 지니고 있다. 첫째로, 본질은 무궁한 영역에 걸쳐 편만한 바탕체라, 좌표 면에서 동시 존재, 혹은 일시 존재를 성립시킨다. 여기 있음과 동시에 저기 있음이 가능하다. 두 번째로, 질적인 면에서 동일성을 갖추어 이것이면서 저것이고, 저것이면서 이것인 동질성이 가능하다. 세 번째로, 본질 안에서는 일체가 두루 통하여 뜻의 일시적인 전달과 동시 인식이 가능하고, 텔레파시 같은 초능 작용도 일으킨다. 네 번째로, 통합성 본질은 원인과 결과를 모두 함축하고 있어 표출됨에 있어 아무런 제한이 없다. 우리는 인과성을 따지지만 통합성 본질 안에서는 인과가 함께한다. 완비된 자료에 대해 이것부터 인용할지 저것부터

---

354) 『현대물리학과 동양 사상』, 앞의 책, p.238.
355) "모든 원자를 구성하고 있는 것은 원자핵과 그 주위를 빠른 속도로 돌고 있는 전자인데, 전자는 입자의 성질을 가지고 있으면서 또한 파동의 성질을 가지고 있는 것이 우선 밝혀졌다. 그리고 전자뿐만 아니라 기타의 모든 입자들도 이 입자-파동의 이중성을 지닌 사실이 드러났다."-『새로운 과학과 문명의 전환』, 앞의 책, 역자 서문.

인용할지는 전적으로 문맥을 구성하는 자의 의도에 달렸다. 인용에는 순서가 있지만 머리 안에서는 선후가 없다. 그래서 통합성 본질은 생성의 경과를 초월한 동시 인출이 가능하다. 마지막으로 통합성 본질은 창조 역사의 알파를 동시에, 순간적으로, 한꺼번에 완성시킴을 가능하게 한다. 그래서 본질로부터의 창조를 통해 이루지 못할 역사란 하나도 없다. 창조 역사는 갑자기, 그리고 순간적으로 이루어졌다. 삼라만상을 한꺼번에 창조하였다는 말이다. 창조의 동시성은 통합성인 본질 안에서 보면 가능한 일인데, 이것을 분별하고자 하면 파악하기 어렵다는 점에서 입자의 이중성 문제도 물질이 함유한 물질의 본질적 측면을 이해할 수 있는 노력이 어우러져야 종합적으로 판단할 수 있다.

1920년대 이후 갑작스럽게 무대에 등장한 이후 상식의 치명적인 적이 된 양자역학의 이론 중에서 통합성 본질의 동시성을 통하여 접근할 수 있는 것은 어떤 것이 있는가? 제기된 이론이란 "어떤 관찰이나 측정 결과도 우연의 영향을 받는다는 것이고, 더 큰 문제는 어떤 물체가 관찰되지 않을 경우 그것은 모든 곳에 있는 동시에 어느 곳에도 존재하지 않는다"는 것이다.[356] 그중 먼저 해결하고 넘어갈 것은 빛이 "어떤 조건 안에서는 파동의 성질을, 또 다른 조건 안에서는 입자의 성질을 나타내고 있다는 사실에 대한 문제이다."[357] 빛의 이중성은 바로 한 물질이 어떻게 두 가지 성질을 가지고 있는가이다. 실험을 통한 결과로서는 입자성과 파동성의 이중성을 인정하지 않을 수 없다. 이것은 상식적인 이치에 근거할 때 다음과 같은 점에서 분명하게 위배된다. 질서 정연한 물질세계에서는 반드시 '~가

---

356) 『생명과 우주의 신비』, 앞의 책, p.179.
357) 『소립자를 찾아서』, Y. 네이먼 · Y. 커시 저, 김재관 · 신현준 역, 1993, 미래사, p.49.

아니면~이다'는 논리 구조를 성립시키는데, 1920년대 중반 물리학자들이 빛이 입자인가, 파동인가에 대해 논쟁하고 있을 때, 프랑스의 드 브로이가 그것은 입자인 동시에 파동이라는 새로운 생각, 즉 '~이기도 하고~이기도 하다(both~and)'는 놀랄 만한 논리 구조를 도입하였다. 이처럼 이중적인 존재 상황을 성립시키는 차원적 세계는 통합적인 본질밖에 없는데, 알다시피 서양의 물리학자들은 이런 세계에 대해 무지해 물질의 본질 현상에 대해 새로운 성찰이 필요하게 되었다.358) 이에 20세기 과학적 사고의 혁명적 전환이 동양의 직관적 세계상과의 만남을 통해 해결할 수 있을 것으로 기대하지만,359) 모종의 실마리를 가진 동양에서조차도 창조된 본의를 깨우치지 못한 실정에서는 어디서도 더 이상 기대할 곳이 없다. 이 연구가 밝힌 동시적 존재의 가능성 논리는 목마른 세계에 공급할 수 있는 차원적인 실상 세계이다. 그래서 동시 존재를 성립시키는 바탕 세계와 작용 특성을 제시하였는데, 여기서 빛의 이중성 문제는 어디에 해당되는가? 살펴보면 하나님이 천지를 창조한 대상 목록 가운데는 많은 분야가 생략되어 있기도 하다. 창조의 첫째 날 빛을 창조하고, 그 빛이 하나님이 보기에 좋았던 첫 대상이라는 점에서는 분명히 입자성을 띠어야 한다. 그런데 파동성은 또 무엇을 의미하는가? 창조된 물질은 바탕 된 본질과 통한다고 하였는데, 그런 특성을 시사한 것인가? 단도직입적으로 그렇다고만 할 수 없는 문제가 복합되어 있다. 즉, 빛의 이중적 특성이 본질 세계 안에서는 조건이 충족되고, 물질의 특성을 가늠하는 동질성을 구축하여 금도 되고 은도 되게 하였지만, 사실은 창조로서 분열된 과정이 그 같은 결과를 낳았다. 즉, 현

---

358) 『과학과 철학』, 앞의 책, p.176.
359) "사면초가에 처한 과학의 위기를 극복할 논리와 바탕 구조 발견을 기대함."-위의 책, p.176.

실적으로는 금이 금인 동시에 은일 수 없고, 은이 은인 동시에 금일 수 없다. 동시 동질성 성립이 창조 법칙에 위배된다. 본질로부터 근본을 형성한 창조 과정에서는 동일 본질로부터 금, 은, 동 등 그 무엇도 될 수 있지만, 창조 역사가 완료된 이후로는 금은 금이고 은은 은으로서 결정적이다. 그렇지 않다면 우리는 빛의 성질 속에서 파동성과 입자성 외에도 다른 성질을 발견할 수 있어야 한다. 따라서 빛이 이중적 성질을 특징지은 것은 빛을 창조한 바탕이 빛으로서 갖춘 특성과 상태를 대변하기 때문이다. 빛이 말씀으로 창조된 결과성은 입자를 이루지만, 입자로서 존재하게 한 바탕성은 본질과 호환되어 파동성을 띤다. 창조된 사물은 바탕 된 본질과 함께하거니와, 화면에서 움직이는 커서 하나하나는 컴퓨터의 전체 시스템과 연관된 것처럼, 빛이 입자로서 존재한 상태는 전체 우주의 본질 바탕과 연관되어 있다. 이런 존재 상태가 분명하게 구분되는 것은 빛의 성질을 판별하는 실험 방법에 따라서 특성이 다르게 구분된다는 것을 통해서도 알 수 있다. 결국 빛은 관찰자가 어떻게 보는가에 따라서 입자성을 나타내기도 하고 파동성을 나타내기도 한다. 사람도 외모를 보고자 하면 외모가 포착되고 성격을 보고자 하면 성격이 포착되지만, 사람 자체는 외모와 성격을 모두 지닌 상태이다.

이에 "과학적 유물론이 파동성과 입자성이 동시에 성립되는 물질의 실체적 성질"360)이라고 한 주장에 대해서 닐스 보어 같은 학자는 유물론적 사유 접근을 거부하고 "주체가 부딪히는 상황에 따라서 이중성의 한 면이 나타나고, 동일 대상이라도 만나는 주체 상황에 따라 두 가지 성질이 모두 나타날 수 있다"고 하였다.361) 어떤 상황에서는

---

360) 『철학과 물리학과의 만남』, 앞의 책, p.199.
361) 이러한 특성을 상보성 원리로 표현함으로써 입자성과 파동성에 대한 추상적 개념화를 반박하였다.-위의 책, p.199.

입자성을, 또 다른 상황에서는 파동성을 적용할 수 있는 것이지, 한 가지 일정한 성질이 물질에 내재한 고유한 성질일 수는 없다[362]는 것이다. 이처럼 물질의 이중성을 주체적인 인식 내지 관점상의 문제로 접근한 것은 한 걸음 전진한 것이지만, 빛의 입자성과 파동성 조건을 동시에 만족시키기 위해서는 관점적으로는 준비가 되어 있더라도 빛 자체가 지닌 본질을 드러내지 못한다면 근본적인 문제에 있어서는 아무 진전이 없다. 즉, 물질의 구조적 성질인 본질성과 창조성을 함께 파악하지 못하면 물질이 본질과 호환된 상태를 파악할 길이 없다. "입자는 공간의 극히 제한된 부분에 한정된 반면 파동은 넓은 공간에 걸쳐 퍼져 있는데, 어떻게 동일한 물질이 입자이면서 퍼진 상태로 존재할 수 있는지"[363]는 현실적으로 이해하기가 쉽지 않다. 그래서 양자역학에서는 "미시적 세계에서 자연의 본질적인 이중성을 분명히 하여 빛이 전자기파로서 행동하지만 원자적 차원에서 에너지의 주고받음이 문제가 될 때는 광자(광자-photon)라는 입자적 성격을 가진 에너지의 알맹이로 보았는데",[364] 입자 대 파동은 전자기파라는 새로운 등식을 성립시키면서 문제가 더욱 복잡해졌다. 이중성이란 근본적인 문제를 회피하였다.[365] 결과적으로는 물질이 함유한 본질을 보지 못하여 차원성을 띤 창조 관점을 확보하지 못하였다. 창조된 대상은 어떤 형태로든 有한 실체성을 가지지만 그렇게 존재한 뿌리에 해당한 본질성은 보지 못했다. 하지만 빛의 파동성을 본질적 관점에서 보면 어떻게 통합성 본질이 구축한 바탕적인 특성

---

362) 위의 책, p.199.
363) 『새로운 과학과 문명의 전환』, 앞의 책, 역자 서문.
364) 『두산동아세계대백과사전』, 앞의 사전, 일반상대성이론 편.
365) 에너지가 순간적으로 정지할 때는(사실은 정지할 때는 없지만 충돌할 때) 하나의 입자로 포착된다. 그러나 입자가 운동하고 있을 때는 입자인 물질이 아니고 하나의 파동으로서, 파동은 에너지의 운동이라는 것이다.-『지상천국의 이념』, 앞의 책, p.263.

이 반영된 것인지 확인할 수 있다.

언급한바 물리학이 이룬 미묘한 場의 개념도 본질의 편만한 동시성에 근거한 것인데도 전적으로 물리적인 현상만으로 본 데 문제가 있다. "오늘날 우리는 전파나 강파나 X선이 모두 전자기파, 즉 진동과 주파수만 달리하는, 진동하는 전기 및 자기장이란 사실을 알고 있고, 빛은 전자기 스펙트럼의 아주 작은 일부에 지나지 않는다는 것도 익히 알고 있다."366) 빛이 파동의 형태로 공간을 통과하는 급속히 교체하는 전자기장에 불과하다는 것은 전기 역학 이론의 정점이다. 그렇다면 이렇게 전자기장을 구성한 제반 물리적 현상을 뒷받침한 작용 본질은 무엇인가? 場은 그렇게 발견된 물리 현상을 이해하기 위한 인식상의 이론인가? 정말 場을 이룬 바탕 구조는 무엇인가? 맥스웰은 처음 뉴턴 역학에 기초하여 "장은 공간을 채우는 매우 가벼운 매개물인 에테르(ether) 속에 있는 역학적 압력 상태로서 전자기파를 에테르의 탄성파로 해석하였다."367) 이후에 근본적 실체는 場이지 역학적 모델이 아니라고 밝힌 사람은 50년 후의 아인슈타인인데, 그는 에테르란 존재하지 않고, 전자기장은 빈 공간을 통해 진행할 수 있으며, 역학적으로 설명할 수 없는 본래의 물리적인 실체라고 선언하였다. 하지만 이것도 場의 물리적 현상을 설명하는 진정한 본질적 뒷받침은 되지 못한다. 전자기장이 빈 공간을 통해 진행할 수 있는 것만으로는 場을 성립시키는 근본 능력이 되지 못하며, 에테르의 가정 여부에 있어서도 왜 가정해야 하는지 재고할 여지가 생긴다. 場 이론으로 물리적 현상을 설명하고자 한 의도는 전자기장이 동시에 언제 어디서나 존재한다는 것을 포인트로서 체크한 데 있

---

366) 『현대물리학과 동양 사상』, 앞의 책, p.73.
367) 위의 책, p.73.

다. 동시 존재가 주는 전파력에 대해 이것을 매개하는 에테르의 존재를 가정해야 하는데, 나중에 전자기장이 빈 공간을 통해서 진행할 수 있다는 확인은 어떤 순수 물질적인 바탕에 의해서 형성된 것이 아니라는 것을 뜻하고, 그 가정된 자리를 에테르 대신 본질로서 대처할 수 있는 전환점을 이루었다. 場을 구성한 바탕 근거인 본질적 작용은 분명히 있다. 단지 물질적인 관점에서 보면 무리가 있는 탓에 아인슈타인이 수정한 것이지만, 궤도를 수정한 전자기장이 빈 공간을 통해 진행할 수 있는 것이 場의 물리 현상을 구성하는 직접적인 작용 근거는 아니다. 그렇다면 어떤 근거에 의해 전자기장이 성립되는가? 그것은 우주공간 전체가 창조된 본질 공간을 이루고 있고, 한 통속이며, 통합적이란 바탕성을 통해 설명할 수 있다. 어떤 전자기력은 자체 안에 본질적인 근거를 가짐과 동시에 발생시킨 우주적 본질과도 통한다. 그러면서도 동시 존재함에 대한 力, 즉 분열된 정도에 따른 차이가 있다. 그래서 빛과 동일시된 전자기장은 발생함과 동시에 원인이 되고, 주어진 결과와도 합치되어 우주의 저 끝까지 도달한다. 그런데 확인한바 빛은 왜 속도라는 제한성을 우주공간 안에서 가지는가? 왜 태양 빛이 태양으로부터 지구에 도달하는데 8분 남짓 시간이 걸리는가? 마치 의식의 경우는 본질과 함께하고 있어 우주의 저 끝까지 미세한 감지력을 일시에 침투시킬 수 있지만, 몸 된 육신은 시공간 안에서 제약이 있는 것처럼, 빛 역시 창조된 관계로 우주공간 속을 광속(초속 30만km)으로 이동하기 때문이다. 곧, 광속은 통합성 본질이 빛으로 분열된 속도의 가늠치라고나 할까? 즉, 빛이 왜 광속으로 전파되는가에 대해 의문을 풀고 場의 개념에 대해서도 본질적인 뒷받침을 이룬다. 빛이나 전자기장이 발원지로부터 강약이 생기는 것은 바탕 된 통합성 본질과 확실하게 구분된 탓이다. 파장이 미치는 곳은 우주의 저 끝까지인데, 그 끝이 확실하게 있다면 처음 발생된 힘이 동시에 도달한 우주의 저 끝까지 동일할 텐데, 그 끝은 무한 차원을 이룬 無를 향해 있다. 이미 발생한 결과성을 드러냄과 동시에 발생 이전의 원인 세계(미래)를 향하고(통합성) 있어 끝이 끝이 아닌 상태로 소실된다. 사례로 물결은 물의 진동으로서, 음파는 공기의 진동으로서 경험되는 것과 같이 파동은 전체적인 물이나 공기 안에서의 진동인 만큼, 전체로 존재한 물과 공기가 부분적인 진동 사실을 감지하지 못할 리 없다. 전체인 통합성 본질이 분열함으로써 물결과 음파를 경험하게 한다. 즉, 본질은 있음인 본질로서 작용을 있게 하고, 본질과 통하는 특성을 통해 場을 형성하는 것이지, 따로 매개체가 필요하다든지 빈 공간을 통해서 진행하는 것으로 보아서는 場을 구성한 근거를 인출할 수 없다. 본질 역시 존재하기 때문에 작용이 있고, 나아가 본질에 근거한 모든 존재에 영향을 미친다. 이에 전자기장은 창조된 본질적 특성을 수용하면서 창조된 대상으로서의 결정성도 동시에 지닌 것이 입자와 파장이란 존재 특성을 이루었다.

그러므로 場의 본질과 연관하여 존재한 상태를 이해하였다면 원천적인 문제로 돌아가 "전자장 방사가 입자(아주 少域에 국한된 실체)와 넓은 공간의 영역에 퍼져 있는 파도로서 어떻게 동시에 구성될 수 있는가"[368]란 의문을 다시 품을 수 있다. 아원자적 단위의 물질은 양면성을 갖고 있는 매우 추상적인 실체로서 관찰자가 어떻게 보는가에 따라 때로는 입자로, 때로는 파동으로 나타나는데, 이것을 이제부터는 바야흐로 물질의 물질성과 함께한 본질성을 통하여 설

---

368) 이러한 이중성은 또한 전자기파, 혹은 입자의 형태를 취하는 光에 있어서도 드러난다고 언급하였다.-위의 책, p.58.

명할 수 있다. 그중 물질의 입자성을 입증한 광전 효과란 실험 장치는 바로 물질의 입자성을 증명하는 관점 자체이다. 아인슈타인이 내놓은 빛 이론에 따르면 빛은 작은 입자로 구성되어 그 흐름이 탄환과도 같다. 그 탄환 하나를 광자라고 부른다. 그래서 광전 효과라고도 하는데, 빛이 금속 표면을 때리면(충돌하면) 금속에 있는 원자로부터 전자를 떼어 내어 튕겨 나가게 한다. 이에 적절한 장치를 마련하면 전자 수를 계산하고, 달아나는 전자의 속도를 측정할 수 있다.369) 곧, 순수하게 물질의 입자적인 측면을 확인할 수 있는 실험 장치이다. 그러나 이전부터 "전자파에 관해서는 파동성도 알려졌다. 예컨대 간섭과 회절(回折) 같은 현상은 빛이 파동이 아니고서는 설명할 수 없다."370) 파동이 파장보다 좁은 공간을 통과할 때는 반드시 공간을 통과하고 나서 회절한다는 것이고, 웅덩이에 돌을 두 개 던지면 큰 파도가 일어나는 곳이 있고 오히려 잔잔해지는 간섭 현상이 있듯, 1803년 토머스 영의 '쌍 슬릿 실험'은 순전히 빛의 場性, 즉 빛이 본질과 통하기 때문에 형성되는 동시 상태를 보기 위해서이다. 파장과 회절은 1차적으로 빛의 파동성이 전체 본질 속에서 이루어지는 부분 현상이라는 것을 입증하며, 전체 본질과 빛의 본질이 상호 통하여 연결되는 과정(전파, 진행, 동시성을 향해 분열되는 과정)에서 빛이 형성한 독특한 성질이(파동) 외부의 제한을 받아서 전체 본질과의 통함(일시 퍼짐의 길)에 장애를 받은 탓이다. 이것은 빛이 물질적인 존재인 탓에 빛의 본질성이 전체 본질과 통하는 과정에서 장애로 회절과 간섭이라는 특성을 드러낸 것인데, 우리가 지닌 의식도 세계의 본질과 통함에 있어서는 장애가 있는 탓에 道를 구하

---

369) 『춤추는 물리』, 앞의 책, p.104.
370) 『무한과 유한』, 다께우찌게이 엮음, 김용준 역, 지식산업사, 1993, p.148.

는 자는 수행과 정진으로 의식을 도야해야 했다. 여기서 중요한 것은 빛이 간섭되고 회절하니까 파동인 것이 아니고, 빛이 전체 본질을 따라 동시에 존재하는 과정에서 당면한 외부적인 장애 현상이라는 사실이다. 그리고 빛은 또한 입자적인 측면도 나타낸다. 입자가 만약 물결 모양으로 운동한다면 동시에 파동성을 나타내는 것이 될 수 있지만, 그것은 결코 그와 같은 성질이 아니다. 파동 모형에 있어서 움직이는 입자는 존재하지 않는다. 예를 들어 수파(水波)의 경우는 물의 입자가 파동을 따라 이동하는 것이 아니다. 파동이 지나갈 때 원 운동을 하며, 음파(音波)도 공기의 입자는 전후로 진동할 뿐, 파동을 따라 퍼져 나가지 않는다. 이것이 의미하는 것은?[371] 수파는 전체를 연결하는 물이 있고 음파는 공기가 있지만 빛은 진공 속에서도 진행된다. 빛의 파동성은 바로 본질이 상호작용을 통하여 물이나 공기와 같은 역할을 담당하여 빛의 파동성이 시사하는 창조성, 즉 본질적 특성을 나타낸 것이다. 창조된 바탕 본질이 전체로서 파동성을 나타내었고, 빛의 본질이 전체 본질과 통하는 과정에서 제약이 있어 회절과 간섭 같은 현상이 나타났다. 즉, 이동하는 파동의 像은 이동하는 입자의 像과 전혀 다르다. 바탕 된 본질이 없고서는 불가능한 존재 상태이고, 본질성이며, 통합성인 본질 안에서의 작용 특성이다. 파동은 동시에 존재하는 전체 본질의 운동상이다. 개체 입자의 운동 진행성이 아니라는 점에서 빛의 파동성은 바로 본질의 편만성을 증거하고, 물질이 함재한 본질의 존재성을 노출시켰다. 이처럼 물질은 바탕 된 본질이 함재되어 있어 분별하는 데 어려움이 있었다. "입자의 위치를 알려면 위치 관찰의 장치로 위치를 관찰할 수는 있지만 그 때는 입자의 운동량을 관찰할 수 없고, 입자의 운동량

---

371) 『현대물리학과 동양 사상』, 앞의 책, p.176.

을 관찰하려면 위치를 알 수 없다. 위치와 운동량을 동시에 관찰할 수는 없으며, 어떻게 관찰 실험을 하는가는 관찰자의 의사에 따라 물질의 반응이 달라진다."[372]

이런 현상을 두고서 물리학자들은 물질이 관찰자의 의식과 상호 작용하기 때문이다, 혹은 과학은 완전한 객관성을 가질 수 없다고 하지만, 이것은 물질의 본질성을 함께 파악할 수 없는 제약 때문에 일어난 현상이다. 즉, 원래 입자의 기본적인 특성은 공간 안에서의 위치가 명확하게 지정되는 것인데, 운동은 파장과 연관되고 운동량 은 본질의 영향권 안에 있다. 원래 입자는 본질의 바탕 안에서 자체 의 존재성을 유지하기 위해 생성함으로써 분열하지만, 그런 조건 속 에서도 입자는 입자로서의 위치와 생성함으로 인한 운동량을 동시 에 지닌다. 따라서 물질은 창조된 원인과 결과성도 함께 지니고 있 지만, 단지 한꺼번에 인출하는 것이 불가능할 따름이다. 물질의 본 질은 통합적이라 원인과 결과를 분리할 수는 있지만 동시 표출은 안 된다. 이것이 물자체를 인식할 수 없는 이유이고(칸트), 시공은 통합 된 4차원적 시공으로서(아인슈타인) 원인과 결과가 일축된 상태이 다. 그러므로 입자의 위치와 운동량 사이의 동시 관찰의 한계성은 "우리의 측정술이 불완전해서 일어나는 것이 아니다. 근본적인 한계 성",[373] 즉 통합성 본질을 한꺼번에 파악할 수 없다는 것이 원인이 거니와, 입자가 존재한 위치를 창조의 결과성으로 보고, 파동성을 띤 운동량을 입자를 있게 한 본질, 곧 원인과 통한다고 본다면, 원인 과 결과를 인식상 동시에 관찰하고 순간적으로 파악할 수 없는 것이 맞다. 입자의 위치와 운동량과 관계된 동시 측정 내지 동시 파악의

---

372) 『새로운 과학과 문명의 전환』, 앞의 책, p.4.
373) 『현대물리학과 동양 사상』, 앞의 책, p.184.

불가능성은 물질이 가진 통합성 본질 상태를 증거하며, 이것은 물질이 본질로부터 창조된 것으로 연결된다. 물질이 창조된 관계로 동시 파악이 차원적으로 불가능하다는 것을 확정짓는다.

또한 불확정성 원리에서 내세우고 있는 것은 "입자 세계의 모든 변화는 인과율에 의해서가 아니라 확률에 의해서만 예측할 수 있고, 어떤 실험에서 어떤 결과가 나올 것인가는 결정적으로 말할 수 없으며, 실제로 실험을 해 보아야 알 수 있는데, 관찰되는 결과는 수학적인 확률의 법칙에 따라 나타난다"는 것이다.[374] 그리고 불확정성은 관찰의 미비 때문이 아니라 자연 본연의 속성이라는 입장이다. 즉, "아원자의 단계에서 물질은 어떤 한정된 장소에 확실하게 존재하는 것이 아니고, 단지 존재하려는 경향을 나타내며, 원자적 사건들은 확실성 있는 한정된 시간에 한정된 방식으로 발생하는 것이 아니다. 발생하려는 경향을 나타내는 편이다."[375] 물질의 존재성 내지 본질성이 확률적이면서도 그 확률이 결정적이라는 것은 물질이 하나님이 이룬 뜻을 바탕으로 해서 하나인 근본으로부터 창조된 것을 본질의 작용 특성을 통하여 나타낸 것이다. "각 점에서 입자가 발견되는 확률은 파동 함수의 절댓값의 제곱으로서 표시된 추상적인 파동으로 간주함으로써 전자와 양성자는 관측하면 공간의 어느 국한된 장소에서 발견할 수는 있지만 관측의 순간까지는 가능성으로서 존재하고, 그 가능성(확률)이 물질과의 파동 함수로 주어진다."[376] 왜 그런가? 하나님의 뜻에 따른 결정적인 창조 작용, 즉 통합성 본질 상

---

374) 『새로운 과학과 문명의 전환』, 앞의 책, p.4.
375) 양자이론의 형식론에서 이런 발생하려는 경향성은 확률로서 표현되며, 파동의 형태를 취하는 수학적 양과 연관되어 있다. 이것이 바로 어떻게 입자가 동시에 파동이 될 수 있는가 하는 소이이다.-『현대물리학과 동양 사상』, 앞의 책, p.82.
376) 『두산동아세계대백과사전』, 앞의 사전, 양자역학 편.

태에서는 인식할 수 없는 결정적 작용이 있다. 아원자적인 상태에서의 물질은 본질적인 성향과 밀착되어 있어 파동성이 시사하듯, 본질과 통하여 편만해 있고, 통합적인 성향을 띠어 사과를 세듯 입자란 개수로 가늠할 수 없다. 본질의 작용성은 간파할 수 없지만 창출된 결정성은 확률에 따라 명확하다. 입자 세계의 일체 변화가 인과율이 아닌 확률에 의해서 예측된다는 것은 물질이 본질과 접하고 있다는 것을 증거하고, 가늠할 수 없는 확률의 결정성은 우리가 인식할 수 없는 바탕적인 통합성 본질 몫이다. 그렇지만 우리는 통합성 작용이 이룬 확실한 결정성을 알기 때문에 존재가 존재하려 한 경향과 발생하려 한 경향, 그리고 각 점에서 입자가 발견될 확률을 계산할 수 있다. 또한 "미시세계에서 동종의 입자 간에는 전혀 구별이 가지 않는다는 점에서, 방사선 원자핵의 경우 완전한 동일체인 탓에 처음에 a라는 양자와 b라는 양자를 아무리 구별해 놓았다 해도 a와 b가 충돌해 서로 어떤 방면으로 튀어 나갔을 때는 어떤 것이 a이고 어떤 것이 b인지 구별할 수 없다는 것을 실험적으로 증명하였다. 따라서 어느 것이 붕괴하는지는 확률론의 법칙을 따를 수밖에 없다. 즉, 1년간에 10%가 붕괴한다고 할 경우 어느 특정한 원자핵을 놓고 이것이 앞으로 1년간에 붕괴하느냐 안 하느냐고 묻는다면 양자역학에서 특정 원자핵이 붕괴할 수 있는 확률은 1/10이라는 답변밖에 할 수 없다. 전체 중 10%가 붕괴하는데, 이들은 완전한 동일체로서 구별이 가지 않아 특정 원자핵이 이 퍼센티지에 속할 것인가 아닌가에 대한 선택적 기술은 전혀 없다.377)

그러므로 양자역학의 확률론 법칙 이면에는 역시 창조 본질의 통합성이 주는 동시적 존재와 함께 질의 동일적 측면인 물질의 본질성

377) 『무한과 유한』, 앞의 책, p.151.

이 뒷받침하고 있다는 것을 알 때, 이 같은 발견들은 모두 물질의 창조 사실을 증거하는 근거로 확보된다. "하이젠베르크와 그의 해석에 공감하여 양자물리학의 미시적 세계를 연구한 사람들은 물질을 정확히 계측한다는 것은 불가능하다는 것을 알았으며",378) 존재한 상태를 확정지을 수 없었다. 가장 확고한 실체성을 구축한 물질이 통합성 본질을 근거로 존재하고, 존립 상태를 유지하고 있어 궁극적인 실체성을 쉽게 포착하지 못한 물질의 본질적인 특성을 확인시켰다.

5) 관통적 본질

물질에 대해 인간을 기준으로 해서 보면 여러 가지 측면에서 저차원적인 것이 틀림없다. 생명 작용, 의식 작용, 마음 작용이 없고 복잡한 기관과 구조도 없다. 지식도 없고, 있다 해도 전달할 수 없다. 그럼에도 불구하고 물질과 인간이 한 근원으로부터 창조되었고, 상호 통하며, 우주의 전일적인 정보를 공유하고 있다고 한다면 억측인 것처럼 보일지 모르겠다. 그러나 물질이 분명 통합성 본질로부터 창조된 것이라면 물질 역시 막힘없는 관통적 작용 특성을 지닌다. 우리는 주어진 정신 작용 안에서 상상만큼은 자유롭게 할 수 있듯, 통합성 본질은 한 통속으로서 막힘없는 동시 소통이 가능하다. 한 근원으로부터 만물이 창조된 탓에 바탕 된 본질을 통하면 만물이 서로 통할 수 있다. 통함이 존재를 형성한 근간인 것은 본질로부터 창조된 만물이 창조된 과정에 대한 정보를 함축하고 있어서이다. 의식을 가진 우리는 아무것도 모른 상태로 태어나지만 생명 자체는 사전에 구축한 정보 시스템을 일사분란하게 풀어 나가듯, 물질도 그렇게 창조된 정보를 자체 함유하였다. 그렇다면 천지는 어떻게 창조되었는

---

378) 『엔트로피(Ⅰ)』, 앞의 책, p.269.

가? 하나님의 뜻이 관여되지 않은 것이 하나도 없다. 구축된 통합성 본질은 이 같은 뜻을 뒷받침한 텃밭이라고 할 수 있다. 뜻의 총화로 생명력이 창조되었듯, 물질과 최소 입자 하나하나에도 하나님이 창조한 뜻이 뒷받침되어 있다. 물질의 입자는 그대로 뜻의 입자와 호환되고 연결되어 우주를 지탱한다. 그렇다고 물질이 곧 뜻이란 것은 아니다. 물질의 본질이 하나님의 창조 뜻을 뒷받침한 것이다. 물질의 미세한 입자 하나하나에 창조를 위한 메커니즘이 반영되어 있어 호환된다. 『화엄경』에서는 "한 티끌의 먼지 입자도 그 속에 전 우주를 포함하고 있고, 동시에 무수한 부처들이 존재한다고 하였고, 더욱 놀라운 것은 모든 입자 하나하나가 다 그러하다"고 하였다.379) 그러나 어떻게 해서 부처(전체)가 티끌 먼지에도 존재하는 것인지에 대해서는 언급하지 못했다. 하지만 창조적 관점에서 본다면 무수한 부처란 그대로 하나님이 천지를 있게 한 창조 뜻이다. 이런 이유로 티끌 먼지 입자 하나라도 하나님의 전일적인 창조 정보를 함축한 것이다. 물질이 어떻게 전체 정보를 지니고 전 우주를 포함하였는가? 그 비밀이 창조에 있다. 창조된 일체 과정에 입자가 함께한 것이라면 그 결과가 어떠하겠는가? 비록 세상 가운데서는 미세한 존재이지만 창조된 과정을 직접 겪은 탓에 우주가 생성한 비밀을 함재한 것이다. 통하고 호환되므로 전체 질서가 유지된다. 어떻게 만상이 서로에게 영향을 끼치고 돌아가는 사정을 알 수 있는가? 단연코 상호 통하는 본질적 바탕에 근거해서이다.

바로 이 같은 창조 본질의 관통적 특성은 구축된 본질이 통속으로서 어디에도 통할 수 있는 구조를 이룬 탓인데, 이런 사실이 오늘날은 양자역학이 부딪힌 또 다른 문젯거리도 해결할 수 있다. 즉, "양

---

379) 『과학과 철학』, 앞의 책, p.57.

자역학 이론에 의하면 한 장소에서 일어난 일은 극히 멀리 떨어진 다른 곳에서 일어난 사건에도 동시에 영향을 끼칠 수 있다"[380]는 사실을 설명할 수 있는 근거이다. 어떻게 해서 그 같은 정보 호환이 가능한가? 바로 본질의 편만성과 통속 상태, 그리고 창조 정보를 함유한 탓이다. "양자색역학의 들 개념에 의하면 a에서 b를 통과하여 c까지 정보 전달을 하는 시간은 필요하지 않다. 곧, 동시적인 정보 전달이 가능하다. 여기서 동시성에 대한 의미를 이해하는 것은 기존의 인과율적인 사유방식 틀로서는 매우 어렵다."[381] 상정한 에테르 개념에 있어서 에테르가 전달, 혹은 전파되어 가는데는 시간이 필요하지만, 시간을 초월하여 동시에 정보를 전달하게 하는 작용 근거는 세상 어디에 있는가? 오직 본질 작용 안에서이고, 물질도 이 같은 본질을 근거로 한 탓에 본질적 차원 안에서 동시 전달 현상이 일어났다. 물질이 우주의 전체성을 잠식하고 있다는 것은 의식과는 또 다른 특성 개념이다. 만물은 예외 없이 우주와 통하는 창조 본질을 지닌 것이다. 어떤 충돌 과정에서 두 개의 소립자가 생성된다고 가정해 보자. "양자물리학에서는 적어도 특정한 경우, 입자상 중 한 입자의 스핀 운동량은 관찰을 통해 알 수 있지만, 입자상의 다른 입자는 순간적으로 빛의 속도보다 더 빨리, 불확정성 상태에서 이미 알고 있는 다른 입자의 스핀과 운동량이 정확히 동일하고 방향만 반대인 상태로 전환될 것"이라고 했다.[382] 입자가 아무리 멀리 날아갔더라도, 심지어는 우주의 절반을 지났다 해도 상대성이론에 따르면 빛보다 빨리 이동할 수 있는 것은 아무것도 없는데도 불구하고 그것이

---

380) 『생명과 우주의 신비』, 앞의 책, p.182.
381) 『부분의 합은 전체인가』, 앞의 책, p.74.
382) 『생명과 우주의 신비』, 앞의 책, p.64.

가능한 것은 빛이 이동하기 전부터 본질이 이미 우주의 끝까지 충만되어 있어서이다.

　물질의 본질성은 속도를 초월한 동시 존재를 가능하게 하고, 영의 쌍 슬릿 실험을 광자로 운영한 결과로 "광자에 의식이 있다"[383]고 한 미심쩍은 추리 역시 정말 광자가 의식이 있어서가 아니라 광자의 본질이 우주의 본질성과 통하기 때문에 일어난 관통적 특성 현상이다. 실험을 통하여 광자가 두 구멍을 열고 닫음을 어떻게 알고 결과를 달리하는가 하는 것은 입자 본질의 관통성과 호환성이 아니면 이해할 길 없다. 상식적으로는 이해하기 어려운 통합성 본질의 작용 특성이다.

3. 물질의 생성성, 영원성

　만상에 존재한 창조 대상들은 모두 바탕 된 본질을 근거로 하고 있다. 창조로 인해 결정된 탓에 본질과 존재가 구별되지만 결국은 일체이다. 그중 물질은 세상을 구성한 존재의 기반으로서 이 물질을 창조하기 위해 본질이 다양하게 작용하였다. 물질이 결정적인 특성을 지닌 것은 창조 이전에 먼저 본질을 구축한 과정이 있어서이다. 어떻게 창조되었기에 질량이 에너지로 변하고 에너지가 질량으로 변할 수 있는가? 질량과 에너지 보존의 법칙, 엔트로피 법칙 등이 성립될 수 있는가? 그것은 한마디로 창조된 탓이고, 이유는 본의를 통해 밝힐 수 있다. 논거를 제시한바 물질이 어떻게 에너지화되고 에너지가 물질화되었는지에 초점을 맞추면 된다. 즉, 에너지의 근원

---

383) 『춤추는 물리』, 앞의 책, p.117.

을 추적하는 것은 몸 된 본질을 이행시킨 하나님의 뜻(의지)과 연관
된다. 하나님이 뜻을 발현하자 의지가 발동하여 본질로 하여금 氣의
에너지를 축적시켜 통합성 본질을 구축하였다. 그리고 이 氣의 에너
지가 충천함으로써 만물이 영원하게 유지될 수 있는 생성의 근원이
마련되었다. 여기서 궁금한 것은 물질은 무엇으로 창조되었고, 에너
지는 무엇으로 生하게 된 것인가? 물질은 본질로부터, 에너지는 축
적된 氣로부터인가? 인식상 구분하였지만 결국 본질과 氣의 에너지
는 동질일진대, 창조된 물질과 에너지는 동질체가 아닐 수 없다. 모
든 존재에는 그렇게 있게 한 창조력, 즉 어떤 형태로든 힘이 뒷받침
된 것으로서 물질 역시 그 같은 에너지를 내포하고 있다. 존재를 유
지하는 힘, 그 에너지를 결집시킨 본질이 생성하여 有한 존재를 이
루었다. 문제는 이 같은 본질의 창조 작용을 알지 못한 데서 발생한
다. 즉, "원자와 원자를 구성하는 소립자를 관찰하는 데 있어서 입자
를 공간에 독립적으로 존재하는 객체로서 파악할 수 없다고 하여 존
재와 비존재 사이에서 천변만화하는 에너지(氣의 일시적 형태), 또
는 에너지 장의 변화 작용에 지나지 않는다고 해석하는 것이다."384)
그리고 이런 현상을 "色不異空 空不異色(『반야심경』) 진언에 비추어
물질[色]이 에너지[空]가 되고 에너지가 물질이 된다"385)는 뜻으로
곡해하였다. 무엇이 잘못인가? 우선 물질이 色이라고 한 것은 맞는
다고 해도 에너지를 空, 즉 본질로서 풀이한 것은 세계 구조를 잘못
판단한 것이다. 에너지는 본질이 아니다. 바로잡을진대 물질과 에너
지는 공히 창조된 대상이라 물질은 물질로서, 에너지는 에너지로서
바탕 된 본질을 가진다. "현대물리학이 밝혀낸 물질계의 본질 인식

---

384) 『현대물리학과 동양 사상』, 앞의 책, p.7.
385) 『21세기 문명 동양 정신이 만든다』, 앞의 책, pp.98~99.

에 대한 결론은 물질이 곧 에너지란 결론이다."386) 소립자 물리학자들은 "질량과 에너지의 등가(等價)에 관하여 아주 잘 알고 있다. 질량은 에너지의 한 형태라고 한 사실과, 입자는 기본적인 요소로 구성되어 있는 것이 아니고 에너지의 뭉치로 이해한다"고 하는 것은387) 色으로부터 空으로의 차원적인 이행, 즉 본질이 물질화된 것이 결코 아니다. 이것은 창조된 대상으로서 자체 존재성을 유지하기 위한 형태상의 변화일 따름이다. 질량과 에너지는 존재한 형태를 상호 교환하지만 본질은 아무런 변함이 없다. 서로가 생성하는 과정에서 "에너지가 집중한 부분, 그것이 곧 물질이라고 했으므로, 궁극적으로는 에너지도 물질도 같은 것이 다른 형태를 취한 것이다."388) 물질이 에너지가 되고 에너지가 물질이 된 변화 과정을 초월한 통합성 본질 상태에 이르면 물질과 에너지는 동시에 존재한다.389) 물질은 창조 당시 하나님의 의지력이 응집된 氣적 에너지에 근거하였다. 왜 질량에는 에너지가 함축되어 있는가? 존재를 구축한 氣적 에너지가 창조력을 함축해서이다. 창조 의지가 물질을 창조한 에너지를 생성시킨 근간이다. 氣의 응축과 취산 작용으로 물질과 에너지가 형태를 달리하였다. 창조는 氣적 에너지가 통합성 본질을 바탕으로 분출된 에너지의 거대한 규합력이다. 에너지의 본질은 하나님이 창조를 위해서 몸 된 의지를 축약시킨 것인데, 이것이 물질이 창조되는 과정에서 작용력으로 발휘되었다. 물질과 에너지를 창조한 작용성을

---

386) 『진리는 한국에서』, 앞의 책, p.161.
387) 『현대물리학과 동양 사상』, 앞의 책, p.239.
388) 『아인슈타인의 세계』, 앞의 책, p.24.
389) "E=mc²에 의하면 질량이나 에너지가 에너지 혹은 질량으로 변하는 것이 아니라, 에너지 그 자체가 질량이다. 에너지 E가 있으면 E=mc²만큼의 질량 m이 있다. 전체 에너지 E와 질량 m도 보존된다(『춤추는 물리』, 앞의 책, p.294)." 즉, 질량이란 色은 에너지란 色과 형태만 달리했다 뿐이지 色으로서의 본질은 다름이 없다.

파고든 물리학자들은 "에너지가 순간적으로 정지할 때는(사실 정지할 때는 없지만, 충돌할 때) 하나의 입자로 포착된다. 그러나 입자가 운동하고 있을 때는 입자인 물질이 아니고 하나의 파동이다"는 식으로 이해하였다.390) 파동은 에너지의 본질이 전체 본질과 통함으로써 나타난 입자의 본질적 상태이다.

이처럼 질량과 에너지의 등가 문제를 통하여 우리는 물질이 어떻게 창조되었는지에 대해 가일층 근접할 수 있다.391) "아원자의 세계는 생성과 소멸의 끝없는 춤이며, 질량과 에너지가 끝없이 서로 바뀌는 곳"392)이라고 하는 것은, 창조된 세계의 특성인 有한 세계의 영원한 생성성을 입증한다. 물질이 에너지의 형태로 변환된다는 것을 통해서 말이다. 만상을 있게 한 본질은 어떤 것인가? 변화한다면 그것은 본질이 아니다. 易과 분열은 창조된 대상만 가진 특성이며, 통합성 본질이 생성한 것이다. 변화의 이면에는 변화를 일으킨 본질적 바탕이 있다. 에너지에 대해 정의하길, "어떤 물체가 일을 할 수 있는 능력을 지니고 있을 때, 그 물체는 에너지를 가지고 있다고 말한다. 그런데 이 에너지는 매우 다양한 형태를 취하여 운동 에너지, 열 에너지, 중력 에너지, 전기 에너지, 화학 에너지 등으로 분류하여 형태는 다양하지만 일을 하는 데 사용될 수 있다"393)는 점은 동일하

---

390) 『지상천국의 이념』, 앞의 책, p.263.
391) 에너지↔소립자↔원자↔분자↔물질↔물체로서 물리학은 에너지가 물질로 변하고 물질은 에너지로 변한다는 것을 알았다(『과학시대의 불교』, 앞의 책, p.27). 즉, 특수 상대성이론의 중요한 결론 중 하나는 물체의 질량 m과 에너지 E는 m=E/c²(c=광속도)의 관계에 따라서 서로 교환된다는 것이다(질량-에너지 등가). 이러한 결론은 핵자(核子)가 결합하여 원자핵을 구성할 때 질량 결손을 비롯하여 많은 핵반응에서 검증된 사실로서, 특히 소립자의 생성과 소멸 등 에너지가 질량으로 변하고, 질량이 모두 에너지로 모양을 바꾸는 과정이 관찰된다. 또 에너지와 질량이 等價이면 물체의 운동 에너지가 증가할 때 그만큼 질량이 증가하는 것으로 된다.-『두산동아세계대백과사전』, 앞의 사전, 상대론적 효과 편.
392) 『춤추는 물리』, 앞의 책, p.294.
393) 『현대물리학과 동양 사상』, 앞의 책, pp.236~237.

다. "열·빛·전기 등의 각종 에너지는 자체 면에서 에너지의 다른 형태, 즉 화신된 각종 에너지는 형태가 바뀌어서 나타난 것이다."[394] 고대 그리스의 철인들이 주장한 4원소설에 의하면 "우주는 4원소의 결합과 분리가 영원히 반복될 것"[395]이라고 하였듯, 우리는 창조를 낳은 본질의 영원성에 대하여 물질세계의 변화무쌍한 생성성을 통하여 창조된 특성을 파악해야 한다. 처음부터 본질에 바탕을 둔 세계는 영원히 없어지지 않고 다만 변화할 뿐이므로, 그런 변화가 존재를 영원하게 하고 존재한 상태를 유지하기 위해 생성되었다. 어떤 물질이 고체 상태로 있다가 액체가 되기도 하고 기체로 변하는 데 대해 어떻게 보아야 하는가? 질량이 결코 소멸할 수 없다는 것은 진실로 본질로부터 창조되어서이다. 본질에 뿌리를 둔 관계로 존재한 상태가 태초 때부터 영원하다. 뭇 존재가 생멸하는 것은 당연하지만, 생멸해도 창조력이 살아 있어 세계가 영원하게 유지된다. 滅은 멸이 아니다. 본질이 있어 다시 生한다. 물질은 결코 소멸하지 않고 단지 형태를 달리할 뿐이라 "불변의 요소, 물질의 불변을 승인하는 근거"[396]는 하나님이 이룬 창조 말고는 어디에도 없다. 하나님이 命함으로써 영구히 변할 수 없게 되었다. 이것은 "우주에 있어서의 전체 에너지의 총량은 일정하며(열역학 제1 법칙), 전체 엔트로피는 끊임없이 증대된다(열역학 제2 법칙)는 사실을 통해서도 확인된다. 다시 말해 제1 법칙에 의해 에너지는 새롭게 생겨나거나 소멸되는 일이 없고, 원초 이후로 우주에 있어서 에너지의 총량은 일정하여 시간이 종언을 고할 때까지 변함없다. 열역학 제1 법칙은 에너지 보존의 법

---

394) 『과학시대의 불교』, 앞의 책, p.21.
395) 『화학의 역사』, 오진곤 편저, 전파과학사, 1993, p.40.
396) 『이 하늘 이 바람 이 땅』, 앞의 책, p.75.

칙이라고도 하며, 에너지가 새롭게 생겨나거나 소멸되는 일이 없지만 어떤 형태로부터 다른 형태로 바뀔 수는 있다."397)

그렇다면 열역학 제1 법칙, 즉 에너지가 영원히 보존되는 법칙과 어디서 새로 생겨날 수 없게 된 결정성은 무엇을 뜻하는가? 그리고 제2 법칙인 엔트로피 법칙은 물질과 에너지는 한 방향으로만, 즉 사용할 수 있는 것으로부터 사용할 수 없는 것으로, 혹은 이용할 수 있는 것으로부터 이용할 수 없는 것으로, 또는 질서화된 것으로부터 무질서화된 것으로 변화한다는 것인데, 엔트로피라는 용어는 열역학 법칙에서 나온 말로 "최초로 창안한 사람은 루돌프 클라우지우스398)이다. 그는 닫힌 계열(외부로 확산되어 있지 않은 반응 시스템) 속에서 에너지 레벨에 차이가 있으면 언제나 그 차이가 없어지는 평형상태로 향한다는 것을 발견했다."399) 그리고 세계에 있어서의 엔트로피(사용할 수 없는 에너지의 양)는 언제나 최대의 상태로 향하는 경향이 있다고 결론 내리고 열역학 제2 법칙을 공식화하였다. 엔트로피 증대는 사용할 수 없는 에너지의 증가를 뜻한다. 이처럼 열역학 법칙이 정해져 있어 에너지계가 소멸하거나 창조되는 일 없이 총에너지가 언제나 일정하다면, 에너지계는 과연 처음 어디로부터 창출된 것인가? 물질의 근간인 에너지가 이 같은 특성을 지닌다는 것은 물질이 창조된 것을 확실히 증거한다. 방정식은 드러난 식의 부분을 통하여 드러나지 않은 부분을 푸는 것인데, 열역학을 통하여 파악된 에너지 보존 법칙과 엔트로피 증대 법칙은 바로 천지가 창조되었을 때만 주어지는 결과이다. 제1 법칙에 의해 에너지가 저절로

---

397) 『엔트로피(Ⅰ)』, 앞의 책, p.22.
398) 루돌프 클라우지우스(Rudolf Clausius): 1822~1888, 독일의 물리학자.
399) 위의 책, p.25.

생성되거나 소멸될 수 없고, 다만 형태가 변하는 것이라면 최초 에너지는 어디서 생기는가? 에너지와 물질은 근본적으로 같다고 하는데 無에서 물질, 즉 에너지가 생성된다는 것은 열역학 제1 법칙 정의에 어긋난다. 그렇다고 창조주의 권능이 전격 문제를 해결했다고 할 수도 없다. "아무리 뒤집고 비틀어 보아도 엔트로피 법칙에 대해서 나아갈 출구는 없다."[400] 에너지는 만들어질 수도 파괴될 수도 없다. 지금 우리가 아는 필연적인 법칙은 어떻게 정해진 것인가? "영구 운동을 하는 기관을 개발하려는 시도 역시 실패로 끝난 것처럼, 無에서 에너지를 만들어 내는 일에 성공한 사람은 한 사람도 없다. 앞으로도 불가능하다."[401] 왜냐하면 지금의 세계상이 결정된 상태의 드러남인 탓이다. 자연의 질서 법칙은 불완전한 것에서 완전한 것으로 진화하지 않았다. 처음부터 불완전한 것은 아예 창조될 수 없다. 처음부터 완전한 통합성 본질이 분열하는 과정을 통하여 완성을 지향하였다. 그래서 창조가 현재의 우주에 관한 한 이미 종결된 역사라는 것은 사전에 통합성 바탕이 마련되었다는 뜻이고, 그로부터 분열을 시작한 탓에 결정성이 존재한 세계의 생성을 주도하였다. 즉, "자연계에서는 외부에서 에너지가 주어지지 않는 한 질서인 상태에서 무질서인 상태로 일방통행으로 진행하는 분열적 특성을 드러낸다. 또한 태초 이후로 우주에 있어서의 에너지의 총량은 일정할 수밖에 없고, 질량도 보존의 영구성이 동일하다. 우주를 있게 한 바탕 본질이 변함없고 양이 결정된 상태에서 분열 중인데, 어디서 결정된 결과를 변경시킬 수 있겠는가? 그래서 "에너지의 보존은 물리학의 가장 기본적인 법칙 중 하나이다. 모든 자연현상을 지배하고,

---

400) 『동양과 서양』, 앞의 책, p.107.
401) 『엔트로피(Ⅰ)』, 앞의 책, p.23.

법칙에 위배되는 현상은 관찰된 적이 없다."402) 오직 有함을 유지하기 위해 생성 중인 창조 본질의 뒷받침 탓이다. 에너지 소모라는 말을 쓰는데, 사실상 에너지는 소모되는 것이 아니다. 한 형태의 에너지에서 다른 형태의 에너지로 이동한 상태이다. 자연계의 전체 에너지는 정확히 보존된다. 그런데도 굳이 에너지 소모라는 말을 쓰는 것은 에너지의 이동이 일반적으로 비가역적이어서 유용한 형태의 에너지양이 일을 수행함에 따라 계속 감소한 탓이다. 그렇다면 유용한 형태의 에너지란 무엇을 말하는가? 원하는 방향으로 이용할 수 있는 에너지이다. 또 한 가지는 열역학 제2 법칙, 즉 엔트로피 법칙인데, 이 법칙은 물질과 에너지는 한 방향으로만, 곧 사용할 수 있는 것으로부터 사용할 수 없는 것으로…… 변화한다는 것이다. 그런데 문제는 우주의 모든 것이 체계와 가치로부터 시작하여 끊임없이 혼돈과 황폐를 향해 간다는 사실도 있지만, 어떻게 물질과 에너지가 처음 사용할 수 있는 것으로부터 시작했는가 하는 것과, 이용할 수 있고 질서 있는 것이 최초의 출발인가 하는 점이다. 처음 질서의 有함, 에너지의 有함, 열의 有함이 어떻게 주어진 것인지를 알지 못한 상태에서는 우주가 필연적으로 쇠퇴하는 것이란 우려를 금할 수 없다.403) 그러나 누구도 처음 질서의 완전함에 대해 그 이유를 말한 사람은 없다. 모든 결과는 바로 창조 역사가 비밀을 안고 있다. 곧, 통합성 본질 구축이 주된 원인이다. 통합성 본질은 창조를 위해 모든 것을 구비한 상태이거니와, 천지창조의 알파가 처음부터 완비된 상태이다. 그래서 분열하는 세계 안에서는 완전한 질서로부터 무질

---

402) 『현대물리학과 동양 사상』, 앞의 책, p.237.
403) 엔트로피 증대의 법칙: 예컨대 석유 에너지를 사용하면 물과 탄산가스로 변한다. 물질 에너지
    의 총량은 석유 에너지를 사용하기 전이나 사용한 뒤나 변함이 없지만, 에너지원으로서 보는
    경우 물과 탄산가스는 가치가 없다. 이처럼 무질서한 요소가 필연적으로 증대되기 마련이라
    는 법칙.-『우주의 역사』, 앞의 책, p.255.

서로 나가는 쇠퇴, 곧 우주의 멸망(열 사망-heat death)을 예측할 수밖에 없지만, 이런 실상을 떠받친 우주적 본질은 불변하다. 창조된 우주는 오히려 사망이 있어야(변화) 새로운 생성 질서를 창출할 수 있다. 우주는 완전함에서 무질서로 증대되지만 질서는 분열함이 더할수록 통합을 낳고, 통합은 영원히 창대할 새 질서를 창출하리라.

4. 물질의 분열성

통합성 본질이 창조를 이룬 바탕체이고, 생성이 창조된 세계를 유지하기 위한 메커니즘이라면, 분열은 만물로 하여금 만상의 모습을 이루게 한 구체적인 역사 과정이다. 통합성 본질은 분열되지 않으면 존재한 상태에 대한 인식이 불가능하고, 형태도 갖출 수 없다. 통합성 본질은 근본을 형성하는 과정에서 완성을 이루고자 한 의지를 발하였고, 그렇게 해서 통합된 본질은 창조를 가시화시키기 위하여 분열하였다. 하나님이 통합적인 본질 바탕을 마련한 것은 창조 목적을 세세하게 규합한 상태라 命을 통해 이것을 분열시킴으로써 삼라만상으로 형상화되었다. 그렇게 본질이 분열하여 만상을 이룬 것은 차원적이고 동시적이어서 그 시점을 현 시공간 안에서는 인식할 수 없다. 가능한 것은 분열하여 드러난 현 존재의 상태를 파악하는 것이다. 통합성 본질의 분열은 창조를 위해 마련한 창조 이전의 분열 시점이 있고, 하나님의 命으로 존재를 이루기 위해 생성하기 시작한 분열 시점이 있다. 이런 과정을 통해 통합성 본질이 만상을 위해 근본을 구축하였고, 이런 근본을 바탕으로 만물이 창조되었다. 통합성 본질로부터 비롯된 만물과 만상이 질적·양적·횡적·종적으로 분열하여 우주를 구성하였다. 분열 작용이 창조를 이루는 과정을 세분화시킨 탓에 하나님의 뜻이 충분히 반영되었다.

무수한 분열성이 무수한 창조성을 낳았는데, 이것을 알 수 있는 것은 무수한 개체들의 근본이 같다는 것과, 개체 안에서도 본질이 함께한 사실을 통해서이다. 만물은 서로 통하고 결국 동일하다는 것은 이미 논거를 제시한 바인데 개체 하나하나, 물질로 치면 입자 하나하나도 본질만큼은 통합성 상태로 존재한다. 太極의 분열을 상징하는 음양의 생성도 여기에 해당된다(유교).404) 곧, 음양은 통합성 본질이 현 시공간 안에서 존재한 양식이다.405) 太極은 본래 하나이고 분열해서 음양으로 나뉘었지만 음과 양은 서로 통하여 경계선이 없다. 음도 되고 양도 되는 것이 太極의 생성 원리이다. 대립적인 양극 관계가 아니다. 원래 하나인 통합성 본질이 분열하여 양의된 것이라 경계가 없고 형태가 없는 무한한 본질이 세계 안에서 구축한 존재 양태이다. 생성이 분열하는 힘으로 만물을 분화시킨 추진력을 발휘한다. 그렇게 해서 발생한 힘이 有함 체제를 유지시켰다. 곧, 존재를 현실화시켰다. 오늘날 물리학이 발견한 성과 중에는 구축한 존재 상태에 따라서 "반물질인 쌍을 가지고 있다는 것이 확인되었다. 즉, 음전자는 질량과 모든 속성이 모두 같지만 반대의 전하를 가진 양전자와 한 쌍을 이루며, 이 정반물질(正反物質)의 쌍이 서로 만나면 소멸한다."406) 사람은 남자와 여자로 구성되는데, 그것은 대립적인 것이 아니다. 서로 통하고 합해야 존재가 완성된다. "모든 입자에

---

404) 太極(Supreme Ultimate)이란 우주 만물의 생성과 변화의 근본 원리로서 陰(yin)과 陽(yang)의 조화를 의미하며, 太極이 陰과 陽으로 나누어지고, 이것이 다시 사상(四象), 8괘, 64괘, 삼라만상으로 갈라졌다.
405) 통합성을 이룬 한 본체[太極]의 양극성인 음양은 창조 세계에서 본질이 양의된 존재 양태, 분화됨으로써 성립된 본질적 존재 상태이다.
406) 『새로운 과학과 문명의 전환』, 앞의 책, 역자 서문.

도 같은 질량과 음전하를 가진 반입자가 존재한다."407) 통합성 본질이 분열하여 이룬 양극적인 존재 양태가 결국은 만상을 존재하게 한 메커니즘이다.

다음으로 천지가 통합성 본질로부터 창조되었고 분열 작용으로 만상을 구축한 사실을 확인할 수 있는 것은 존재를 이룬 궁극 입자 역시 끝없이 분열한다는 데 있다. 하나인 근본[太極]이 분열하여 양의된 이유는 때가 되어 창조의 원동력을 밝혔을 때 알 수 있었다. 세계수의 뿌리가 묻혀 있는 상태에서는 궁극적인 실체를 유추할 수밖에 없다. 이에 현대물리학이 조건을 갖추고 실체를 규명하기 위해 주도적인 역할을 담당하였다. 즉, 고대 그리스시대로부터 과학자들은 우주를 구성하는 기본 단위를 아주 작은 입자로 가정하였는데,408) 드디어 사실 여부를 확인할 수 있는 과학기술의 발달이 현실화되었다. 소립자란 더 이상 쪼개지지 않는 입자, 곧 궁극 입자란 뜻인데, 그런 입자를 파고 들어가 보니까 가정했던 입자가 존재하지 않았다는 데 문제가 있다. 현대물리학이 추진하여 탐구한 결과로서는 물질의 기본적인 구성체라는 것이 더 이상 유지될 수 없다는 것을 거듭 보여 주었다. 지난날은 원자 구조를 전자에 의해 둘러싸인 몇몇 핵에 의하여 설명하고 마침내 핵의 구조는 양성자와 중성자라는 두 개의 핵 요소로 구성된 것으로 알았는데,409) 그 때마다 입자들은 그것 자체가 복합적인 구조란 정체를 나타내었다.410) "물질은 분자로, 분자는 원자로, 원자는 원자핵과 전자로, 원자핵은 중성자와

---

407) 『현대물리학과 동양 사상』, 앞의 책, p.214.
408) 데모크리토스는 물질의 절대적이고 더 이상 나눌 수 없는 기본 단위를 설명하기 위해 아토모스(atomos)란 말을 만들어 냈다.-『아인슈타인을 넘어서』, 미치오 가쿠·제니퍼 트레이너 공저, 박영재 역, 전파과학사, 1993, p.17.
409) 원자와 핵, 그리고 강입자들이 차례로 기본적인 입자들이라고 여겨짐.
410) 『현대물리학과 동양 사상』, 앞의 책, p.335.

양성자로, 이들은 또다시 소립자로 구성되어 있다는 것이 현재의 과학자들이 알고 있는 전부이다. 그렇다면 소립자는? 현대물리학의 이 같은 추적은 결국 물질의 기본적인 단위로서 규정한 소립자란 개념을 폐기해야 한다는 사실을 말할 뿐이다. 소립자가 현재 2백 개 이상 발견되고 있다.[411] 따라서 근본적인 의문은 물질이 거듭 분해될 수 있는 것인지, 아니면 결국 어떤 최소의 불가분적 단위에 도달할 것인지에 대해 아무도 정답을 확인할 수 없다.[412] 왜 그러한가? 소립자가 무한 실체로 분해되는 것이 그러하듯, 분열성을 추적한 인식적인 측면에서도 그러하고, 개발할 수 있는 기술적인 측면에서도 그러하듯, 분열성의 끝을 찾는다는 것은 결국 불가능하기 때문이다. 궁극적 실체는 궁극적일 수밖에 없는 통합성 본질로부터 무한하게 분열하여 나왔다. 천지가 헤아릴 수 없는 본질로부터 분열된 탓에 그 역순도 헤아릴 수 없는 분열을 통해 본질에 도달한다. 이처럼 입자의 무궁한 분열이 창조 역사를 증거한다. 왜 분열 작용이 무궁한가? 무궁성을 이룬 차원성, 그 본질로부터 창조되어서이다. 입자가 무궁하게 분열하는 것은 창조 사실의 확고한 근거이다. 분열의 끝은 무한에 있고 무한의 끝은 창조 역사의 실현에 있다. 수학자 칸토어[413]는 부분이 전체와 개수가 같은 것이 무한이라고 정의했다. 즉, 끝이 없다는 뜻이다. 또한 천지는 분열된 알파와 오메가가 통합성 본질로부터 비롯되었고, 창조력이 미래로부터 연결되어 있어 분열이

---

411) 실험적 측면에서 물리학자들은 실험 기술을 높이고 입자 탐색을 위한 새롭고도 정교한 고안을 해 나감에 따라서 새로운 입자들을 발견하게 되었다. 그리하여 1935년까지 발견된 소립자의 수는 3개에서 6개로, 그다음 1955년까지는 18개로 늘어나게 되었고, 오늘날 우리는 2백 개가 넘는 소립자를 알고 있다.-위의 책, p.91.

412) 베르너 하이젠베르크: "실체의 점점 더 작은 단위들을 발견함으로써 우리는 실체를 이루고 있는 기본 단위 또는 더 이상 쪼갤 수 없는 단위들에 도달한다는 것이 아니라, 그렇게 쪼개는 일이 더 이상 무의미해지는 지점에 도달하게 된다."-「현대물리학이 발견한 창조주」, 앞의 책, p.213.

413) 칸토어(Georg Cantor): 1845~1918, 독일의 수학자.

무한하다. 입자 하나가 통합성인 전체로부터 분열되었고, 전체인 우주가 하나인 통합성 본질로부터 분열되었으니, 공통된 분열적 특성이 결국 창조를 증거한다. 소립자는 왜 자체 지닌 개념에도 맞지 않게 무한성을 지향하는가? 그 방향, 곧 분열의 궁극성이 우주 안에 있다. 소립자의 궁극적인 분열로 우주가 생겨났고, 우주의 무궁한 분열이 무한한 우주를 낳았다. 이것은 비단 물리학자들이 탐구한 입자에만 적용된 특성이 아니다. 그들은 "전자의 질량과 전기량이 어떻게 무한대가 될 수 있는가"를 기묘하게 생각하였다.414) 수가 지닌 분열의 무한성이 그러하고, 무한한 우주를 향해 눈을 돌리면 더욱 그러하다. 이처럼 무한한 우주의 분열 모습이 창조로 인해 형성된 우주적 실상이다.

5. 물질의 명화성

고전물리학의 결정론적 세계관에 대해 기반을 다진 뉴턴은 "우주는 神이 태초에 태엽을 감아 놓은 거대한 우주 시계와 같다"고 생각했다.415) 神의 손에는 영원 전부터 작동하고 있는 시계가 쥐어져 있으며, 아무도 그 시계를 정지시킬 수 없다. 그리고 뉴턴의 세 가지 운동 법칙에 따라 똑딱거리고 있다. "모든 결과에는 반드시 합당한 원인이 존재해야 하고, 원인에는 이유가 있어야 했다. 그래서 미래는 과거의 결과로 결정되고, 누구도 세상에 변화를 줄 수 없는 것처럼 보였다."416) 모든 결과와 생각 하나라도 영원 전에 있었던 최초

---

414) 『두산동아세계대백과사전』, 앞의 사전, 소립자론 편.
415) 『아인슈타인을 넘어서』, 앞의 책, p.63.
416) 인과율(*law of causality*): 어떠한 결과는 반드시 그 결과 이전에 원인이 있다. 그런데 이 인과 관계는 필연적 법칙 아래서 이루어진다고 보아 이것을 인과율이라고 한다.

의 원인에 따라 일어난다. 모든 것은 神의 뜻대로 결정되어 있고, 자유의지를 가진 것은 아무것도 없다. 이것이 곧 결정론적 세계관이다.417) 그런데 이런 관점이 현대물리학의 상대성원리와 양자역학에 의해 악몽의 결정론, 결정론의 몰락이란 말이 대변하듯, 고전물리학이 터 닦은 이론적 기반을 무너뜨렸다. 그런데도 현재의 세상이 여여한 것을 보면 변한 것은 인간이 이해한 제반 물리 현상에 대한 관점일 뿐이다. 각자가 세상을 판단한 측면뿐이라, 달라진 것은 하나도 없다. 도대체 무엇을 어떻게 보았기에 상반된 견해를 가졌는가? 물질의 창조성과 명화성을 통하면 대별할 수 있다. 물질세계는 무형인 본질로부터 구축된 관계로 본질적인 요소를 지녔고, 그로부터 세계가 결정되었다. 이에 현대물리학은 발달된 과학기술을 통해 물질의 궁극적인 실체 현상, 곧 물질의 본질성을 엿보았고, 고전물리학은 그렇게 해서 결정된 결과 세계를 본 차이이다. 이런 관점이라면 결정론이든 본질론이든 각자가 본 실상 세계는 그대로 진실한 것이며, 악몽을 꾸었거나 벽돌 하나라도 허물어진 것은 없다. 따라서 물질의 명화성은 본질에 근거한 창조성과 대비하면 특성이 더욱 뚜렷이 부각된다. 또한 결정성을 이룬 원인, 즉 본질적인 특성을 밝혀야 진리성 여부를 가늠할 수 있다. 그만큼 명화성은 창조 사실을 입증하는 결정적인 판단 기준이다. 천지가 하나님의 命 없이 이루어진 것은 없으므로 命의 작용, 곧 창조의 결정적인 작용이 미치지 않은 곳 역시 없다. 결정성을 이룬 근거는 창조를 위해 마련된 통합성 본질에 있거니와, 적용된 생성과 분열이 세계를 필연적인 인과관계(결정성)로 엮어 놓았다. 단지 고전물리학의 결정성과 바탕체인 본질성과는 차이가 있는데, 이것을 구분하는 것이 중요하다. 전자는 지금

417) 『이 하늘 이 바람 이 땅』, 앞의 책, p.94.

과 미래에 일어날 모든 일들이 과거에 이루어진 결과로 보고 "우주의 현 상태를 과거의 결과로, 그리고 미래의 원인으로 판단"[418]한 반면, 후자는 만상을 이룬 원인과 결과가 동시에 함재된 것으로 본 데 있다. 이 같은 차이를 지닌 통합성 본질이 만상을 창조한 탓에 본질의 분열성을 모르면 과거가 존재 현상의 원인인 것처럼 보이지만, 사실은 통합성 본질에 근거한 命化 작용이었다. 따라서 존재 자체만 두고 본다면 과거가 현재를 결정한 요인인 것처럼 보이지만, 사실은 분열성을 지닌 통합성 본질의 생성이 결정적 요인으로 남아 있었다.[419] 점괘를 통해 미래의 일을 예측하는 것은 도래하지 않은 미래 질서가 앞서 결정되어 있다는 뜻인데, 객관적인 확인이 어려워 신비주의로 넘겨 버렸다. 운명은 타고난다고 하지만 현실의 삶을 통해 개선할 수 있는 여지를 남기는데, 물질은 분열 작용이 곧바로 결정성을 발휘하여 존재 법칙, 물리 법칙, 자연 법칙화되었다. 물리 법칙은 명화성과 결정한 창조성의 원리 자체이다. 자연의 법칙은 창조가 규정한 결정성이다. 세계는 창조 역사로 인해 생성된 결과물로서 물리적인 법칙이 결정된 이유도 여기에 있다. 그래서 물리 법칙은 모든 有함을 유지한 결정성으로서 명화성을 입증한다. 세계는 결코 한꺼번에 드러날 수 없는데,[420] "물질이 1차적이고 시원적이라고 본 유물론적 관점도 있지만",[421] 그렇게 존재한 물질의 이면에는 제반 결정성을 관장한 통합성 본질이 있었다. "데카르트는 일체 사물의 움직임을 수동성으로 돌렸다."[422] 본성이 분열 중인 질서는 결정성

---

418) 위의 책, p.95.
419) 통합성 본질의 아직 드러나지 않은 부분이 지금 우리가 판단하는 미래로 남아 있다.
420) 씨는 곧바로 열매가 될 수 없다. 성장의 과정, 즉 본질이 생성하고 분열하는 과정을 거쳐야 함.
421) 『철학 다이제스트』, 앞의 책, p.18.
422) 『의학의 철학』, 앞의 책, p.180.

을 지니고 있어 수치로 표현하고, "피타고라스는 수학이 자연을 기술하는 언어일 뿐 아니라 자연 자체에 내재하는 것으로 믿고 만물은 수라고도 하였다."423) 그런데 그 엄밀성, 질서성, 인과성, 결정성이 통합성 본질의 분열에 기인한 것이라 천지는 본질로부터 창조된 것이 확실하다. "과학은 아무도 반증을 하지 못한 경험적 사실을 근거로 한 보편성과 객관성을 인정한 지식 체계이지만",424) 이면에 있는 궁극적 원인을 보지 못한 한계가 있어 "물리적 기원인 양자물리학이 모든 시공간과 물리 법칙이 사라지는 특이점을 설명하지 못한 난관에 봉착하였다."425) 결정적·필연적·인과적인 물리 법칙이 사라지고 형성된 시점, 즉 물리 법칙이 아예 존재하지 않는 시점이 있었다고 하는 가정이다. 그런데 그런 상태가 특이점으로부터 비롯되어 제반 법칙이 결정적인 인과율의 지배를 받고 있다는 것은 특이점 이전의 존재 상태를 다시 생각나게 한다. 물리량으로 추측하여 엄청난 에너지의 고압체로 생각되는데, 가능하게 한 氣的 에너지가 응축된 통합성은 정말 상상할 수 없는 무한대 에너지를 분출시킨다. 그 힘이 전 우주를 존재하게 하였다. 영원성은 미래가 有限 상태로 이미 결정되어 있어 현재가 확실하게 有함을 보장받고 있다. 우주가 예정되어 있다는 것은 인과에 대한 신념, 즉 통합성 본질로부터의 분열이 없다면 상상할 수 없다. 그래서 라이프니츠는 "논리적인 필연성이 물리적 사건들의 배후에 작용하고 있다"426)라고 하였는데, 이것은 사실상 命化로 인한 통합성 본질의 결정성이다. 그렇기 때문에

---

423) 피타고라스(Pythagoras, B.C. 580~500): 만물은 無限한 것과 有限한 것이 종합하여 생성하는 것이니, 이것은 數의 기우(奇偶)가 결합하여 변화하는 것과 동일한 원리라고 하였다.-『우주변화의 원리』, 한동석 저, 행림출판, 1996, p.48.
424) 『두산동아세계대백과사전』, 앞의 사전, 과학 편.
425) 「증산도사상과 외계문명의 연관성」, 박종우, PC통신 유니텔.
426) 『과학의 발전과 함께 새로운 철학이 열리다』, 앞의 책, p.189.

결정성은 주어진 결과보다 앞서 있어 "이미 정해진 길을 따라 변경이 불가능한 미지의 상태를 향해 서서히 풀려 가는 시계 장치처럼 보였다."427) 사물이 갖춘 본래의 규정성이 하나님이 이룬 창조성, 즉 명화성이라는 것을 알 때 만인은 주어진 결정성을 통하면 천지가 창조된 사실을 확인할 수 있다. 케플러는 만유인력이 행성 간에 작용한 사실을 몰랐지만 행성이 움직이는 궤도의 법칙을 발견하였듯, 인과적인 자연 법칙이 어떻게 해서 주어진 것인지는 몰라도 세상의 필연적인 이법성을 간파할 수 있으며, 창조된 본의에 입각하면 세상 법칙과 이법이 바로 명화성이 엮어 낸 인과관계였다는 것을 안다. 창조력과 섭리력과 명화성이 보이지 않는 실로 엮인 인드라망이 되어 대우주의 운행 법칙을 결정하였다. 세상 이법으로서, 혹은 물리 법칙으로 구축되었다.

창조 역사를 실현한 명화성이 천지를 이룬 작용의 근간이 됨으로써 본질 안에서 목적성, 계획성, 의지성을 반영한 온갖 이법을 구축하였고, 사물 안에서 바탕 된 본질로 내재됨에 있어서는 창조된 대상으로서 물질적인 특성을 이루었다. 원자의 기계적인 안정성과 물질다운 견고성을 부여하였다. 창조된 대상은 命이 이룬 결정성 탓에 초월할 수 없는 한계가 있는 반면, 통합성 본질 안에서는 상호 관통되고 융합되어 4차원적인 세계를 이룬다. 세계 안에서 "공간과 시간을 포함한 모든 측정은 상대적일 뿐만 아니라 시간의 전 구조는 우주 안에서 물질의 분포에 따라 결정된다."428) 중력은 시공간을 휘어지게 하는 결과를 낳고, 공간의 만곡이 그 질량체의 중력장에 의해 일어난다는 사실 등은 바탕 된 본질과 구분된 창조의 결과적 특성을

---

427) 『현대물리학이 발견한 창조주』, 앞의 책, p.201.
428) 『현대물리학과 동양 사상』, 앞의 책, p.78.

나타낸다. 시간과 공간과 물질이 상호 연관되어 있고, 서로 영향을 미치며, 상호 관련성이 필연적이라, 명화성은 그대로 만물의 제반 특성을 결정하였다.

제9장 우주의 창조 증거(1)

1. 우주론

　인간은 사고할 수 있는 최고의 존재자로서 드넓은 우주 세계를 가늠하고 있다. 우주는 세계를 둘러싼 공간을 뜻하지만 천문학에서는 천체를 비롯해서 만물을 포용하는 물리학적 공간을, 철학에서는 질서 있는 통일적 세계를 지칭하기도 한다.429) 어찌 되었든 직접 판단하는 有한 실상인 것만은 틀림없다. 그렇지만 우주가 정말 무엇인가를 알기 위해 주위를 살펴보면 막상 발밑에 밟히는 돌멩이 하나조차 파악하기 쉽지 않다. 하물며 시공간적으로 무한한 저편 끝에서 반짝이는 별들의 정체는 무엇이고, 하늘 위에 떠 있는 태양이 어떻게 존재한 것인지를 추적하는 문제는 더욱 난감하다. 하지만 우주는 어떻

---

429) 『동아 새국어사전』, 동아출판사, 1995, 우주 편.

게 창조되었는가? 우주의 저 끝에는 무엇이 있는가? 시간이 시작되기 전에는 무슨 일이 있었을까? 우주는 무엇으로 구성되었고, 어떻게 움직이고, 무엇이 우주를 움직이게 하는가? 도대체 어떤 힘이 우주를 만들었는가? 사람은 하늘을 보면서 상상으로나마 이런 의문에 대해 머리를 짰고 철학적·과학적인 탐구 과정을 거쳤지만, 유사 이래 아직도 계속 풀어야 하는 과제로 남아 있다. 해결하기가 어려운 만큼이나 고대로부터 엮어 나온 우주론은 신화적인 구성 체계로부터 다양한 상상력을 발휘한 흔적들이 농후하였다. 현대의 천체물리학자들이 설정한 우주론도 사정은 마찬가지로서 끝 간 데를 알지 못한 상태에서는 확실한 기반을 다질 수 없었다. 알고자 하면 할수록 끝이 없고 이해하기 어려운 의미만 더할 뿐이다. 이런 여건이지만 인류는 그 나름대로 확보한 안목을 통하여 우주를 바라보았는데, 고대 바빌로니아의 창조 설화인 에누마 엘리시에 따르면 "세계는 액체 상태의 카오스(혼돈)에서 시작되었다. 시간이 지나면서 천천히 흘러 나온 진흙에서 라무와 라하무 神이 창조되었다. 두 神이 함께 몸을 뻗자 지평선을 이루는 거대한 고리가 되었다. 고리 위편에서는 하늘이 자라나고 아래편에서는 땅이 만들어졌"고 하였다.430) 이런 이야기를 사실로 받아들이라고 한다면 믿을 사람이 없겠지만, 신화로서 지닌 상징성을 이해한다면 우주 창조에 대한 직관이 번득인다. 현대에 있어서도 고대인처럼 우주의 신비를 파헤치기 위해서는 어차피 두 神으로 상징되는 라무와 라하무, 즉 거시세계를 뒷받침하는 천체물리학과 미시세계를 뒷받침하는 양자역학이 함께하여 생성된 메커니즘을 밝혀야 파묻힌 비밀을 파헤칠 수 있다. 상상력을 더한 신화이지만 결코 동떨어지지 않은 진리성을 내포하였다. 이러한 상

---

430) 『생명과 우주의 신비』, 앞의 책, p.33.

상이 우주와 교감한 종교 영역에서 각종 우주론으로 탄생하게 되었다. 그중 동양에서는 우주의 생성성에 대한 본질적 측면을 간파하여 우주의 기원이 無始無終하다고 하였다. 즉, "우주는 공간과 시간을 말하는 것으로서 천지의 물질들이 내재하여 있는 공간을 宇라고 하고, 가고 오는 것(往古來今), 곧 천류(遷流-흐르는 것)를 宙라고 하였다. 우주 간에 있는 뭇 별들과 태양계와 물질, 혹은 비물질까지도 시간 사이에서 생멸하는 천태만상이지만, 이들을 모두 내포하고 있는 것이 우주이다. 지극히 큰 것[極大]은 테두리[邊]와 겉[表]을 볼 수 없어 한계와 끝이 없는 것을 宇라고 하고, 과거의 시작이 없고 현재의 머무름이 없고 미래의 끝이 없는 것을 宙라고 하였다. 이런 우주론 때문에 제행무상(諸行無常), 부증불감(不增不感), 무결무여(無缺無餘), 불구부정(不垢不淨), 불생불멸(不生不滅)"431) 같은 창조적 특성을 엿볼 수 있었다. 우주라는 의미를 중국 문화 속에 깊이 심은 것은 도교인데, 사찰에 해당하는 관(觀)의 기둥에는 '우주'라는 글자가 새겨져 있다. 그리고 여기서의 우주에 대한 의미도 우주에 시작 따위는 없음을 뜻한다. "궁극적인 道에는 시작도 끝도 없다. 시작이 있다면 시작 전에도 시작이 있어야 한다. 아무리 가도 끝이 없다. 道는 영원한 것이며, 시간도 공간도 무한하다."432) 그렇다면 무한은 또 어디서 온 것인가? 궁극적 의문은 항시 꼬리를 달고 있다. 동양은 전반적으로 우주의 본질이 무한하다고 여긴 바탕적 측면을 보았는데, 창조 본질은 하나님의 몸 된 본체 외에도 작용적인 측면, 즉 의지적 측면이 있다. 이 같은 영역을 담당한 것이 서양의 기독교란 종교이다. 태초 이전부터 영원하고 무한하고 완전무결한 하나님이 우

---

431) 『불교에서 본 인생과 세계』, 앞의 책, pp.52~53.
432) 『아인슈타인의 세계』, 앞의 책, pp.100~101.

주를 창조하였다고 하였다. 그러나 하나님이 창조하였다고 해도 지금까지 품어 온 우주에 대한 의문을 모두 풀기 위해서는 다양한 진리적 요구, 즉 "어떻게"에 해당한 창조 과정과 메커니즘을 밝혀야 하는데, 기독교는 이런 문제에 대처하지 못하여 창조론을 완성하지 못하였다. 당연히 이방인들은 神이나 조물주가 어디에 있고, 어떻게 존재하며, 무엇을 근거로 해서 창조된 것인지 질문을 던졌다. 그리고 이런 문제에 대해 답하지 못하는 한 神은 존재하지 않는다고 판단할 수 있다. 천지는 저절로, 자연적으로 이루어진 것이라느니, 발생된 메커니즘을 애써 인위적으로 구축하기도 하였다. 즉, 다윈이 세운 진화론처럼 천지우주가 자체 조직화된 체제로 존재하게 되었다고 본 것이 우주진화론 관점이다. 神의 창조 역사를 전제 조건으로 세웠지만 시원스럽게 해결하지 못하여 지성들이 객관적인 학문 탐구 방법을 채택하였다. 그들은 우주의 모습을 "태양계, 은하계 및 은하 우주처럼 계층화되어 있다고 보았고, 헤아릴 수 없는 천체를 구성한 물질은 분자·원자·원자핵들이며, 이들은 더 기본적인 입자들로 구성되어 있다. 계층화되고 다양화된 우주의 모습은 고에너지의 빛(광양자)으로 형성된 바다 안에 물질(소립자)들이 용해된 고온, 고밀도의 초기 상태로부터 출발하여 대략 1백 수십억 년의 역사 안에서 우주가 형성되었다고 한 팽창우주론, 곧 우주진화론을 세웠다."433) 우주의 탄생과 시원을 대폭발에 둔 빅뱅(Big Bang) 이론은 정말 그것을 뒷받침한 열복사선이 우주 도처에 존재한다는 사실을 확인한 물리적 증거로 인하여 현재 가장 신빙성 있는 이론으로 받아들여지고 있다.434) 그러나 문제는 이것만이 끝이 아니라는 데 있다.

<hr />

433) 『무한과 유한』, 앞의 책, p.156.
434) 미국의 천문학자인 에드윈 허블(Edwin Hubble)은 먼 은하계들을 자세하게 연구하여 우주가 거대한 폭발처럼 진짜로 팽창한다고 결론지었다. 우주는 진화하고 있다.-『우주의 암호』, 하인

우주의 탄생점 이전에 대폭발을 있게 한 상태는 어떠했을까? 이 시기는 현대 과학이 도저히 설명할 수 없는 한계점이다. "시간의 흐름이 정지하고 공간의 부피 개념이 소멸된 상태"[435]일진대, 그것은 그렇게 정의한 과학 때문에 오히려 파악할 수 없는 불가지 영역이 되어 버렸다. 어떤 메커니즘을 세우고 과학적인 방법론을 동원해도 그런 시도로서는 한계가 있다.

우주는 이런 것이라고 생각한 가설을 조직화한 우주론이 난무하지만 이론을 확인할 수 있는 대상인 우주가 너무 거대하여 확인하는 데는 어려움이 있다. 어떻게 우주를 인간의 연구 대상으로 삼을 수 있는가? 무엇을 근거로 우주가 진화되었다는 것을 증거할 수 있는가? 인류는 우주의 신비를 밝히고자 하는 노력에도 불구하고 여전히 원론적인 문제와 맞닥뜨렸다. 그러므로 우리는 한 번 더 지나 온 길을 돌이켜 보고 풀지 못한 원인을 점검해야 한다. 주된 문제가 바로 우주를 창조한 하나님의 본의를 자각하지 못한 탓이라는 점을 지적하거니와, 창조된 사실과 동떨어져서는 어떤 경우에도 문제를 풀 수 없다는 점을 확정 짓는다. 우주가 진화되었다면 창조는 영원히 증거할 수 없겠지만, 창조가 사실이라면 이 연구는 반드시 우주적인 문제를 해결할 수 있다. 지난날은 조건이 미비하였지만 세상 자체는 창조 역사를 증거할 수 있도록 일체 과정을 충실히 엮어 나왔다. 창조 역사가 믿음만으로는 부족함이 크다는 사실을 그동안 노력한 다양한 시도를 통해서 보면 알 수 있다.

에드거 앨런 포는 영감 어린 직관으로 저술한 『유레카』를 통해 최신 우주론을 방불케 한 생각들을 밝혀 우주의 기원을 해명하고자 하

즈 페이젤스 저, 이호연 역, 범양사출판부, 1992, p.57.
435) 『이 하늘 이 바람 이 땅』, 앞의 책, p.136.

였는데,436) 이것은 동양의 우주론이 그러하듯, 우주의 진실성과 통하기는 하지만 증거하기는 어려운 문제를 내포하였다. 또한 근대에 발흥된 여러 신흥 종교들도 교리를 구축하는 과정에서 최신 우주론을 수용하여 새롭게 해석한 흔적들이 농후한데, 정작 창조를 있게 한 메커니즘은 세우지 못하였다. "지금까지 밝힌 우주에 대한 연구는 놀라움과 거대함과 형태의 풍부한 다양성, 그리고 조화롭고 교묘한 상호 연관성, 어떤 것보다 동질적인 단일성 등을 특성으로 하고 있다. 우리가 감지하는 물질세계를 구성한 대상과 계(system) 중 그 무엇도 우주가 시작될 때 존재하지 않았다는 사실과, 우주의 다양성과 복잡성이 대폭발을 기원으로 하여 생겨났음"을 긍정하였다.437) "우주는 시초에 경계를 가지지 않았고, 자급자족한 전체로서 하나님의 창조 없이도 자체로 존재하였다"고 주장되었다.438) 그저 존재한다는 것, 진화론은 차원적인 化의 문제는 단순하게 그저, 혹은 우연이라고 하였지만, 이런 비논리성보다는 차원성에 의한 化적 메커니즘이 훨씬 합리적이다. 그래서 종교 영역이 우주의 창조 본질에 대해서 얼마나 깊이 있는 통찰력을 지녔는가 하는 것은 그렇게 주장한 우주론이 판단 척도가 된다. 현대의 과학자이건 동양의 覺者이건 종교인이건 그들이 밝히고자 한 것은 결국 창조 역사를 실현한 우주적 본질인데, 여기에 대한 모습은 쉽게 드러날 수 없고, 분열조차 완료되지 못해 온전한 지혜를 제공받지 못했다. 그러니까 선현들이 파악

---

436) 우주는 하나의 공과 같은 물체로부터 시작되었는데, 그것이 폭발해 퍼짐으로써 별들이 생겼다(빌럼 드 지터의 팽창 우주론이 발표된 1917년보다 70년이 앞섬). 또한 포우는 언젠가 우주는 다시 중심을 향해 붕괴되어 결국엔 소멸한다고 주장했는데, 현대의 빅뱅 이론에 따르면 우주는 대폭발로 인하여 팽창 속도가 탈출 속도보다 느린 탓에 언젠가는 어떤 한계치에 이르렀다가 다시 수축하여 중력이 붕괴하는 별, 즉 블랙홀(black hole: 고밀도에 의하여 생기는 重力場의 구멍)로서 일생을 끝내게 된다고 하였다.

437) 「증산도사상과 외계문명의 연관성」, 앞의 논문.

438) 위의 자료, 같은 면.

한 形而上學적인 道가 만물과의 연관성을 시사했지만 입증하지 못하였고, 이것은 물리학자들이 우주의 궁극적 실상을 추적하였지만 창조 메커니즘을 찾지 못해 실패한 것과 같다. 지성들은 펼쳐진 세계상을 보고 나름대로 진리성을 인출하였지만, 추구한 본질은 결국 천지가 어떻게 창조되었는가를 밝히는 데 있었다. 이제 바야흐로 창조된 본의를 자각하면 나와 함께한 삼라만상과 우주가 창조된 사실을 확실히 증거할 수 있다. 하지만 세상을 둘러보면 너무 제한된 요소들이 많다. 인간은 오늘날 겨우 제일 가까운 달에 첫발을 내디딘 수준으로서 우주에 비한다면 아무것도 아니다. 우주를 마음대로 넘나들어야 하는데, 어떻게 해야 하는가? 수많은 세월에 걸쳐 진화한 것이라면 불가능하지만 창조된 것이라면 오히려 가능하다. 본질을 함재하고 있어 본질을 통하면 억겁에 걸친 생성 시공을 초월할 수 있다. 무한한 우주는 창조된 탓에 중력이 지배하는 물리적인 시공간으로 구성되어 있지만, 뒷받침한 본질은 이런 장애를 초월한 특성을 지녔다. 최초 우주가 대폭발로 풍선처럼 갑자기 수 초 동안에 1조 배쯤 커졌다고 보는 것은 지극히 과학적인 이해인데, 이런 현상을 초월해 있는 본질은 그 같은 물질적인 작용력이 아예 문제 되지 않는다. 우주가 무량할수록 그것을 내포한 우주적 본질은 더욱 무량하며, 우주를 존재하게 한 하나님의 혜량은 더더욱 가없다. 결국은 본질 안의 우주, 이것이 우주가 지닌 궁극적 실상일진대, 본질을 통하면 우주를 있게 한 모든 비밀을 풀 수 있다. 진실로 우주를 알기 위해서는 우주가 함재한 무궁한 시간과 광대한 공간을 넘나들어야 하지만, 본질은 여기에 대해 아무런 걸림이 없다. 최고로 빠른 빛도 거대한 우주공간 안에서는 지극히 제한적인데, 전체를 뒷받침한 본질은 이 같은 우주공간을 초월해 있다. 본질은 일체 비밀을 내포함과 동시에 궁극적인 해답을 함께 지녔다.

그렇다면 그 비밀의 고를 어떻게 풀 것인가? 역시 생명의 창조 증거가 그러하고 물질의 창조 증거가 그러하듯, 하나님이 창조 이전에 구축한 통합성 본질이 생성하고 분열한 메커니즘을 통하면 해결할 수 있다. 또한 하나가 전체를 이루고 전체가 하나를 이룬 본질로부터의 창조 역사는 티끌 하나로부터 우주에 이르기까지 예외가 없다. 하나가 우주를 이룬 데 통합성 본질의 극적인 창조력이 있어 먼지 같은 미세 입자를 통해서도 추적할 수 있다. 우주는 혜량할 수 없는 무궁함 자체이지만 이곳에 존재한 나와 삼라만상 일체는 태초로부터 말미암은 창조 역사의 결과물인 탓에 모래 한 알도 우주에 관한 정보를 담고 있다. 존재한 나는 곧 우주 자체이다. 자신 안에 우주가 있다는 것이 창조가 지닌 대비밀이다. 우주는 창조된 바탕 본질과 통한다. 하나님이 나를 창조한 이상 우주를 창조한 비밀의 문을 열 열쇠 역시 나 자신이 쥐고 있다.

2. 우주의 무한성

대폭발 이론의 가장 두드러진 특성은 우주의 탄생 문제를 설명한 데 있다. "현재 관측한 은하가 지구로부터 후퇴하는 속도를 기준으로, 즉 우주의 평균 팽창률을 근거로 과거 모든 물질이 한 점에 모여 있었던 때까지의 시간을 환산하면 대략 2백억 년이 된다."[439] 하지만 동양의 선현들은 우주의 시원이 시작도 없고 끝도 없다고 하였고 (無始無終), 그것은 우주가 영원 전부터 존재한 본질로부터 창조된

---

439) 『이 하늘 이 바람 이 땅』, 앞의 책, p.136.

것을 뜻한다. 그러니까 우주가 무형인 본질로부터 창조된 시점은 분명히 있지만, 가늠한 바대로 1백억 년, 2백억 년, 아니 더한 시간 개념도 그것은 인식상의 혜량일 뿐, 우주의 창조 시원은 영원에 영원을 더한 본질로부터인 탓에 무한하게 여겨질 따름이다. 시간과 공간은 통합성 본질이 분열한 순간부터 존재한 것으로서 수치상의 시원은 큰 의미가 없다. 세계 안에서 시원에 대한 인식은 불가능하며 창조된 이상, 세계는 영원한 생성만 있다. 우주는 하나님의 몸 된 본체로부터 연원된 것일진대, 우주의 무한성은 그대로 천지가 창조된 사실을 증거하는 판단 기준이다. 그래서 무한성을 가장 잘 확인할 수 있는 것이 바로 우주의 광대함이다. 본질의 무한성이 우주의 구성 원리를 뒷받침하고 있어 끝 간 데를 찾아야 하지만, 본질의 끝은 어디에도 없다. 그런데도 그런 무한한 본질성이 나와 통하고 의식과 맞닿아 있다는 것은 놀라운 일이다. 우주론 중에는 끝이 없다는 무경계(無境界) 가설도 있지만, 이것은 과학자가 물리 법칙으로 설명이 안 되는 끝을 상정한 탓에 추정된 것이고,[440] 진실로 우주는 본질에 근거한 탓에 무한하다. 어떤 측면에서 보아도 도달하는 결과는 같다. 무엇을 통하더라도 우주의 끝은 인식할 수 없으며 도달할 수도 없다. 거시세계인 우주를 향하건 미시세계인 입자를 향하건 결론은 동일하다. 인간의 지력과 과학기술의 부족으로 우주는 물론이고 궁극 입자라고 생각한 것들도 더 작은 입자들로 쪼개어져 끝을 가늠하기 어렵다. 한때는 원자가 더 이상 쪼개지지 않는다고 생각한 적도 있었지만, 이후 계속 작은 조각들로 나뉜다는 사실을 확인하였고, 이 같은 행진은 아마도 멈추지 않을 것 같다.[441] 물리학자들이 처음

---

440) 우주의 모든 것이 물리법칙으로 설명될 수 있도록 존재한다면 우주의 끝에 있는 물리량은 물리법칙으로 설명될 수 없는 탓에 끝이 있을 수 없다는 것.-『시간과 화살』, 스티븐 호킹 저, 김성원 역, 두레, 1991, p.66.

에 광자들과 전자들의 상호작용 관계를 계산했을 때 얻은 값이 무한대, 즉 그들의 안목에서 볼 때 아무런 의미가 없는 값이라는 것을 발견했다. 무엇이 잘못된 것인가? 그러나 잘못될 수 없는 것이, 만물은 형태와 경계가 없는 본질로부터 창조된 것이기 때문이다. 엄밀성을 나타내는 수라도 조건은 마찬가지이다. 만물이 1로부터 9를 향해 분열한 것이라면 일체를 낳은 것은 무한성을 내포한 제로 상태이다. 1부터 9까지는 제로로부터 나왔고, 분열을 다하면 다시 제로 상태로 돌아간다. 그래서 1에 무한성인 제로를 더하면 차원적으로 승화된 10이란 숫자가 생겨난다. "대저 만물의 대본은 하나이다."442) 하나로부터 분열한 만물은 원래 무궁한 본질 안에 속해 있었고, 분열을 다하면 다시 무궁한 본질 속으로 돌아간다. 왜 우주가 무한한가? 본질과 차원적으로 경계를 이룬 탓이다. "유교에서 말한 無極은 창조를 이룬 절대적 본체인데 이것이 어떻게 천지를 창조하였는가?"443) 차원적인 본질을 내포하였고, 이것이 티끌 하나로부터 창조하여 우주를 무궁하게 하였다.

우주의 무한성은 바로 창조로 인해 구축된 것이며, 그렇게 하여 창조된 우주는 有限 본질성을 유지하기 위해 끝없이 생성하였다. 천체물리학자들은 그들이 연구한 물리학적 정보를 근거로 우주를 낳은 특이점을 내세웠지만,444) 이것은 사실상 神의 도움 없이는 성립될 수 없는 가설 상태인 것을 자인한 것인데, 부인함으로써 특이점 이전에 또 다른 무엇이 있었는지에 대해 알 수 없게 되었다. 곧바로

---

441) 『우주의 암호』, 앞의 책, p.213.
442) 『우주변화의 원리』, 앞의 책, p.21.
443) 위의 책, p.38.
444) 특이점(特異点-singularity): 시공의 곡률이 무한대인, 즉 중력의 강도가 무한대로 되어 시공의 구조가 엉망진창이 되는 시공상의 점. 여기서는 물리법칙이 적용되지 않는다.

神이 있었다고 한다면 비약이 되고 말 것이지만, 특이점은 창조 이전으로서 물리 법칙이 성립할 수 없다. 시공의 곡률이 무한대인 것이라면 창조 이전의 우주와 창조 이후의 우주 상태를 구분 짓는 확실한 경계점이 될 수 있다. 물리학자들도 "무언가가 탄생하기 이전에는 아무것도 존재하지 않았다든지, 우주가 에너지 총량 제로의 상태에서 만들어졌을지도 모른다"[445]고 본 것은 통합성 본질로부터 우주가 창조된 사실을 알게 모르게 추정한 것이다. 우주의 시초가 특이점이라는 사실까지는 알았지만, 과학의 문을 통해서는 더 이상 알 수 없는 불가지의 영역일진대, 그 이유는 특이점이 자연과 초자연 사이의 경계 지점인 탓이다. 여기에 바로 본질의 통합성과 차원성 개념을 대입시키면 왜, 어떻게 해서 물리학자들이 특이점을 설정할 수밖에 없었던 것인지 이유를 알 수 있다. 우주 창조는 물리적 현상인 특이점으로부터 출발되었고, 그 특이점은 통합성 본질이 창조로 인해 분열한 첫 시점이다. 그래서 이 우주가 무궁하게 생성하였고, 무궁한 생성은 본질로부터 창조된 우주를 증거하는 확실한 근거이다.

3. 우주의 통합성

1) 하나와 통합성

생명이 창조된 것인가, 진화된 것인가 하는 것은 종들이 세상 가운데 존재한 사실을 보고 판단할 수 있다. 하지만 가없는 우주는 창조론과 진화론을 불문하고 그 연유를 밝히는 데 어려움이 있다. 그

---

445) 『생명과 우주의 신비』, 앞의 책, p.130.

럼에도 불구하고 우주 역시 하나님이 이룬 창조 작품에 속할진대, 이 연구는 그 메커니즘을 밝혀야 할 의무가 있다. 그리고 모든 근거는 창조를 이룬 바탕체인 통합성 본질의 특성을 통하면 실마리를 풀 수 있다. 사실상 우주 안에는 헤아릴 수 없는 별들이 존재하는데, 하나님이 이것을 모두 통합성 본질 구축 과정을 통하여 완비하였다. 생명과 물질을 창조한 것처럼 우주를 위해서도 창조 이전에 일체 바탕을 마련하였다. 그리고 그것은 전적으로 하나님의 몸 된 본체에 근거했다. 창조 역사는 통합성 본질을 구축한 다음이라, 사전에 마련한 바탕 본질과는 엄격히 구분된다. 그래서 이런 본질을 현실 속에서는 인식하기 어렵다. 이것이 창조 메커니즘을 밝히지 못한 이유이다. 어떻게 하나인 통합성 본질이 만상을 이루고 천지 만물이 다시 하나로 통합될 수 있는지 현상적인 세계 안에서는 파악할 수 없다. 오직 창조를 이룬 본질적 작용성을 통해서만 가능하다는 것을 알 때, 통합성 본질의 생성과 분열 작용을 통하면 비로소 무궁한 시간과 공간적 제한성을 극복할 수 있다.

또한 지성들이 밝히고자 했던 세계의 근원성에 대한 끈질긴 추적 과제 중 하나는 세계의 다원성이 어떻게 형성된 것인가, 그리고 어떻게 다시 통일될 수 있는가 하는 것이다. 선현들이 일갈하길, 진리는 하나요, 만물은 동근, 동체라고 하였지만, 하나인 단원이 어떻게 다원화되고 전체를 구성한 것인가 하는 것은 언젠가는 밝혀야 할 문제였다. 주장만 하였고, 노력하였지만 성과는 없었다. 이런 사상의 궤적은 고대 그리스로부터 포착된다. 먼저 탈레스라는 철인은 우주의 본질을 물(水)이라고 한 단원론(Singularism)을 세웠다. 이어서 공기, 불, 有, 유출설, 자기 원인 등을 근원적인 요소로 보았다. 그중 플로티노스(Plotinos)는 "본체는 一이고, 그 一에서 이성→

영혼→물질이 유출한다"고 하였다.446) 이유는 생략하고 설만 전해졌다. 一로부터 물질에 이르기까지의 유출 과정을 보태어야 하는데, 이 같은 결과를 얻기 위해서는 창조된 본의를 알아야 했다. 한편, 스피노자는 현상계가 나타나는 것은 소위 자기 원인, 즉 능산적 자연(natura naturans)으로서, 일체 만물은 이 능산적 자연의 속성인 소산적 자연(natura naturata)이라고 하였다. 주목할 점은 창조 과정을 능산적인 자기 원인을 통해서 설명한 데 있다. 천지가 창조된 사실은 언젠가는 밝혀야 하지만, 창조된 메커니즘을 알지 못한 관계로 능산적 자연이 어떻게 변모하여 만물을 형성한 것인지에 대해 설명할 수 없었다. 이처럼 단원론이 지닌 한계성은 주장된 단원 요소가 만물을 이룬 요소로서 적재된 공통성은 있지만 내세운 물, 불, 공기 등만으로는 만물을 구성하는 데 무리가 따랐다. 하지만 이것에 통합성 본질을 대입하면 능히 부족한 점을 메울 수 있다. 그래서 보완을 시도해 단원론만으로는 한계가 있다고 보고 현상계의 다양, 다단한 것을 중심으로 해서 본체를 동원하였다. 즉, 우주의 본체를 4가지 요소로 본 엠페도클레스, 원자로 본 데모크리토스 등이 대표 격이다. 이런 다원론은 다시 분석적인 면과 개별적인 면에 치중하여 진정한 의미의 본체 조건과는 거리감이 있었다. 왜냐하면 만물 발생의 근원이 바로 본체인데, 근본인 본체 자체가 어찌 다원이 될 수 있겠는가? 本은 만물의 시초요, 조종으로서 만사의 종말과 多를 이룬 근본은 오직 단원인 본체인 것이 맞다. 그런데 근본이 다원이라면 그것은 이미 지체일 따름이다. 가령 다원이 본체라면 각자가 本을 가진 독립적인 다원이 어떻게 분열과 통일을 조화시키면서 병립할 수 있겠는가?447) 一本으로부터 만물이 생성된 메커니즘을 제시해야 하는데,

---

446) 『우주변화의 원리』, 앞의 책, pp.24~25.

조건을 갖추지 못하였다.

하지만 통합성 본질은 주어진 숙원의 문제에 대해서 일체 과정을 설명할 수 있는 창조의 바탕 근거이다. 하나인 통합성 본질로부터 천지가 창조되었고 우주가 존재한 것은 하나님이 창조 이전에 일체 조건을 갖춘 탓이다. 통합성 본질이 단원이 되고 근본이 되고 조종이 될 때 하나가 전체화되는데 아무런 제한이 없다. 물, 불, 공기, 흙, 나아가 생명, 물질, 해, 달, 별들에 이르기까지 일체의 목록을 창조이전에 바탕 된 통합성 본질이 완비시켰다. 천지를 이룰 기본 요소를 모두 마련하였다. 그래서 당연히 창조된 만물은 근본을 향하여 하나 되고 통합될 수 있는데, 여기에 대한 답으로 엠페도클레스는 愛와 증오를 통해 시도하였고, 원자론자들은 多元의 본체가 一元의 공간 안에서 운동한다고 하였다. 그러나 공간은 역시 다원의 본체가 될 수 없다. 세계의 물질성과 기계성과 수동성은 어떤 경우에도 통일을 위한 능동성을 지닐 수 없다. 오직 통합성 본질이 만상과 우주를 낳은 관계로 우리 입장에서는 만 가지가 만물을 이룬 것처럼 보여도 그 이면에는 본질이 함께하고 있어 서로 소통해서 만상과 우주를 하나로 연결시킨다. 본질을 매개로 하면 우주가 하나 될 수 있다. 통합성 본질은 창조 이전에 우주를 창조할 근본 바탕을 형성하기 위해서 이행된 과정을 거쳤다. "無極에 도달한 太極이 극미하게 분화하여 조금만 더 응고하면 만물이 형성될 수 있는 직전의 상태인데",448) 이것은 太極 본체가 통합된 상태로 준비된 것이다. 그런데도 유물론이 "양적 변화가 질적 변화를 일으켜 운동하는 물질의 모순 대립이 비약 과정에서 통일된다"449)고 한 것은 물질이 존재한 생

447) 위의 책, p.25.
448) 위의 책, p.138.

성 운동의 특성을 창조 원리로 곡해한 탓이다. 우주는 아무리 질적·양적으로 무량해도 통합성 본질로부터 말미암은 생성물일진대, 무한성은 오히려 우주가 창조된 사실을 증거하는 디딤돌이 될 뿐이다. 우주가 통합성 본질 안에 있고 일월성신 역시 그러할진대, 만인은 통합성 본질이 이룬 천편만화한 작용성을 통하여 우주가 손바닥 안의 구슬과 같다는 사실을 실감하게 되리라.

2) 부분 속의 통합성

통합성 본질이 우주를 창조하기 위해서 사전에 모든 것을 구비함으로써 우주를 한 통속으로 한 통합성 본질은 놀랍게도 한 부분을 통해서도 전체 정보를 내포한 특성을 지녔다. 이것은 하나가 곧 우주이고 우주가 곧 하나라고 한 논리와는 또 다른 성격으로서, 창조된 탓에 우주가 정말 창조된 사실을 증거할 수 있는 근거이다. 우주는 비록 광대하지만 그렇게 존재할 수 있게 한 본질과 통하며, 창조 과정을 거친 역전의 용사답게 창조된 비밀을 고스란히 간직하고 있다. 그래서 정말 먼지 입자 하나를 통해서도 우주에 대한 정보를 구할 수 있다. 그리고 이런 사실은 현대물리학이 파고든 소립자를 통해서 확인할 수 있다. 천 리 길도 한 걸음부터라는 말처럼, 우주는 거대하지만 기본적인 입자와 본질성의 뒷받침이 없으면 구성될 수 없기 때문에 소립자가 본질로부터 뒷받침된 것은 우주가 창조된 사실을 증거하는 데로까지 이어진다. 즉, 물리학자들이 발견한 양자역학적 특성들은 그대로 우주가 어떻게 창조된 것인지 메커니즘을 시사한다. 양자 세계의 기묘함에 대해 그런 실체가 무엇인지 궁금증을 풀지 못한 실정에서도 그러한 특성은 그대로 우주를 낳은 비밀을 내

---

449) 위의 책, p.130.

포하였다. 기본적인 입자들이 우주를 구성하기 위해서 작용하였다. 따라서 우주가 창조된 비밀을 파헤치기 위해서 물리적으로는 한계가 있는 천체를 탐구할 것이 아니라 발밑의 입자를 통해야 한다. 하나가 전체가 되고 전체가 하나를 이룬 탓에 부분은 전체와 연결되며, 전체가 부분과 상통한 것은 창조되었기 때문에 가능한 특성이다. 단지 물리학자들은 연결된 고리를 발견하지 못한 탓에 양자 세계의 본질적인 특성을 이해할 수 없었고, 창조를 증거할 본질적 현상이라는 것을 알아채지 못하였다. 양자 세계가 곧 우주 세계이고, 양자 세계를 이룬 기본적인 메커니즘이 그대로 우주를 이룬 기본적인 메커니즘으로서 양자 밖의 우주는 따로 없다.

그러므로 전체 속에서 하나를 이룬 입자가 우주의 본질과 통한다는 사실을 알기 위해서는 입자를 구성한 본질부터 밝혀내는 것이 급선무인데, 알다시피 서양은 그들이 이어 온 학문적인 전통상 본질을 볼 수 있는 안목을 틔우지 못해 입자와 우주가 연결된 창조 고리를 찾지 못하였다. 그들이 탐구하여 엿본 양자 세계의 모습을 물리학적인 상식으로서는 이해할 수 없어 현실을 인정하기 어려웠다. 당대 최고의 물리학자 중 한 사람인 아인슈타인은 최후의 고전물리학자란 비판 속에서도 과학자들이 대부분 받아들인 양자물리학의 새로운 해석(무작위성)을 거부하였다.450) 그만한 이유가 있는데, 그는 어떤 사실을 합리화시키기보다는 그럴 수밖에 없는 이유로 양자론의 비결정론적인 문제를 고민함으로써 참된 진리를 수호한 것이다. 하지만 아인슈타인은 물질의 본질성과 창조성을 미처 발견하지 못하였다. 그는 무신론자로서451) 물질과 우주가 창조되었다는 것은 꿈에서도 생각하

---

450) 『우주의 암호』, 앞의 책, p.20.
451) 아인슈타인은 전혀 무신앙인 유태인 부모의 아들이었음에도 불구하고 깊은 신앙심을 갖게 되었으나 12세 때 갑자기 끝을 맺었다. 인기 있는 과학 책을 읽으면서 곧 성경 속의 이야기들

지 못했고, 서양의 전통 안에서 뿌리내린 진화론의 확산은 그로 하여금 물질의 세계를 통해서는 하나님의 창조 역사를 이해할 수 없도록 하였다. 양자 세계의 기묘함이란 사실상 물질의 본질적 측면을 드러낸 것이고, 이것은 창조 역사를 증거할 수 있는 조건인데도 일명 '코펜하겐 해석'을 통해 자신들이 믿고 선 논리의 모순성 위에서 불안한 진리성을 그려 내었다. 기묘하다고 함에, 반드시 이유가 있는 것인데도 진실에 대해서는 눈감아 버렸다. 수세기 동안 이어진 물리학은 자연에서 일어날 수 있는 일들을 정확하게 예측한다고 가정하였지만, 양자론에서는 단지 확률만이 정확하게 결정된다는 것을 확인하게 되었을 때, 대부분의 물리학자들은 낙담하고 좌절하였다. 그런데 계속 낙관주의적인 연구 정신을 유지했던 하이젠베르크와 보어가 새로운 돌파구를 마련하였다. 그들은 각각 모색한 방식에 따라 개념적으로 동등한 양자론을 이해할 수 있는 관점을 확보하였는데, 그것이 곧 불확정성 원리(uncertainty principle)와 상보성 원리(principle of complementarity)이다. 두 원리가 대부분의 물리학자들에게 새 양자론이 옳다는 것을 확신시켜 코펜하겐 해석이 훌륭하게 내부의 모순이 없음을 밝혔다고 인정했다.[452] 하지만 그렇다고 문제가 해결된 것은 아니다. 기묘한 현상에 대해 생각을 바꾼 것일 뿐, 현상과 논리로부터 구체적인 원리성까지는 인출하지 못했다. 양자론의 코펜하겐 해석은 인류가 물질의 본질성을 엿본 쾌거이지만 결과는 진실을 우회해 모호하게 되었다. 여기에 비한다면 아인슈타인이 취한 우직성은 오히려 돋보인다. 참고 기다렸다면 우주를 낳은 본질의 작용 세계

의 많은 부분이 사실일 수 없다는 확신에 도달했다. 그 결과로 정부가 거짓말로 의도적으로 젊은이들을 속이고 있다는 느낌과 연결하여 긍정적으로 광적인 자유 사고자가 되었다.-위의 책, p.21.

452) 위의 책, p.191.

를 결국은 보게 되었을 텐데 말이다. "우리는 상자의 내용물에 대해 물어볼 수는 있지만 실제로 내부에 무엇이 들었는지는 볼 수 없다는 논리",453) 우리는 자신의 앞과 뒤의 공간을 동시에 볼 수 없는 것처럼, 입자와 파동 간에 모순이 있을 수 없다고 한 상보성 개념은 바로 하나의 실체에 대한 다른 표현이라는 것이다. 여기에 더하여 하이젠베르크는 "위치와 운동량의 불확정성은 마치 동전의 앞면과 뒷면과도 같아, 한 면이 나오면 다른 쪽이 나올 수 없다"454)는 식으로 규정하여 양자 세계에서 드러난 근본적인 문제점은 회피되었다. 왜 전자는 공간의 한 지점에서 직접 관측했을 때만 실제인 입자로 존재하는가? 전자 역시 본질성과 함께한 탓이다. 물결파는 물이라는 전체 속의 요동이듯, 전자는 미세 입자로서 본질과 함께한 상태로 전체 속에서 운동한다. 그런데도 입자의 본질적 특성을 간과한 그들은 창조로 인한 결과 현상을 자신들의 제한된 인식 구조 속에 끼워 맞춰 임시방편으로 땜질만 하였다. "양자론은 텔레파시가 가능하며, 인과관계가 존재하지 않는다는 것을 증명했다. 우주의 모든 것은 다른 모든 것과 연결되어 있다. 하나가 전체를 이루고 부분 속에 전체가 내포되어 있다. 물리학자들이 동양의 오래된 지혜를 옹호한 양상이다."455) 물질의 본질적 특성을 양자 현상을 통해 속속들이 확인하고서도 그것이 우주를 창조한 메커니즘, 즉 하나가 전체를 이루고 부분이 전체를 내포한 결과 현상이라는 사실은 몰랐다. "A에 있는 편광자를 바꾸는 것이 즉각적으로 B의 기록에 영향을 준다는 사실, 그리고 A와 B에서와 같이 두 개의 완전한 무작위적 수열들을 비교할 때 무작위적이

---

453) 보어가 가르친 대로 실험의 결과는 실험의 구성에 달려 있어 전자의 위치와 파장을 측정하는 데는 서로 다른 실험의 구성이 필요할 뿐이다.-위의 책, p.199.
454) 위의 책, p.93.
455) 위의 책, p.167.

아닌 어떤 정보를 얻어 낼 수 있다"456)는 것은 미세한 입자들이 우주의 창조에 직접 관여된 한 통속으로서의 참전 용사였다는 사실을 입증한다. 우주는 모든 부분이 순간적으로 연결되어 있어 서로 통하고, "모든 다양성을 갖춘 물질적 우주는 완전하게 똑같은 양자 입자들로 만들어진"457) 통합성 본질에 근거했다. 양자 세계의 본질적인 특성은 우주가 그 같은 작용 메커니즘에 근거하였다는 데 있고, 그것은 곧 그렇게 해서 드러난 창조 세계의 특성이기도 하다. 근본 입자의 본질성이 우주의 본질성을 드러내고, 입자의 본질적인 특성이 우주가 창조된 사실을 증거하는 근거이다. 입자 속의 우주, 그리고 입자 세계를 통하여 본 양자 세계의 기묘함이 물질의 본질이라는 것을 알 때, 양자 세계의 본질적 특성은 그대로 천지우주가 본질로부터 창조된 사실의 투영이 된다.

4. 우주의 분열성

色이 空과 다르지 않다고 했을 때, 다르지 않은 동일성을 이해하기 위해서는 色이 空으로부터 난 생성 메커니즘을 밝혀야 했다.458) 마찬가지로 우주가 하나인 근본으로부터 창조되었다고 했을 때도 역시 우주를 창조한 작용 메커니즘을 밝혀야 했다. 지금까지 인류가 부딪힌 진리로서의 한계성이 여기에 있거니와, 그렇게 지적하는 데 그친다면 창조 진리를 인출하는 데 아무런 도움이 되지 못한다. 통합성 본질로부터 창조되었다면 실질적으로 어떻게 창조된 것인지에 대한

---

456) 위의 책, p.194.
457) 위의 책, p.296.
458) 色과 空은 그냥 다르지 않은 것이 아님.

사실을 구체화시켜야 한다. 이것은 통합성 본질로부터 우주가 분열한 사실을 통하면 해결할 수 있다. 통합성 본질의 지속적인 분열이 없고서는 만상이 존재할 수 없고, 분열 작용은 만상을 구성한 직접적인 작용 메커니즘이다. 그렇다면 통합성 본질은 어떤 분열 과정을 거쳐 만물을 창조하고 생성시켰는가? 태초 이전에 하나님이 천지를 창조하기 위해서 뜻을 품은 의지성의 분열로부터 출발된다. 하나님이 천지를 창조하기 위해서 품은 뜻 자체가 세세한 분열을 위한 바탕 본질이다. 그로부터 창조를 실현하기 위한 구체적인 계획과 목적과 구조를 결정하고 근본을 형성한 과정이 있었는데, 이 같은 작업 과정을 통하여 논거를 제시한바 창조를 위한 통합성 본질이 완비되었고 최종 命을 기다리게 되었다. 그리고 하나님이 命하자 비로소 천지가 창조되었다. 이처럼 천지가 창조되는 과정에 있어서는 사전에 마련된 통합성 본질 구축과 분열이란 원천 과정이 있었다. 여기서 말하는 원천 역사란 바로 창조 이전에 마련된 몸 된 본질의 통합성 구축 작업을 말한다. 그러므로 사전 창조 역사는 통합성 본질을 구축한 과정이고, 이런 과정을 통하여 천지가 창조될 수 있는 모든 것이 완비되었다. 그러므로 창조 이전에 뜻의 분열로서 구축된 통합성 본질은 창조 이후에 생성하여 이룬 분열 과정과는 전혀 다르다. 창조 이전은 창조를 위한 근본 바탕을 마련한 역사이고, 창조 이후는 존재성을 드러내고 존재한 체제를 유지하기 위한 역사이다. 이런 이유로 창조가 있어도 분열이 없으면 뭇 존재가 현현될 수 없다. 공히 창조를 위해서이지만 전자는 존재를 이루기 위해서, 후자는 존재를 드러내기 위해 분열하였다. 이것이 천지를 창조한 본질의 메커니즘 작용이다. 이 같은 분열 작용이 있어 우리는 하나인 본질 바탕에서 천지를 낳은 소이를 가늠할 수 있다. 어떻게 一本인 神으로부터 천지우주가 나왔는가? 그리고 영원하게 생성할 수 있는가? 神과 우주 사이에 바로 분열 과정이 있었다. 그래서 "우주의 본체가 一일 때 그 一을 神이 주재하였다."459) 근본인 一의 분열과 多인 만물의 종합이 본질의 분열을 통해 이루어졌다. 그런데 이런 사전 구축 과정을 파악하지 못한 유교는 "太極이라고 불린 통일체가 太易·太初·太始·太素의 과정을 거쳐서 음양이라는 두 가지 기운이 갈라지게 되었다"고 하였다.460) 본질이 분열한 과정은 직시하였지만 최초 太極이란 통일체가 어떻게 출현한 것인지를 몰라 분열 작용이 창조를 이룬 본질적 형성 작업이라는 것을 깨닫지 못했다. 통합성 본질의 분열은 어떡하든 종적·횡적으로 우주와 만물을 낳은 근원적인 힘으로 작용하였다. 太極이 양의된(통합성 본질) 음양의 양극적 교감이 변화를 극대화시킨 원동력이 되었고, 분출된 에너지는 우주를 양적으로 확대시켰다. 그래서 분열 없는 창조란 없다.

이에 통합성 본질은 무엇을 인출하고자 해도 가능한 창조적 권능을 갖추었다. 물리 법칙도 통합성 본질의 분열에 근거해 규칙화되었고, 처음 우주 질서의 완전함도 통합성 본질로부터 형성되었다. 처음부터의 완전함, 그리고 질서정연한 운행 규칙은 바로 우주가 통합성 본질로부터 창조된 것을 증거한다. 우주가 처음부터 완전한 상태로 창조되었을진대, 창조된 과정은 어떠하고, 도대체 본질로부터 분열된 힘이 얼마이기에 우주를 창조할 수 있었는가? 통합성 본질의 분열 상태는 단순한 개념적 파악이 아니다. 실질적으로 의지력을 함축한 氣적 에너지를 분출시켰다. 창조 이전은 물리적인 에너지로 化하기 이전 상태인데, 창조와 동시에 상상을 초월한 에너지를 분출시

---

459) 『우주변화의 원리』, 앞의 책, p.176.
460) 우주가 태역·태초·태시의 발전 과정을 거쳐 음양 운동을 할 수 있는 象을 나타낸 때를 태소라고 한다. 태소란 혼돈 상태에서 음양 운동이 분리되기 시작한 때이다.-위의 책, p.50, 239.

켰다. 이처럼 命을 받든 우주도 처음에는 거대한 우주가 아니었다. 빅뱅의 순간처럼 지극히 작은 씨알에 불과했다. 그런데 이 씨알은 지금의 우주를 이룰 모든 요소를 지녔는데 바로 무수한 분열 작용에 힘입어 변화되었다. 여기에 믿기지 않는 우주 생성의 비밀이 있고, 지극한 극소화로부터 지극한 극대화로의 성장에 통합성 본질의 분열 작용이 있다. 놀라운 우주화 과정에는 과연 어떤 분열 메커니즘이 작용하였는가? 생명체의 씨알은 세포분열을 통해 양적 확대와 질적인 분화를 이루지만, 우주는 씨알 하나가 어떻게 초은하계를 무수히 거느린 거대 우주를 이루었는가? 통합성 본질이 바탕을 구축하는 과정에서 응축된 氣적 에너지가 분열하여 무궁하게 되었다. 응축된 氣적 에너지가 분열하여 양적·질적으로 확대되었다. 믿기지 않겠지만 조그만 우주 씨알이 무수하게 생성한 과정을 통해 지금과 같은 모습을 갖추었다. 이것은 마치 빅뱅(대폭발) 우주론을 연상케 하지만, 우주는 정말 그렇게 창조된 탓에 빅뱅 우주론의 虛와 實을 포용할 수 있다.

"오늘날 우주의 기원 및 생성론으로서 공인되고 있는 설은 언급한 대폭발(big bang) 이론이다. 이 이론을 처음 제기한 사람은 르메트르461)로, 그는 우주는 엄청나게 농축된 에너지원이 폭발함으로써 이루어졌다"고 하였다.462) 우주는 극도의 고밀도 상태로부터 점차 팽창하였고, 팽창하면서 밀도는 낮아졌다. 그것은 우주 속에 있는 "별들과 은하계들 전체가 한때 원시적 물질의 국(soup) 속에서 매우 제한된 영역 속에 집중되어 있었다는 말로서도 표현되며, 이 국이 급격히 팽창하고 폭발한 후 식어 가면서 핵이 생기고 원자들, 그리

---

461) 르메트르(Canon Georges Lemaitre): 1894~1966, 벨기에의 천체 물리학자.
462) 『엔트로피(Ⅰ)』, 앞의 책, p.63.

고 훨씬 뒤에 은하계와 별들, 항성들이 국 속에서 덩어리져 나타났다."463) "폭발로 인해 우주가 팽창하였다면 과거에 우주의 물질이 한 점에 모여 있던 시기, 곧 우주의 탄생 시기가 있었다는 것을 시사하는데, 우주가 시공간조차 응축된 어느 한 점에서 탄생되었다"란 뜻이다.464) 우주의 팽창에 대해서는 "1920년대 에드윈 허블이 먼 곳의 은하를 관측한 결과, 그곳의 은하는 우리로부터 멀어져 가고 있으며, 그 속도는 대체로 지구로부터의 거리에 비례하고 있음을 보여주었다."465) 후일 도플러 효과,466) 적색 편이467) 현상 등을 발견하여 더욱 확고해졌고, 이런 사실을 근거로 각종 우주적 모형이라든지 시원을 유추할 수 있게 되었다. 팽창은 우주가 지극히 작은 씨알, 곧 통합성 본질로부터 분열된 탓인데, 단지 본질적 요소가 작용하여 우주가 창조된 사실을 알지 못한 것뿐이다. 이에 이 연구는 어떻게 해서 우주가 지극히 작은 우주 씨알로부터, 혹은 어떤 실체도 형태도 없는 본질로부터 창조되었다는 것을 제반 법칙을 통하여 관측한바 분열하는 과정에서 이룬 우주의 생성적 특성을 통하여 증거하리라.

---

463) 『우주의 암호』, 앞의 책, p.333.
464) 『이 하늘 이 바람 이 땅』, 앞의 책, p.136.
465) 『시간과 화살』, 앞의 책, p.57.
466) 도플러 효과: 대단히 빠른 속도로 멀어지고 있는 별로부터 나온 빛의 파(波)를 확대하면 본래보다 붉게 보이고, 역으로 가까이 다가오고 있는 별의 경우에는 파랗게 보인다. 이같이 운동하고 있는 광원(光源) 및 음원(音源)에서 나오는 빛이나 음의 파장이 변하는 것.-위의 책, p.82.
467) 적색 편이(赤色 偏移-red shift): 천체로부터 나오는 빛은 그 천체의 운동으로 인한 도플러 효과 탓에 장이 변한다. 이처럼 우리에게서 멀어져 가는 별로부터 오는 빛이 도플러 효과에 의해 본래보다 붉어지는 현상을 말한다. 먼 곳의 은하는 우리들로부터의 거리에 비례하는 속도로 멀어지고 있어 파장은 빨간 쪽으로(긴 파장 쪽) 편중된다.-위의 책, p.82.

5. 우주의 생성성

"우주의 본체가 太極"468)이라면, 太極이 왜 본체인지에 대한 논거가 필요하다. 그런데도 동양의 선현들은 선언한 데 그쳤다. 太極이 만물을 이룬 바탕이 되었다면 그렇게 이룬 작용성도 있을 텐데 유교에서는 "우주에서 삼라만상이 무궁한 변화를 일으키는 것은 陰과 陽이라는 두 이질적인 기운이 이룬 작용으로서 一陰一陽之謂道"라고 하였다.469) 이것은 또 무슨 말인가? 우주를 변화시킨 역원(力源)이 있는데 그렇게 이룬 본체란 말인가? 그 역동적인 본원을 구체화시키지 못했다. 우주의 운동은 본래 음양 운동이고, 이를 통해 삼라만상이 나왔다는 것은 무슨 뜻인가? 만상 가운데 일어난 물질적 현상이 아닌 것만은 틀림없다. 본의에 입각할진대 음양 분열의 역원은 바로 창조 역사의 바탕체인 통합성 본질에 있다. 통합성은 일원으로서 세계 안에서는 존립할 수 없는 탓에 양의됨을 통해 존재화되었다. 나뉘었으므로 그다음은 합쳐져야 한 몸, 곧 일체를 이루고, 이런 구조를 통하여 뭇 존재가 생성할 수 있는 시스템을 갖추었다. 음양으로 나뉜 극의 상호 교감과 의존과 통합을 지향한 가운데서 뭇 존재가 존속할 수 있는 有한 본질성을 갖추었다. 이처럼 통합적인 太極 본체로부터 음양이 분열하고 사상, 팔괘, 삼라만상, 우주로까지 나아갔다. 인간의 생명이 극소인 정자와 난자로부터 탄생된 것처럼, 우주는 미세한 우주 씨알로부터 출현하였다. 하지만 우리는 최초의 씨알이 어떻게 창조된 것인지 알 수 없듯, 우주가 어떻게 씨알 상태로부터 거대한 우주가 된 것인지 가늠할 수 없다. 이것은 무형의 본질로

---

468) 『우주변화의 원리』, 앞의 책, p.283.
469) 위의 책, p.36.

부터 유형인 실체로 化한 창조 작용 탓이다. 이런 결과를 우리가 지금 결정된 세계를 통해 보고 있다. 통합성 본질이 생성하는 것은 창조된 세계가 지속될 수 있기 위한 분열 작용으로서 창조된 탓에 우주가 끊임없이 생성하고 있다.

그렇다면 창조된 결과 대상체인 우주는 어떻게 생성하는가? 뭇 생명체가 탄생하고 소멸하는 것처럼 우주도 예외는 없다. 하지만 그것은 어디까지나 통합성 본질이 분열한 탓이므로 멸하더라도 멸한 것이 아니다. 본질은 영원하여 멸한다고 해서 멸하는 것이 아니다. 다시 생성할 수 있는 인자를 남겼다. 지구의 생성이 그러하고 태양계의 생성이 그러하며 은하계의 생성이 모두 그러하다. 시간상 길고 짧은 차이는 있지만 적용된 우주의 생멸법칙 현상은 동일하다. 단지 구분하고 넘어갈 것이 우주가 팽창과 수축을 반복한다고 본 것은 우주를 구성한 통합성 본질의 생성 탓이다. 본질의 생성이 그렇게 우주를 변화시킨 근본 요인이다. 우주가 최초에 씨알 상태로 창조되고 그로부터 폭발하였다면 그것은 통합성 본질이 그렇게 한 것이다. 우주는 우주를 창조한 우주적 본질과 함께한다. 그로부터 첫 씨알이 창조되었고, 그 씨알이 분열하여 우주가 구성되었으며, 이후의 분열 작용이 우주를 지속시키기 위해 생성하였다. 분열과 생성을 이룬 우주적 힘이 모두 통합성 본질로부터 발현되었다. 우주적 모습은 변하지만 통합성 본질이 버틴 관계로 물리 법칙 중 "작용은 항상 반작용과 같게 하고, 빈 공간에서 빛의 속력은 항상 변하지 않는 상수로 있게 하며, 총에너지의 보존을 정밀한 측정으로 확인시켰다."470)

통합성 본질이 분열함에 따라 바탕 된 우주적 본질이 서서히 현현된 것이라, 생성 운동은 이렇게 함축된 통합성 본질이 표출된 형태

---

470) 『우주의 암호』, 앞의 책, pp.347~348.

를 띠었다. 창조된 존재의 완전한 분열을 위해서 쉼 없이 생성한다. 씨 한 톨이 거목이 되기까지 세포의 분열이 끊임없이 일어나듯, 우주 씨알은 우주라는 무한 공간을 확장시키면서 팽창하였다. 지금의 우주는 그렇게 해서 이루어진 有한 결과 대상이다. 작은 씨알로부터 생성한 탓에 우주를 지탱한 힘의 근저도 바로 이곳에 함재되어 있다. 통합성 본질의 분열이 현재의 우주를 뒷받침한 대역원이다. 양적·질적 확대를 일으킨 힘, 곧 하나님이 창조를 위해서 발원시킨 의지이고, 함축한 뜻이며, 命化性이다. 이 의지 작용이 물리적인 힘으로 化함과 함께 복합적으로 작용하여 우주에 조화와 균형을 이루었다. 우주는 존재 체제를 유지하기 위해서 끊임없이 생성하였고, 우리는 존재 시스템을 유지하기 위해서 힘을 모았다. 몸 된 본질이 창조 뜻을 받듦과 함께 의지가 본질을 규합하여 창조를 위한 바탕을 마련하였다. 그래서 우주는 통합성 본질로부터 분열한 힘이 거대한 공간을 이루면서 팽창하였고, 개개 존재는 자체 존재를 구축하고자 한 규합 운동을 통해 힘의 균형을 유지하였다. 우주는 생성하므로 팽창하였지만 존재는 반대로 자체 존재를 구성하기 위해 규합하였나니, 이렇게 팽창하려는 힘과 규합하려는 힘이 접점을 이루면서 질서가 엄밀하게 세워졌다. "중력은 17세기 뉴턴에 의해서 발견되었지만 본질을 규명하는 문제에 있어서는 한 걸음도 전진하지 못했거니와, 인력 작용을 수치적으로 계산할 수는 있었지만 어떤 연유 때문에 일어난 것인지는 알지 못했다."[471] 만유인력은 어떤 물질 속에서도 반드시 끌어당기는 힘이 있다는 뜻인데, 그 같은 힘이 작용한다는 것은 확인할 수 있지만 원인은 몰랐다. 공을 놓치면 땅에 곧바로 떨어지는데, 여기에 대해 뉴턴은『자연 철학의 수학적 원리』에서 다

---

471)『21세기 문명 동양 정신이 만든다』, 앞의 책, p.146.

음과 같이 밝혔다.

> "나는 지금까지 현상에서 중력의 그러한 속성의 원인을 규명할
> 수 없었으며, 나는 가설을 만들지 않는다. 중력이 실제로 존재하고,
> 우리들이 설명해 온 법칙에 따라 작용하며, 천체의 운동을 풀이하
> 는 데 모자람 없이 이바지하는 것으로 충분하다."[472]

공이 땅에 떨어지는 데도 필연적인 이유가 숨어 있었다니! 이처럼
제반 현상의 뒤에는 당연한 이유가 있다. 그냥 존재하지 않았고 그
냥 일어나지 않았다는 것, 창조된 탓에 필연적인 이유가 도사렸다.
중력의 본질은 어떤 물질이 가지는 본원적인 속성이 사물의 내부에
서 발생한 원리적인 작용인 것으로 보기 쉽지만,[473] 개체들은 우주
안에서 홀로 존재할 수 없다. 전체를 구성한 개체로서 우주 존재의
총체적인 영향 안에 있다. "행성은 태양의 인력에 끌리기 때문에 태
양 주위를 회전하는 것처럼, 각 행성들은 태양에 대해 크기는 같지
만 방향이 반대인 힘을 작용시켜 태양을 자신의 궤도 쪽으로 끌어당
겨 회전을 뒷받침한다."[474] 다른 물리적 사건들도 이 같은 힘의 작
용에 의해 "상호 인력, 즉 중력에 의해서 야기되는 공간에서의 물리
적인 점들의 운동으로 환원시키고 있다."[475] 무한한 우주공간에서
어떤 끈으로도 연결되어 있지 않은 행성과 태양 간에 어떻게 상호
고정되어 일정한 궤도를 그릴 수 있는가? 우리가 미처 알지 못한 근
원성에 대한 작용의 비밀이 숨어 있다. 우주공간 안에서 태양계를
고정시키는 힘은 태양계를 구축한 본질의 작용과 연관이 있고, 우주

---

472) 『춤추는 물리』, 앞의 책, p.65.
473) 『현대물리학과 동양 사상』, 앞의 책, p.30.
474) 『생명과 우주의 신비』, 앞의 책, p.378.
475) 『현대물리학과 동양 사상』, 앞의 책, p.68.

의 생성력과도 연결되어 있다. 이런 사실을 무시하면 태양이 행성을 끌어당기는 인력과 행성이 궤도를 돌 때 작용하는 원심력을 통해 행성의 운행 궤도가 왜 우주 저쪽으로 달아나지 않고 그야말로 끈으로 묶인 것처럼 고정적인 것인지를 설명할 수 없다. 그 이유는 바로 우주를 뒷받침한 본질의 생성력, 곧 우주 씨알이 팽창한 힘과 본래의 우주 체제를 유지하려고 한 규합력이 우주 간의 운행 궤도를 끈으로 묶어 놓았기 때문이다. 지금까지는 존재 간에 발한 중력과 인력만을 고려 대상으로 삼았는데, 그것은 부족함이 역력하다. 우주는 우주대로 자체를 지속시키기 위해서 팽창하였고, 별은 별들대로 자체 존재를 유지하기 위한 규합력을 발생시킨 관계로 전체와 개체 간에 균형을 이룬 지점에서 운행 궤도가 결정되었다. 그래서 우주가 영원한 질서 체제를 유지하게 되었다.

물리학자인 러더퍼드(Ernst Rutherford)는 "원자들에 알파 입자들을 발사했을 때 놀랍고도 전혀 예상하지 못한 결과를 얻었는데, 고대로부터 믿어 온 딱딱하고 견고한 입자들이 아니라 극도로 미세한 입자인 전자들이 전기력에 의해 핵에 묶여 주위를 돌고 있는 광대한 공간으로 구성되어 있다는 것을 발견하였다."[476] 즉, "원자 속에는 대항하는 두 가지 힘이 있는데, 한편에서는 가능하면 가까이 묶어두려는 전기력에 의해서 전자들이 핵에 매여 있고, 다른 한편에서는 주위를 맴돎으로써 그 제한에 반작용을 일으키는 힘이 있어"[477] 전자들은 핵의 인력과 전자들의 속박에 대한 반발력 사이에 최적의 균형이 유지되는 식으로 궤도에 정착한다. 그리고 그것들은 핵에 단단히 묶일수록 속도가 더욱 높아진다. 우주가 그러하듯 미세 입자도

---

476) 『현대물리학과 동양 사상』, 앞의 책, p.79.
477) 위의 책, p.84.

존재를 유지하면서 전체 우주를 떠받들기 위해 생성하는 운동 구조를 가졌는데,[478] 여기에도 우주 본질의 생성력이 영향을 끼쳤다. 원자핵에 대한 전자의 궤도상이 그것을 묶어 두려는 전기력과 대항하는 반작용만으로는 설명할 수 없는 우주를 구축한 본질이 영향을 끼쳤다. 그러므로 물리학자들이 최고의 꿈으로 생각한 통일장 이론(4가지 힘)[479]도 제3의 초월적인 힘인 창조력에 의해 설명될 수 있다. 현재까지 진척된 통일장 이론에 의하면 "세계 속에서 보는 모든 상호작용이 한때는 완전히 대칭적이었던 세계의 비대칭적 찌꺼기"라고 하지만,[480] 자연계에 존재하는 기본적인 힘은 바로 창조와 생성으로 인해 발생하였다. 각자 존재한 형태가 다른 핵력(강한 상호작용력과 약한 상호작용력), 전자기력, 만유인력도 결국은 이들을 있게 한 본질력과 생성력에 의해서만 통일적으로 설명된다. 천체 물리학자들은 별들이 지구로부터 멀어지는 현상을 두고서 별이 생성된 특이점과 소멸될 블랙홀을 상상하여 열린 우주와 닫힌 우주 개념을 세웠지만, 창조된 대상 안에서는 그 이상과 이후의 문제를 가늠하기 어렵다. 그러나 우주가 조그만 우주 씨알로부터 출발하여 분열하고 생성한다는 데 이르러서는 모든 한계성을 넘어선다. 그래서 물리학자들은 우주 공간에 가로놓인 진공에 대해서 새로운 의미를 부여하고 있거니와, "진공은 비어 있지 않다는 것, 꽉 찬 공간이라는 인식에 도달했다. 별들 간에 있는 공간의 대부분은 텅 비어 있거나 거의

---

478) 원자의 세계: 원자핵의 내부는 양성자와 중성자로 채워진 세계이지만, 이것을 둘러싸고 운동하는 전자는 마치 태양계의 행성과 같아 원자 전체로 보면 거의 텅 빈 상태라고 할 수 있다.
479) "오늘날 양자장 이론을 연구하는 이론 물리학자들은 강한 핵력과 전자기, 그리고 약한 힘들을 통합하는 대통일장 이론들을 찾고 있으며, 현재에는 중력을 통합에 끌어들이려고 노력하고 있다. 이 목표가 성취된다면 그것은 우리가 지금 알기로는 물리학의 완성이 될 것이다."-『우주의 암호』, 앞의 책, p.353.
480) 위의 책, p.277.

모두 비어 있고, 고체 물질도 질량의 대부분이 아주 작은 원자핵 속에 집중되어 있어 나머지는 텅 빈 공간이다. 따라서 거의 모든 것은 진공이다."481) 그런데 빈 공간 혹은 無라고 여긴 이곳으로부터 순간적으로 생성하고 소멸하는 입자와 반입자가 춤을 추고 있다는 사실을 발견함으로써 그들은 "존재한 적이 있거나 존재할 수 있는 모든 것은 이미 無의 공간 속에서 잠재력을 지녔고, 無란 바로 존재하는 모든 것을 포함하고 있다"고 생각하게 되었다.482) 이런 현상이 일어난 이유는? 우리는 무대 위에 선 배우들의 모습은 볼 수 있지만 뒤에서 준비한 모습은 볼 수 없듯, 말 그대로 無와 진공으로부터 연출된 입자의 생성과 소멸, 그리고 뭇 별들의 탄생과 소멸에 이르기까지 도대체 무엇을 근거로 어떻게 생멸하는 것인지 알 수 없다. 우주는 과연 무엇으로 뒷받침되고 있는가? 우주적 본질을 내포하고 있을진대, 무량한 우주 진공 역시 본질로서 뒷받침되어 있다. 가장 우주적인 것이 가장 본질적인 것이라, 뭇 별들을 생성시킨 비밀도 함께 내포하고 있다. 우주공간, 곧 진공이 아닌 본질 말이다. 우주가 있는 곳에는 본질이 있고, 본질이 있는 곳에는 창조력이 팽배되어 있어 우주공간이 예사로운 빔 상태가 아니다. 우주가 아무리 무한하다고 해도 창조된 세계 안이라, 창조가 낳은 본질적인 특성이 유효하게 작용하고 있는 통합성 본질, 곧 모든 가능성을 내포한 모태이다. 우리는 창조 뜻이 집중된 조화로운 행성 안에 살고 있어 물질이 흔한 것으로 생각하지만, "물질은 우주 속에서 결코 흔하지 않은 예외적인 존재이다."483) 물질과 존재, 그리고 뭇 별들은 특별한 목적으로

---

481) 위의 책, p.289.
482) 위의 책, p.290, 294.
483) 위의 책, p.289.

규합된 것이다. 창조는 우주가 영원히 운동할 수 있도록 하였는데, 이런 운동이 지닌 창조적 특성을 발견한 것이 바로 갈릴레오가 세운 관성의 법칙이다. 그는 말하길,[484] "만약 어떤 물체에 아무것도 작용하지 않는다면, 그리고 직선상에서 어떤 일정한 속도로 움직이고 있다면, 그 물체는 똑같은 속도를 유지하면서 직선을 따라 영원히 계속 움직일 것이다"라고 하였다.[485] 정말 이런 조건이 정상화되어 마룻바닥과의 마찰처럼 작용에 영향을 주는 요소가 모두 제거된다면 공은 영원히 같은 속도로 움직이리라. 그침이 없으리라는 것, 이것은 창조의 영원성이고 有함을 이룬 본질성이기도 하다. 운동하고 있는 물체는 무언가가 그것을 정지시키지 않는 한 계속 움직이는데, 행성도 한 번 움직이기 시작하면 무언가가 그것을 정지시킬 때까지는 운동을 계속한다. 그렇다면 처음 운동은 과연 누가 일으킨 것인가? 누구도 아닌(외부 요인) 통합성 본질이 분열함으로써 운동력을 창출하였다(내부 요인). 이런 운동 본성을 기초로 하여 뉴턴은 "행성을 태양 둘레에 붙들어 매 놓고 있는 눈에 보이지 않는 실의 비밀을 발견했다"[486]고 하였는데, 그것이 바로 본질의 생성력이 뒷받침하고 있었다는 사실은 이미 밝혔다. 이 같은 문제에 대해서 『丹의 실상』에서는 "만유인력은 생체 에너지 현상으로서 만약에 이 같은 인력적 작용을 하는 생체 에너지가 없다면 지구는 흩어져 버리고 존재하지 않았을 것"이라고도 하였다.[487] 여기서의 생체 에너지란 사실상 본질로부터 발현된 생성력이다. 그리고 존재하는 실체에 있어서 중력

---

484) 갈릴레오는 간단한 실험을 통하여 V자형의 사면 한쪽에서 물체를 굴려 반대 사면으로 올라가게 했다. 그랬더니 굴러떨어진 거리와 같은 거리만큼 반대 사면으로 올라가는 것이 나타났다.
485) 『물리법칙의 특성』, L. 파인만 저, 나성호 역, 미래사, 1992, p.17.
486) 『우주의 역사』, 앞의 책, p.132.
487) 『단의 실상』, 홍태수 저, 동서문학사, 1986, p.78.

은 필연적이지만 丹에서 말한 인체 부양 같은 현상은 가늠하는바 물리적인 현상과는 거리가 멀다.

운동의 본성에 대하여 뉴턴은 운동의 세 가지 법칙을 종합하여 근대 역학의 기초를 확립하였는데, 주요 골자는 관성의 법칙, 가속도의 법칙, 작용과 반작용의 법칙이다. 즉, "외부로부터의 힘이 가해지지 않는 한 정지한 물체는 정지한 대로 있고, 운동하고 있는 물체는 같은 속도로 직선 운동을 계속한다. 또 물체에 가속도가 붙을 경우 그 크기는 가해진 외부의 힘에 비례하며, 방향은 외부의 힘이 작용하는 방향과 같다. 그리고 모든 힘에는 그와 같은 힘이 정반대의 방향으로 작용하고 있다."[488] 곧이곧대로란 말이 있듯, 뉴턴은 기계적 운동을 설명하기 위해 수학적인 방법을 구안하였다. 이것은 천지가 창조된 결정성 내지 命化性을 운동의 법칙을 통해 정립한 것으로서 운동은 반드시 1+1=2라는 규칙성을 지켰다. 스스로 작동할 수 없는 수동성과 운동 방향과 속도의 일정성(관성의 법칙), 가해지는 속도에 속도가 더해지는 원칙성(가속도의 법칙), 모든 작용에 대해 언제나 똑같은 반작용이 있다는 사실 등은 바로 창조된 세계가 지닌 힘의 존립 본질이다. 이에 우주가 지닌 생성 본질은 어떤 변화에도 불구하고 우주가 창조되었다는 사실을 적나라하게 증거한다. 생성 체제의 이면에 창조를 실현한 통합성 본질이 자리 잡고 있을진대, 드러난 제반 특성을 통하여 천지 만상이 그들의 아버지와 어머니를 이미 보았다. 아버지는 만유의 하나님이요, 어머니는 바탕 된 통합성 본질이나니, 이 우주가 비록 거대하기는 하지만 하나님이 사랑으로 품고 있는 자식과도 같아 우주를 통하여 인류가 거룩한 하나님의 존안을 뵈옵게 되리라.

---

488) 『엔트로피(I)』, 앞의 책, p.51.

제10장 인간의 창조 증거(1)

1. 인간의 가치 창조

인간은 인간이기 이전에 생물체이고, 생물체이기 이전에 물질로서 기초를 이루며, 우주를 구성한 요소로 존재한다. 또한 인간은 하나님이 이룬 창조 역사의 총화체이기도 하다. 그래서 인간은 뭇 생물체와 달리 특별한 창조 과정이 더하여졌는데, 그것이 곧 인간이 가진 정신 기능이다. 지금까지 이 연구를 이끌어 나온 주된 역할도 이 기능 때문이고, 이 연구가 밝힌 창조 본질의 제반 특성도 이 기능과 연관되어 있어 정신은 하나님이 이룬 창조 결과 중 최고로 분화된 기능이다. 그런데도 인간 자신은 정작 이런 사실을 자각하지 못하고 있어 이 연구가 어떻게 특별한 뜻으로 인간이 창조된 것인지 밝히리라. 정신 작용이 지닌 초월성을 통하면 인간이 창조된 사실을 확인할 수 있다. 인간이 어떻게 존재한 것인가에 대한 유래는 일찍이 학문적으로 추적, 조사, 연구되었다. 그중 가설의 중심에 선 것이 바로 진화론인데, 여기에 의하면 진화의 정도가 낮은 동물, 그중에서도 특히 인간과 형태가 비슷한 원숭이로부터 진화하였다는 주장이 대류를 형성했다. 인간은 포유류 중에서도 침팬지나 고릴라와 같은 영장류에 속하는데, 조상은 지금부터 5,800만 년 된 화석에서 발견되었다. 그리고 300백만 년 전쯤 원숭이와 인간의 공통 조상이 나타났고, 그 후 침팬지와 고릴라의 조상으로 나누어졌으며, 드디어 어딘가 인간다운 모습을 갖춘 원인(猿人)이 출현하였다.489) 한편 기독교에서는 인류 최초의 조상인 "아담과 하와가 하나님에 의해 초자연적으로 갑자기 창조되었다. 결코 어떤 동물 세계로부터도 점진적으로 진화한 존재가 아니다"고 하였다.490) 이 연구는 바로 이런 주장이 지닌 문제점을 지적하고 본의에 따라 창조된 사실을 증거할 수 있는 판단 기준을 세웠는데 그 대요를 말한다면, "자연선택을 주축으로 종의 진화를 주장한 다윈과 달리 독립적인 자연선택설을 주장한 월리스도 의아하게 생각했듯, 가장 높이 평가하는 인류가 지닌 특징으로 볼 때 인간이 자연선택된 산물이라고 보기에는 너무나 지적이고 정교한 복잡성"491)을 묵과할 수 없다. 이것을 이 연구는 뭇 생명체가 하나님이 사전에 마련한 통합성 본질을 통하여 입증하였거니와, 인간은 처음부터 완전하였고 "인체 기관은 시행 과정에서 중간에 진화된 기관 없이 전체에 복무한 완벽한 것이다."492) 인간은 자체 지닌 능력으로 생성 메커니즘을 적응시킨 진화적 산물이 아니다. 통합성 본질의 완전함에 근거

---

489) 『생명과학의 현대적 이해』, 앞의 책, p.230.
490) 『성경적 창조론』, 앞의 책, p.171.
491) 『인류의 기원』, 리처드 라키 저, 황현숙·과학세대 역, 동아출판사, 1996, p.27.
492) 『신비한 인체창조 섭리』, 앞의 책, p.228.

해서 하나님이 인간을 창조하기 위해 사전에 계획한 뜻의 총화체인 것이 확실하다. 성경에서도 밝힌바 인간은 하나님의 형상에 따라 지어져[493] 특별한 가치성을 새겨 놓았다. "인간은 존재 중 가장 잘 우주를 본뜬 신기지물(神機之物)"[494]이라고 한 것과도 일맥상통한다. 뭇 생명체 중에서도 인간은 그냥 창조되지 않은 가치성을 입증해야 할진대, 인간의 본성 중 어떤 부분에서는 반드시 神의 속성과 본질을 유추할 수 있는 작용 근거를 발견해야 한다.[495] 그것이 곧 인간이 사고할 수 있는 정신 기능이고, 이것은 바로 인간이 창조된 사실을 증거할 수 있는 근거이다.

2. 정신의 진화적 기원과 본질

"인간은 생각하는 갈대"라고 한 파스칼의 명언을 인용하지 않더라도 인간이 지닌 사고적 가치는 선현들에 의해서 특별성이 인정된 바이다.[496] 그렇지만 그런 정신 기능이 과연 어떻게 해서 부여된 것인가는 특별한 가치 부여와 별도로 밝혀야 하는 과제이다. 과연 인간의 정신 기능은 어떤 과정을 통해서 주어진 것이고, 어떤 메커니즘으로 현현된 것이며, 수행할 수 있는 능력은 어디까지인가? 아직 누구도 답을 알지 못한 실정이지만 진화론자들은 나름대로 답하였다. 다윈 이래 인간의 "마음 내지 정신 작용이 진화에 의해서 생겨

493) "하나님이 자기 형상, 곧 하나님의 형상대로 사람을 창조하시되 남자와 여자를 창조하시고······"-창세기 1장 27절.
494) 『우주변화의 원리』, 앞의 책, p.21.
495) 『신의 약속은 파기될 수 없다』, 김이곤 저, 한국신학연구소, 1986, p.95.
496) 인간이 사고한다는 사실은 가장 위대한 자연의 경이이다. 왜냐하면 신체가 무엇인지는 물론 정신이 무엇인지를 파악하지 못하며, 더욱이 신체와 정신이 어떻게 결합하는지 거의 아는 바 없기 때문이다. 이 점이 인간이 가진 가장 큰 어려움이지만, 바로 그것이 인간이라는 존재이다.-파스칼(Blaise Pascal).

났다"497)란 판단은 생명체뿐만 아니라 정신도 진화한다는 생각에서 나온 것이다. 즉, "진화 과정을 통하여 몇 천 년의 세월이 흐르는 동안 두뇌 속에 쌓인 밝은 지혜"498)와 진화의 단계적 과정이 고차원의 전일한 특성을 함유하였다고 하였다. 이것은 꿈속에서 여러 가지 상징화된 모습으로 감지되기도 하는데, 이런 꿈을 내용에 따른 빈도수로서 분석하면 "포유동물이나 그 이전 공룡시대의 동물이 가진 특성과 유사한 점들이 드러나 꿈속에서 지나온 진화 과정을 되풀이한다는 생각을 가졌다."499) 뇌 속에 기억되는 잠재의식이 진화적 획득에 의해서 함재된 것이란 해석이다. 또한 인간의 고차적인 정신 의식의 도야 노력을 뒷받침한 뇌의 기능 발달이 처음 "자연선택으로부터 발생→뉴런 집단 선택→1차적 의식→고차적 의식"500)이라고 하는 과정을 거쳤다고 보았다. 자연선택에 따른 최초 정신의 발생 과정을 물질로까지 추적하여 "물질이 우주의 본체이고, 정신은 그 물질에서 파생된 것"501)으로 본 유물론과 불가분한 관계를 가지게 되었다. 그리고 정신적인 작용 면에 있어서도 "정신은 공간을 점유하고 있는 물질, 즉 에테르(ether)의 활동이거나 혹은 원자의 양·전자 활동으로 보았다."502) 이 같은 토대를 가진 '생명 기계론'에 따르면, "인간을 포함한 모든 생명체는 기계에 불과하고, 인간의 감정이나 사고는 이 기계를 구성하는 물질들의 상호작용에 의해서 나타난 현상"이라고 하였다.503) 따라서 "어떤 물질적 현상이 정신 의식과 맺어지는

---

497) 『신경과학과 마음의 세계』, 제럴드 에델만 저, 황희숙 역, 범양사출판부, 1998, p.57.
498) 『정신문화와 두뇌』, 송준만 저, 교문사, 1981, p.106.
499) 위의 책, p.106.
500) 『신경과학과 마음의 세계』, 앞의 책, p.199.
501) 『우주변화의 원리』, 앞의 책, p.29.
502) 위의 책, p.29.
503) 『현대과학의 이해』, 한국방송통신대학보사, 1985, p.168.

지",504) 그리고 뇌의 구조와 작용 기능이 어떤 정신을 유발하는 것인지에 대해 집중적으로 연구하였다. 그런데 "정신 기관이 고등한 척추동물에게 있어서는 주로 신경계가 지니고 있어서 정신이 신경계의 기능과 결합되어 있는 것"505)으로 보고 마음을 과학적으로 탐구한 '신경과학'의 대두를 낳았다. 그리하여 우주에서 가장 복잡한 비밀을 지닌 뇌라는 기관에 관한 지식이 폭발적으로 쏟아졌다.506) 볼 수도 만질 수도 없는 정신 작용에 대해 신경과학이 무엇인가 말해 줄 것으로 서양학자들은 기대하였다. 즉, "정신은 물질의 배열에 따른 특별한 종류의 과정이다."507) 정신 작용 자체가 뇌라는 물질의 총화적인 기능으로서, 물질이 이룬 뉴런의 배열에 따라 정신 문제를 해명하려고 하였다.

하지만 정신의 궁극적 기원과 본질 문제를 풀고자 함에 있어 정신 작용의 기능적인 접근 방법은 영원히 본질과 동떨어진 조건을 벗어날 수 없다. 정신은 정신으로서 고유한 특성을 지녔는데, 그것을 발생한 구조를 통하여 따진다는 것은 전등의 기계적인 구조를 보고 빛의 본질을 밝히려는 것과 같다. 정신이 물질인가, 아니면 다른 무엇인가 하는 것은 뇌 속에 배치된 신경 구조보다는 정신 기능이 일으킨 사고력과 이것을 뒷받침한 의식이 어떻게 고차적 작용을 일으키는 실체인가 하는 것부터 풀어야 한다. 정신과 물질이 적절한 관계성을 지녔다면 우리는 신경과학과 같은 학문을 통하여 "정신이 어떻게 기능하고, 본성을 지배하며, 세계를 아는 것인지 알 수 있겠지만",508) 그렇지 않다면 우리는 다른 방법을 모색해야 한다. 본의에

---

504) 『정신과 물질』, 슈뢰딩거 저, 이인길 역, 과학과 사상, 1991, p.16.
505) 위의 책, p.24.
506) 『신경과학과 마음의 세계』, 앞의 책, p.21.
507) 위의 책, p.24.

입각하고 보면 물질은 창조된 대상으로서 본질적인 특성을 드러내는데, 하물며 정신 의식의 초월성을 진화적 방법으로 구한다는 것은 가능성이 희박하다. 만약 뇌가 일으킨 정신 작용이 물질로부터 연원된 것이라면 물질이 그대로 정신의 근저가 되고, 정신 역시 물질적인 특성을 통해 드러나야 하지만, 정신은 이와 달리 세계를 통관하는 본질적 기반 위에 있다. 그래서 철학자 중에는 물질을 의식적인 실체로 전향시킨 일종의 범신론을 제안하기도 하였다. 즉, "물질은 가장 미세한 입자들까지도 어느 정도는 의식적이라고 보았고, 심지어는 우주조차도 의식적이라고 하였는데",509) 입자가 의식이 있는 것처럼 보이는 것은 창조된 탓이다. 먼지 입자 하나라도 그것은 창조 과정을 거친 결과적 산물로서 하나님의 창조 본의를 함축한 반영물이다. 여기에 인간은 특별히 정신 기능까지 더하였나니, 인류는 끝내 하나님이 부여한 이 기능을 통하여 하나님과 하나 되고 일체될 수 있는 길을 찾게 되리라.

3. 정신의 창조적 기원과 본질

세계의 근원적인 실체를 규명하는 데 접근하기 위해서는 먼저 정신과 물질의 창조적 기원과 합일성 여부부터 밝혀야 한다. 즉, 물질은 정신으로부터 말미암았다, 혹은 그 반대, 그리고 존재한 心身의 분리 여부가 관건이다. 그런데 아무리 궁구해도 물질과 정신은 존재를 인식하려는 인간에게 있어 통합을 방해하는 이원적 대상이다. 그리고 세계의 궁극적 실상을 파악하고자 한다면 더더욱 대립된 양상

---

508) 위의 책, 서문.
509) 위의 책, p.312.

이다. 그러나 면밀하게 분석하면 정신은 사물을 파악하는 능력을 가졌고, 물질은 그런 정신의 인식적 대상이라는 차이가 있다. 물질과 정신이 동일한 본성이 아닐진대, 물질과 달리 정신은 자체 지닌 사고 기능을 통하여 기원과 본질을 밝힐 수 있다. 단지 정신 작용의 바탕이 자체가 지닌 존재에 있다 보니 인식함이 불가분리이면서도 분리 또한 불가피하지만, 분리된 특성과 별도로 존재와 인식은 사실상 불가분한 통체성을 이루고 있다. 심신의 결합과 분리는 인식의 분열이 주된 원인이며, 정신은 신체로 인하여, 신체는 정신 기능에 따라 존재성이 확인된다. 종교 영역에서는 정신과 육체의 사후 상반된 분리성을 들어 이질적인 관점을 피력했다. 즉, "육체는 죽음과 함께 생명을 잃고 점차 분해되어 소멸하지만 정신은 그렇지 않다."510) 존재 없는 정신은 없는 것인데, 종교에서는 죽어서도 정신만의 영원성을 부각했다. 정신은 본질적인 실체로서 영원히 독자적이다. 진위 여부를 어떻게 판가름할 것인가? 만사는 하나, 유일, 통일성을 지향하고 싶은데 정신과 물질 간의 대립이 평행선상에 있어, 이런 조건 속에서는 合一성을 구할 방도가 없다. 하지만 정신과 물질이 창조된 대상인 한 본의에 따라 해결할 수 있다. 즉, 물질을 있게 한 최초의 바탕 근원을 추적해야 하는데, 그것이 곧 하나님이 처음 품은 뜻이다. 따라서 정신도 처음 시발은 역시 하나님의 뜻에 근거한다. 몸 된 본체적 형상을 本으로 하여 인간을 창조하고자 한 것이 하나님의 뜻인 탓에, 정신은 바로 그 같은 뜻을 기능적으로 구체화시킨 것이다. 그렇다면 물질은? 뜻의 전화, 즉 命化에 의해서 본질이 化한 상태이다. 공히 뜻에 근거한 탓에 물질과 정신이 合一할 수 있게 된다. 정신은 하나님이 창조한 뜻의 반영물이며(정신=뜻의 化), 물질은 命을 집약

---

510) 『이슬람 입문』, 김정위 편저자, 한국외국어대학교출판부, 1993, p.267.

시킨 본질의 化로서 삼라만상을 이루었다. 그래서 물활론자들은 물질을 감각과 생명이 없다고 여기지 않았고, 어디서나 생활력과 영혼을 갖는다는 신념을 견지했다.[511] 하지만 물질이 인간처럼 활력을 지녔다면 그것은 命化된 본질 탓일 뿐, 만물의 운동과 변화되는 상들이 그대로 정신인 것은 아니다. 또한 "우주의 본체는 정신이고 자연계의 현상은 정신의 표현으로서 물질을 정신적 산물이라고 본 유심론"[512]도 올바른 판단은 아니다. 물질은 一者인 정신의 대원(大原)에서 유출(流出)되지 않았고, 파생되지 않았으며, 만물에 대해 제약을 줄 수도 없다. 정신 기능은 하나님의 뜻을 本으로 하여 현현된 운용 능력이지 무엇을 있게 한 창조력이 결코 아니다. 정신 기능을 주체로 인식한 버클리는 "모든 지식은 감각을 통해 얻어지는 지각인 탓에 전체 세계가 정신적이다(일원론적 관념론)"라고 하였지만, 어폐가 있다. 일찍이 "세계를 물질세계와 이데아의 세계로 갈라놓고 이데아의 세계가 1차적이고 물질세계는 이데아의 세계에서 파생된 것"[513]이라고 한 플라톤처럼, 이데아를 본질로 치면 무엇이든 1차, 2차라는 순서가 발생하지만, 물질과 정신을 동일한 위치에 두고 보면 동시에 창조된 대상체일 따름이다. 그러니까 세계의 본질을 이념으로 본 헤겔과 이것을 거부하고 물질로 본 마르크스의 주장이 결말이 날 수 없었다. 말씀이 곧 창조 역사의 원동력이므로 이와 비슷한 정신력도 동일한 마력을 지녔다고 착각하였다. 물질과 정신은 자체로서 지닌 한계성이 명백하다. 단지 하나님의 뜻이 반영된 정신 기능이 물질보다는 우위의 주도성을 확보한 상태이다. 그러나 아무리

---

511) 탈레스는 "우주는 神들로 가득 차 있다"고 함.-『세계철학대사전』, 고려출판사, 1992, p.341.
512) 『우주변화의 원리』, 앞의 책, p.28.
513) 『철학 다이제스트』, 앞의 책, p.22.

사고력을 발휘해도 정신은 정신일 뿐이다. 창조 권능이 결여되었다. 이런 한계성 때문에 인간은 피조체이다. 정신과 물질을 대비시키고 창조 역사의 기원을 추적하면 비로소 정신의 창조적 기원과 본질을 밝힐 수 있다.

그렇다면 하나님은 삼라만상 가운데서도 어떤 목적을 가지고 인간에게 특별한 정신 기능을 부여하였는가? 정신의 발생 기원은 과연 어디에 있는가? 먼저 하나님이 무슨 목적으로 자체 지닌 형상을 본받게 한 것인지부터 살펴보아야 한다. 즉, 하나님은 어떤 경우에도 몸 된 형상을 닮은 제2의 존재 대상을 구체화시키길 원했는데, 그런 뜻이 인간의 정신 창조를 통하여 실현되었다. 이 같은 뜻을 수용해서 반영시킨 모종의 기관과 기능을 모색하지 않을 수 없게 되는데, 그것이 곧 뇌라는 생체 기관이다. "뇌는 우주 안에서 가장 복잡한 물질적 대상"[514]일 뿐 아니라, 고도로 분화된 통합성 본질의 구현체이다. 뇌는 적어도 10^{-15}개의 연결을 갖는 10^{-11}개의 세포로 조직되어 있다. 가히 상상을 초월할 만큼 다양한 방식으로 연결되어 전 우주와 통한다.[515] 이런 기능이 어떻게 진화를 통해 구축될 수 있겠는가? 하나님이 품은 뜻을 정신을 통해 구현한 위대한 창조 작품이다. 정신은 엄밀하게 계획된 창조 결과물이지만, 그 기원은 원래 없었던 것이 생겨난 것이 아니다. 영원 전부터 하나님의 뜻 안에서 이미 존재하였다. 뇌의 정교한 구조와 기능은 하나님의 뜻 안에서 구상된 것으로서, 정신의 본질은 그대로 하나님의 뜻 자체이다. 그래서 창조 뜻의 구현체인 정신 기능은 제반 창조 과정을 재생할 기억력과 파악할 인식력과 주어진 정보를 종합하는 통찰력을 지녔다. 하나님

---

514) 『신경과학과 마음의 세계』, 앞의 책, p.45.
515) 전체 우주 안에는 양전하를 띤 입자가 10^{80}개 정도 존재할 뿐이다.-위의 책, 앞표지.

의 뜻과 교감할 수 있는 최상의 사고 기능을 가지게 됨으로써 인간
은 침잠된 의식을 통하여 우주 세계와 통하고 하나님의 뜻을 받들
수 있는 직관력을 가졌다. 정신을 통하여 하나님의 존재 형상을 간
직한 것은 물론이고, 하나님의 형상을 본받은 주체적인 판단 의지와
감정과 마음 등도 아울러 함축하였다. 어떤 의미에서는 하나님의 뜻
과 교감할 수 있는 수신 체제로 창조된 것이라고 할진대, "태초에
정신이 있었고, 그 정신은 곧 자연과 다른 것이 아니다"516)고 한 화
이트헤드의 말은 정신의 창조적 기원을 인식한 통찰이다. 하나님의
존재 의지를 수용하고 직시할 수 있는(계시 받음) 기능이 정신을 창
조함으로써 실현되었다. 하나님은 정신의 원형적인 형상으로서, 그
원형이 인간 속에 깊이 머물게 된 것이 정신의 본질이다. 이런 특별
한 뜻으로 인해 인간은 하나님이 이룬 창조 대상 중 으뜸이 된 작품
이다. 정신을 통하여 우리는 끝내 하나님의 뜻, 그 모습의 원형을 보
리라. 하나님은 창조를 이루고자 한 뜻이 정신 속에 머물기를 원하
였고, 인간도 그 뜻을 깨닫길 간절히 원하였다. 데카르트는 "우리의
머릿속에는 영혼이 육체와 상호작용하는 장소, 즉 사유 실체와 연장
실체 간의 상호작용이 일어나는 장소[松果腺]"517)가 있다고 하였듯,
하나님은 존재 된 원형을 뇌라는 기관을 창조하여 함께하기를 원하
였다. 이런 역사가 가능했던 것은 통합성 본질에 근거한 물질과 정
신이 결국은 한 바탕에 근거한 창조의 결과물인 탓이다. 그래서 "정
신의 본질이 우주정신과 동일하다는 신념과, 정신은 최초에 우주정
신으로부터 받은 것으로서 정신은 종국에 우주정신과 합일된다"518)

---

516) 『과학과 철학』, 앞의 책, p.117.
517) 『신경과학과 마음의 세계』, 앞의 책, pp.30~31.
518) 『우주변화의 원리』, 앞의 책, p.259, 281.

고 한 동양 사상과도 일맥상통한다. 정신 작용을 통하여 인생을 의지적으로 이끌고, 자연의 인과율에 대해 정신이 목적성을 띠는 것도,519) 정신 작용 속에 하나님의 뜻이 반영되어 있어서이다. 성경에서도 하나님은 인간을 흙으로 빚고 생기를 직접 불어넣었다고 하였다.520) 정신의 창조적 기원이 하나님의 뜻에 있고, 원형적인 본질이 뜻의 반영체라고 할진대, 인간의 총체적인 본질은 외형적인 구조 특성만으로 섣불리 판단할 수 없는, 심원한 마음과 의지와 이것을 총괄한 정신 의식을 종합해야 해명되는 하나님의 뜻과 연관되어 있다. 정신은 "볼 수도 만질 수도 없고, 윤곽조차도 없으며, 물질이 아닌 바에는 감각적으로 확인할 수 없는 영역에 속하지만, 본의에 입각하면 정신적인 특성이 어떻게 하여 무궁한 잠재력을 내포한 것인지 추적할 수 있다."

인간의 정신 작용이 지닌 초월성과 무궁함에 대해서는 동양의 선현들이 익히 체험하였고 道로서도 각성된 바이지만, 그런 전통이 없는 서양에서 자구책으로 무의식의 세계를 발견한 것은 양자역학이 물질의 본질성을 발견한 것과 같은 가치를 지닌다. "정신 현상이 의식과 무의식의 상호 역동적인 관계에서 빚어진 것"521)이란 통찰은 정신의 본질적 특성과 창조성을 인식한 학문적 성과이다. 특히 칼 융은 "우리 마음의 심층에는 개인의 체험에 의존하지 않는 고태(古態)적인 집단 무의식이 유전적으로 전달된다"522)고 하였는데, 이것은 사실상 시공을 초월한 창조 원형에 대한 영성을 무의식적인 형태로 반영시킨 것이다. 그래서 인간의 영혼은 우주적 영혼과도 상호

---

519) 칸트: 자연계는 인과율대로 변화하지만 정신계는 목적률에 의해서 변화한다.-위의 책, p.215.
520) 창세기 2장 7절.
521) 『융/무의식 분석』, C. G. 융 저, 설영환 역, 선영사, 1990, 표지글.
522) 위의 사전, p.862.

통할 수 있고, 미개인들은 스스로 자기 자신의 영혼뿐만 아니라 '초원의 영혼'을 갖고 있다고 믿었다.523) 그리고 "프로이트가 노력하여 이룬 꿈의 분석을 통하면 무의식계에 이르는 길"524)을 안내받을 수도 있다. 꿈을 통한 예지력과 미래 질서를 선지한 초월 인식에 대해서는 언급한 바 있지만, 꿈을 통해 표출되는 잠재된 무의식은 그대로 바탕 된 통합성 본질과도 연결되어 인지력을 발휘한다. 그러므로 인간 정신의 가장 의식적인 상태는 가장 원형적으로 제공된 창조 본질이라고 할 수 있고, 이것은 나아가 하나님의 뜻과도 직통하는 길이다. 능히 정신은 하나님의 뜻을 반영한 혼을 함재하였다. 그래서 인간의 영성은 하나님의 뜻과 통하여 자신도 모르게 하나님의 뜻을 따른다. 인간은 창조된 관계로 인생의 본질 역시 하나님의 뜻을 벗어날 수 없다. 삼라만상은 스스로 존재하는 것 같지만 하나님의 섭리가 주효하며, 의식적인 거부가 있다 해도 종국에는 하나님의 품 안에 안긴다. 자체 의지로 살아가는 것 같지만 본성으로 살아가며, 자기 뜻대로 살아가는 것 같지만 神의 은총으로 생애를 호흡하였나니, 뭇 영혼의 자유를 구속하였고 생사화복을 주관하였다.

진실로 하나님의 고귀한 사랑을 온몸으로 받들어 창조된 인간은 하나님의 원대한 창조 목적을 구현할 수 있는 가치를 정신 속에 함재시켰지만 이 같은 명백한 사실도 확인하지는 못했다. 그럼에도 불구하고 거부할 수 없는 것은 하나님이 가진 창조 목적과 뜻의 구속을 받지 않은 사물과 존재가 하나도 없었다는 사실이다. 진실로 고백하건대, 창조된 역사를 증거하는 과정은 그대로 하나님이 이룬 위대한 창조 역사의 결정체라는 것을 천명하는 바이다. 인간의 내면을

---

523) 초원의 영혼이란 야생동물이나 숲속의 나무의 형태로 나타나고 인간은 이에 대해 일종의 심리적인 동일성을 느끼는 것이다.-위의 책, p.255.
524) 위의 책, p.42.

구속한 주재력으로 한량없는 지혜를 수놓았으니, 이 모든 것이 어찌한 개인의 뜻대로만 되었다고 할 것인가? 인간적인 고뇌 가운데서도 역사한 준엄한 길의 인도로 모든 과정이 완수되었다.

제3편

통합 결론

내가 전심으로 주께 감사하며 신들 앞에서 주께 찬양하리이다.
내가 주의 성전을 향하여 경배하며 주의 인자하심과 성실하심을 인하여
주의 이름에 감사하오리니, 이는 주께서 주의 말씀을 주의 모든 이름 위에
높게 하셨음이라.-시편 138장 1~2절.
너희는 귀를 기울이고 내게 나아와 들으라. 그리하면 너희 영혼이 살리
라. 내가 너희에게 영원한 언약을 세우리니, 곧 다윗에게 허락한 확실한
은혜니라.-이사야 55장 3절.

-1995.1.29.11:00.

제11장 개관

    천지창조 역사를 증거하기 위해서는 해결해야 할 난제들이 첩첩 산중이지만 드러난 존재 현상들을 하나하나 해결하여 드디어 통합적인 결론을 내릴 수 있게 되었다. 도대체 무엇을 어떻게 증거해야 하나님이 이룬 태초의 창조 역사를 증거하고, 그 근거를 제시할 수 있는가? 이 연구는 일찍이 창조된 본의를 밝힌 지적 성과를 토대로 하나님의 창조 역사를 증거할 수 있는 진리적 기반을 다졌다. 그리고 이제부터는 결론적인 증거 과제로서 창조로 인해 분열된 세계를 다시 하나님의 창조 뜻과 원리 안에서 통합하는 것이다. 그런 가능성은 이 연구가 가늠한 기대치가 아니다. 선현들도 가능성을 함께 내다보았다. 세계는 천차만별하며 일군 지식들이 그토록 이질적일까 만 '진리는 하나'란 신념을 가졌고, 만법귀일의 논지를 펼쳤다. "統體一太極을 체득하면 천하의 무수한 조리들이 이것으로부터 나온 것을 안다. 一理가 만사가 되고 만수(萬殊)에 一理가 관통함을 알 수 있다."525) 백용성은 "천지가 나와 더불어 한 근원이며, 만물이 나와 동체이다"526)라고 한 것은 여러 대각인들도 인지한 우주적 본체에 대한 통찰이다. 부족한 점은 모든 진리가 하나요, 만물이 하나인 근원으로부터 말미암았다고 하지만 분열될 대로 분열된 세계를 통합할 계기를 마련하지 못한 데 있다. 그럼에도 불구하고 세계가 하나로 통합되어야 할 필연성은 만물이 하나인 원리로부터 연원된 탓이고, 하나 되어야 할 귀결성은 만물이 하나님의 몸 된 본체에 근거하여 창조된 탓이다. 이 같은 논지를 좀 더 구체화할진대 하나인 본체는 통합성 본질이요, 하나인 원리는 창조에 있다. 한 근원인 탓에 우주와 만물이 벗어날 수 없는 공통된 원리가 있고, 두루 통하는 일관성이 있다. 천지가 창조된 이상 제 이법은 반드시 창조된 바탕 안에서 하나 될 수 있다. 만물과 진리 사이에는 창조가 매개되어 있다. 그리고 그 바탕 된 뿌리에 바로 본질이 있다. 본질 속에는 세상 이법을 창조 진리로 전환시킬 수 있는 길이 있다. 본의에 입각하여 만법귀일의 창조 진리를 세상 위로 인출하리라.

525) 『중국철학개론』, 이강수 외 3인 저, 한국방송통신대학교출판부, 1994, p.269.
526) 백용성: 1864~1940 불교인, 법명은 진종(震鐘).-『한국의 사상』, 윤사순·고익진 편자, 열음사, 1984, p.340.

제12장 창조 진리와 세계

1. 창조 진리와 형이상학

지성들이 추구한 학문 가운데는 사물을 탐구한 자연과학과 같은 形而下學적 영역이 있는 반면 사물의 근원이나 존재의 근본 원리를 사유와 직관으로 탐구한 形而上學 영역도 있다. 공히 존재·사물의 궁극적인 원인을 추적한 것인데, 동서양 어디서도 그 추구가 아직 끝을 맺지 못하였다. 주된 이유는 천지는 창조된 것인데 이런 사실과 동떨어져 있어 참된 진상을 확인할 수 없었기 때문이다. 플라톤, 칸트, 헤겔로 이어진 서양철학이나 동양 사상도 마찬가지이다. 만물의 근원성을 추구하였지만 초점이 어긋나 버려 形而上學과 形而下學 간의 연결 고리를 찾지 못하였다. 形而上學의 진리성을 확인할 길은 만상 위에 있고, 形而下學의 진리성을 확인할 길은 道에 있는데, 그 긴밀한 관련성을 몰라 지극한 관념화에 그쳤다. 그러니까 실용적이지 못한 道는 진리사에서 도태되어 버렸고, 오늘날은 과학에도 밀려나 무기력하게 되었다. 그렇다면 정말 形而上學이 내포한 진리적 가치는 어디에 있는가? 하나님이 이룬 창조 역사의 원리성을 바로 形而上學적인 진리가 내포한 데 있다. 즉, 하나님의 창조 본의가 드러나지 못한 가운데서도 본질적인 바탕이 뭇 존재와 사물 가운데 내재되어 있어 이것을 지성들이 形而上學적인 진리로서 갹출하였다. 하나님의 창조 의지를 기록한 성경의 계시 진리와 달리 바탕 된 본질은 세상 가운데 편만해 있어 이것을 각성한 것이 道이며, 진리로서 인식한 것이 形而上學이다.527) 지성들이 파악한 진리와 道는 바로 천지를 창조하는 데 제공된 바탕 본질이고, 이것을 각자의 문화 양식과 사고방식에 따라서 다양한 색깔로 표출하였다. 동양의 道도 예외 영역일 수 없어 만물의 생겨남에 대한 근원은 지성들의 영원한 추구 과제였다.

이처럼 인류가 지향한 形而上學적 추구 노력은 바로 창조의 바탕 된 본질의 작용성을 진리로서 인식하고자 한 것이다. 形而上學은 본의를 통하면 진리적 가치를 확인할 수 있다는 것을 알 때, 이 같은 관점 확보는 그동안 사장된 동양 사상의 진리적 가치를 발견하고 부활시키는 관건이기도 하다. 동서양은 서로가 진리의 성을 넘어다보기만 했을 뿐 소통한 사실이 없는데, 形而上學적인 진리를 본의로서 재인식할진대 열망한 추구 성과를 거둘 수 있다. 서양의 形而上學은 물론이고 동양의 道도 하나님의 창조 본의와 직결되어 있다고 한다면 섣불리 믿지 않겠지만, 사실성에 근거하여 바야흐로 동서 간의 진리를 연결시킬 대통합 바탕을 마련했다. 동양의 道가 정말 창조

---

527) 동양의 사상가들이 추구한 道에 대한 각성은 만물의 생겨남에 대한 창조성을 인식한 것이다. 지성들은 정열과 세월을 바쳐 창조성을 각종 진리 형태로 표출시켰다.

진리에 기인한 것을 확인할 수 있다면 동서 간의 진리가 하나님의 본의 안에서 하나 될 수 있는 길을 열 수 있다. 창조 진리는 만상의 바탕 근거인 形而上學이며, 形而下學은 그 결과를 원리적으로 인식하였다는 것이 확실해지며, 창조 진리를 근거로 동서 간을 회통시키는 것은 반드시 이루어야 할 문명 통합의 전초 과정이다. 이질화된 동서양이 하나 되고 합쳐 최고조에 달한 문명적 에너지를 창달함으로써, 서로를 보완하는 역할을 다한다면[528] 장차 어떤 놀라운 통합 문명 질서가 창출될지 모른다. 나아가 "다원화된 시대의 도래 앞에서 한반도는 동서 사상을 융합시킨 실험장과도 같아"[529] 창조 진리가 제시한 본의 관점에 따라 한민족은 동서양의 문명 통합 역사를 가속화시키는 데 중추적 역할을 담당하리라.

2. 창조 진리와 과학

세계는 하나인 창조 진리 안에서 통합될 수 있다. 그러나 현재 객관적인 진리로 인정된 과학을 어떻게 수용할 것인가 하는 것은 쉽게 답을 찾기 어렵다. 인류가 과학을 통해 지식을 확고하게 체계 지을 수 있었던 것은 그만한 이유가 있지만 과학과 창조가 연관되어 있다고 한다면 억지 주장처럼 들리리라. 하지만 인간은 세계의 궁극적인 실상을 탐구하고 그를 통해 세계관을 구축한 것일진대, 시대를 불문하고 늘 진리 세계와 접하였다고 볼 수 있다. 고대에는 신화 형태로, 이후에는 종교가 확고한 우주관으로서 자리 잡았고, 지금은 빅뱅 우

---

528) 『정신문화와 두뇌』, 송준만 저, 교문사, 1981, pp.120~121.
529) 한국은 세계적인 종교가 다 모여 있고, 현대의 과학기술을 익히며, 서양의 모든 합리주의 사상을 받아들이고 있다.-『과학과 철학』, 김용정 저, 범양사출판부, 1996, p.328.

주론, 진화론 등을 세웠다. 과학은 지극히 形而上學적인 세계로부터 합리적인 체계를 구축한 것이라, 과학이 애써 독립하고자 했던 이유도 여기에 있다. 지난날은 신화와 종교적인 믿음을 신선한 삶의 진수로 여겼는데, 지금은 그 무대가 송두리째 과학 쪽으로 넘어가 버렸다. 우주의 본체성을 짊어진 종지가 세분화되어 세계관으로서의 역할을 상실하였다. 세계 이해를 위한 발판인 학문과 사상과 종교가 분화를 거듭해 거리가 너무 멀어져 버렸다. 특히 종교 영역은 치밀한 증거 위주의 과학에 밀려 신뢰도를 잃어버린 지 오래되었다. 과학과 종교가 전격 분리된 것처럼 보이지만, 그러나 섭리적으로 보면 과학이 급격히 발달한 데는 세계의 본질이 분열한 데 따른 타당한 이유가 있었다. 누가 보아도 과학과 종교 간은 대립이 끊이지 않았고, 神에 대한 믿음이 과학에 대한 믿음으로 전과되었다고 단언한 지경이지만,530) 사실은 창조된 본의를 모른 오판일 따름이다. 어떻게 과학이 종교를 대신하며, 종교가 과학을 대신할 수 있겠는가? 종교는 종교답게 세상을 있게 한 본질 세계와의 주 통로 역할을 하여 창조 본질을 보존한 방주 역할을 하였고, 과학은 과학대로 고유한 역할을 담당하였다. 그런데도 대립 관계가 풀리지 않는 것은 한때 절대적인 세계관을 구축한 중세 가톨릭교회의 고지식함과 박해받은 과학자들의 전적 탓이다. 사례로서는 코페르니쿠스가 지동설을 주장하였고, 그것을 지지했던 갈릴레오의 종교 재판이 있다.531) 교황은

---

530) 『과학의 발전과 함께 새로운 철학이 열리다』, 한스 라이헨바하 저, 김회빈 역, 새길, 1994, p.60.
531) 달은 완전히 빛나는 구체가 아니라든지 지구는 태양의 둘레를 돌고 있다고 주장하는 사람들은 교회에 의해 죽음을 당하기도 했다. G. 브루노(G. Bruno)는 우리의 태양은 다른 한 별이라고 생각했으며, 따라서 무수한 태양과 그런 태양의 주위를 도는 셀 수 없이 많은 지구가 있다고 주장한 탓에 1600년 로마에서 화형을 당했다. 수십 년 후 위대한 천문학자이며 물리학자인 G. 갈릴레오는 죽음에 대한 협박 때문에 지구가 태양 둘레를 돌고 있다는 그의 이단적인 발언을 취소해야만 했다. 그가 재판정에서 그의 과학적 발견을 거부당했을 때에도 그는 마음속으로 "그러나 지구는 돌고 있다"고 중얼거렸다고 한다.-『아인슈타인을 넘어서』,

그를 연금시키고 더 이상 아무것도 쓰지 말라고 명령했다. "그렇지만 결과는 오히려 교회를 불리한 입장으로 몰아 과학은 정당한 연구활동을 대표하는데 교회는 미신과 어리석음을 대표하는 듯한 오명을 남겼다."[532] "과학과 종교의 평화적인 화해 가능성이 사라지고, 교회는 과학의 적이 되어 이후 2세기 반 동안 동물학·지질학·생물학에 대해 적대적인 입장을 취했다. 그러나 이 같은 상황이 전적으로 진리와 세계관에 대한 믿음이나 고집 때문만은 아니라는 것이 확실하다. 한쪽은 인간이 우주의 중심이라고 믿은 종교적 인간이고, 다른 쪽은 인간은 우주 가운데서 우연히 자리 잡은 벌레에 불과하다"고 본 차이 탓이다.[533] 여기에는 삼라만상 우주의 기원에 대해 창조론과 진화론이 양립된 문제점까지 포함하고 있다. 이런 사안이 발생한 것은 종교 영역이 창조가 어떻게 이루어진 것인지에 대한 기준을 설정하지 못해서이고, 과학도 여건은 마찬가지이다. 근원된 뿌리를 밝히지 못한 바에는 세인들이 당연히 현실과 사실성에 입각한 과학적 진리관을 구축할 수밖에 없었다. 과학은 갈릴레오의 종교 재판을 기점으로 종교적 압력으로부터 탈출하여 폭넓은 관점에서 세계를 보고자 한 대세 기류에 편승하였다. 종교는 하나님이 천지를 창조한 의지 영역을 진리로서 인식했던 것인데, 세계는 그런 주체적인 의지로 구성됨에 있어 부족하였다. 하나님이 말씀으로 천지를 창조한 물상 세계는 종교가 아닌 또 다른 방법으로 규명되어야 할 역사를 필요로 하였다. 그 이유를 통찰해야 근대의 자연과학이 왜, 어떻게 세계를 규명하는 데 기여한 것인지를 알 수 있다. 아무리 하나

미치오 가쿠·제니퍼 트레이너 공저, 박영재 역, 전파과학사, 1993, p.33.

532) 『우주의 역사』, 콜린 윌슨 저, 한영환 역, 범우사, 1992, p.138.

533) 위의 책, p.139.

님을 창조주라고 믿은들, 形而上學이 창조된 바탕 근거인 본질성을 엿본 진리라고 주장한들, 만물과의 실질적인 연관성은 밝히지 못한다면 공염불에 불과하다.

이에 과학이 담당한 자연현상과 물질세계의 탐구 노력은 하나님이 천지를 지은 원리성을 규명한 것으로서 인과적이고 질서적이며 기계적인 결정성을 밝혀내었다. 과학은 창조 역사와 결코 무관할 수 없고, 창조도 사실을 실증적인 학문을 통하여 밝힌 합리적 방법론이다. 과학은 나름대로 독자성을 지녔지만, 그것은 하나님이 천지를 창조한 원리 안에서 세계를 규명하고자 한 탐구 노력이다. 과학이 지닌 특성을 발휘함으로써 세계를 밝히는 데 중차대한 견인차 역할을 담당했다. "과학은 인간 욕망의 발명물"534)이기도 하지만, 한편에서는 세계 본질의 분열을 촉진시켰고, 창조된 세계를 규명하는 데 기여한 중요한 가치를 지녔다. 흔히 놀라운 "자연과학의 발달 속도와 대비한 사회과학의 발달 속도 차",535) 혹은 물질문명의 비대화에 대한 정신문명의 빈곤 문제를 우려하기는 하지만, 여기에는 창조 진리가 완성되기 위한 섭리적 이유도 있다. 자연 세계의 본질을 규명하지 않고서는 창조 진리를 확인할 수 없는 강력한 섭리 작용이었다. 창조 역사를 진리로 증명하지 못한 상태에서 종교와 과학은 합일될 수 없지만, 각자의 진리 역할을 분담한 지난날의 역사는 오늘날 하나님의 본의 안에서 통합될 수 있는 초석으로 다져졌다. 창조 진리를 밝힌 이상 세계 안에서 대립된 진리 개념들을 일시에 불식시

534) 『문명의 위기와 문화의 전환』, 박이문 저, 민음사, 1996, p.73.
535) 인류 역사는 인간의 정신적인 면을 풍족하게 하는 사회과학의 발달과 물질적인 풍요와 관계되어 있는 자연과학의 발달이 서로 보조를 맞추어 가며 상호 보완 관계를 유지하면서 별 무리 없이 오늘날에 이르러 왔다. 그렇지만 오늘날에는 유전공학을 포함하여 각종 자연과학의 발달 속도가 인간의 정신적 측면, 즉 한 시대의 윤리, 도덕 체계를 형성하는 사회과학의 발달 속도를 지나치게 압도하여, 정신과 물질의 불균형으로 인한 여러 가지 사회적 혼란이 초래되며, 실제 이러한 현상이 사회 곳곳에서 나타났다.

키고, 가장 종교적이면서도 가장 과학적인 양대 진리로 조화될 수 있다. 하나님은 창조주로서 진실로 종교 진리뿐만 아니라 자연계의 진리도 통합해야 하는데, 이것을 창조 진리와 본의 안에서 해결할 수 있게 되었다.

3. 창조 진리와 종교

1) 종교 진리

종교란 무엇인가라고 묻는다면 절대적인 가치를 신뢰한 측면과 무가치를 내세운 측면이 있다. 진리는 하나인데 종교 진리는 대립되고, 진리인데도 인간이 선택을 해야 한다는 것은 모순이다. 이런 양상은 사실 그대로 종교 진리가 지닌 특성이기도 하다. 절대성을 주장한 것도 일리가 있고, 분파된 것도 이유가 있다. 세계의 본질이 분열을 완료하지 못한 탓인데, 완료되면 전체 영역을 관장하고자 한 무모함이 사라지고, 종교는 아편과 같다는 편견들도 일소된다. 그렇다면 본의에 입각한 종교란 과연 무엇인가? 천지의 기원 내지 알파성을 내포하고 있어 이것을 직관적으로 인출한 것이 종교 진리이고 주관적인 체험에 의존한 이유이다. 직관된 진리는 언젠가는 확인할 수 있는 때가 오지만, 곧바로 실증할 수 없는 문제도 내포했다. 과학이 발달하고 세계적인 여건이 개선되어야 했다. 하지만 아무리 노력해도 과학이 종교화될 수는 없는데, 교리를 과학 이론으로 덮어씌우려고 하는 시도는 부당하다. 종교 진리는 창조 진리를 갹출한 특성을 지니고 있어 이것을 교리화시키는 것이 우선이다. 창조 진리를 객관적으로 체계 짓는 것이 종교 진리가 지닌 사명이다. 창조 역사를 기정사실화해야 종교 진리가 세계를 포용할 수 있는 진리로서 자격을 갖춘다. 대립된 상황을 극복해야 세계가 창조 진리 안에서 하나 될 수 있다. 그러므로 창조 본질을 진리화하는 것은 종교, 과학, 形而上學이 합일할 수 있는 길이기도 하다. 창조 본질을 세계 진리화할 때, 제 진리를 포괄할 수 있는 통합적 그릇이 마련된다. 세상의 지어진 원리를 종교 진리화함으로써 종교는 비합리적인 진리라는 영역을 벗어나 세계를 하나님의 뜻 안에서 규합할 수 있다. 지난날은 창조된 본질을 밝혀내지 못하여 제 영역으로부터 끊임없는 도전에 직면하였지만, 이제는 상황이 달라졌다. 창조 본질을 세계 진리화하면 세계에 속한 진리를 하나님의 품 안에 포용할 수 있다. 그런데 이런 역할을 제대로 수행하지 못하여 종교(교회)가 세상의 도전으로부터 신앙을 수호하는 방어선을 구축하는 데 급급했다. 모든 경전은 다 하나님의 계시인가란 질문에 대하여 전격적으로 수용할 수 있는 진리력이 부족하였다. 이런 여건 속에서는 기독교라도 창조 섭리를 완수하리라고 기대할 수 없다. 종교의 종지가 집약된 경전은 창조 본질을 담아 놓은 진언이다. 창조 의지일 수도 있고 바탕 된 본질일 수도 있는 정보를 함축하고 있어 인간의 생사고락을 주관하는 종교적 형태를 갖추었다. 동양 종교를 대표한 儒·佛·道와 서양의 기독교 등등 수십 세기 동안 인류의 정신 구원을 담당한 종교 영역이 바야흐로 본의로서 규합한 창조 진리 안에서 하나 될 수 있다. 유교 진리와 불교 진리의 뿌리가 다르지 않으며, 기독교 진리와도 일치할 수 있는 것은 오직 하나님의 창조 본질을 각성한 것이란 본의 관점을 자각할 때 가능하다.

2) 유교 진리

종교 진리를 통합하는 것이 창조 진리 안에서 가능한 것은 종교를 이룬 근원 뿌리가 창조 본질과 통하기 때문이다. 그렇다면 정말 종교의 분파성을 극복할 실적을 쌓아야 하는데, 이런 사례를 확인하기 위하여 먼저 유교의 주요 경전인 『中庸』의 수삼구(首三句)를 살펴보면, 창조 진리가 어떻게 유교적인 진리로서 정착된 것인지 알 수 있다. 즉, 우주 자연의 원리[易經]와 생성 변화, 그리고 理氣론을 통해 펼친 논거들은 현대의 과학적인 지식과는 판이한데, 그것을 이 연구는 하나님의 창조 본질을 인출한 동양 사상의 전반적인 특성이라고 하였다. 그렇다면 우주와 대자연의 질서로부터 품부(稟賦=稟受)[536] 된 인생 덕업의 실천 철학에 대한 논지도 결국은 창조 본질 속으로 귀착된다. 인간이 삶을 통하여 誠을 다해야 하는 이유를 하나님이 정성을 다해 창조한 우주적 질서 안에 둔 것이다.[537] 하나님이 정성을 다해 이룬 창조 질서가 그대로 인간 본성의 근간이 되어 誠이 인생 가치를 영화롭게 한다. 유교는 사서삼경을 통하여 우주론을 펼쳤는데, 그중에서도 중요한 首三句는 "유교 철학 사상의 총강령이다."[538] "하늘이 命한 것을 性(天命之謂性)"이라고 한 것은 유교 인본주의의 요체이고, "性을 성장시켜 가는 것이 道(率性之謂性)"라고 한 것은 진덕수업(進德受業)하는 공부의 요체이며, "道를 닦는 것이 가르침(修道之謂敎)"이라고 한 것은 유교가 교화하고 정치를 한 중

---

536) 품부=품수: 천생으로 받음. 선천적으로 타고남.

537) 유교 인본주의의 근원은 性善으로 소급되어 性이 善한 것은 천지의 性에서 품수 받았다는 사실에 유래한다. 그러므로 사람들은 반드시 誠實하게 하는(誠之) 공부를 거쳐서 하늘의 德에 도달하고, 그 근원에서 善을 계속하여 性을 완성함(繼善成性)을 시작한다. 그러한 뒤에 횡적으로 관통하여 자신을 완성하고, 타인을 완성하며, 만물을 완성하여 천지가 화육하는 것을 도와주고, 천지에 참여하는 것에서 마친다. 이것이 유교의 道이며, 하늘에서 유래하며, 바꿀 수 없는(出於天而不可易) 출발점이다.-『중국철학산고(Ⅱ)』, 김충열 저, 온누리, 1994, p.191.

538) 위의 책, p.191.

심이다. 이렇듯 首三句가 가진 근본 취지를 통하여 창조 본질과 연관시킨 이유도 여기에 있다. 유교 사상의 진수를 담은 『中庸』을 통하여 유교 진리가 창조 본질을 모토로 삼았다는 것을 입증하리라.

首三句 중 첫 머리글인 천명지위성의 대의를 살펴보면, 심오한 철리로 편만한 창조 본질을 꿰뚫고 있다. 그렇다면 "하늘[天]이 命한 것을 性이라고 한다"에서 하늘의 命이란 무엇이고, 말미암은 性은 무엇인가? 이것을 밝히면 인간 性에 대한 근원뿐만 아니라 삼라만상 가운데서도 "인간이 가장 빼어난 氣를 받았다"고 한 이유를 안다.539) 지난날은 하늘과 命과 性의 관계를 명확히 하지 못해 해석이 분분한 문제가 있었다. "하늘이 命했을 때의 하늘[天]은 어떤 하늘인가? 주재천인가, 자연천인가, 운명천인가? 그리고 하늘이 命했을 때의 命은 명령인가, 품부(稟賦)인가? 하늘이 命한 것을 性이라고 했을 때의 性은 생명적인가, 심령적인가?" 유교 철학이 지닌 총체적 본질을 모르면 어떤 개념도 정의하기 어렵다. 首三句에 대해서 수많은 학자들이 고주(古註)를 쏟아 내었지만 본질을 보지 못해 이해하지 못했다.540)

그렇다면 이런 문제를 불식시킬 天命이란 과연 무엇인가? 이것은 본의를 자각하지 못한 상태에서 포착한 어떤 이상적인 의지성에 대한 인식이다. 그래서 도덕적인 天命 사상으로 나타나기도 하였고, 운명적인 관념을 내포하기도 하였으며, 초월적인 신격적 天命을 의미하기도 하였다. 그중 이 연구가 논거를 하고자 하는 것은 제일 후

---

539) "人受天地之秀氣."-위의 책, p.203.
540) 董仲舒의 설 예: 하늘이 명령하는 것을 命이라고 하며, 命은 성인이 아니면 실행되지 않는다. 질박한 것을 性이라고 하며, 性은 교화가 아니면 이루어지지 않는다. 사람이 욕망하는 것을 情이라고 한다. 情은 제도가 아니면 절제되지 않는다. 이 때문에 왕은 위로는 삼가 하늘의 뜻을 계승하여 명령에 순응하고, 아래로는 교화를 밝히고 인민을 감화시키는(明敎化民) 데 힘써 性을 이룬다. 법도의 마땅함을 바로 하여 上下의 질서를 구별하고 욕망을 예방한다. 이 세 가지를 수행하면 위대한 근본[大本]이 완성된다.-위의 책, p.202.

자로서, 하나님이 천지를 창조하기 위해서 命한 결정성이란 의미 관점이다. "천지가 만물을 낳고 만물은 천지가 낳았다"541)고 하여, 동양 사상 가운데는 어디서도 창조 역사를 주재한 인격신의 면모는 찾아볼 수 없다. 하지만 道가 곧 창조 본질을 각성한 진리인 이상, 天命을 통하면 하나님이 命한 의지의 결정성을 곧바로 일구어 낼 수 있다. 天命만으로는 공자도 맹자도 처한 한계성을 극복할 수 없지만, 命化와 연관시키면 온전하게 해명할 수 있다.

즉, 天命으로 부여받은 性은 하나님의 몸 된 본체로부터 품부된 본성이고, 命은 창조를 위해 발현된 의지 작용이며, 天은 바로 하나님 자체이다. 이렇게 세운 창조관계식을 통하면 왜 하늘이 命한 것을 性이라고 한 것인지, 어떻게 命함을 통해 근본이 형성된 것인지 알 수 있다. 인간다울 수 있도록 형성시킨 본질이 곧 性이다. 性에는 하나님이 발한 창조 의지가 집약되어 있다.542) 따라서 인간의 性, 즉 본성은 하나님이 命한 뜻 자체로서 하나님이 부여한 창조 본질을 함유한 근본 바탕이다. 이런 이유로 인간은 性(본성=天性)을 지켜야할 의무가 있고, 수행해야 할 삶의 목적과 가치와 구원의 길이 있다. 性을 통하면 하나님이 부여한 命을 알 수 있어, 性은 참으로 하나님이 命한 천부의 품성 자체이다. 천성은 하나님이 품부한 통합성 본질과 상통한다. 그래서 性을 성장시켜 가는 것이 곧 道이다(率性之謂性). "天이 인간에게 부여한 性은 잠재적으로 존재하는 가능성으로서의 경향적인 싹이다."543) 통합성 본질인 性을 일구는 과정에서 온갖 진리를 인출하고, 이것을 道로서 포착했다. 道는 통합성 본질

<hr />

541) "天地가 감응하여 만물을 化成한다(『주역』)."-위의 책, p.209.
542) 『중용』에서 말하는 性은 "생명과 심령의 통일체로서 心과 情이 아직 미분화되어 함께 용해되어 있다."-위의 책, p.199.
543) 위의 책, p.191.

이 표출되는 과정에서 풀려난 창조 진리의 예리한 실 가닥이다.544)

性은 하나님의 命을 반영한 결과물로서, 性을 갈고 닦아 길이길이 보전해야 하는 것은 인간이 삶을 통해서 성취해 나가야 하는 고귀한 목표이다. '修道之謂敎(道를 닦는 것이 가르침임)'는 유교가 인류를 향해 지침을 준 교육의 목표이자 가치로서의 대본령이다. 인간이 세상에 태어나 무엇을 배우고 익히고 추구해야 할 것인가, 혹은 가르칠 것인가 하는 것은 바로 인간의 본성이 무엇인가에 따라 결정된다. 인생 가치가 결정되고 추구 방향이 설정된다. 이에 유교가 인간의 본성을 하늘이 命한 性에 두었고 가르침의 본질도 마땅히 그렇게 해서 부여된 본성을 일구고 닦는 데 목표를 두었다. 대개는 학문이나 자연 대상을 탐구하는 데 정열을 쏟는데, 그렇게 해서 쏟은 헌신을 통해 命 받은 性이 변화를 입을 것은 무엇이고, 궁극에 남을 것은 또 무엇인가? 정말 하나님의 命으로 창조된 것이 인간일진대, 너와 나는 만사를 제쳐 놓고 품부된 본성을 가꾸고 德을 쌓고 정진해야 한다. 신뢰하건 하지 않건 생사를 초월해 가야 할 길이며, 결국은 도달해야 할 귀의처이다. 道를 닦고 수행을 쌓는 것은 하늘의 命을 따라 지음 받은 인간이 부여된 가치를 성취할 수 있는 최상의 길이다. 인류가 반드시 쌓아야 하는 수행의 참목적이다. 진실로 본성을 갈고 닦으면 가야 할 궁극의 본원에 도달한다.545) 참으로 『中庸』은 天과 命과 性이 조화를 이룬 관계식을 세워 "자연 세계 안에서 대인문 세계를 건설할 수 있는 청사진을 그려 놓았다."546) 가치와 道와 진리

---

544) 만물이 天에서 생겨난 것이라면 만물은 天에서 생겨나게 된 원리 법칙이 있게 되는데, 그것이 곧 통합성 본질이 분열하여 생성된 道, 즉 진리이다.

545) 하늘이 命한 것이 性이란 것은 창조 본체, 곧 인간 본질이 규정됨으로써 이후의 성장 본체인 道와 가르침의 본령에 대한 개념과 행동 목표가 명백해짐.

546) 위의 책, p.212.

가 쌓은 수행을 통해 획득되나니, 이 같은 성취의 본원이 하나님이 품부한 命으로 인해 발원되었다는 것을 알진대, 유교 진리가 추구한 道의 궁극적 근원은 명백해진다. 유교의 天과 기독교의 하나님이 과거 역사에서 연관된 적이 없지만, 이제는 유교 진리가 가진 근원 뿌리가 창조 본질을 각성했다는 것을 알았을진대, 창조 진리는 능히 유교 진리를 포용하고도 남음이 있다. 창조 본질에 뿌리를 둔 것은 비단 유교 진리만이 아니나니, 제 학문 영역과 함께 연이어 논거를 하고자 하는 불교 진리 역시 예외가 아니다.

3) 불교 진리

천지가 창조되었다는 측면에서 본다면 불교는 정말 하나님과는 거리가 먼 종교인 것처럼 보이지만, 창조된 본의에 입각하면 오히려 창조 본질을 불교가 깨달음을 통해 깊이 각성하였다는 것을 알 수 있다. 부처님과 하나님은 결코 상이한 세계 속에 있었던 것이 아니며, 부처님의 깨달음은 하나님의 창조 본질을 각성한 것이란 결론을 이끌어 낼 수 있다. 창조 본질은 천지를 있게 한 바탕 근거라고 할 수 있는데, 이것을 부처님이 法을 통해 각성하였다. 그런데도 이제까지의 경전 해석이 동떨어진 감을 준 것은 창조 본질의 특성만 부각시키고 주체 원동력인 창조 의지까지는 보지 못한 탓이다. 그 결과 창조 본질은 심오하게 직시하였지만 불교 진리의 참본질은 드러내지 못했다. 하지만 본의를 안 지금은 부처님의 법설과 도달한 차원적 경지, 그리고 지침이 되는 수행 방법이 바로 하나님의 창조 본질을 형상화시킨 正道였다는 것을 알게 된다. 부처님은 차원적이고 초월적인 창조 본질을 세계의 어떤 성현들보다도 근접해서 각성하였다. 차원적인 창조 세계로 접근할 수 있는 의식을 수단으로 삼은 것이다. 창조를 이룬 본질 세계는 창조된 결과 세계와 달리 이성적으로 파악할 수 있는 결정 세계가 아니다. 무형으로 잠재되어 있어 이것을 형상화시키기 위해서는 의식을 본질화시켜 합일하는 방법밖에 없다. 그래서 의식을 고도화시킨 수행적 방법이 불교의 전통적인 깨달음 양식으로 정형화되었고, 인생을 구원하는 신앙관과 접목되어 특유의 진리 색깔을 나타내었다. 하지만 그런 방법론도 창조 본질을 드러낸 수단 외는 아무것도 아니다. 부처님은 이런 창조 본질을 연기적 고리로 통찰하였다. 그러고는 空에 귀착시켜 부단한 의지 수행으로 창조 본질을 일구어 낸 지대한 공적을 남겼다. 우주의 생성 과정을 깨어 있는 의식으로 직시한 진리성 통찰이다. 우주의 운행 질서를 의식으로 직관한 것은 창조 본질을 드러내고자 한 하나님의 심오한 섭리 뜻이다.

이런 불교 진리는 전격적으로 각성한 본의적 관점을 통해서도 통찰할 수 있어야 하는데, 『반야심경』을 통하면 불교 진리의 진수를 엿볼 수 있다.547) "사리자여, 물질적 존재가 空과 다르지 않고……" 부처님이 깨달은 佛法의 正心이 무궁 차원인 창조 본질에 근거한 것을 알 수 있다. 空과 色이 일체란 사실을 직시하였다. 세계와 진리와 본질은 결국 하나라는 것, 통합성 본질 상태를 부처님이 깨달았다. 인간이 애써 구분한 삼라만상 일체가 다르지 않나니, 하나인 그것이 곧 천지를 창조한 하나님의 몸 된 본체 자리이다. 천지 만상이 하나님으로부터 창조되었다고 강조한 것과 같다. 곧, 세계와 하나님과 부처님이 하나 될 수 있다는 뜻이다. "사리자여, 이 모든 法은 空相이어서 나지도 않고 없어지지도 않고……" 이 같은 조건을 갖춘 실

---

547) 이 같은 관점의 확보는 부처님의 眞覺 이후로 오늘날 창조 본의가 밝혀진 탓에 가능함. 그러지 못한 지난날은 心經에 대한 수많은 해석과 이해가 있었지만 깊이를 다 파헤치지 못함.

체가 세상 어디에 있는가? 없다면 이것은 도대체 무엇인가? 바탕 된 창조 본질이다. 만물의 근원인 무궁한 창조 본체를 覺한 것이라, 이것을 오늘날 이 연구가 창조 진리로서 수용하였다. 부처님이 인류에게 남긴 진정한 깨달음의 진의이고, 본의 관점에서 본 불교 진리의 정수이다. 이것을 깨달을진대 인류는 부처님이 설한 선천 진리로서의 한계성을 극복하고 찬연한 창조 진리의 화신으로서 부활할 수 있다. 창조 본질, 그 진심 진리성을 형상화시킨 것이 부처님의 法일진대, 이 같은 통찰은 오직 이 땅에 강림한 하나님이 진리의 성령으로서 역사하여 이룬 것이었다.

4) 기독교 진리

세상 진리가 모두 창조 진리와 연관되어 있는데 진리 세계를 통괄해야 할 위치에 있는 기독교는 무슨 이유로 이런 역할을 수행하지 못하고 신앙이란 방어벽을 높게 쌓았는가? 세계를 구획 짓고, 이단을 정죄하고, 파문시켰는가? 이것은 비단 기독교가 안은 문제점이라기보다는 선천 종교가 모두 지닌 세계관적 한계성에 기인한 탓이다. 종교 진리는 세상의 종주다운 근원을 밝혀야 했는데, 의무는 다하지 못하고 절대적인 권위만 앞세웠다.[548] 결과로 종교는 영혼을 구원하는 영역만 담당하고 다른 영역은 포기하고 말아 창조 역사의 통일적 기반을 다지지 못했다. 종교 진리가 개개인의 신앙관과 가치관에 따라 선택되는 진리라면 세계를 포괄하는 통합적인 관문은 열 수 없다. 선천 종교인 기독교가 반드시 해결해야 한 과제이다. 인간과 하나님 간에 믿음이라는 가교를 설치하였는데, 언젠가는 튼튼한 진짜 다리를 놓아야 했다. 그것을 창조 본질을 각성한 진리로서 대신하

---

548) 상존한 진리 세계는 오늘날에도 끊임없이 생성하는 새로운 진리에 대한 요구를 충족시키지 못함.

리라.549)

창조 본질은 창조된 결과 깊이 잠재된 관계로 이것을 표출시키기 위해서는 하나님이 세상을 지은 창조 원리와 의지와 뜻, 곧 본의를 다시 밝혀야 했다. 창조 역사를 주재한 원동력을 밝혀야 그로 인해 결정된 본질 역시 규명할 수 있다. 진리가 무엇인가에 대해 정의 내리고자 한 수많은 고투가 실패하고 만 것은 중요한 창조 사실을 정작 간과한 데 있다. 인류가 진리를 추구한 것은 만상을 이룬 존재의 원리와 구조를 밝히고 의미와 가치를 확인하고자 한 것일진대, 이 같은 조건을 만족시키는 것은 오직 창조 외는 달리 없다. 지성들이 고심하였고 성인들이 이루고자 한 경지, 수행을 통한 깨달음의 목적·유토피아적 세계 건설 등은 하나님이 뜻한 창조 목적을 실현하기 위한 진리적 통찰이고 바친 정열이다. 제반 영역에 걸친 진리 탐구 역사가 바로 창조 본질을 드러내고 창조 목적을 이루기 위해서였다는 것을 알 때, 창조 본질은 천지의 바탕 본체로서 진리 세계를 규합하는 힘을 지녔다. 창조 진리는 주장된 세상 진리에 대해서 무엇이 과연 세계를 이룬 진리인지를 판단할 수 있는 기준을 시사한다. 그것은 창조로 인해 사전에 확정된 상태인데 그것이 창조 본의, 곧 창조 원리와 의지와 뜻이다. 지난날은 최초의 기원이 상정된 상태였고, 기독교가 그 자리를 믿음으로 메운 실정으로서,550) 현안 문제를 해결할 수 있는 지적 성과를 거양해야 했다. 성경 가운데서도 "지은 것이 그가 없이 된 것은 하나도 없느니라"551)고 한 것처럼, 하나님은 창조된 세계

---

549) 창조 역사가 사실로 확인됨으로써만 하나님에게 이르는 가교로서의 믿음이 실질적인 다리로 교체된다. 아무리 하나님을 신앙한 기독교라도 창조 역사를 증거하지 못하면 우주 섭리를 완성할 수 없다.
550) 지금까지 정초된 세계에 대한 인식과 진리에 대한 개념은 천지창조에 대한 알파가 상정되거나 무시되거나 증명할 수 없는 믿음에 의해 구축된 인식 체계임.
551) 요한복음 1장 23절.

를 판단할 수 있도록 기준을 세워야 했다.

그래서 이 연구는 전제한 대로 천지가 하나님으로부터 창조된 역사인 한 이것을 증거하는 것도 실현 가능한 현안인 것을 확신하였다. 문제는 오히려 창조 사실을 믿지 않고 방법을 강구하지 못한 결과로 진리가 불투명해졌고, 하나님에 대한 의혹이 증폭되었다. 이런 여건이지만 창조 역사를 확실하게 증거할 수 있다면 그것은 선천의 진리 추구 역사를 종결짓는 대미를 장식하고, 인류가 지닌 정신적 고뇌를 해소하는 기반을 다지리라. 하나님과 인간과 만물 사이에는 감히 넘어다 볼 수 없는 장벽이 가로놓여 있는데, 이제부터는 확보한 본의와 기준을 가지고 창조된 세계를 꿰뚫고 판단하여 증거할 수 있게 되었다.

제13장 동양창조론의 문명 통합성

1. 통합성 원리

  하나님이 몸 된 본체를 근거로 하여 천지를 창조함으로써 절대 본체로부터 이행된 창조 본체를 엿본 것이 바로 선천의 지성들이 펼친 진리 세계이다. 이 연구는 이 같은 관점에 따라 창조 본체가 지닌 본질적인 특성을 인식한 것을 창조 진리라고도 하였다. 천지를 있게 한 근원인 창조 본질은 그렇게 해서 존재한 사물의 본질, 현상의 본질, 진리의 본질과는 격이 다른데, 다름 아닌 창조 권능을 발현시킨 하나님의 몸 된 본질이다. 본질체이지만 인격성과 의지성도 함께 갖추어 천지창조 목적과 이상을 실현하기 위해 선천 역사를 펼쳤다. 이 같은 주재 역사를 이 연구가 증거한 것은 사실상 하나님이 창조주라는 것을 증거한 절차와도 같아 창조 역사 증거=하나님=창조주란 등식이 곧바로 성립된다. 그러므로 만인은 이 연구가 창조 역사를 증거한 과정을 보고 하나님이 지닌 본체성과 인격성과 권능성까지도 함께 보아야 한다. 이제까지의 증거 절차는 진리에 대한 객관적 표방이라, 하나님이 직접 행한 역사, 곧 존재자로서 펼친 성령의 역사를 증거하는 것만큼은 못하다. 그래서 이 연구는 하나님의 주재 역사를 실감하고 태초의 창조 역사에 버금갈 권능성을 확인할 수 있게 하기 위해 문명 역사의 대전환과 동서 문명의 대통합 역사를 예고하고자 한다. 다시 강조하면 창조 진리는 세상 진리와 달리 하나님의 몸 된 본질로서 창조 권능과 주재 권능과 통합 권능을 두루 갖추었다. 이런 권능성을 발휘하기 위해 태초에는 하나님이 창조 역사를 실현하였고, 이후부터는 인류 역사를 주재하였으며, 오늘날은 분열될 대로 분열된 인류 사회를 규합할 대통합 역사를 펼치리라. 이것은 하나님이 창조주인 탓에 발휘할 수 있는 3대 절대 권능이다. 그중 인류가 아직 경험하지 못한 대통합 역사는 천지가 오직 몸 된 본체로부터 창조된 탓에 가능한 권능 역사이다. 성사시킬 수 있는 통합 원리도 뒷받침해야 하는데, 원리 없는 이룸은 어디에도 없다. 인류의 문명 역사를 하나님의 뜻 안에서 규합하는 것이라 일컬어 '통합성 원리'라고 지칭한다. 창조 역사가 원인이므로 통합성 원리는 곧바로 창조 원리와 맞물려 있다. 창조 본체=통합 본체=太極 본체인 것처럼……

창조 역사는 하나님이 이룬 위대한 권능 역사의 종합적인 결과이다. 바탕성과 주재성과 권능성을 합친 역사인데, 이 같은 본의를 자각하지 못한 지난날에는 어떤 영역도 분열만 있었을 뿐, 통합은 꿈에 불과했다. 그런데도 부족한 여건을 실감하지 못한 자들이 원대한 이상을 펼쳤지만 끝내 실패하였다. 시대의 영웅인 것을 자처하면서 등장하여 영원한 제국을 건설하고자 했던 알렉산더, 칭기즈칸, 나폴레옹, 히틀러…… 야망을 가지고 세계를 정복해 정치적인 지배 권력은 장악했지만 말로는 처절한 분열로 끝났다. 나아가 사상적으로 통일을 기도했던 지성들, 곧 원효, 서산, 주자, 칸트, 토마스 아퀴나스…… 그들은 자신들이 호흡한 문명 체제 안에서 분열된 진리의 난맥상은 가닥 잡았지만 동서 간에 가로놓인 문명적 벽은 넘어서지 못했다. 그런데도 종교 영역은 절대적인 세계관에 대한 환상을 버리지 못한 실정인데, 세계의 근원된 진리성을 수호한 공적은 인정되지만, 하나님의 창조 본체를 각성하지 못한 선천 종교로서의 한계성은 벗어나지 못했다. "물리학의 역사에서도 물리학자들은 외관상으로 전혀 다르게 보이는 다양한 자연현상을 최소한의 물리법칙으로 통일하여 왔다. 우주 안에서 일어나는 현상을 최소한의 법칙으로 통일하려고 한 것은 아인슈타인이 죽기 직전까지 추구한 필생의 과제이기도 하였다."[552] 하지만 아인슈타인도 그 이후의 어떤 물리학자도 꿈의 '통일장 이론'은 완성하지 못했다. 물리법칙은 법칙을 결정한 바탕 본질, 곧 창조 본질에 근거하고 있어 현상적인 조건만으로는 통일적인 원리성을 구축할 수 없었다. 왜 불가능한가 하면 창조 본질만 오직 천하 만상의 이질성을 넘어 통합성 원리를 갖춘 것이기 때문이다. 창조를 이룬 바탕체로서 지닌 권능적 특성이다. 세계 안에는 상대적인 조건과 요소들밖에 없다.

통합성 원리는 그렇다면 어떻게 인출할 수 있는가? 천지 만상은 하나인 창조 본체로부터 한 원리로서 창조된 탓에 한 원리로서 다시 통합할 수 있다. 이것이 바로 통합성 원리로서 통합성 본질에 근거하면 천지가 어떻게 창조된 것인지 알 수 있다. 통합성 본질은 창조

552) 「창조와 공간」, 기수환 저, 장로회신학대학교신학대학원 신학과, 석사, 2009, p.20.

이전에 하나님이 몸 된 본질에 근거하여 창조를 위해 구축한 바탕 본체이다. 이것이 하나님이 命한 말씀에 따라 化한 천지만상인 탓에 이 같은 일련의 과정을 일컬어 천지창조 역사라고 한다. 하지만 사전에 준비된 일련의 역사 과정을 알 길 없는 선천에서는 만상이 각각 독립되어 있는 것으로 보았는데, 실상은 끊임없이 생멸함을 통해 본질로 귀환하고 학문, 진리, 사상, 문명, 역사 역시 통합적인 대류를 형성했다. 그래서 인류의 구원 역사를 주관한 하나님도 부분적인 화신성을 극복하고 오늘날 새로운 모습으로 강림하였다. 통합, 귀일, 합일은 하나님이 가진 절대자로서의 권능성이다. 분열된 지체들이 결국은 바탕 된 본체로 통합되나니, 그것이 장차 발휘할 하나님의 인류 통합 권능이다. 본체는 하나요, 현상은 만개된 세상 모습이다. 선현들은 이것을 心卽理, 性卽理, 空卽色, 不二論, 천인합일성 명제를 통해 표현하였지만, 단지 본의를 자각하지 못해 미완인 창조 도식에 그쳤다. 하지만 합일 사상은 세계를 통합하는 인식적 기반으로서, 천지가 전격 하나인 본질로부터 창조된 사실을 뒷받침한다. 합일 사상으로 통합적인 인식은 개진하였지만 본의를 몰라 원리성까지는 인출하지 못하였다.

원리만 알면 사용하고자 하는 목적에 맞게 선풍기, 냉장고 등을 만들 수 있는 것처럼 통합성 원리를 인출하면 세계의 전 영역에 걸쳐 적용할 수도 있다. 이것은 하나님이 창조주로서 가진 절대 권능으로서 이 단계에서 조건적인 전제를 세울 수 있다. 하나님이 태초에 몸 된 본체를 근거로 창조 역사를 실현한 관계로, 이 연구가 통합성 원리를 개진할진대, 이 성업을 발판으로 인류 사회도 하나님의 뜻 안에서 하나 되는 대통합 역사를 이루리라. 선천 진리의 한계성을 극복하고 제3의 신권 질서 수립과 새로운 인류 구원 역사를 창출할 수 있다. 권능에 찬 전환 역사를 실감할 수 있게 되리니, 몸 된 본질로부터 창조된 천지가 때가 되어 다시 몸 된 본질 안으로 돌아가는 문명 통합 역사이다. 왜 지난날은 분열 역사가 대세였는데 지금은 통합 역사로 전환되었는가? 발 디딘 모든 것은 영원할 수 없고, 때가 되면 종말을 고하기 때문이다. 종교, 문명, 진리 등등 그것이 자체로서는 아무런 하자가 없는 체제인 것처럼 보이지만, 오늘날처럼 다원화된 세계 안에서 대립과 분열이 끊이지 않아 이 같은 현상이 극도에 달하면 결국 파멸하고 만다. 인류 사회는 이렇게 도달한 한계성을 절감해야 하며, 그리해야 구원의 길을 찾을 수 있다. 종말에 처한 인류가 구원될 수 있기 위해서는 반드시 하나 되어야 하는 것이 필수 조건이다. 선천 문명, 선천 종교, 선천 진리로서는 한계성이 분명하나니, 분열된 인류 사회를 한 하늘, 한 질서, 한 신념으로 통합하고자 하는 창조적 세계관을 수용해야 한다. 그래서 오늘날 요구되는 것이 바로 동서 간의 성현들이 일군 대지혜이다. 강림한 하나님이 계시한 본의에 근거하면 사장된 지혜에 대해 생명력을 불어넣고 막힌 혈로를 뚫을 수 있다. 문명 통합은 하나님의 권능만으로 이루어지는 역사가 아니다. 그동안 일군 진리 영역들이 모두 주효하다. 알고 보면 성현들이 지난날 일군 진리가 세월이 흐르고 시대가 변해도 빛이 바래지 않는 것은 오늘날 각성된 문명 통합의 밑바탕이 될 것이기 때문이다. 전혀 새로운 문명 창조는 없다. 문명의 싹이 창조 본체로부터 자라나 유구한 맥을 이은 것은 때가 되면 다시 통합되어야 했기 때문이다. 선천에서 통합을 기도한 일체 노력은 오히려 세계의 본질을 분열시키는 데 기여하였지만, 이런 생성 본질이 전환을 이룬 지금은 선천에서 애써 구분한 만물 간의 차이와 특성들이 모두 사라진다. 과학과 종교, 유물론과 관념론, 진화론과 창조론 등이 첨예하게 대립되었지만 하나님이 통합성 본체로 강림한 오늘날은 합일, 일체, 하나 될 수 있다. 예수, 공자, 부처의 모습과 구원 역할은 그대로이지만 강림한 본체와 본의에 입각하면 부처즉공자, 공자즉예수, 예수즉부처이다. 지난날은 하나님의 유일성을 믿는 것이 신앙적 정의였다면, 지금은 제 신관이 통합적인 방법으로 나가야 하는 것이 신앙적 대의이다. 불가능하리라고 여긴 동서 간의 진리 통합, 종교 통합, 문명 통합의 길이 활짝 열리게 되었다.

2. 문명의 대전환 역사

암울한 일제의 강점 시기에 태어나 활약한 이 땅의 선지자 수운, 증산, 소태산은 개벽(開闢)이란 화두를 역사 앞에 던졌는데, 오늘날의 이 시대는 우주의 여름과 가을이 바뀌는 문명의 대전환기인 탓에 극도의 혼란이 두드러지고 있지만, 이 시기를 지나면 새로운 후천 세상, 곧 5만 년 무극대도(無極大道)시대가 열린다고 하였다. 이런 시대 전환에 대한 인식과 기대는 비단 종교계에서뿐만 아니고 선천 문명의 한계성을 절감한 지성들이 이구동성으로 내뱉은 탄식이다. 여러 가지 이유가 있지만 결론은 오직 한 가지, 여객선이 좌초되었다면 객실에 있는 여행객이나 갑판에 있는 선원이나 위험에 처한 상황은 같다. 선천 문명이 종말에 처하였고, 더 이상 지탱할 수 없는 막다른 상황에 봉착한 탓에 탈출구를 찾고자 한 아우성이다. 이 연구도 문명 전환의 필연성을 인지한 것은 비슷한 이유 때문인데, 그것은 다름 아닌 우주의 생성 주기가 전환기를 맞이한 것이다. 우주는 창조 이래 생성을 거듭하여 쉼이 없었나니, 결혼한 부부가 처음 시작했을 때는 단칸방에 살아도 되었지만 자식이 태어나고 식구가 늘면 더 넓은 집이 필요한 것과 같다. 생성 본질에 바탕을 둔 세계관도 마찬가지이다. 세계는 끊임없이 생성하여 변화하는데, 세계를 이해하는 관점이 고착화되어 있어서는 새롭게 대두되는 문제를 해결할 수 없다. 그중에서도 가장 큰 요인은 세계의 본질이 바야흐로 분열 모드를 마감하고 통합 모드로 전환된 과도기에 직면했다는 데 있다. 이것은 진리, 제도, 학문, 종교, 문화 영역에도 예외가 없다. 전 영역에 걸쳐 영향을 미친 전환 요구의 필연성이다. 패러다임의 한계성이 역력하므로 문제를 해결할 수 있는 통합적 세계관 수용 틀이 필요하다. 그래서 이 연구가 분열된 인류 사회를 규합할 수 있는 통합성 원리를 제시하였는데, 그렇게 되기 위해서는 이제부터 제 영역에 걸쳐 패러다임을 전환시킬 수 있는 계기를 마련해야 한다. 분열 문명은 때만 되면 절로 통합 문명으로 바뀌는 것이 아니다. 기어를 넣어 동력을 전달해야 비로소 역사의 추진력이 발동된다. 그런데 지금은 모든 면에서 과도기에 처한 상태라 전환을 위한 모토를 마련하기 위해 이 연구가 핵심이 된 추진력을 전달하고자 한다.

이 연구가 천지창조 역사를 증거하기 전까지는 그 누구도 인류 문명을 전환시킬 핵심 키를 휘어잡지 못한 탓에 강 건너 불구경하듯 예고만 한 실정이다. 종교계에서는 말세가 되면 이 땅에 미륵불이 탄강하고 예수가 재림하며 진인이 나타난다고 했지만, 직접적인 역사가 펼쳐진 낌새는 없다. 특히 기독교계에서는 신앙의 한계성에 직면하여 "예수를 뛰어넘고 성경을 뛰어넘고 교리를 뛰어넘어 하나님을 중심으로 한 새로운 변화를 모색하기 위해 제2의 종교 개혁"[553]을 거론한 지경에 도달했지만, 기대한 개혁 바람은 잠잠하기만 하다.

---

553) 『종교의 미래를 말한다』, 권오문 저, 생각하는 백성, 2015, p.206.

양자 세계를 통해 기묘한 현상들을 관찰한 물리학자들은 사상, 인식, 가치 면에서 한계를 절감하고 타개책을 새로운 실재관의 전환을 통해 모색하였지만 표면만 일렁거릴 뿐, 저변은 꿈쩍도 안 한 상태이다. "새로운 과학과 문명의 전환"이란 타이틀은 내걸었지만 내용을 살펴보면 겉치레인 선언에 불과하다. 전환시킬 만한 요인과 실 가닥을 찾아내지 못했다. 창조 본체에 근거한 세계관을 수립하지 못한 것이다. "카프라는 현대 문명을 종합 진단하여 중환(重患)에 걸려 있다고 판단하였는데, 그 근본을 따진다면 서구 문화가 너무 오랫동안 데카르트-뉴턴적 고정관념에 집착해 그 맥을 이은 현대 문명이 창조적인 유연성을 잃고 경직되었다. 그래서 요구되는 문화는 시스템적이고 종합적이며, 직관적이고 정신적이며…… 문화 변역(變易)의 전환점에 서 있다."554) 원인도 알고 있고 무엇이 필요하다는 것도 알지만, 요구에 걸맞은 세계관은 어디에 있는가? 누가 찾았는가? 종교적 예언이든 지성적 통찰이든 이구동성으로 인류 역사가 전환기를 맞이했다고 예단은 하였지만 누구도 무엇도 실상은 초점 잡지 못했고 보지 못했다. 동서 문명의 종합이 가속화된 지금, 마음의 세계를 대표하는 동양의 정신과 물질의 세계를 대표한 서양의 과학이 만나서 이룰 제3의 통합 문명이 기대되지만,555) 문명 형태가 가시화된 조짐은 아직 없다. 물질문명의 폐해와 정신문명의 무기력함을 절감은 하지만, 정신도 물질도 아닌 제3의 본질적 문명 에너지는 여전히 구체화되지 못하였다. 물질문명의 한계성 이유와 근거, 그리고 정신문명의 근원적인 원리성을 인출하기 위해서는 이것을 있게 한 창조 본질과 매치시켜야 했다. 합당한 조건을 갖추어야 인류 사회가 처한

---

554) 『새로운 과학과 문명의 전환』, F. 카프라 저, 이성범·구윤서 역, 범양사출판부, 1987, p.8.
555) 『현대물리학이 발견한 창조주』, 폴 데이비스 저, 류시화 역, 정신세계사, 1988, p.1.

종말적 몸부림으로부터 헤어날 수 있다. 하지만 서양은 아직도 자신들이 건설한 물질문명을 통해 이 땅에 파라다이스를 건설하고자 한 고집을 부리고 있고, 동양 문명은 자체 지닌 본체적 가치에 대해 무지하여 인류 문명을 통합할 수 있는 주체 문명으로서의 본분을 망각하고 있다. 이 같은 문제점을 직시한 이 연구는 우선 동양의 본체론에 눈을 돌려 선현들이 각성한 道, 太極, 理, 氣, 空, 法, 梵이란 실체들이 오히려 초월적인 하나님의 창조 역사를 뒷받침하는 데 용이하고, 창조 본질을 각성한 진리인 것을 확인하였다. 이런 관점에 따라 사장되다시피 한 동양 문명을 부활시키고, 儒·佛·道 3교를 통합하는 것은 물론이며, 동서 문명을 회통시켜 인류 사회를 새로운 질서 체제로 전환시킬 세계관적 틀을 마련하였다. 동양본체론에 근거해 천지창조론을 완성하고, 동양창조론에 근거해 제3의 신권 질서를 수립하였나니, 이것이 인류가 강림한 보혜사 하나님과 함께할 지상 천국 문명, 분열과 대립 상황을 해소할 통합 문명, 영생이 보장되는 영성 문명 건설이다.

3. 진리·종교·역사 통합

지난날 인류가 겪은 난맥상은 진리의 제 영역들이 대립된 갈등 구조를 벗어나지 못한 데 있다. 그 이유가 무엇인가 하면 세계의 본질이 끊임없이 분열한 데 있고, 분열한 이유는 곧 천지가 창조된 탓이다. 하나님은 완전하게 천지를 창조하였는데 어떻게 이 같은 결과가 주어졌는가 하면 창조된 본질이 다 드러나지 못한 탓이고, 통합성 본질이 창조로 인해 분열한 탓이다. 극이 나뉜 관계로 세계적인 대립이 불가피했다. 이 연구가 진리를 탐구한 동기도 "길은 어디에 있는가"에 있는데, 제각각 절대 진리를 앞세운 종교 분열 현상을 이해할 수 없었다. 이것은 정말 선천 진리가 헤어나지 못한 난맥상이다. 세계그리스도 백과사전에 따르면, "전 세계에는 약 1만 개의 종교가 있으며, 그중에 기독교 교파는 약 3만 3천 개에 이른다."556) 무엇이 문제인가? 어떤 이유로서도 드러난 모순을 해결하기 어렵다. 정점에 이른 신관을 세우지 못한 탓인데, 관점 정립 조건마저도 또 다른 이유 때문에 한계성에 봉착했다. 이것은 때를 기다려야지 원인을 알았다고 해서 해결되는 문제가 아니다. 전체가 분열을 본질로 한 도정 속에 있었다는 뜻이다. 주어진 난맥상을 좀 더 자세히 파고들면, "세계에 다양한 종교가 분열되었는데, 불교는 다시 소승불교와 대승불교로 나뉘었고, 기독교는 프로테스탄트(신교)와 가톨릭(구교)으로 갈라져 북아일랜드에서는 지금도 분규가 계속되고 있고, 아랍과 유태 사이에는 대립이 더욱 격화되었다."557) 언제, 어느 편이 해결할 수 있다고 생각하는가? 갈라선 지맥 조건으로서는 영원히 불가능하다는 것을 알아야 한다. 통합성 본질이 규정한 대로 분열적인 질서를 따를 뿐이다. 세계의 본질이 분열을 완료하지 못한 상황에서는 백약 처방이 무효하다. '한주의 온얼사상론'의 주창자(신정일)는 "동서고금의 모든 사상들이 '한사상'에 의해 통일·통전(統全), 즉 '온'됨을 알리고, 한철학과 그 종교적 본질에 의하여 난립하고 있는 종교들이 '한종교'로 통일·통전될 수 있음을 밝히며 통일, 통전이 필수불가결한 과학적 문제를 해결하는 원리로서 '한과학'을 성립시키는 것이 과제이다"고 하였다.558) 여기서 '한'이란 과연 무엇인가?

---

556) 『종교의 미래를 말한다』, 앞의 책, p.18.
557) 『법화경과 원자물리학』, 松下眞一 저, 석묘각 역, 경서원, 1987, p.208.

'한' 자만 갖다 붙이면 사상, 종교, 과학이 모두 통일·통전되는 본체적 역할을 할 수 있다는 것인데, 그러한 조건을 갖춘 본체자의 모습을 그는 밝혔는가? 현상적 조건은 벗어났지만, '한'의 창조 역할 여부는 오리무중이다. 오늘날처럼 다원화된 시대에 이능화는 모든 종교가 하나로 통한다고 한 '백교회통' 사상을 펼쳤는데,559) 가능성은 직시했지만 정말 분열된 종교를 관통할 수 있는 통합성 본체는 드러내지 못했다. 앞서 언급한 '한사상'의 모토인 '대립물의 자기 통일 원리'는 서로 이질적인 두 계기가 자체로 하나 된다는 것인데, 어떻게 그것이 가능한가?560) 무엇이 문제인가? '한'은 분명 만상을 창조한 본체자로서의 역할인데, 인용한 사례는 유물론자 레닌이 정식화한 '대립물의 투쟁과 통일' 의미이다. 서로 이질적인 두 계기가 자체로서 하나 되는 원리를 일컬어 이질성과 동질성의 통일 문제라고 하는데, 어떻게 파생된 세계 안에서 구조화된 대립물이 하나 될 수 있단 말인가? 이 연구는 이 같은 인식 바탕이 왜 불가능한 것인지를 지적함으로써 강림한 하나님의 통합적 권능을 부각시키고자 한다. 통합하고자 한 뜻은 원대하지만 적용된 원리가 이질적인 대립성을 지닌 것은 제3의 본체자를 보지 못한 탓이다. 이것이 통합성과 분열성이 공존한 선천이 지닌 세계관의 한계성이다.

분열성을 본질로 한 선천에서는 통합 본체가 드러날 수 없었지만, 그렇더라도 통합할 수 있는 준비 절차는 섭리적으로 강구되었는데, 그것이 오늘날에 이르러 세계가 통합될 수 있는 조건이 되었다. "고대 희랍의 현자들 곧 탈레스, 데모크리토스, 아낙시만드로스, 피타고

558) 『한 주의 온얼사상론』, 신정일 저, 정화사, 1986, p.17.
559) 『백교회통』, 이능화 저, 강효종 역, 1992, p.1.
560) 『한 주의 온얼사상론』, 앞의 책, p.97.

라스 등이 물질과 우주를 탐구하기 시작한 이래 25세기가 지난 지금, 전통을 계승한 후예들이 개척한 현대물리학의 자연관이 인더스, 갠지스 및 양자, 황하 강변에서 발생한 주관주의 사유의 우주상과 서로 만나고 있다는 것은 놀라운 일이다."561) 일명 "동양 문명과 서양 문명이 활발히 교류하는 시대, 물질문명과 정신문명이 상봉하고 통일되기 위해 몸부림치고 있는 시대에 현대인이 살고 있다."562) 통합의 필요성이 증대됨에 동양 문명과 서양 문명이 가까워진 지구촌 시대를 맞이한 것은 문명 통합의 하드웨어적인 바탕을 마련한 것이다. 그렇다면 그 안에 안주할 소프트웨어적인 바탕도 준비되어야 하는데, 실질적인 통합 과제인 진리·종교·역사를 회통·일치·합일시킬 수 있는 요건을 갖추는 것이 중요한 관건이다. 당장 부딪히는 사상 간의 대립 문제는 어떻게 할 것인가? 과학과 종교와의 조화는 동서양의 지성들이 해결하고자 한 현안 과제이다. "종교, 그중에서도 논의가 역사적으로 구체화된 기독교와 과학은 어떤 형태로든 공존할 수 없다는 인식이 대세인데, 아예 세계관 자체가 달라 서로를 간섭하고 통합하는 것은 본래의 방향에서 벗어난 것이란 생각"563) 은 정말 어떻게 대처해야 하는가? 풀 수 없다면 통합이란 관문도 열 수 없다. "각 종교에서 다른 이름으로 불리고 있는 神이 실제로는 동일한 신앙 대상인가? 불교의 부처님이 기독교의 하나님인가? 유교의 天과 무속종교의 神은 같은 神인가(종교 다원주의)?"564) 어떻게 해야 답할 수 있는가? 풀 수 없다면 통합을 위한 과제도 요원하

---

561) 『춤추는 물리』, G. 주커브 저, 김영덕 역, 범양사출판부, 1987, 역자후기.
562) 「서양과학과 동양사상과 현대우주관」, 김형관 저, p.38.
563) 「창조에 대한 과학적 접근의 분석과 비판」, 이종용 저, 연세대학교 연합신학대학원 종교철학, 박사, 2014, p.5.
564) 「변선환의 종교신학에 대한 비판적 고찰」, 이기백 저, 한신대학교신학대학원 조직신학, 석사, 1999, p.51.

다. 인류 역사는 지중해시대→대서양시대→태평양시대를 거쳐 지금은 더 이상 나아갈 길이 없는 닫힌 문명이 되어 버린 상태인데, 막다른 길을 터 인류가 새로운 세계로 진출하기 위해서는? 반만년 역사를 통하여 선천의 유수한 문명적 엑기스를 추출한 한민족이 바로 인류 역사를 전환시킬 차원적인 문명 질서를 창달하고 도래한 태평양시대를 주도할 민족으로서 등단할 것이라고 하지만 기대에 부응할 가능성은?

세계사에 가로놓인 대통합 과제는 첩첩산중이다. 그럼에도 불구하고 창조 본의에 입각하면 진리·종교·역사 앞에 가로놓인 분열과 대립의 난맥상을 해결할 수 있다. 그 이유는 오직 한 가지, 천지만물이 하나인 하나님의 본체로부터 창조되어서이다. 지성들은 "현대의 과학적 세계관이 고대 동양의 신비적 세계관과 유사하다는 사실을 발견하고 놀라움을 감추지 못한 실정인데",565) 여기에는 그만한 이유가 있다. 유사성에 대한 접점을 찾아야 통합의 길을 열 수 있다. 찾기 위해서는 먼저 천지가 어떻게 창조된 것인지 메커니즘을 밝혀야 하는데, 식물은 뿌리와 가지로 조직된 것처럼 창조된 세계도 본체와 지체로 구성되어 있다. 뿌리와 가지는 식물이 이 땅에서 성장할 수 있는 조건인 것처럼, 본체와 지체는 창조 역사를 실현시킨 기본 구조이다. 그래서 제 영역을 통합하기 위해서는 바탕 된 본체에 근거해서 통괄적인 관점을 확보해야 한다. 먼저 세계의 구성 요건 중 무엇이 본체에 해당되고 지체에 속한 것인지부터 알고, 사실성 여부를 확인해야 한다. 그리하면 제 현상과 존재로부터 본의에 입각한 역할을 가늠할 수 있다. 정신과 육체, 마음과 물질, 본질과 현상 등등 이원적 구조는 불가피한 것인 동시에 당연한 것이다. 불

---

565) 「서양과학과 동양사상과 현대우주관」, 앞의 논문, p.40.

가피한 것으로 여기면 대립을 피할 수 없지만, 당연한 것으로 여기면 대립된 이원성 문제를 극복할 수 있다. 통합 과제를 한 걸음 앞당길 수 있다. 무엇이 지체에 해당되고 본체에 속한 것인지를 구분할 수 있다. 즉, 동양의 氣우주론은 본체론이고(모든 존재는 하나의 연속체임), 서양의 원자론은 현상론이다(모든 존재는 공간에 의해 분할되어 있음).566) 어떻게 "물질 첨애(尖涯)의 세계는 서양에, 정신 첨애의 세계는 동양(인도)에 있는가? 유물·유심의 대조화 사상이 한민족에게 있다는 것은 또 무슨 말인가?"567) 알았다면 과학과 종교를 조화시키고, 유물과 유심을 종합하며, 동양 문명과 서양 문명을 통합할 수 있다. 과학, 유물, 서양 문명은 지체이고 종교, 유심, 동양 문명은 본체에 속한 것이나니, 그렇게 구분해야 각자의 역할이 조화롭게 되고, 존재한 대로 종합되어 분분한 설들이 일시에 교통정리가 된다. 인식적인 측면에서도 不二論[불교]처럼 사물·존재·현상 간의 차이를 해소하고 통합 과제에 보다 근접한다. 본성이 다르고 대립된 이것과 저것 간의 차이와 가로놓인 경계 벽을 허물어야 일치, 합일, 통합된다. 어떻게 지닌 모습이 다른데, 이것과 저것이 같다고 하는가[不二]? 다른 것은 선천의 분열성 배를 타고 본 관망 모습이다. 그런데 생성하는 본질이 분열을 완료하고 나면 대립된 극과 극이 맞닿아 하나 되고 일치된다. 그래서 하나가 나뉘어 있을 때는 이원이 되고 합쳐지면 일원이 된다. 분열된 선천에서는 色卽空의 진언을 이해할 수 없지만, 통합된 후천에서는 일체 구분과 차이성이 사라진다. 그래서 본의에 입각하면 차이를 명확하게 구분한 선천의 분열 인식을 초월할 수 있다. 현재 인류가 바라보는 하나님과 부처님

---

566) 『과학기술의 철학적 이해』, 과학철학교육위원회 편, 한양대학교출판부, 2003, p.120.
567) 『한 사상의 세계통일선언』, 김요신 저, 동신출판사, 1991, p.29.

과의 차이처럼 기독교 진리와 과학적 진리는 분명히 다르지만, 覺者가 말한 色空不二처럼(둘이 아니다. 결국 하나임) 과학과 종교, 하나님과 부처님은 결국 하나인 동질성을 확증한다.

통합으로 가는 여정에서 신앙인들은 기독교가 지닌 구원 종교로서의 역할이 절대적인 것으로 믿지만, 과연 얼마나 객관적으로 인정된 것인가? 100% 옳기는 하지만 입증하는 방법적 측면에서는 오히려 100% 어긋났다. 역할에 맞도록 진리력을 갖추지 못했고 신학적인 과제도 해결하지 못했다. 하나님의 구원 의지가 보편적인 것이라면 관여된 세계적 문제도 낱낱이 해결해야 했다. 즉, 온전히 타 진리, 타 세계, 타 종교를 장악할 수 있는 진리적 근거를 마련하고, 불교면 불교, 유교면 유교 속으로 파고드는 역사를 펼쳐야 했다. 하나님은 한 부족의 神이 아닌 열방의 神이라고 하면서도 현실적으로는 자기 민족, 자체 문명의 울타리를 쳐 놓고 소통을 금기시했다. 선천의 제도권 안에서 구원 섭리를 담당한 기독교는 통합 섭리를 주도할 수 없는 한계성을 지녔지만, 그럼에도 불구하고 하나님은 인류를 빠짐없이 구원하고자 한 섭리 역사를 진작시켰는데, 그것이 가능했던 것은 세상 진리가 모두 하나님 안에 있고 하나님과 연결된 탓이다. 이 연결 실마리를 이 연구가 창조를 매개로 찾아내었다. 창조 본체를 통하면 일치시키지 못할 진리 대상이 없고, 연결하고 소통하면 하나 되고 통합된다. 곧, 창조 본체가 통합 본체로서 본체의 창조 역할을 증거한 것은 동서 문명의 회통을 넘어 온 인류를 한 하나님의 구원 과제 안에 둘 수 있게 한 성업이다. 진단하건대 선천 종교가 인류를 구원한 역할을 담당하였는데, 그렇게 전승된 종교적 가치와 약속된 비전들이 유야무야되어 버릴 것인가 하면 결코 그렇지 않다. 시작이 있은 이상 반드시 결실을 맺고 매듭을 이루는 때가 있는데,

그 뜻이 성취되는 것은 결국 창조 역사를 증거한 이후의 인류 역사를 통해서이다. 불타, 공자, 예수의 가르침…… 이것이 어떻게 소멸할 수 있겠는가? 분열된 세계를 통합할 수 있는 역사적 기대에 성현들의 가르침에 근거한 '동양창조론의 문명통합성'이 있다. 동양창조론은 동양본체론을 기반으로 한 천지창조 역사의 대완성론인바, 하나님의 창조 본체를 증거한 탓에 걸림 없이 제 진리, 제 종교, 제 문명 영역을 진리적으로 통합할 수 있다. 그 역사의 중심축에 일찍이『미륵탄강론』과『지상 강림 역사』저술을 통해 밝힌 미륵불 보혜사의 탄강 역사가 있다.

불교에서는 말세에 미륵불이 탄강하리라고 예고하였고, 이 연구는 하나님이 본체를 드러낸 지상 강림 역사를 증거하였는데, 이 두 분은 바로 동서 문명이 일치된 섭리 안에서 나투신 하나님이라는 것, 지난날은 모습이 완성되지 못하여 부른 호칭이 달랐지만 지금은 동일한 본체 모습으로 강림한 하나님을 일컬어 미륵불(불교)+보혜사(기독교)로 지칭하였다. 부처님과 하나님이 가진 차이를 허물고 일체 경계를 넘어서 새로운 모습으로 임한 하나님이다. 그렇다면 2,600여 년 전에 탄강한 석존불과 현재 나투신 미륵불, 그리고 아브라함과 이삭과 야곱을 통해서 역사한 성부 하나님과 오늘날 강림한 보혜사 하나님과의 차이는 무엇이며, 구분된 차이가 사라진 이유는 또 무엇인가? 석존불은 수행이란 정진법을 통해 현상 세계와 차원이 다른 본체 세계로 진입하는 길을 체득하였고, 6년의 고행 끝에 무상정등정각(無上正等正覺)을 성취한 부처로서, 여기서 이룬 정각이란 다름 아닌 무상의 본질체인 창조 본체를 각성한 것이다. 그래서 설법한 팔만사천법문은 창조 본체에 대한 통각이자 창조 뜻의 성취라는 것을 확인하였다. 부처님은 바로 우주의 무궁한 본체 세계를 꿰뚫은 覺者이고, 하나님의 본체 모습으로(보혜성) 화신한 미륵불은 창조 본체를 일군 佛法으로 인류를 구원하고 맞물린 통합 섭리를 완수할 더할 나위 없는 지혜 권능자이다.568) 그런 만큼 미륵불의 탄강 역사는 결단코 불교에만 영향을 미친 한정된 역사일 수 없다. 보혜사 하나님은 진리의 성령이라, 이런 절대적인 위격과 권능으로 인류 역사를 주재했다는 것은 결코 빈말이 아니다. 전 역사를 통해 임재하였고 주재하였는데, 미륵불 보혜사는 이런 섭리 역사를 상징한 부처님이다. 동일한 관점과 논거와 역사이지만 유교를 놓고 보면 유교를 통해 증거할 수 있고, 도교를 놓고 보면 도교를 통해 확인할 수 있다. 하나님은 지난날 결코 기독교를 통해서만 구원 역사를 펼친 것이 아니다. 동일하게 道를 통해, 太極을 통해, 空을 통해서도 창조 본체를 일군 성령의 역사를 동시에 주재하였다. 하나님이 펼친 이 같은 통합 섭리의 대의를 알진대, 불교와 기독교는 결코 상이한 역사 속에 있었던 것이 아니다. 佛法은 다름 아닌 하나님의 몸 된 본체가 이행된 창조 본체를 覺한 진리이다.569) "우주가 부처님이고 만법이 佛法"570)이라고 한 것은 바로 이 연구가 창조 진리에 대한 논거를 한 인식 방식이다. 한 이치도 어긋남이 없다. 부른 이름이 다를 뿐, 본의는 동일하다. 왜 그런가? 부처가 각성한 佛法이 그대로 하나님이 천지를 있게 한 창조 본체인 탓이다.571)

선천에서는 결단코 불교와 기독교가 일치될 수 있는 길이 없었지만, 미륵불이 보혜사 하나님으로서 탄강한 지금은 불교도 참진리이

568) 『미륵탄강론』, 졸저, 한국학술정보, 2010, p.8.
569) 위의 책, p.240.
570) 『원통불법의 요체』, 청화선사 법어집(2), 성륜각, 2003, p.16.
571) 부처님의 가르침은 절대적인 실상의 참모습을 깨우쳐 보인 위대한 가르침이니, 그래서 부처님의 본체, 즉 法身은 창조적 실체=하나님임. 깨달은 이는 부처요, 깨달은 진리 본체는 하나님이라, 이것은 부처님과 하나님, 불교와 기독교를 합일시킬 수 있는 통합 실마리이다.

고 기독교도 참진리인 길이 열렸다. 부처님과 하나님 사이에 가로놓인 경계가 사라졌다.[572] 과거의 기독교 하나님은 폭 좁은 서양식 기독교 틀 속에 갇혀 복음의 세계화 동력을 더 이상 공급받지 못한 선천 하나님이라면, 佛法과 동양본체론의 뒷받침으로 강림한 미륵불 보혜사는 세계의 본질을 규명하고, 창조의 대원동력을 밝히며, 창조 섭리의 본의를 꿰뚫은 통합불 하나님이다(보혜사 진리의 성령). 주재, 통합, 구원 권능을 두루 갖춘 만 인류의 어버이이다.[573] 한민족은 "인간세계가 혼란에 빠졌을 때 미륵이 출현하여 모든 혼란을 제거하고 새로운 이상사회인 정토세계(淨土世界)를 열어 줄 것이라는 신앙을 지켜 왔거니와",[574] 이 같은 간절한 기대에 부응한 미륵불 보혜사가 한민족과 인류를 구원하고 손 마주 잡고 함께 나아갈 지상천국으로 인도하기 위해 이 땅에 강림하였다. 그래서 불교와 기독교, 물질문명과 정신문명, 서양 문명과 동양 문명을 조화, 회통, 합일시킬 수 있는 통합 권능을 연이은 후편을 통해 본격적으로 펼칠 수 있게 되었나니, 그것은 진정 이 땅에 새로운 모습으로 강림한 하나님이 보혜사 진리의 성령으로서 이룬 성업이 되리라. 하나님이 역사한 거의 전능에 가까운 보혜성, 곧 이전까지는 그 누구도 보지 못하고 듣지 못한 천상의 지혜이리라.

---

572) 『미륵탄강론』, 앞의 책, p.19.
573) 위의 책, pp.90~91.
574) 「기독교의 메시아사상과 불교의 미륵사상의 비교 연구」, 강태선 저, 전주대학교 선교신학대학원 신학과, 석사, 2013, p.15.

염기식(廉基植)

1957년 경남 진주 출생. 진주고등학교 졸업(47회). 경상대학교 사범대학 체육교육과 졸업. R.O.T.C.(19기) 임관. 서남대학교 교육대학원 졸업. 1984년 교직에 첫발을 내디딤(현 교사). 자아와 세계에 대해 눈떴을 때부터 세상의 분파된 진리에 대해 의문을 품고 '길은 어디에 있는가'란 명제 하나로 탐구의 길에 나서 현재까지 다수의 책을 저술함(총 37권).

『길을 위하여(Ⅰ)』(1985), 『길을 위하여(Ⅱ)』(1986), 『벗』(1987), 『길을 위하여(Ⅲ)』(1990), 『세계통합론』(1995), 『세계본질론』(1997), 『세계창조론 서설』(1998), 『세계유신론』(2000), 『작은 날개를 펴고』(2000), 『환경은 언제나 목마르다』(2002), 『자연이 살아가는 동안』(2003), 『세계섭리론』(2004), 『세계수행론』(2006), 「중학생의 진로의사 결정유형과 발달 수준과의 관계」(2006), 『가르침』(2008), 『세계도덕론』(2008), 『통합가치론』(2008), 『인간의 본성 탐구』(2009), 『선재우주론』(2009), 『수행의 완성도론』(2009), 『세계의 종말 선언』(2010), 『미륵탄강론』(2010), 『용화설법론』(2010), 『성령의 시대 개막』(2011), 『역사의 본질 탐구』(2012), 『세계의 섭리 역사』(2012), 『문명 역사의 본말』(2012), 『세계의 신적 본질』(2013), 『지상 강림 역사』(2014), 『인식적 신론』(2014), 『관념적 신론』(2015), 『존재적 신론』(2016), 『본질로부터의 창조』(2017), 『창조성론』(2017), 『창조의 대원동력』(2018), 『창조증거론1, 2』(2019)

창조증거론 1
동양창조론 대 생명·물질·우주·인간

초판인쇄 2019년 9월 30일
초판발행 2019년 9월 30일

지은이 염기식
펴낸이 채종준
펴낸곳 한국학술정보㈜
주소 경기도 파주시 회동길 230(문발동)
전화 031) 908-3181(대표)
팩스 031) 908-3189
홈페이지 http://ebook.kstudy.com
전자우편 출판사업부 publish@kstudy.com
등록 제일산-115호(2000. 6. 19)

ISBN 978-89-268-9656-3 93230